"十三五"应用型本科规划教材

应用管理学

魏洪茂 / 主　编
黄晓薇　吴延洁　陈　湉 / 副主编

上海财经大学出版社
SHANGHAI UNIVERSITY OF FINANCE & ECONOMICS PRESS

图书在版编目(CIP)数据

应用管理学/魏洪茂主编. —上海:上海财经大学出版社,2017.12
("十三五"应用型本科规划教材)
ISBN 978-7-5642-2878-1/F·2878

Ⅰ.①应… Ⅱ.①魏… Ⅲ.①管理学-高等学校-教材 Ⅳ.①C93

中国版本图书馆 CIP 数据核字(2017)第 290731 号

□ 责任编辑 石兴凤
□ 封面设计 杨雪婷

YINGYONG GUANLIXUE
应 用 管 理 学
魏洪茂 主 编
黄晓薇 吴延洁 陈 湉 副主编

上海财经大学出版社出版发行
(上海市中山北一路 369 号 邮编 200083)
网 址:http://www.sufep.com
电子邮箱:webmaster @ sufep.com
全国新华书店经销
上海同济大学印刷厂有限公司印刷
上海叶大印务发展有限公司装订
2017 年 12 月第 1 版 2017 年 12 月第 1 次印刷

787mm×1092mm 1/16 19.25 印张 493 千字
印数:0 001—3 000 定价:48.00 元

“十三五”应用型本科规划教材

编 委 会

本书主编　魏洪茂

前言

管理学是一门建立在经济学、社会学等理论基础上的综合性学科，是经济管理类专业本科生的核心课程，在经济管理类专业本科生四年的学习中，起着改变学生思维模式与提升管理能力的重要作用。为了满足高校本科应用型人才的培养需求，在学院领导和出版社的大力支持下，我们编写了这本《应用管理学》教材。

本书共有十四章。第一章为管理学概论，主要讲解管理及管理学的相关基本概念；第二章为管理理论的发展，介绍的是管理理论的发展历史；第三章为社会责任与管理伦理，讲解了有关社会责任与管理理论的相关知识；第四章为决策，主要讲解了决策的相关概念及主要方法；第五章为计划，介绍了有关计划职能的概念及编制方法；第六章为战略管理，介绍了基本竞争战略等内容；第七章为组织，讲解了组织职能的基本内容；第八章为人力资源管理，主要讲解了人力资源管理的基本内容；第九章为领导，主要讲解了领导职能的基本内容；第十章为管理沟通，介绍了管理沟通的理论知识与实务；第十一章为管理激励，介绍了管理激励的理论知识与实务；第十二章为控制，主要讲解了控制职能及控制方法；第十三章为管理创新，介绍了管理创新的相关概念及策略；第十四章为大学生创业企业管理，主要介绍了大学生创业企业管理的基本内容。

本书由福州理工学院魏洪茂担任主编，福州理工学院黄晓薇、吴延洁和陈湉担任副主编，魏洪茂负责教材总体设计、组织作者撰写以及承担全书的汇总定稿等工作。本书在编写过程中参阅、引用了大量国内外管理学论著、创新创业论著、企业界实践做法及公众媒体资料，在此谨向各方面的助力者表示由衷的感谢！

本书获得以下项目资助，并为以下项目的成果之一：

1. 项目：2017 年福建省本科高校教育教学改革研究项目（创新创业教育改革项目），项目名称：专业核心能力培养与创新创业教育协同发展研究；项目编号：FBJG20170246。

2. 2017 年福建省高等学校创新创业教育改革项目：精品资源共享课（创新创业教育与专业教育融合类），项目名称：精品资源共享课《管理学原理》。

3. 项目：获得 2017 年度“福建省高等学校新世纪优秀人才支持计划”资助。

我们真诚地希望能够得到使用本教材的师生和学习管理基本知识的其他各类读者的喜爱。由于编写时间紧、作者水平有限等原因，书中难免有疏漏和不足，恳请同行和读者谅解并予以批评指正。

编　者

2017 年 10 月

目　录

第一章　管理学概论

管理就是做好无数的细节工作。

——国际战略管理顾问林正大

[学习目标]

知识点：

1. 掌握管理的概念及其职能的含义；
2. 认识到作为不同管理者的角色要求；
3. 理解管理的性质和管理的二重性；
4. 掌握管理环境的要素；
5. 理解管理机制的深刻内涵。

技能点：

1. 有意识地培养学生作为管理者应具备的技能；
2. 理解并能解释说明管理的相关基本概念。

[案例导入]

细节管理：一屋不扫，何以扫天下

有人说，我无须从基本做起，小问题做不好没关系，我能一步登天，因为我是天才。

试问，一屋不扫，何以扫天下？

古今中外凡成大事者，无一不是从最基本的做起，“不以恶小而为之，不以善小而不为”，点滴积累，方能成就一番事业，告后世曰：不积跬步，无以至千里。

当然，也有暴富者，“一举成名天下知”。

暴富者有两种：一种就是通常所说的暴富，指某人、某组织、某单位突然得到大量的金钱；另一种说的是突然出名，指某人、某组织、某单位“昨天晚上只有极少人知道，今天早上妇孺皆知”，突然拥有大量的知情者、听众或支持者。

然而，又有几人了解“十年寒窗无人问”的辛酸？暴富者之所以能“暴富”，离不开平时对各种社会现象的细心观察和对经济行为的敏锐感觉。暴富者能从“今天菜价上涨了三分钱”的闲谈中得到一连串菜价为什么会变化的相关因素，如经济的、交通的、气候的、政策的、人为的等，并迅速找出最直接、最根本的原因，在极短的时间内决定自己是否要跟随这种变化。对自己有利则马上行动；反之，则静观其变。一旦估算错误，不仅不能暴富，而且很有可能葬身其中。估算正确率在很大程度上取决于经验和对细微现象每一次的分析。这是暴富者最大的特征，也是其最让人敬佩的方面:依靠平时对生活细节的留心观察和分析,练就了“窥一斑而知全豹”的本领。

江河不拒细流,方能成其大。海纳百川,才能成就宽广的胸怀,蕴涵博大的能量。每一件事物,无论是大是小,都有其存在的道理。小、大、广、阔、博,是一个完整的发展过程,极具规律性,是不可违背的。若想成就一番事业,或者想做点什么,或者想从社会上得到许多,第一步就应该从最小处开始,从一屋扫起,先练臂力,慢慢地,慢慢地,年深日久,臂力越来越大,功力也逐渐深厚了,这时,再试着去扫天下。那么,你一定会体会到学习、学习、再学习和进步、进步、再进步的乐趣,也一定会取得较好的成绩,渐渐接近自己预定的目标,自然而然地走向成功。

你可以打破常规,让人耳目一新,用别人发现不了也不可能去做的方式来开拓自己的事业。不过,打破常规的前提是:你所采用的做事方式必须具有独创性,你必须对事物有独到的见解且感觉敏锐。然而,现实生活中,这样的人实在是太少了。自称“一屋不扫,也可扫天下”的人,你是否具备打破常规的前提条件?如果没有,赶快去练基本功。

话又说回来,即使天生具有非凡的智慧,起点比常人高一些,但是,若不加以完善,而只顾挖掘,终究会才思枯竭,茫然而不知所以。

千里之堤,溃于蚁穴。只能看到大的方向,只能把握事物的整体,而不能观察它的细处,不能分析它的局部,一心只想做大、做大……往往会给全局带来毁灭性的打击。

再问一句:一屋不扫,何以扫天下?

一屋不扫的人去扫天下,不仅扫不平天下的不平,甚至只能给天下带来不应有的灾难。管理不是高不可攀或高深莫测的理论,它隐藏在日常的工作琐事及生活细节中;同样地,管理的道理随处可得,只要认真去从事,用心去体验,工作过程中自可深刻体悟管理的奥妙及意义。

资料来源:http://www.795.com.cn/wz/59349_2.html。

在当今这个社会,无论从事什么职业的人都要与管理打交道,要么从事管理,成为管理者即管理主体;要么接受管理,成为管理对象即管理客体;更多的时候,则既是管理者又是管理对象,也就是我们平时所说的中层管理者,他们上有上司、下有下属。

把管理作为一门学科进行系统的研究,是最近一二百年的事情。管理活动自古就有,它起源于人类的共同劳动。当人们组成一个集体去实现共同目标时,就必须有管理,目的是协调集体中每个成员的活动。管理的范围很广,大到管理一个国家,小到管理自己,管理是我们这个现实世界普遍存在的现象。

第一节 管理的含义与特征

一、管理的含义

管理活动自古就有,但什么是“管理”,从不同的角度出发,可以有不同的理解。从字面上看,管理有“管辖”、“处理”、“管人”、“理事”等意,即对一定范围的人员及事务进行安排和处理。但是,这种字面的解释是不可能严格地表达出管理本身所具有的完整含义的。

关于管理的定义,至今仍未得到公认和统一。长期以来,许多中外学者从不同的研究角度出发,对管理作出了不同的解释,其中较具代表性的有:

“科学管理之父”泰罗(Frederick W. Taylor)认为,管理就是“确切地知道要别人干什么,并引导他们用最好的办法去干”。

亨利·法约尔(Henri Fayol)说:“管理就是实行计划、组织、指挥、协调和控制。”

西蒙(Herbert Alexander Simon)说:“管理就是决策。”

理杰德·霍杰茨(R. M. Hodgetts)说:“管理就是经由他人去完成一定的工作。”

哈罗德·孔茨(Harold Koontz)说:“管理就是设计并保持一种良好环境,使人在群体里高效率地完成既定目标的过程。”

综合各家之说,管理既强调了过程及过程中的职能,又强调了效率。所以,本书认为管理是指组织为了达到个人无法实现的目标,通过实施计划、组织、领导、控制、创新等职能来优化配置,协调人、财、物、信息等资源,以有效地实现既定目标的过程。

二、管理的特征

管理是引导人力和物质资源进入动态的组织,以达到这些组织的目标的过程。自从有人类组织以来,便存在管理这类活动。这类活动不同于文化活动、科学活动和教育活动等,是因为它有自己的特性。

(一)目的性

管理是人类一种有意识、有目的的活动,因此它有明显的目的性。管理的这一特征是我们区别自然界和人类社会中那些非管理活动的重要标志。凡是盲目的、没有明确的目的的活动,都不能称其为管理活动;那些属于由生理功能驱使、无意识的本能活动,都不能称其为管理活动。管理的目的性是由管理活动产生和发展的内在要求决定的。如果管理没有一定的目标,那么管理就没有存在的必要。管理的目的性要求管理人员时刻明确管理的目标是什么,并围绕目标实施有效的管理。

(二)动态性

管理的动态性主要表现在管理活动需要在变动的环境与组织本身中进行,需要消除资源配置过程中的各种不确定性。由于各个组织所处的环境与具体的工作环境不同,各个组织的目标与从事的行业不同,因而导致每个组织中资源配置具有不同性,这种不同性也是管理动态性的一种派生。管理活动要适应外部环境的变化而变化,因此没有一成不变的管理模式。管理的动态性要求管理者时刻研究和关注组织内外环境的变化,保持管理模式与环境的动态适应性,适时调整管理内容、手段、方式和方法。

(三)人本性

管理的人本性是指在管理过程中以人为中心,把理解人、尊重人、调动人的积极性放在首位,把人视为管理的重要对象及组织最重要的资源。从管理者角度来看,因为管理者是实施管理的人,所以管理者的管理能力直接影响组织管理的水平;从被管理者角度来看,如果被管理者素质较差、能力较低,不能接受和理解管理者的指令或不能自我约束,就不能保证实施有效的管理;从管理的过程来看,管理的过程就是要实现人力淘汰与物质资源的有效配置,而物质资源再先进,也必须由人来使用和管理,否则就是一堆废物;从人与科学技术的关系来看,科学技术的成果是人类智慧的结晶,离开人的实践与思维活动,就不会有科学技术;从管理的核心来看,管理的核心就是处理各种人际关系,所以在管理过程中,只有把人作为根本,才能协调好其他要素,实现高效率的管理。管理的人本性要求管理者在管理活动中一方面不断提高自身素质和管理能力,另一方面还要不断加强对被管理者的培训,以提高他们的工作技能,同时还要不断激励他们，提高他们完成工作任务的积极性，使他们不断获得一种高度的责任感和成就感。

（四）组织性

管理的载体是组织。无论是从改造自然还是从改造社会的任务来看，个体的能力都是有限的，个体的无序组合也不能发挥作用。所以，现实社会普遍存在着由两个以上的人组成的、为一定目标进行协作活动的集体，这就形成了组织。显然，组织是社会中普遍存在的现象。任何性质、任何类型的组织都要保证组织中的各种要素合理配置，从而实现组织的目标，这就需要在组织中实施管理。另外，一切管理活动都要通过一定的手段来实现，而实现管理活动的最佳手段就是建立一个健全的、富有生机的组织系统，通过这个组织系统来有效地实施管理活动。因此，组织是管理的载体。管理的组织性要求管理者在管理活动中加强组织建设，建立学习型组织，使组织高效率地运转。

（五）科学性

管理的科学性是指人们在发现、探索、总结和遵循客观规律的基础上，建立系统化的理论体系，并在管理实践中应用管理原理与原则，使管理成为理论指导下的规范化的理性行为。管理活动可以分为程序性活动和非程序性活动两大类。程序性活动就是指有章可循，照章运作便可以取得预想效果的管理活动；非程序性活动是指无章可循，需要边运作边探索的管理活动。管理的科学性就是不断地实现管理活动由非程序性向程序性的转化，这种转化的过程就是人们对这类活动进行规律性的科学总结。管理的科学性要求管理者在管理活动中遵循客观规律，不断建章立据，实施科学管理。

（六）艺术性

管理虽然可以遵循一定的原理或规范办事，但它绝不是“按图索骥”的照章操作行为。管理理论作为普遍适用的原理、原则，必须结合实际应用才能奏效。管理者在实际工作中面对千变万化的管理对象，灵活多样地、创造性地运用管理艺术与技巧，这就是管理的艺术性。管理的艺术性要求管理者必须掌握实际情况、因势利导、总结经验、理论联系实际。

（七）创新性

管理的创新性主要表现为管理理念、管理思想、管理内容、管理手段、管理方式和管理方法的不断更新，以适应不断变化的客观环境对管理活动的需要。组织内外环境及管理对象的变化，客观上决定了管理也要不断地推陈出新，不断地更新管理理论、管理思想、管理内容、管理手段、管理方式和管理方法。也就是说，管理的创新性是客观环境发展变化对管理活动发展变化的内在要求。认识到管理的创新性有助于管理者克服重技术、轻管理的倾向，真正把技术与管理看作经济起飞的两个轮子。

（八）经济性

首先，管理的经济性表现在资源配置的机会成本上，管理者选择一种资源配置方案是以放弃另一种资源配置方案的代价而取得的；其次，管理的经济性反映在管理方式方法选择上的成本比较，因为众多可帮助进行资源配置的方式方法所费的成本不同，所以如何选择就存在经济性的问题；再次，管理是对资源有效整合的过程，因此选择不同的资源供给配比，就有成本大小的问题。管理的经济性要求管理者不断提高自身的决策能力，用尽可能少的投入取得尽可能多的产出，努力提高管理效率。

第二节　管理的性质与职能

一、管理的性质

(一)管理的二重性

管理的二重性是马克思管理学说的重要原理之一。在《资本论》中,马克思明确指出:"凡是直接生产过程中具有社会结合过程的形态,而不是表现为独立生产者的孤立劳动的地方,都必然会产生监督劳动和指挥劳动,不过它具有二重性。"这里的监督劳动和指挥劳动就是指管理,二重性具体是指管理所具有的自然属性和社会属性。

1. 管理的自然属性

管理的自然属性,一方面是指管理活动的产生具有客观必然性,是由人们的共同协作劳动而引起的。任何社会,只要存在有组织的集体活动,分工与协作就不可缺少,管理活动就普遍存在,这是不以人的意志为转移的。另一方面是指管理具有与生产力、社会化大生产相联系的属性,该属性表明管理是有效组织共同劳动所必需的,因此管理活动的主要任务之一就是要处理好人与自然、自然与自然之间的关系,合理组织生产力,而不受社会制度、生产关系性质与人的阶级属性的影响。这些管理理论、方法与技术是无国界、无阶级性的,国外能用,我们也能用,因为它们是为提高社会生产力服务的。这体现了管理具有共性的一面。

2. 管理的社会属性

管理的社会属性,是指管理具有与生产关系、社会制度相联系的属性。任何管理都是在一定的社会制度下进行,都要反映一定的生产关系。

首先,管理者不是抽象的管理者。在阶级社会中,他们总是某一阶级的成员,是某一阶级利益的代表,他们会自觉或不自觉地为维护与实现本阶级的利益服务。

其次,在现代社会中,管理的权力基于财产的权力。哪一个阶级是生产资料的所有者,哪一个阶级就是社会的统治者、管理者。管理的权力就是为这个阶级服务的。

最后,生产关系是一个抽象的表述,它必须通过生产、交换、分配和消费等活动来体现。开展这些活动,都离不开管理,所以说管理也是社会生产关系的实现方式之一。

管理的社会属性表明,组织处于不同的社会制度和不同的生产关系性质下,其用于改善、维护与发展生产关系方面的管理理论、方式和手段往往存在差异,社会生产关系的性质决定了组织管理的目的,决定了管理方式、管理手段的选择和运用。这体现了管理具有特殊性与个性的一面。

3. 学习管理二重性的意义

学习管理的二重性理论,对于我们正确认识管理的地位与作用,科学运用管理理论与方法来指导社会实践活动,不断提高我国各类组织的管理水平,建立具有中国特色的管理科学体系,具有重要的现实意义。

首先,管理的二重性理论有利于人们全面认识管理人员的素质结构。管理体现的是生产力与生产关系的辩证统一关系,它一方面要合理组织生产力,致力于生产效率的提高;另一方面要不断改善与维护生产关系,努力提高组织成员对工作的满意度、个人价值的实现度及不同成员之间的和谐相处度。这要求管理人员必须有一定的知识、能力与素质结构。作为一名优秀的管理者应该成为"复合型人才",既要具备组织生产力方面的技术、知识和能力,又要掌握处理各种人际关系与社会关系方面的知识、能力与技巧。任何人要想成为优秀的管理者，就应当加强管理理论知识的学习以及人际关系协调能力与技巧的培养和训练。

其次，管理的二重性理论有利于我们正确对待发达国家的管理经验。我们必须客观对待发达国家的管理理论、方法与经验，既不能全盘照抄，也不能盲目排外，应当根据国情去其糟粕，取其精华，为我所用。只有这样，才能在引进发达国家的资金与先进技术的同时，也引进发达国家的先进管理理论知识与经验，在与我国国情相结合的过程中实现管理的共性与个性的统一。

（二）管理的科学性和艺术性

1. 管理的科学性

管理作为一个活动过程，其间存在着一系列基本客观规律。人们经过多次的失败和成功，通过从实践中收集、归纳、检测数据，提出假设，验证假设，从中抽象总结出一系列反映管理活动过程中客观规律的管理理论和一般方法。人们利用这些理论和方法来指导自己的管理实践，又以管理活动的结果来衡量管理过程中所使用的理论和方法是否正确、是否行之有效，从而使管理的科学理论和方法在实践中得到不断的验证和丰富。因此说，管理是一门科学，是指它以反映管理客观规律的管理理论和方法为指导，有一套分析问题、解决问题的科学的方法论。

2. 管理的艺术性

管理的艺术性就是强调其实践性，没有实践则无所谓艺术。这就是说，仅凭停留在书本上的管理理论或背诵原理和公式来进行管理活动是不能保证其成功的。管理人员必须在管理实践中发挥积极性、主动性和创造性，因地制宜地将管理知识与具体管理活动相结合，才能进行有效的管理。所以，管理的艺术性，就是强调管理活动除了要掌握一定的理论和方法外，还要有灵活运用这些知识和技能的技巧与诀窍。从管理的科学性与艺术性可知，有成效的管理艺术是以对它所依据的管理理论的理解为基础的。因此，二者之间不是互相排斥，而是互相补充的。如前所述，靠“背诵原理”来进行管理活动，将必然是脱离或忽视现实情况的无效活动；而没有掌握管理理论和基本知识的管理人员，在进行管理时必然是靠碰运气、靠直觉或过去的经验办事，很难找到对管理问题的可行的、令人满意的解决办法。所以，管理的专业训练不可能培训出“成品”的管理人员，但为通过实践进一步培训管理人员创造了一个良好的开端，它为培养出色的管理人员在理论知识方面打下坚实的基础。当然，仅凭理论也不足以保证管理的成功，人们还必须懂得如何在实践中运用它们，这一点也是非常重要的。美国哈佛商学院企业管理教授列文斯敦，在他担任某研究所所长和管理系统公司总经理期间，通过对大量获得管理学硕士学位的人在实际管理工作中的使用发现，他们在学校里的成绩同管理上获得的业绩之间并无直接关系。他认为，如果学术成绩能与事业上的成功相等，这个受过良好教育的经理便是一位神话中的人物了。

因此，管理既是一门科学，又是一门艺术，是科学与艺术的有机结合体。管理的这一特性，对于学习管理学和从事管理工作的主管人员来说也是十分重要的，它可以促使人们既注重管理基本理论的学习，又不忽视在实践中因地制宜地灵活运用。这一点，可以说是管理成功的一项重要保证。

[互动话题]

Zara：“一流的形象、二流的生产、三流的价格”

有人总结Zara是“一流的形象、二流的生产、三流的价格”：“一流的形象”是指其选址、橱窗、店面陈列和款式等。因为“情调”与“内涵”是成熟消费者认知品牌及产生重复购买意愿的“引路石”，所以Zara从服务到陈列、从策划到跟随式设计策略，无不按这种“潜规则”去实施和操作。“二流的生产”是因为它并没有采用顶尖品牌那样高档的面辅料，也没有中国大牌服装企业的自动吊挂流水线上所具有的先进的生产设备和高素质的熟练工人。“三流的价格”是因为它没有昂贵的设计、广告等费用，原材料成本也比较低，其产品定价只有设计师设计品牌服装的1/6～1/4，甚至更少。

Zara完全打破了传统服装品牌惯常的运作模式，走了一条完全不同的破坏式创新之路，最根本的在于其高效的、以品牌运作为核心的协同供应链运作体系。

Zara通过少量生产试销后采取了生产、配送的延迟制造策略，并行工程策略，减少生产批量、部分外包等策略来加速采购与生产过程；通过高效、默契配合的物流加速配送过程；通过及时、准确的销售信息迅速反馈调整来驱动整个供应链的各个环节协同“快速”运作，从而大大减少了整个供应链上的牛鞭效应，避免了服装业存在的两大问题：预测不准和高库存。供应链上的所有这些环节协同起来都围绕着品牌目标客户在运转，整个物流体系全程在协同供应链计划体系下运转，细分为产品上市前的销售预测、销售计划、产品推广计划、面辅料采购计划、外协生产计划、自产计划、配送计划、库存计划、要货和主动补货计划、促销计划等。Inditex的首席执行官Castellano认为：“在时装界，库存就像是食品，会很快变质，我们所做的一切便是来减少反应时间。”

资料来源：http://www.795.com.cn/wz/59349_2.html。

请问：Zara在管理的科学性和艺术性的使用上更侧重哪个？为什么？

二、管理的职能

管理活动是通过一系列具体的职能来完成的。所谓管理的职能，是指管理活动所具有的功能及其所体现出的不同性质、不同类型的工作内容。历史上最早系统地提出管理职能思想的是法国管理学者、实业家亨利·法约尔，他在1916年出版的《工业管理与一般管理》一书中提出，管理可以分为计划、组织、指挥、协调和控制五项职能。之后，尽管有许多管理学者站在各自不同的角度，对管理职能的划分提出了自己不同的见解。例如，20世纪30年代，戴维斯(Ralph Currier Davis)提出的管理职能包括计划、组织和控制三项；20世纪40年代，布雷克(Blake)提出的管理职能包括计划、协调、控制和激励四项；20世纪50年代，孔茨提出的管理职能包括计划、组织、指挥、控制与人事五项，但就本质而言，这些划分都是对法约尔管理五职能论的一种微调和修改。进入20世纪70、80年代以后，尤其是20世纪80年代以来，随着社会科学技术的飞速发展、生产力水平的不断提高，组织的内外环境发生了根本性变化，管理活动的内容也日趋复杂化、多样化，一些学者对管理职能的划分又增添了不少新的内容。本书综合国内外一些学者的观点，将管理职能划分为计划、组织、领导、控制、创新五项职能。

(一)计划职能

计划是对未来活动的预先筹划。人们在从事一项活动之前一般首先要制订计划，这是进行管理的前提。

计划职能是决策的具体化。在决策目标方案既定的前提下，还要详细分析为了实现这个目标，需要采取哪些具体的行动，这些行动对组织的各个部门和环节在未来各个时期的工作提出了哪些具体的要求。因此，编制行动计划的工作实质上是将决策目标在时间和空间上分解到组织的各个部门和环节，对每个单位、每个成员的工作提出具体要求。

(二)组织职能

为保证计划的顺利实现，管理者要根据计划对组织活动中的各种要素和人们在工作中的分工合作关系进行合理的安排，这就是管理的组织职能。组织职能要完成以下工作：

(1)设计组织，包括设计组织的机构与结构。机构设计是在分解目标活动的基础上，分析为了实现组织目标需要设置哪些岗位和职务，然后根据一定的标准将这些岗位和职务加以组合，形成不同的部门；结构设计是根据组织活动及其环境特点，规定不同部门在活动过程中的相互关系。

(2)人员配备，即根据各岗位所要从事工作的具体要求以及组织员工的素质和技能特征，将适当的人员安置在组织机构的适当岗位上，使适当的工作由适当的人去承担。

(3)组织运行，即根据各岗位上的人员发布工作指令，并提供必要的物质和信息条件，以开动并维持组织的运行。

(4)组织变革，即根据组织业务活动及其环境特点的变化，研究和实施组织机构与结构的调整与变革。变革的内容包括组织机构形式变革、组织结构关系变革、组织文化变革和组织流程变革等。

(三)领导职能

组织中最重要的资源是人，管理者的任务不仅要设计合理的组织，把每个成员安排在适当的岗位上，而且更主要的任务是指导和协调组织成员，调动其工作积极性，发挥其主观能动性，努力使每位员工以高昂的士气、饱满的热情投身到组织活动中去。所谓领导，是指管理者利用组织赋予的权力和自身的能力去指挥和影响下属为实现组织目标而努力工作的一种具有很强艺术性的管理活动过程。它包括领导方式的选择、对下属的激励和沟通渠道的选择等内容。作为有效的领导者，在工作中要注意处理好以下问题：使下属了解本部门目标及其与总目标之间的关系；指令正确，要求明确；单线指挥，避免令出多门；对下属既要严格要求，又需注意激励。

(四)控制职能

控制是指为了确保组织目标及为此制定的行动方案能够顺利实现，在方案计划的实施过程中，根据反馈的信息将计划实施结果与计划目标进行对比分析，发现或预见到偏差，及时采取措施予以纠正或修改目标的管理活动。控制的内容包括：收集能够度量组织近期绩效的有关信息和组织内外环境变化方面的信息；比较已实现的绩效与先前计划中设定的期望绩效的差异；确认组织是否有必要采取行动纠正这种差异或重新修订组织目标；制定修正差异的具体措施并组织实施。需要注意的是，控制是一个动态的过程，管理者需要不断地收集信息进行对比分析，发现问题及时处理并通过组织内的创新来不断改进管理水平。随着科学技术的进步和管理理论的发展，特别是控制论、信息论和电子计算机的广泛应用，控制已由原先单纯事后的监督控制发展为事先的超前控制和即时的过程实时控制，控制的作用与效果更加显著。

(五)创新职能

创新是一项重要的管理职能，在一个科技迅猛发展、环境瞬息万变的社会，任何因循守旧、墨守成规、缺乏创新的组织都将在激烈的竞争中被淘汰出局。经济学家熊彼特(Joseph Alois Schumpeter)认为，资本主义的发展主要依赖企业家的创新活动这一“内在因素”。这种创新包括引进新产品、采用新技术、开辟新市场、发掘原材料和新来源等“技术创新”及改进企业组织等“制度创新”。现代社会创新的内容更加广泛，除了技术创新与制度创新以外，还包括观念创新、管理创新等内容。

以上五项管理职能在管理实践中不是互相独立的，而是相互联系、相互制约、相互渗透的一个统一体，是一个完整的管理活动所包含的各项工作内容。作为一个管理者，不能机械地按照这五项职能来依次从事管理工作，卓越的管理是这五项职能在运作上的高度契合，成功的管理者应该用联系的、发展的、辩证的眼光看待这些职能。

第三节　管理者与管理对象

一、管理者的含义及分类

(一)管理者的含义

从广义上讲，管理者的含义应是泛指所有执行管理职能，并对组织目标实现作出实质性贡献的人。这个概念既包括执行传统意义上的管理职能，对他人工作负有责任的人；也包括承担特殊任务，而不对他人工作负有责任的人；或者介于这两者之间的人。只要他利用其职位和知识，以个人的方式对组织作出实质性的贡献，使该组织工作有成果，就是一位管理者，而不管他对他人是否具有管理监督的权力、是否拥有下属。

(二)管理者的分类

1. 按管理人员所处的组织层次划分

(1)高层管理者

高层管理者是指一个组织中最高领导层的组成人员，是对整个组织的管理负有全面责任的人。他们对外代表组织，对内拥有最高职位和最高职权。他们的主要职责是：制定组织的总目标、总战略，掌握组织的大政方针并评价整个组织的绩效。组织的高层管理者是站在组织整体的立场，对组织活动进行综合指挥、统一管理，如公司总经理、学校校长、医院院长、机关行政干部等。

(2)中层管理者

中层管理者是指一个组织中层机构的负责人员，介于高层和一线管理人员之间。他们的主要职责是：贯彻执行高层管理人员所制定的重大决策，监督和协调基层管理人员的工作。与高层管理人员相比，中层管理人员特别注意日常的管理工作，起着承上启下的作用。如学校中的系主任、处长，企业中计划、生产、财务等部门的负责人，政府中的主任、局长等就属于中层管理者。

中层管理者一般可分为三类：行政管理人员、技术性管理人员和支持性管理人员。

(3)基层管理者

基层管理者是指在生产经营第一线的管理人员，是直接监察实际作业人员的管理者。他们的主要职责是：直接给下属人员分派任务、直接指挥和监督现场作业活动、保证上级下达的各项计划和指令的完成，如工厂班组长、酒店领班、车间小组长等。

上述三个不同层次的管理人员，其工作内容和性质存在很大的差别。一般来说，一线管理人员所关心的主要是具体的战术性工作，而高层管理人员所关心的则主要是抽象的战略性工作。

[互动话题]

张某是顺丰速运的网点经理。该网点每天要处理大量的快递派送业务，一般情况下，登记订单、按单备货、发送货物等都是由网点中的业务员承担的，但在前一段时间，接连发生了多起

A要的货物却发给了B而B要的货物却发给了C之类的事，引起顾客极大的不满。今天又有一大批书要发送，张经理不想让这种事情再次发生。

请问：他应该亲自发送这批货物，还是仍由业务员来处理？为什么？

2. 按管理人员所从事的工作领域划分

(1)综合管理人员

综合管理人员是指负责管理整个组织或其所属单位的全面管理工作的管理人员，他们是一个组织或其所属单位的主管，对整个组织或该单位目标实现负有全部的责任。例如，公司的总经理、工厂的厂长等。

(2)专业管理人员

专业管理人员是指负责管理组织中某一类活动(或职能)的管理人员，这类管理者只对组织中某一职能或专业领域的工作目标负责。例如，营销部经理、财务处处长、生产部门管理人员、人事部门管理人员、研究部门管理人员等就是职能管理者。

3. 按职权关系的性质划分

(1)直线管理人员

直线管理人员是指有权对下级进行直接指挥的管理人员，他们与下级之间存在着领导隶属关系，是一种命令与服从的职权关系。直线管理人员的主要职能是决策与指挥。直线管理人员主要指组织等级链中的各级主管，即综合管理者。例如，企业中的总经理、部门经理、班组长，他们是典型的直线管理人员，主要由他们组成组织的等级链。

(2)参谋管理人员

参谋管理人员是指对上级提供咨询、建议，对下级进行专业指导的管理人员，他们与上级是一种参谋、顾问与主管领导的关系，与下级是一种非领导隶属的专业指导关系。他们的主要职能是提供咨询、建议和指导。参谋管理人员通常指各级职能管理人员。

直线管理人员与参谋管理人员，是依职权关系进行的区分，是相对于职权作用对象而言的，在实际管理中两者经常转换。例如，人事处长对其他部门来说是参谋性管理者，因为其只是在人事领域内进行专业指导；而对于人事处内部人员来说，人事处长却又是直线管理人员，因为他对本处工作人员有直接指挥权。

二、管理者的角色与技能要求

管理者是组织的心脏，其工作绩效的好坏直接关系着组织的兴衰成败。管理者的角色与技能主要有如下几种：

(一)管理者的角色

1. 人际角色

管理者在处理与组织成员和其他利益相关者的关系时，他们就扮演人际角色。

(1)代表人角色。作为所在单位的管理者必须行使一些具有礼仪性质的职责，如出席集会、宴请重要客户等。

(2)领导者角色。由于管理者对所在单位的成败负重要责任，因此他们必须在工作小组内扮演领导者角色。

(3)联络者角色。管理者无论对内对外都充当联络者的角色。

2. 信息角色

管理者确保和他一起工作的人具有足够的信息，从而能够顺利完成工作，这时他们就扮演信息角色。

(1)监督者角色。作为监督者，管理者持续关注组织内外环境的变化以获取对组织有用的信息。

(2)传播人角色。作为传播者，管理者把重要的信息传递给工作小组成员，有时也因特殊目的向工作小组隐藏特定的信息。但更重要的是，管理者必须保证员工具有必要的信息，以便切实有效地完成工作。

(3)发言人角色。管理者把信息传递给单位或组织以外的个人。

3. 决策角色

管理者在处理信息并得出结论的过程中就扮演决策角色。

(1)企业家角色。管理者对所发现的机会进行投资以利用这个机会，如开发新产品、提供新服务、发明新工艺。

(2)干扰对付者角色。管理者必须善于处理冲突或解决问题，如平息客户的怒气、同不合作的供应商进行谈判或者对员工之间的争端进行调解等。

(3)资源分配者角色。管理者决定资源用于哪些项目。

(4)谈判者角色。研究表明，管理者把大量的时间花费在谈判上。谈判对象包括员工、供应商、客户、其他工作小组等。

对基层管理者来说，具备技术技能是最为重要的，具备人际技能在同下层的频繁交往中也非常有帮助。当管理者在组织中的层次从基层往中层、高层发展时，随着他同下级直接接触的次数和频率的减少，人际技能的重要性也逐渐降低。

对于中层管理者来说，对技术技能的要求下降，而对概念技能的要求上升，同时具备人际技能仍然很重要。

对于高层管理者而言，概念技能特别重要，而对技术技能、人际技能的要求相对来说则很低。当然，这种管理技能和组织层次的联系并不是绝对的，组织规模大小等一些因素对此也会产生一定的影响。

[小阅读]

《后汉书》中记载了刘邦和韩信的一次精彩的“论将”对话。

刘邦问韩信：“像我这样的人，能领兵多少？”

韩信说：“陛下能领兵十万。”

刘邦问：“而你呢？”

韩信说：“我是多多益善啊！”

刘邦问：“多多益善？那你为何被我所擒？”

韩信说：“那是因为陛下虽不能领兵，却善将将(用将之意)。”

请问：将才与帅才的区别是什么？

(二)管理者的技能

每位管理者都在自己的组织中从事某一方面的管理工作，并力争使自己的工作达到一定的标准和要求。管理是否有效，在很大程度上取决于管理者是否真正具备作为一位管理者应该具备的管理技能。这些管理技能包括以下方面：

1. 技术技能

技术技能是指与特定工作岗位有关的专业知识和技能，如生产技能、财务技能、营销技能等。管理者不必成为精通某一领域的技能专家，但需要了解并初步掌握与其管理的专业相关的基本技能，否则很难与他所主管的组织内的专业技术人员进行有效的沟通，从而无法对所辖业务范围的各项工作进行具体的指导。

不同层次的管理者，对于专业技能要求的程度是不同的。

2. 人际技能

人际技能是指与处理人际关系有关的技能，即理解、激励他人并与他人共事的能力，包括领导能力，但其内涵远比领导能力广泛。因为管理者除了领导下属外，还要与上级领导和同级同事打交道，因此，得学会说服上级领导、领会领导意图、学会与同事合作等。

[小阅读]

与众不同的管理者

"如果员工的生活是一团乱麻，那我们就无法预期他们在工作中有良好的表现。"这是熊猫餐厅公司的创建者、总裁程正昌所持的哲学。他与妻子蒋佩琪一起打造了一个拥有 1 200 多家店面、销售额高达 10 亿美元的餐饮帝国。他相信，公司的优秀程度取决于公司员工的优秀程度。实际上，他说自己公司的成功并不仅仅来自厨房间烹饪的美味菜肴，更是因为"他关注员工们的情感状况"。通过五项指导性的价值观——积极主动、示人以尊重/坚持一种双赢态度、追求成长、良好的运营以及打造一个友爱和强有力的管理团队，该公司大获成功。

请问：从这位与众不同的领导者身上你能够学到什么？

3. 概念技能

概念技能是指对事物的洞察、分析、判断、抽象和概括的能力。管理者应看到组织的全貌，了解组织与外部环境是怎么互动的，了解组织内部各部分是怎么相互作用的，能预见组织在社会的、政治的和经济上的作用，知道自己所管部门或科室在组织中的地位和作用。分析和概括问题的能力是概念技能的重要表现之一，管理者在任何混乱、复杂的环境中，都要敏锐地辨清各种要素之间的相互关系，准确地抓住问题的实质，果断地作出正确决策的能力。出色的概念技能可使管理者作出更好的决策。

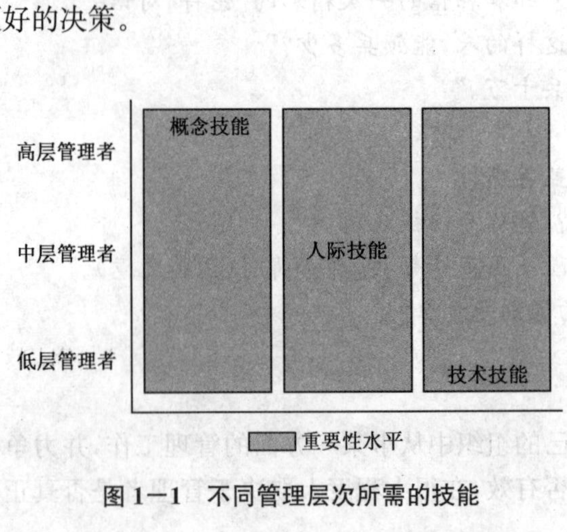

图 1—1 不同管理层次所需的技能

[小阅读]

在一次讨论会上，一位著名的演说家没有讲一句开场白，手里却高举着一张20美元的钞票。

面对会议室里的200个人，他问："谁要这20美元?"一只只手举了起来。他接着说道："我打算把这20美元送给你们中的一位，但在这之前，请准许我做一件事。"他边说着边将钞票揉成一团，然后问："谁还要?"仍有人举起手来。他又说："那么，假如我这样做又会怎么样呢?"他把钞票扔到地上，又踏上一只脚，并且用脚碾它。然后他拾起钞票，钞票已变得又脏又皱。"现在谁还要?"还是有人举起手来。"朋友们，你们已经上了一堂很有意义的课。无论我如何对待那张钞票，你们还是想要它，因为它并没有贬值，它依旧值20美元。人生路上，我们会无数次被自己的决定或碰到的逆境击倒，觉得自己似乎一文不值。但无论发生什么或将要发生什么，你们永远不会丧失价值。不管是肮脏或洁净、衣着整齐还是不整齐，你们依然是无价之宝。"

要成为有效的管理者，必须具备上述三种技能，缺一不可。对于高层管理者，最重要的是概念技能，基层管理者最接近现场，技术技能格外重要。由于管理者的工作对象是人，因此人际技能对各个层次的管理者来说都是重要的。

三、管理对象

管理对象是管理者为实现管理目标，通过管理行为作用其上的客体。

管理，总是对一个群体或组织实施的，所以，管理对象首先可以理解为不同功能、不同类的社会组织。而任何社会组织为发挥其功能，实现其目标，必须拥有一定的资源或要素。管理，正是对这些资源或要素进行配置、调度、组织，促使管理的目标得以实现。所以，这些资源或要素就成为管理的直接对象。同时，任何组织要实现其功能或目标，就必须开展一些职能活动，形成一系列工作或活动环节，只有对这些职能活动或工作环节进行有效的组织与协调，才能保证目标的实现。这样，这些职能活动或工作环节也成为管理的对象。因此，管理的对象应包括各类社会组织及其构成要素与职能活动。

组织、资源与职能活动作为管理对象是一体的。资源要素是构成组织的细胞，其动态组合与运行构成了职能活动；资源与活动又共同构成了完整的组织及其行为。资源、活动、组织是管理对象的不同形态，它们都受管理行为的作用，共同影响管理的成效和组织目标的实现。

四、学习管理学的重要性

(一)管理在现代社会中的地位和作用决定了学习管理学的必要性和重要性

众所周知，科学技术进步决定了社会生产力水平，从而推动社会发展的进程。但是，仅有先进的科学技术，没有先进的管理水平，没有相应的管理科学的发展，先进的科学技术是无法得到推广和有效运用的。它的作用也不可能得到充分的发挥，而且还会阻碍社会生产力的提高。因此，在当代，人们普遍认为，先进的科学技术和先进的管理科学是推动现代社会发展的"两个车轮"，缺一不可。这一点，已为许多国家的发展经验所证明。还有人认为，管理是现代社会文明发展的三大支柱之一，它与科学和技术三足鼎立。国外的社会学者一般认为，20世纪时经济学家特别受欢迎，而在互联网时代，一定是管理人才的天下，一定是掌握互联网思维的管理人才的天下。这些都表明管理在新世纪的发展中占有很重要的地位和起着很大的作用。

我国改革开放初期从国外引进了不少新设备、新技术，但是往往不能生产出合格的产品，或者不能充分发挥生产能力，其原因主要不是掌握不了生产技术，而是由于协作不好，组织管理水平跟不上。特别是引进工作中的盲目重复，不分轻重缓急，不从实际出发，造成大量的资财浪费，更是直接由于管理水平的落后所致。

而近些年，随着我国管理水平的提高，我国在众多领域都取得了长足的发展，有不少领域已经领先于世界，特别在物联网领域，因此，要促进经济的发展和各方面的进步，就必须提高管理水平。

根据管理在社会发展中的地位和作用及我国目前管理的现状，提高管理水平，加速管理的现代化是重要前提，只有这样，才能使资金和技术发挥更大的效能；才能推广先进的科学技术；才能形成新的生产力。因此，我国的现代化建设中，管理是关键，管理必须先行。要做到这一点，认真学习和掌握并普及运用管理的基础知识，这是提高我国管理水平的一项重要的"基本建设"。

(二)学习管理学是提高各级主管人员管理能力的重要途径

管理水平的落后，不仅表现在管理理论、管理方法等方面，更主要的是管理思想的落后。长期以来，大量企业特别是中小企业，认为完全凭权威、直觉和经验就能从事管理工作，这就导致了在管理教育方面一片空白。大家知道，管理知识总的来讲是来源于经验的，不过这个经验包括直接经验和间接经验，直接经验是主管人员在亲身的管理实践中获得的，而间接经验则是通过各种方式学习他人的经验获得的。主管人员要提高自己的管理能力，关键就在于把这两种经验有机地结合起来，而通过学习管理学正是获得他人的成功经验的最有效、最迅速的途径。用较短的时间掌握必要的管理基本理论和方法，然后在实践中因地制宜地运用这些知识来指导自己的工作，这对我国目前许多单纯经验型的、传统的主管人员和一些刚从专业技术内行走上领导岗位的主管人员是有非常重大的现实意义的。

(三)未来的社会更需要管理

管理是人类不可缺少的重要活动，未来随着社会共同劳动的规模日益扩大、劳动分工协作更加精细、社会化大生产日趋复杂，管理就更加重要了。互联网浪潮与人工智能浪潮将影响着所有的个人与企业，可以预测，全新的技术、高速度的发展必将需要一套更科学的管理，才能使新的技术、新的能源、新的材料充分发挥它们的作用。比起过去和现在，未来的管理在未来的社会中将处于更加重要的地位。

第四节　管理环境

一切组织的生存与发展都以人、财、物等内部条件作为基础，并受到一系列外部环境因素的影响和制约，任何组织都不是独立存在、自我封闭的。组织作为一个开放的系统，就是在内外环境因素的相互作用、相互影响的过程中不断成长的。作为组织的管理者，正确地分析、认识组织的内外环境因素，把握其变化发展规律是作出正确决策，尤其是战略决策的前提。有效的管理活动离不开对组织环境的分析、认识与把握，环境中存在的机会才有可能变成企业的机会。

一、管理环境的含义

管理环境是指影响组织生存和发展的各种内外因素的总称。通常，构成管理组织环境的因素分为两大类:一类是组织可控的因素,构成组织的内部环境;另一类是组织不可控的因素,构成组织的外部环境。

二、外部环境

从组织外部的角度来观察,环境中究竟有哪些因素会对管理者的行为产生影响呢?我们划分为如下两类:

(一)一般环境

一般环境,又称宏观环境或社会大环境,是指对某一特定社会所有企业或其他经济组织都会产生影响的环境因素,主要包括政治和法律环境、社会文化环境、经济环境、科技环境、自然环境等。在多数情况下,一般环境是特定组织的管理者所无法影响和控制的,因此,适应和利用是更常用的应对策略。

[小阅读]

异地同行取现手续费取消

国家发改委、中国银监会发布《关于取消和暂停商业银行部分基础金融服务收费的通知》(以下简称《通知》),规定自2017年8月1日起取消个人异地本行柜台取现手续费。各商业银行通过异地本行柜台(含ATM)为本行个人客户办理取现业务实行免费(不含信用卡取现)。

《通知》明确,暂停收取本票和银行汇票的手续费、挂失费、工本费等6项费用。此外,各商业银行应继续按照现行政策规定,根据客户申请,对其指定的一个本行账户(不含信用卡、贵宾账户)免收年费和账户管理费。

请问:商业银行对于国家发改委、中国银监会发布《关于取消和暂停商业银行部分基础金融服务收费的通知》采取了哪些应对策略?

(二)具体环境

具体环境,又称微观环境或任务环境,是指那些对管理者的决策和行动会产生直接影响并与实现组织目标直接相关的因素。不同的组织所面临的具体环境常常不同,从企业角度看,绝大多数企业都将面临的环境因素有顾客、竞争者、供应商、政府与公众、新闻媒体等。与一般环境相比,具体环境对特定组织的影响明显,也更容易被组织管理者识别、影响和控制。

三、内部环境

内部环境由组织内部的物质环境和文化环境构成。内部物质研究是要分析组织内部各种资源的拥有状况和利用能力,内部文化研究则是考察组织文化的构成要素及其特点。

(一)内部物质环境

资源是指组织生产经营活动过程的投入。任何组织的活动都需要借助一定的资源来进行。这些资源的拥有状况和利用情况影响甚至决定着组织活动的效率和规模。组织活动的内容和特点不同,需要利用的资源也有区别。但一般来说,任何组织的活动都离不开人力资源、物力资源以及财力资源的支持。

(二)内部文化环境

内部文化是指组织在长期的实践活动中所形成的,并且为组织成员普遍认可和遵循的,具有本组织特色的价值观念、团体意识、行为规范和思维模式的总和。

(三)管理过程中内部环境因素的利用

在组织内部,管理很大程度上表现为对内部环境因素的应用。在组织拥有的人、财、物、信息等诸资源中,人的因素始终占据核心的、决定性的地位。因此,管理过程中内部环境因素的应用从根本上说是对人的利用。对人的利用,实质上是对人的积极性的利用。

[复习思考题]

1. 何为管理？管理的基本特征是什么？
2. 如何理解"管理既是科学,又是艺术"？
3. 分析学习管理学的重要性。
4. 不同层次的管理者执行管理职能的侧重点有何不同？为什么？

[案例分析]

"无人店"成资本新宠,马云、宗庆后纷纷入局,是风口还是虚火？

用 APP 扫码,进入 24 小时无人值守的店铺,随心所欲地选择,无人收银机上手机支付——充满科技感的无人便利店已经来了。

2017 年 7 月 9 日,第二届淘宝造物节开幕,马云的首家无人超市"淘咖啡"正式落户杭州,引发广泛关注。

据了解,"淘咖啡"是一个占地达 200 平方米的线下实体店,集商品购物、餐饮于一体,可容纳用户达 50 人以上。

首次进店,用户需要打开"手机淘宝",扫码获得电子入场码(签署数据使用、隐私保护声明、支付宝代扣协议等条款),通过闸机,放好手机(不再掏出),于是开始了购物旅程。

在"淘咖啡"中,用户可以随意选取任何一种商品,这与日常购物并没有什么区别。而在用户选好商品离店前,会经过一道"结算门",在通过"结算门"的几秒时间内,便会自动完成扣款,一旁的提示器会告诉用户,"支付宝共计扣款××元"。

此外,"淘咖啡"还兼具餐饮功能。在点餐区,只要用户对服务员说"我要一杯冰摩卡、一份淘公仔马卡龙",这些需求就会迅速被语音识别系统捕捉,并进行下单。

据《21 世纪经济报道》,阿里巴巴相关人士透露,这次试水是在造物节现场进行的一次新零售试验。"并不是我们现在马上要去开一家无人超市,而且这项技术暂时也没有商用的计划。"

资本涌入,企业布局

2017 年以来,人工智能细分领域行情火爆,"无人零售店"概念也持续走火,被称为继"共享单车"之后的下一个风口。

而事实上,在阿里巴巴的"淘咖啡"正式亮相前,已经有多家企业争相布局无人店。

2016 年末,亚马逊推出线下实体超市 Amazon GO。上半年,去哪儿网创始人庄辰超打造了便利蜂,6 月初大润发在上海推出无人便利店缤果盒子。

而资本的嗅觉也敏锐地察觉到这个商机。据公开消息显示,6 月 28 日,创新工场宣布完成对无人店企业 F5 未来商店的 3 000 万元 A+轮融资;7 月 1 日,缤果盒子宣布已完成 A 轮融资,金额超 1 亿元,由纪源资本领投,启明创投、源码资本、Ventech China 等跟投。

除了互联网企业之外,不少传统零售企业也十分关注无人店。继欧尚、大润发之后,连锁巨头沃尔玛也在 6 月初推出了自助杂货售卖亭。6 月 25 日,娃哈哈也与研发无人零售技术的深蓝科技公司签订了一份“3 年十万台，10 年百万台”Take Go 无人店协议。

而北京居然之家也将于今年 7 月开出无人便利店 EAT BOX。随后，乳业大佬伊利也计划在 2 000 多个社区内推广与深蓝科技公司合作推出的无人便利微店。

目前来讲，无人便利店基本有三种技术形态：第一种是高大上的视频识别、生物传感器，对应的是 Amazon GO；第二种是 RFID 零售应用，对应的是缤果盒子；最后一种是传统的二维码扫描，对应的是便利蜂。

据《证券时报》消息，前几日，受阿里巴巴即将推出的“无人零售店”影响，无人零售概念股快速走强，相关概念股也纷纷跟涨。

下一个风口？

资本的不断涌入似乎预示着无人店正在成为下一个爆炸性新型业态。中国百货商业协会自助售货行业分会内部分析材料更显示，2017 年中国无人店行业将迎来一个起始年。

《21 世纪经济报道》援引行业分析人士称，阿里巴巴无人零售店的方案还是会基于平台思路，对线下场景进行改造，推动新零售的发展，线下超市的改造成本也会是一大障碍。其他的无人便利店，实质还是传统零售的一项技术升级，二者的商业模式和场景也不一样。对于它们来说，如果只是在收银环节优化，能节约多少成本还有待考察，其他的环境成本包括上货、配货、盘点和轧账，一个环节都不能少。

此外，浙江大学管理学院副教授郑刚告诉中新经纬客户端，“无人零售店”属于服务升级，不论是从管理角度还是消费角度，都是一种趋势，应该持开放的态度，“能不能推广的关键不是有没有人，而是店里有没有我们需要的东西”。

郑刚认为，目前国内的人力成本还没有贵到一定程度，“无人零售店”还不能算处于风口。他同时提醒，布局“无人零售店”要吸取顺丰嘿客的教训，“要小步快跑，快速迭代，不断改进，把市场的交给市场”。

近日，在上海落地的首家无人便利店频频出现室温过高、收银系统出错等问题。如今，超市内部货架已被清空，店铺也处于停运维修状态。

尽管目前还无法判断“无人店”是不是能带来便利，但可以看到的是，这种商业模式目前还有很多问题需要解决。

不管如何，对零售业而言，一个新的时代真的开始了。

资料来源：《21 世纪商业评论》，2017-7-10。

思考题：

1. 分析“无人店”的管理方式的转变情况。
2. 分析“无人店”的主要购买人群。
3. 分析“无人店”是风口还是虚火。

第二章　管理理论的发展

管理的第一目标是使较高的工资与较低的劳动成本结合起来。

——弗雷德里克·温斯洛·泰罗

[学习目标]

知识点：

1. 掌握不同管理思想的特点及主要学派的基本观点；
2. 了解各管理学派的主要代表人物及其贡献；
3. 了解我国古代管理思想，理解我国当代管理思想的演进过程；
4. 了解新的管理思想。

技能点：

1. 运用管理理论的知识处理简单的管理问题；
2. 理解并能够解释说明管理理论的发展脉络。

[案例导入]

丁谓主持修建皇宫

丁谓，字谓之，是北宋真宗时期有名的宰相。《智囊》中的一则故事，说的是丁谓善于应对突发事件，并能走一步想两步的聪明智慧。

祥符年间(公元1008至1016年)，真宗的寝宫突发火灾，火势巨大，最后房倒屋塌，损失惨重。当时丁谓担任宰相，全权主持宫室的修复重建工作。由于建筑用的泥土材料从郊外运来，费时费工，而工期又太紧，丁谓想出了一个超常规的办法。

他首先吩咐民工在皇宫外面直接挖土自用，但挖的时候有讲究：凿成一条大渠。泥土的需求解决了。

其他建筑材料仍需要从外面运进，同样要浪费许多时间。这该怎么办？原来奥秘就在渠上。这条大渠不仅又宽又深，而且走向是经过严格规划设计的——一头连接城内的汴河，一头直接通到皇宫里面的街道。这是丁谓设想的第二步。

接下来，他让民工将开封城内的汴河挖开，引水入渠。这样，外地采购的建筑材料就可以走水路，从汴河进入大渠，然后“快递”到建筑工地。这是丁谓设想的第三步。

寝宫修复重建完毕，皇宫也整饬一新，剩下的就是现场建筑垃圾的清理了。丁谓让民工先坝住汴河，将渠水用尽，再将土石瓦砾、断梁残柱等统统倾倒进大渠，夯实抹平，恢复原来的平地，栽上树木，形成景观园区。这是丁谓设想的最后一步。

丁谓这个超常规的设想，不仅大大节省了人力、物力和财力，而且提高了劳动效率，更好地保证了施工质量。最终工程结算，节省了亿万两银子。真宗及众臣称赞不已。丁谓主持的皇宫修建工程体现了中国古人高超的智慧。

资料来源：根据 http://www.baike.com 相关资料改编。

在古代社会的长期历史进程中，人们对管理实践的思考处在不自觉的状态中，对管理的具体问题与具体环节、方法等方面提出了很多见解，记录下了许多成功的管理经验和方法，从而形成了丰富的古代管理思想遗产。然而，这些管理思想是分散、零碎的，缺乏理论的分析和概括，更谈不上思想体系。直到19世纪后期，在社会生产力高度发展与科学技术飞跃进步的推动之下，管理问题得到重视和关注，对管理实践的观察研究和总结不断发展，使人们对管理的认识不断系统与深入，管理思想逐渐形成一个独立的思想体系，进而使管理成为一门学科。

管理学的产生，使管理思想的发展进入了一个崭新的境界。管理思想史正是以不同社会阶段管理思想的演进过程作为自己的研究对象，探索其发展规律的。从学科的角度来说，管理思想史是研究和揭示人类管理思想的产生、发展和演变的历史过程及其规律的科学。

第一节　中国古代管理思想

我国古代的管理思想及理论框架基本形成于先秦至汉代这一时期。古代管理思想主要体现在先秦到汉代的诸子百家思想中，如儒家、道家、法家、兵家、商家等。古代许多经典著作，如《论语》、《道德经》、《孙子兵法》、《九章算术》等，充分反映了我国古代的管理思想和成功的经验。《老子》主要体现了管理者的权变谋略和在管理过程中的境界、素质及管理原则的思想；《孙子兵法》主要体现了管理者在人事、决策、环境、组织等方面的战略思想；《韩非子》主要体现了管理者的统御谋略思想；而《九章算术》则是我国古代培训管理人员及供他们日常应用的手册，其中三分之二的题目可与财政或工程官员职能相对应，堪称两千年前世界管理数学之最。

一、我国古代治国、治生和治身的管理思想

从宏观的角度看，我国古代管理思想大致可分为三个部分：治国、治生和治身。治国主要是处理整个社会、国家管理关系的活动，即“治国之道”。它是治理整个国家、社会的基本思路和指导思想，是对行政、军事、人事、生产、市场、田制、货币、财赋、漕运等方面的管理学问；治生是在生产发展和经济运行的基础上通过官、民的实践逐步积累起来的，它包括农副业、手工业、运输、建筑工程、市场经营等方面的管理学问；治身主要是研究谋略、用人、选才、激励、修身、公关、博弈、奖惩等方面的学问。这三个部分的管理思想还可细划为以下五个方面：

（一）“以人为本”的管理思想

“以人为本”思想在我国最早是由政治家管仲提出的，其本意是只有解决好人的问题，才能达到“本理国固”的目的，中国传统的民本思想基本上就是沿此传承下来的。我国古代思想家对人的行为进行了深入研究，如关于人的行为规律。孔武提出“人情之理，不可不察”。在管理中，要重视研究人的规律，要根据一定的规律去满足人的欲望，办事情才能符合客观实际。关于发挥人的主观能动性，荀况提出“天有其时，地有其财，人有其治”的观点，强调人有掌握天时、使用地利的办法，如果放弃人的努力，期望天地的恩赐，那就太糊涂了。关于奖励和惩罚问题，认为要用赏赐去鼓励人们不怕牺牲、为国立功的精神和行为，用刑罚使干坏事的人害怕，并

得到约束。关于群体行为和组织行为的思想，荀子指出“人之生不能无群，群而无分则争，争则乱，乱则穷”。这里，荀子提倡的就是集体行为，他认为群体性是人类本性之一，人的生存不能离开群体。总之，我国古代十分强调以人为核心的各种群体关系，包括家庭邻里、社会、国家乃至自然界，它倡导的不是个人主义而是对更大实体的责任。

(二)“正人必先正己”的管理思想

中国古代管理非常强调领导者的道德素质的重要性，崇尚“道德教化”和“正己正人”的管理方式。“正己而不求于人，则无怨。”“诚者，非自成己而已也，所以成物也。成己，仁也；成物，知也。”意思是端正自己与他人，成就物业为自我。从管理学的角度来说，就是最佳的管理行为都应是以双向约束为基本要求的，不仅约束他人行为使之端正，同时也使自己的行为得以规范。先哲们认为，“正己”为“正人”的前提，如果连自己都不能“正”，岂能奢言正人。我国古代管理思想的本质是“人为，为人”。个人首先要注意自身的行为修养，“正人必先正己”，然后从“为人”的角度出发，来从事、控制和调整自己的行为，创造一种良好的人际关系和激励环境，使人们能够在激发状态下工作，主观能动性得到充分的发挥。“人为”与“为人”二者具有相辅相成的辩证关系。对任何管理者或被管理者，都有从“人为”向“为人”转变的过程。这一过程体现在家庭、行业、国家一切方面的管理之中，管理者与被管理者越是注重自身行为的素质，其“为人”即管理的效果就越好。我国古代管理非常强调领导者的道德素质的重要性，崇尚“道德教化”和“正己正人”的管理方式。管理是一个“修己安人”的过程，一切管理都以“修己”作为起点，最终达到“安人”的目标。其实，“安人”的终极目标还是实现自己做好管理的目的。

(三)富有辩证法思想的“经权观”管理思想

我国古代管理思想普遍贯穿着经权观，“经”指“变中不易的常理”，即管理中普遍的、稳定的原则，“权”指“应变的权宜”，即根据时空和势态变化而不断改变着的方法和策略。这种经权观要求“执经达权”，即根据普遍的管理原则和事物运动的客观规律来选择和确定合适的管理策略和方法，最后达到管理目标；同时要求“通权达变”，即根据不断变化的情势而随时调整自己的管理方式，“穷则变，变则通，通则久”，德治、礼治的恒久之道正是由于不断的变通才得以持久、得以实现的。

(四)经世实用的战略管理思想

我国古代的军事典籍中蕴藏着大量的战略管理思想，这已成为今天军事乃至企业经营战略管理的重要思想宝藏。在《孙子兵法》中，孙子着重指出了战略谋划的重要性。他强调事前必须周密分析条件，充分考虑“道”、“天”、“地”、“将”、“法”这“五事”，做到“凡此五者，将莫不闻，知之者胜，不知者不胜”。在“五事”的基础上，还要探求和对比敌我双方的强弱优劣，称为“七计”。这里所说的“道”，就相当于我们现在的管理目标，“天”和“地”相当于时机和环境，“将”指有能力的管理者，“法”则相当于制度、纪律、组织。“法”就是经营学中的经营管理能力。

(五)“天人合一”的整体和谐观管理思想

古代管理思想是以整体和谐观为基础的。也就是把管理作为一个统一的整体的过程，促使社会与自然、管理系统与外部环境以及管理组织内各种组成之间达到最佳和谐，把管理的各个要素和功能组成一个统一的有序结构。我国古代管理思想的灵魂是和谐观。它以追求管理系统的协调、和谐、稳定为目标，在生产管理上实现“天人合一”；在社会管理上实现“天下一家”；在人事管理上实现“知行合一”和“情理合一”。和谐观使管理不仅表现为一种科学的理性操作，更是一种人们所创造的理想境界。管理的最高境界是“无为而治”，一个组织中的成员都能自发地按照规范和要求办事，自觉地发挥自己的力量，维护组织的宗旨和荣誉，这就是孔子所说的“从心”，孟子所说的“天时不如地利，地利不如人和”。

二、中国古代管理实践

中国在两千多年的封建社会中，中央集权的国家管理制度、财政赋税的管理、官吏的选拔与管理、人口田亩管理、市场与工商业管理、漕运驿递管理、文书与档案管理等方面，历朝历代都有新的发展，出现了许多杰出的管理人才，在军事、政治、财政、文化教育与外交等领域，显示了卓越的管理才能，积累了宝贵的管理经验。

战国时期著名的“商鞅变法”是通过变法提高国家管理水平的一个范例；文景之治使国家出现了政治安定、经济繁荣的局面；万里长城的修建，充分反映了当时测量、规划设计、建筑和工程管理等的高超水平，体现了工程指挥者所具有的高超的管理智慧；都江堰等大型水利工程，将防洪、排灌、航运进行综合规划，显示了我国古代工程建设与组织管理的高超水平；丁谓主持的“一举三得”皇宫修建工程堪称运用系统管理、统筹规划的范例。还有许多令人赞叹的管理实践都体现了中国古人高超的管理智慧。

综观中国古代管理实践可以看出，管理与行政基本融为一体。由于古代中国是典型的农业经济，行政管理是社会管理最主要的模式，因此，任何一项工程、任何一项管理活动，无不以国家或官府的名义展开，管理实践也只有在和行政融合过程中才有表现的机会。实际上，我们所了解的中国古代管理实践，都是行政中的管理实践。中国古代的管理实践是一种经验管理。古代管理实践的成功与否主要取决于管理者或决策者的素质高低。管理者的个人知识、能力和经验越丰富，越有可能进行卓有成效的管理活动；否则，管理就可能缺乏成效，甚至失败。因此，管理实践是与个人经验分不开的，是一种典型的经验管理。

三、中国古代名家管理思想

中国古代出现了许许多多的思想家，有着极为丰富的管理思想。其中，老子、孔子、孟子、孙子、管子的管理思想最具有代表性。

老子是先秦道家学说的创始人。在他的思想体系中，不仅有着深邃的哲学思想，而且也包含着涉及政治、经济、文化、军事诸多方面的社会及国家管理思想。诸如“道法自然”、“无为而治”等许多思想对中外管理思想的发展产生了深刻影响。

孔子作为儒家学派的创始人，他的以仁为核心、以礼为准则、以和为目标的以德治国思想是其管理思想的精髓，成为中国传统思想的主流。

孟子是孔子思想的嫡派传人，也是继孔子之后儒家学派最重要的代表，被后世尊为“亚圣”，堪称中华民族的思想文化巨人。孟子的管理思想是孟子思想体系的一个重要组成部分，他的性善论的人性观、施“仁政”的管理准则以及“修其身而天下平”等思想，对中国管理思想的完善与发展作出了重要贡献。

孙子是中国古代著名的军事家，其军事思想和管理思想主要体现在他的传世之作《孙子兵法》中。国外的许多大学师生和企业家们都把《孙子兵法》作为管理著作来研读。“不战而屈人之兵”、“上兵伐谋”、“必以全争于天下”、“出其不意，攻其不备”、“唯民是保”等思想至今仍为管理者们所运用。

管子是我国古代杰出的政治家、军事家和思想家。他辅佐齐桓公 40 年，政绩卓著，帮助齐桓公实现了称霸诸侯的理想。他的“以人为本”的思想、“与时变”的发展与创新精神、德能并举的选贤标准等许多管理思想，无不透射出永恒的智慧之光。

纵观中国古代管理实践和名家管理思想，古代管理思想博大精深，是一个丰富的、无尽的宝库，不仅成为滋养中华民族蓬勃发展的智慧之源，而且也被世界各国有识之士所开发和利用。

四、中国古代管理思想的基本特征

中国古代管理思想的基本特征是通过对中国古代思想家的管理思想进行归纳、提炼、综合的结果。尽管概括难免有局限性，但是我们还是可以借助已有资料发现其带有共性的和突出的特征：(1)把人作为管理的重心；(2)把组织与分工作为管理的基础；(3)强调了农本商末的固国思想；(4)突出了义与情在管理中的价值；(5)赞赏用计谋实现管理目标；(6)把中庸作为管理行为的基准；(7)把求同视为管理的重要价值。

[互动话题]

《论语·为政篇》中指出："君子不器"，即领导者主要从事管理工作，而不应自己一味"冲锋陷阵"。孙子指出："兵无常势，水无常形，能因敌变化而取胜者，谓之神"，并强调战略战术上的"奇正相生"和灵活运用的重要性。《三十六计》，旨在应付千差万别、千变万化的复杂局面，要"审时度势"、"时变境迁"、"运用之妙，存乎一心"。诸葛亮东和孙权，北拒曹操，西抚蛮夷，所用战略不同；他三气周瑜、七擒孟获、六出祁山、五路退敌，其战术也不一样。这种根据时间、地点、条件而采取不同方法的做法，是中国古代"权变"思想的萌芽。

问题：案例表现了古代什么管理思想？

第二节 西方管理理论的形成与发展

自从历史上第一步成文的法典——《汉谟拉比法典》在 2 000 多年前颁布开始，西方管理理论的历史长河便由此开启。经过长时间的发展和研究，西方管理理论已经形成一个比较完整、严密的体系，并且发展了各种不同的理论。西方管理理论的历史大致可以分为以下几个阶段：古代管理思想阶段、古典管理理论阶段、行为科学管理理论阶段、现代管理理论阶段及当代管理理论阶段。

一、西方古代管理思想阶段

西方文化起源于古希腊、古罗马、古埃及、古巴比伦等文明古国，它们在公元前 6 世纪左右建立了高度发达的奴隶制国家，在文化、艺术、哲学、数学、物理学、天文学及建筑学等方面为人类发展作出了卓越贡献。西方早期的管理思想也伴随着古代文明的发展而发展。

西方早期管理实践的代表是古埃及金字塔的修建。古埃及人在公元前 525 年至公元前 500 年建造了许多金字塔，他们在建造金字塔的过程中，建立了以法老为最高统治者，从宰相至底层书吏、监工的金字塔式的管理机构，在工作中每个人各司其职，从而建造完成了人类历史上这一伟大工程。

公元 3 世纪后，随着奴隶制的衰落、基督教的兴起，这些古代文化逐渐被基督教文化所取代。基督教文化所包含的伦理观念、管理思想，对以后西方封建社会的管理实践起着指导性作用。

进入 18 世纪中期及下半叶，随着西方资本主义的发展和工厂制度的形成，为了解决工业革命所带来的劳资矛盾日益尖锐、组织和管理方式落后等问题，不少学者对管理进行了理论探索，他们中最具代表性的人物是亚当·斯密（Adam Smith，1723－1790）、查尔斯·巴贝奇（Charles Babbage，1792－1871）和罗伯特·欧文（Robert Owen，1771－1858）。

英国经济学家亚当·斯密是资本主义古典政治经济学的创始人，于1776年发表了其代表作《国富论》，他在书中系统地阐述了劳动价值论及劳动分工理论，并提出了“经济人”的观点。他的“经济人”观点后来成为西方管理理论的重要依据之一。

英国剑桥大学数学教授查尔斯·巴贝奇发展了亚当·斯密的论点，深化了劳动分工协作原理，提出了“边际熟练原则”和“管理的机械原则”。他的代表作是1832年出版的《论机器与制造业的经济》，为以后古典管理理论的形成提供了一定的思想依据。

罗伯特·欧文是英国空想社会主义代表人物，他提出了“人是环境的产物”这一著名的管理思想，强调在工厂生产中要重视人的因素，工厂通过采取缩短工人的工作时间、提高工人工资、改善工人住宅条件等方式可以获得更多的利润。罗伯特·欧文在人事管理方面的理论与实践，对后来的行为科学理论产生了很大的影响，被誉为“人事管理的创始人”。

二、古典管理理论阶段

管理科学产生于19世纪末20世纪初，是随着资本主义工业的发展而逐渐形成和发展起来的。一般认为，管理科学至今历经古典管理理论、行为科学理论和现代管理理论三个发展阶段。这一阶段的代表人物主要有美国的泰罗（Frederick W. Taylor）、法国的法约尔（Henri Fayol）、德国的韦伯（Max Weber）以及后来的美国人古利克（Luther Gulick）和英国人厄威克（Lyndall Urwick）等。古典管理理论较系统地探讨了经济管理问题。

（一）泰罗的科学管理理论

弗雷德里克·温斯洛·泰罗出身于美国一个富裕的律师家庭，良好的家庭教育使他从小有了追求真理、观察核对事实的强烈欲望和根除浪费与懒惰弊病的热忱，对处理任何事情都想探究一种最好的方法。18岁时，泰罗以优异成绩考入哈佛大学，第二年因视力与健康原因而中止学业，到一家小机械厂当徒工。22岁进入费城米德韦尔钢铁公司当技工，后来迅速提升为工长、总技师。28岁时任钢铁公司总工程师。他对工人处境、劳动状况有着丰富的实践体验，并由此引发了他对通过提高低工作效率工人的劳动效率来改变企业工作状况的思考。理解这种思考，就有必要结合他在米德韦尔和伯利恒钢铁公司目睹的现象——仍处于较原始状态的企业管理水平，因为泰罗改进工厂中工作方式的决心正是由这种亲身感受所唤起的。泰罗的一系列实验就是从此开始的。1901年以后，他用大部分时间从事写作、演讲，宣传他的管理理论。1911年发表其代表著作《科学管理原理》，奠定了科学管理理论基础，标志着科学管理思想的正式形成，泰罗也因而被西方管理学界称为“科学管理之父”。

表2－1　　泰罗的主要思想与贡献

序号	具体内容
1	管理的中心问题是提高劳动生产率
2	工时研究与劳动方法的标准化
3	科学挑选与培训工人
4	实行差别计件工资制

续表

序号	具体内容
5	管理职能与作业职能分离
6	实行“例外原则”
7	强调科学管理的核心是“一场彻底的心理革命”

前三项是通过“铁锹试验”得出的，而后四项则是通过“搬铁块试验”得出的。

与泰罗同时代的科学管理理论学派的著名学者还有甘特、吉尔布雷斯夫妇等。

(二)法约尔的一般管理理论

亨利·法约尔，法国人，早期就参与企业的管理工作，并长期担任企业的高级领导职务。法约尔的研究是从“办公桌前的总经理”出发的，以企业整体作为研究对象。他认为，管理理论是指有关管理的、得到普遍承认的理论，是经过普遍经验检验并得到论证的一套有关原则、标准、方法、程序等内容的完整体系；有关管理的理论和方法不仅适用于公私企业，也适用于军政机关和社会团体。其代表作有《工业管理与一般管理》。法约尔区别了经营和管理，他认为这是两个不同的概念，管理包含在经营之中。通过对企业全部活动的分析，法约尔将管理活动从经营职能中提炼出来，成为经营的 6 项职能，即企业的全部活动可以分为以下 6 种：(1)技术活动(生产、制造、加工)；(2)商业活动(购买、销售、交换)；(3)财务活动(筹集和最适当地利用资本)；(4)安全活动(保护财产和人员)；(5)会计活动(财产清点、资产负债表、成本、统计等)；(6)管理活动(计划、组织、指挥、协调和控制)。

不论企业是大还是小、是复杂还是简单，这 6 种活动总是存在的。这些职能并不是相互割裂的。法约尔指出，它们之间实际上相互联系、相互配合，共同组成一个有机系统来完成企业生存与发展的目的。技术活动指生产方面的系列活动，有生产、制造和加工 3 种具体活动；商业活动指流通方面的系列活动，比如购买、销售等；财务活动考虑的是如何积累资本和利用资本，实现最少投资、最大产出；安全活动要求确保财产安全和企业员工的人身安全；会计活动包括清理财产、计算成本等方面的活动；管理活动包括计划、组织、协调等方面的活动。由于上述 6 种职能都需要具有相关方面的才能，而企业员工作为各个职能的具体执行者，则必须具备这些能力才能胜任上述职能。

法约尔先将企业的共性摆出来，然后指出前 5 种活动都不负责制订企业的总经营计划，不负责组织、协调各方面的力量和行动，而这些至关重要的职能应属于管理。因此，法约尔定义管理就是实行计划、组织、指挥、协调和控制。现代将其简称为计划、组织、领导和控制。

表 2—2　　法约尔的主要思想与贡献

序号	具体内容
1	对企业经营活动的概括
2	最早提出管理的职能
3	系统地总结管理的一般原则
4	对等级制度与沟通的研究
5	重视管理者的素质与训练

(三)韦伯的古典组织理论

马克斯·韦伯生于德国,曾担任过教授、政府顾问、编辑,对社会学、宗教学、经济学与政治学都有相当的造诣,被称为“组织理论之父”。韦伯的主要著作有《新教伦理与资本主义精神》、《一般经济史》、《社会组织和经济组织理论》等,其中官僚组织模式(Bureaucratic Model)的理论(即行政组织理论),对后世产生了极为深远的影响。有人甚至将他与杜克海姆、马克思奉为社会学的三位“现世神明”。韦伯行政组织理论产生的历史背景,正是德国企业从小规模世袭管理到大规模专业管理转变的关键时期。

韦伯认为,任何组织都必须以某种形式的权力作为基础,没有某种形式的权力,任何组织都不能达到自己的目标。人类社会存在三种权力:传统权力——传统惯例或世袭得来;超凡权力——来源于别人的崇拜与追随;法定权力——理性－法律规定的权力。对于传统权力,韦伯认为,人们对其服从是因为领袖人物占据着传统所支持的权力地位,同时,领袖人物也受传统的制约。但是,人们对传统权力的服从并不是以与个人无关的秩序为依据,而是在习惯义务领域内的个人忠诚。领导人的作用似乎只为了维护传统,因而效率较低,不宜作为行政组织体系的基础。而超凡权力的合法性,完全依靠对于领袖人物的信仰,他必须以不断创造的奇迹和英雄之举赢得追随者,超凡权力过于带有感情色彩并且是非理性的,不是依据规章制度,而是依据神秘的启示。所以,超凡的权力形式也不宜作为行政组织体系的基础。

韦伯认为,只有法定权力才能作为行政组织体系的基础,其最根本的特征在于它提供了慎重的公正。原因在于:(1)管理的连续性使管理活动必须有秩序地进行;(2)以“能”为本的择人方式提供了理性基础;(3)领导者的权力并非无限,应受到约束。

表 2—3　　韦伯的理想的行政组织体系的特点

序号	特　点
1	组织的成员之间有明确的任务分工,权利义务明确规定
2	组织内各职位按照登记原则进行法定安排,形成自上而下的等级系统
3	组织按照明文规定的法规、规章组成
4	组织中人员的任用要根据职务的要求,通过正式的教育培训,考核合格后任命,严格掌握标准
5	管理与资本经营分离,管理者应成为职业工作者,而不是所有者
6	组织内人员之间的关系是工作与职位关系,不受个人感情影响

古典的管理理论是人类历史上首次用科学的方法来探讨管理问题,实质上反映了当时社会的生产力发展到一定的阶段对管理上的要求,要求管理适应生产力的发展;反过来,管理思想的发展、管理技术和方法的进步,又进一步地促进了生产力的发展。

三、行为科学管理理论阶段

行为科学是 20 世纪 30 年代开始形成的一门研究人类行为的新学科、一门综合性科学,并且发展成国外管理研究的主要学派之一,是综合应用心理学、社会学、社会心理学、人类学、经济学、政治学、历史学、法律学、教育学、精神病学及管理理论和方法,研究人的行为的边缘学科。它研究人的行为产生、发展和相互转化的规律,以便预测和控制人的行为。

行为科学管理理论始于 20 世纪 20 年代中期至 30 年代初梅奥的霍桑实验,该项研究的结果表明,工人的工作动机和行为并不仅仅为金钱收入等物质利益所驱使,他们不是“经济人”,

而是“社会人”，有社会性的需要。梅奥因此建立了人际关系理论，行为科学的前提也称为人际关系学。

(一)霍桑实验和人际关系理论

1. 梅奥与霍桑实验

梅奥是美国著名的心理学教授、人际关系理论创始人。其代表作为《工业文明的人类问题》。霍桑实验是指在1924～1932年，以梅奥为首的一批学者，在美国芝加哥西方电气公司所属的霍桑工厂进行了长达8年有关科学管理的一系列实验。霍桑实验开始于1924年，当时是根据科学管理理论中关于好的工作环境可以提高工人的劳动生产率的假设，进行“照明的质量与数量同工业中效率的关系”的研究，试图通过照明强弱的变化与产量变化间的关系来分析工作条件与劳动生产率之间的关系。结果却发现，工作环境与劳动生产率的提高没有必然的联系，反而与人的因素密切相关。整个实验前后共分四个阶段。

(1)工人照明实验(1924—1927年)

这一实验是在挑选来的12名绕线工人中间进行的，工人分成两组：一组是实验组，其照明条件经常改变；另一组是参照组，其照明度始终保持不变。实验的结果出乎研究人员的预料，两组的产量都在不断提高。后来，他们又采取了相反的措施，逐渐降低实验组的照明强度，还把实验组的两名女工安排在单独的房间里劳动，使照明度一再降低，以致降到几乎和月亮光差不多的程度，也只有在这时候，产量才开始下降。实验表明，劳动绩效与照明无关。在这一阶段，研究人员还从工作报酬(集体工资和个人计件工资)、休息时间、工作日和工作周的长短等方面进行了实验。实验表明，这些条件的变化不是影响生产效率的决定因素。研究人员感到毫无意义，并纷纷退出实验小组。霍桑实验陷入了困境。

(2)福利实验(1927—1932年)

1927年，梅奥率领的哈佛实验小组连同电气公司的人员成立了一个新的研究小组，霍桑实验的第二阶段从此开始。这项实验又称实验室实验，其中有一次是在继电器装置实验室进行的。梅奥等人挑选了5名装配工和1名画线工，让他们在同其他工人隔离的控制条件下工作。实验过程中逐步增加一些福利措施，如缩短工作日、安排工间休息、免费供应茶点等，结果产量提高了。两个月后，他们取消了这些福利措施，发现产量不仅没有下降，反而上升。实验表明，增加福利措施，对生产效率并无直接影响。研究人员进一步调查了解后发现，原来在实验时，管理人员经常与工人交流，态度较和蔼，工人之间的关系比较融洽，工人能在友好、轻松的氛围中工作，从而激发了劳动热情。实验表明，在调动积极性、提高产量方面，人际关系是比福利措施更重要的因素。

(3)访谈实验(1928—1931年)

为了探究人际关系对劳动绩效的影响，在两年多的时间里，梅奥等人组织了大规模的调查，谈话人数达两万人次以上。在访问的过程中，访问者起初提出的问题大多是一些“直接问题”，如工厂的督导工作及工作环境等方面的问题，虽然访问者事先声明，将严格保守秘密，请工人放心，可是受访者在回答问题时，仍然遮遮掩掩，存有戒心，怕自己受到厂方报复，谈话总是无关痛痒。后来改用了“非直接问题”，让受访者自行选择适当的话题，这样工人在谈话中反而无所顾忌了。在这次大规模的访问中，梅奥等人搜集了有关工人态度的大量资料，经过研究分析，了解到工人的工作绩效与他们在组织中的身份和地位及与其他同事的关系有密切联系。同时，这次大规模的实验还收到了一个意想不到的效果，就是在这次谈话实验以后，工厂的产量出现了大幅度的提高。梅奥等人分析认为，这是由于工人长期以来对工厂的各项管理方法有许多不满意之处，但无处发泄，而这次实验，使工人无话不谈，发泄了心中的怨气，因而使产量大幅度上升。

(4)继电器线圈装配组观察实验(1931—1932 年)

这项实验又称为群体实验，为了系统地观察群体中人们之间的相互影响，研究人员从车间里挑选了 14 名男工，其中有 9 名绕线工、3 名焊接工和 2 名检验员，在一个专门的单独房间里工作。研究者在实验开始时向工人说明，他们可以卖力工作，报酬实行个人计件工资制。研究者原以为，这套奖励办法会使职工努力工作。但是结果出人所料，产量只保持在中等水平上，工人绝不愿因超额而成为“快手”或因完不成定额而成为“慢手”。当达到定额产量时，他们就会自动地松懈下来，因而小组的产量总是维持在一定的水平上。为了维护这个标准，当有人超过定额产量时，旁人就给他暗示，小组就会给他压力；工人还会对那些不按规矩办事和向厂方告密的“告密者”进行嘲笑、讽刺甚至在胳膊上相当用力地打一下。实验表明，工人自己有一套非正式的群体规范来维护班组内部的团结，抵御物质利益的引诱。梅奥由此提出“非正式群体”的概念，认为在正式组织中存在着自发形成的非正式群体，这种群体有自己的特殊规范，对人们的行为起着调节和控制作用。

通过 8 年的霍桑实验，研究人员获得了大量的第一手资料，为人际关系理论的形成及后来的行为科学奠定了基础。

2. 人际关系理论的主要内容

霍桑实验的研究结果否定了传统管理理论对于人的假设，表明了工人不是被动的、孤立的个体，他们的行为不仅仅受工资的刺激，影响生产效率的最重要因素不是待遇和工作条件，而是工作中的人际关系。梅奥据此于 1933 年出版了《工业文明中的人类问题》一书，提出了与古典管理理论不同的新观点，构成了早期人际关系理论的主要内容，主要归纳为以下几个方面：

(1)工人是“社会人”

泰罗的科学管理以“经济人”理论作为背景，把人当成“会说话的机器”，认为工人工作积极性的高低主要取决于物质利益的多少，以此来实施管理。而梅奥认为工人不只是“经济人”，还是“社会人”，即工人除了有经济需求之外，还有社会的和心理方面的需求，如友情、尊重、理解等。管理者若能设身处地地关心下属，注意情感交流，工人的劳动生产率就会有较大提高。

(2)士气和情结是影响效率的重要因素

工人的生产效率主要取决于与周围人群的人际关系和工人的工作态度。在决定生产效率的诸多因素中，工人的满意度处于首要位置，而生产条件、工资报酬只是第二位的。因此，管理者在组织中创造良好的工作氛围，让员工保持高昂的士气，对于生产效率的提高起着至关重要的作用。

(3)企业正式组织中存在着“非正式组织”

正式组织是组织设计工作的结果，是经由管理者通过正式的筹划，并借助组织职务说明书等文件予以明确规定的，具有严密的组织结构。在正式组织运作中常常会存在一个甚至多个非正式组织。这种组织是未经正式筹划而由人们在交往中自发形成的社会关系的网络，其基本特征是自发性、内聚性和不稳定性。

非正式组织与正式组织相互交错地同时并存于一个单位、机构或组织之中，这是一种不可避免的现象。非正式组织可以用来作为改善正式组织信息沟通的工具，有些场合下，还能满足成员心理上的需求和鼓舞成员的士气，创造一种特殊的人际关系氛围，弥补成员之间在能力和成就方面的差异，促进工作任务的顺利完成。当然，非正式组织有时也会起消极作用，它可能会和正式组织构成冲突，影响组织成员间的团结和协作，对正式组织的活动产生不利影响，妨碍组织目标的实现。因此，正式组织的领导者应善于因势利导，最大限度地发挥非正式组织的积极作用，克服其消极作用。

3. 对人际关系理论的评价

梅奥的人际关系理论为管理思想的发展开辟了新的领域，也为管理方法的变革指明了方向，其最大贡献在于实现了管理学研究从关注工作到关注人的转变，非正式组织的发现为正式组织理论的诞生奠定了基础。人际关系理论的研究引发了管理上的一系列改革，其中许多措施至今仍是管理者所遵循的信条：强调对管理者和监督者进行教育和训练，以改变他们对工人的态度和监督方式；提倡下属参与企业的各种决策，以此来改善人际关系，提高职工士气；加强意见沟通，允许职工对作业目标、作业标准和作业方法提出意见，鼓励上下级间进行意见交流；建立面谈和调解制度，以消除不满和争端；改变衡量干部的标准，重视管理人员自身的人际关系以及协调人际关系的能力；重视各种非正式组织的积极作用；注意美化工作和宿舍环境，增加娱乐、运动、生活福利设施等。

梅奥人际关系理论的局限性在于过分强调非正式组织的作用；过多地强调感情以及满足感对效率的影响；过分否定经济报酬、工作条件、外部监督和作业标准的影响；虽然否定科学管理"见物不见人"的做法，仍然将人当做被操纵的课题，只是操纵的方式不同而已。

（二）人际关系学说

在霍桑实验的基础上，梅奥创立了人际关系学说，提出了与古典管理理论不同的新观点、新思想。其主要内容是：(1)职工是"社会人"。(2)满足工人的社会欲望，提高工人的士气，是提高生产率的关键。(3)企业存在着"非正式组织"。"正式组织"与"非正式组织"有重大的区别，在"正式组织"中以效率的逻辑为重要标准，而在"非正式组织"中则以情感的逻辑为重要标准，两者相互依存，对生产效率的提高有很大的影响。

人际关系学说的出现，开辟了管理理论研究的新领域，纠正了古典管理理论忽视人的因素的不足。同时，人际关系学说也为以后的行为科学的发展奠定了基础。

四、现代管理理论阶段（即"现代管理理论丛林"）

第二次世界大战后，随着社会生产力和科学技术的迅猛发展，出现了许多各具特色的现代管理理论，由于这个阶段的管理理论没有一个主流的、较为统一的学派，而是呈现出百花齐放、百家争鸣的态势，故美国著名管理学家哈罗德·孔茨称之为"现代管理理论丛林"。这些管理学派包括经验主义学派、人际关系学派、组织行为学派、社会系统学派、管理科学学派、权变理论学派、决策理论学派、系统管理理论学派、经验主义学派、经理角色学派、经营管理学派十一个学派。其中几个学派的主要理论简要概括如下：

（一）经验主义学派

主要代表人物是彼得·德鲁克（Peter F.Drucker，1909—2005），主要作品有《管理实践》、《管理——任务、责任、实践》等；欧内斯特·戴尔（Dale），代表作是《伟大的组织者》；艾尔弗雷德·斯隆（1875—1966），事业部管理体制的首创人之一；亨利·福特，流水线大量生产管理技术的倡导者。这个学派的学者把对管理理论的研究放在对实际管理工作者的管理经验教训的研究上，强调从企业管理的实际经验而不是从一般原理出发来进行研究，强调用比较的方法来研究和概括管理经验。

(二)管理过程学派

这一学派的代表人物有美国的哈罗德·孔茨和西里尔·奥唐奈。管理过程学派强调对管理过程和职能进行研究,认为管理是一个过程,强调管理职能的共同性。

(三)社会系统学派

代表人物是美国的巴纳德,代表作是《经理的职能》。巴纳德被誉为“现代管理理论之父”。他的主要贡献是从系统理论出发,运用社会学的观点,对正式组织与非正式组织、团体及个人做出了全面分析。

(四)系统管理理论学派

代表人物是美国的弗里蒙特·卡斯特和詹姆斯·罗森茨韦克。20 世纪 60 年代是其鼎盛时期。这一学派侧重以系统观点考察组织结构及管理的基本职能,把管理组织视作一个开放系统,对组织的运行进行了系统分析,全面考察与分析研究企业和其他组织的管理活动及管理过程等,以便更好地实现企业目标。

(五)决策理论学派

代表人物有美国的西蒙和马奇,代表著作是西蒙的《管理决策新科学》。这一学派强调决策的重要性,决策贯穿于管理的全过程,管理就是决策,重点研究决策理论。不足之处是片面地强调决策的重要性,但决策并不是管理的全部。

(六)管理科学学派

代表人物有爱德华·鲍曼和罗伯特·费特。兴起于 20 世纪 70 年代。

管理科学学派把管理看成一个类似于工程技术、可以精确计划和严格控制的过程,因此也被称为技术学派。其局限性是适用范围有限,不是所有管理问题都能定量,实际解决问题时存在许多困难。此外,采用此种方法大多需要相当数量的费用和时间,往往只用于大规模的复杂项目。

五、当代管理理论阶段

20 世纪 80 年代后,管理科学和实践发生了很大变化,出现了一批新的管理理论,集中体现为托马斯·彼得斯的人本管理思想、彼得·圣吉的学习型组织、迈克·哈默与詹姆斯·钱皮的流程再造理论、波特的竞争战略思想、约翰·P. 科特的管理新规则、彼得·德鲁克的知识管理等。

(一)人本管理思想

托马斯·彼得斯的人本管理思想可概括为两个方面:一是人受“二重性”的驱动,他既要作为集体的一员,又要突出自己;二是他既要成为一个获胜队伍中的一个可靠的成员,又要通过不平凡的努力而成为队伍中的明星。

(二)学习型组织

美国麻省理工学院教授彼得·圣吉提出了以“五项修炼”为基础的学习型组织理论。他认为,在新的经济背景下,企业要持续发展,必须提高整体素质,要设法成为使各阶层人员全心投入并有能力不断学习的组织——学习型组织。

(三)流程再造理论

“再造工程”是以工作流程为中心,重新设计企业的经营、管理及运作方式。具体而言,是指“为了飞跃性地改善成本、质量、服务、速度等重大的现代企业的运营基准,对工作流程进行根本性重新思考并彻底改革”。

[小阅读]

管理透视:战略管理理论的十大学派

设计学派认为,战略形成是一个概念作用的过程;

计划学派认为,战略形成是一个独立和系统的正式计划过程;

定位学派认为,战略形成是一个分析的过程,注重企业对市场战略地位的选择;

企业家学派认为,战略形成是一个预测的过程,是概念在企业家头脑中的聚积过程;

认识学派认为,战略形成是一个心理的过程;

学习学派认为,战略形成是一个应急的过程;

权力学派认为,战略形成是一个协商的过程;

文化学派认为,战略形成是一个集体思维的过程;

环境学派认为,战略形成是一个反应的过程;

结构学派认为,战略形成是一个变革的过程。

第三节 互联网时代的管理发展

我们生活在一个意义深远的转型期,变革空前而彻底,现在的管理学思想仍然沿用20世纪的那些基本假设,很少有人去注意它们是不是"事实"。但实际上,它们都已经过时了。如果用不正确的假设去制定战略,将不可避免地把组织引向不正确的轨道。

——著名管理大师德鲁克《21世纪的管理挑战》

一、互联网与管理

互联网对人类的影响使得人类正处于一个经济、社会与技术大变革的时代,"世界近百年来发生的技术变革比人类历史上任何时期都辉煌"。技术进步带动管理进步,互联网属性映射到企业管理,使得管理理论和经济理论发生了重大变迁;传统企业与互联网产生高度融合,"互联网+"的转型成为传统企业超越新兴互联网企业的绝对优势;新兴互联网企业不再是颠覆传统企业的重要力量,因创新者窘境在移动互联网时代尤为突出,颠覆传统企业的或许是自己。

在互联网时代,重要管理理论和经济理论已经发生变迁。传统的重要企业管理理论和经济理论创造了伟大的企业;这些伟大的企业也为管理创新创造了卓越的成绩,例如,通用电气使用管理原理来解决科研混乱的问题,杜邦用投资回报技术取得领先地位,宝洁的创新管理全球领先,丰田善于使用每一个员工的智慧等。但是,通过研究和实践也会发现:这些理论并不完全适用于急剧变化的互联网时代,不足以完全支撑你在互联网时代的"互联网+"转型和发展。传统企业所沿用的是工业化规模的管理思维,而互联网企业用的却是新的管理原则,"互联网+"的融合就是需要两种管理进行管理融合和相互进化。

(一)信息更加对称与消费者赋权

德鲁克其实很早就指出:互联网最重要的作用就是零距离。因为信息对称,使得消费者能够更加了解产品,有能力参与到产品的开发、生产中,于是消费者王朝和消费者赋权的时代到来。在商业宗旨变化的今天,企业不仅仅是提供更好的产品和服务,更多的是提供以用户思维为中心的解决方案。当一个消费者的能力比企业还大、所能影响的朋友(强关系)比企业还多的时候,我们所面对的商业逻辑、观点都发生了变化。

(二)个性化代替了规模化

因为有了互联网,消费者所面对的不再是稀缺经济或者超市的几个货架,而是互联网上一眼望不到头的产品列表;因为供应大大增加,消费的个性化需求迸发,大规模的制造变成了规模化的定制甚至是私人定制。排浪式的消费已经过去,个性化、多样化的消费时代已经到来。

(三)去中心化和金字塔组织结构的倒塌

移动互联网时代去中心化、去中介化特征凸显,每一个人都是信息的节点,没有中心,领导的职能大大削弱。无为而治、倒金字塔结构、阿米巴组织、海星模式、创客组织层出不穷。

(四)激励方式的变化

移动互联网时代的员工不再完全是胡萝卜加大棒之下的螺丝钉,他们有足够的信息掌握企业的核心,有足够的能力聚合一批消费者,有足够的速度响应市场变化,有足够的知识进行自主创新。以工资和奖金为代表的激励和约束机制出现了蜕化,取而代之的却是 KPI 取消、挑战性、专业主义、游戏化生存。

(五)企业的组织边界正在消失

消费者和生产者的边界已经不是那么明显,企业开始无边界生存。企业内部可以通过移动互联网进行跨越层级,一对一,工作社群、自组织的协作和信息沟通;外部可以吸纳全球化的资源,并且移动互联网进一步降低了科斯(诺贝尔经济学奖获得者)提出的"交易成本",传统意义上大企业存在的基础正在进一步崩溃,生态性的企业群落正在形成。

二、人工智能与管理变革

最近,"痛杀"世界顶级棋手的人工智能"阿法狗"(AlphaGo)与当今世界棋坛等级分的第一人——柯洁的"人机大战第二季"也轰轰烈烈地打了两场。虽然柯洁表现惊人,但依然不敌阿法狗的来势汹汹。阿法狗的胜利,让人不禁再一次思考起人工智能在未来的发展。随着人工智能的不断发展,对于智能化工具的追求,也成为许多公司、生产厂商所重视的方面。许多大公司的高层经理人一致认为,近十年里,企业中的各种变化纷至沓来,各行各业的工作都正在被技术革新所颠覆,而我们所采用的 20 世纪企业管理方法还没有进行变革以切合 21 世纪的现实。在人工智能时代,管理所面临的变化有:

(一)管理对象的变化

在人工智能时代,由于关于人的各类数据连续被采集、分析、反馈,人日益成为透明人和空心人,人作为一个个体将很难因个体目的行事而不被发现,而且人人都明白这一点,计谋人失去了存在的条件,套路将很容易曝光在众目睽睽之下。智能时代对于人的管理,要防范其出发点将从"人之恶"走向"人之善",计谋人将很难存在,正念人将越来越多。另外一方面,越来越智慧的机器人,也将成为管理的对象。对于机器人,我们的管理出发点也不能简简单单地将其仅仅视为物品、视为机器、视为人类的奴隶,我们更应该将机器人视为另外一种平等的智慧体、合作的智慧体、具有协商机制的智慧体。当人变得越来越透明的时候,尚处于灰箱机制的机器人成为未来管理学不得不关注的对象。

(二)管理方式的变化

随着企业规模的不断扩大,仅是车间的高效运转很难提高整体效率,甚至会给组织造成巨大的内耗。小艾尔弗雷德·普里查德·斯隆深刻地认识到这个问题,在通用汽车公司构建了科层式的分权集中管理模式,具体来讲,通过建立专业、冷静、精明的管理团队,划分高效、可靠、机械的管理流程,运行分权经营与集中控制管理模式,授权事业部获得前所未有的责任,使企业高层管理者更加关注战略，从而引领大型组织的分权化趋势。到目前为止，斯隆的科层式管理方式依然是大中型组织的日常运作方式。不可否认，斯隆的科层式管理方式在历史上发挥了重要的作用，但斯隆的科层管理方式的假定是大型组织拥有数量众多的人，不同分工形成的单元，信息不畅、沟通成本高的单元协调。到了人工智能时代，人将不再是劳动的主要完成者，不知疲倦的机器人将成为主力，智慧的中央调度平台将使信息实时畅通，最优的决策将及时下达，在这种情境下，科层式管理方式是否还有进一步留存必要，是值得思考的问题。

(三)管理目标的变化

在人工智能时代，被大量运用的机器人将使企业的生产能力和服务提供能力达到前所未有的水平，社会物质极大丰富，物质产品的价格将越来越低廉，物质所带来的绩效感快速下降。一方面是机器替代人类为人腾出大量的空闲时间，另外一方面是由于人工智能的精确健康管理与精准医疗技术大幅度地延长了人类的寿命。这两方面的因素都使得时间将不再是制约性资源，在某种程度上，如何消耗时间，过上“明智、合意且完善”的生活成为一个“真实而永久”的社会性的普遍问题(经济学家凯尔斯，1930)。大量的闲暇时间使得人对于精神需求的渴望快速增加，如何更加高效地提供丰富多元的精神产品成为人工智能时代企业的绩效目标。从物质至上到精神至上，这种社会大需求的调整，无疑将指引人工智能时代的企业要将提供更丰富、更个性化的人类精神服务产品作为经营的目标。

(四)管理手段的变化

人工智能时代，由于企业要更加多地提供丰富多元的精神产品，这种创造性的精神产品很难通过一套设计好的 KPI 体系来评估，因而员工的创造性也很难通过 KPI 的压力来激发，对于表现好的员工也难以通过单一的物质奖励来产生激励效果。通过什么样的管理手段来激励创造成为这个时代的难题，KPI 的这种外在驱动力开始对创造性的工作失去作用。让工作和人的兴趣一致，通过人的内在价值追求来驱动人的创造力，通过实现人的成就感来实现企业的经营目标应该是人工智能时代可能的管理手段。除了人之外，对于那些已经获得了较高智慧的机器人，他们在长期的学习中也获得了情感，我们又应该采用什么样的管理手段呢？这确实是一个还未有解的难题。

三、全球化的管理环境

全球经济一体化的发展变化趋势使得众多组织面临着前所未有的激烈竞争，也对管理者提出重新思考在全球性的环境中如何提高组织绩效水平和寻找更好的组织资源的要求。全球性组织的出现使得众多组织面临更强大的竞争压力。对于处在全球竞争环境下的管理者来说，如果不进行自我调整，就会处于被动的位置。全球化对企业产生的影响是巨大的，不仅使得企业由此面临一个更大范围的市场，从而可以给企业带来许多利益，对企业获得竞争优势提出了新的要求，同时企业组织内部员工的构成发生的改变也对管理者提出了新的挑战。概括地说，全球化环境对管理者带来的挑战主要来自四个方面：管理多样性的员工、建立竞争优势、维护道德标准、应用新的信息系统和技术。

技术进步很明显会为管理和管理者提供很大方便，传统的管理手段已经不适应当代的管理模式，谋求新的管理手段是任何管理者的当务之急。好比虚拟组织，是一种区别于传统组织的、以信息技术为支撑的人机一体化组织。其特征是以现代通信技术、信息存储技术、机器智能产品为依托，构建传统组织结构及实现目标。在形式上，没有固定的地理空间，也没有时间限制。组织成员通过高度自律和高度的价值取向共同实现团队目标。在虚拟组织平台上，企业间的创新协作可以实现优势互补、风险共担。在网络环境下，企业用虚拟组织的形式组织生产与研发工作，这样可以适应全球化竞争的态势，更好地满足消费者的多变需求，使企业快速发展。其具有以下几个特点：合作型竞争；动态性组织；组织扁平化；学习型组织。如波音777型客机开发小组的某些成员具有互补性核心能力，某些成员具有协同操作能力，而另一些成员能提供进入非波音公司市场的途径，从而提高波音公司的竞争力以及影响力。

四、互联网带来管理思维的转变

（一）"开放式"管理思维

传统商业模式，企业有着自己的商业机密，有着自己的核心价值。在许多人看来，这些都是企业的命脉，如果一旦公布于众，企业就会丧失竞争力，甚至会有倒闭的风险。互联网时代，核心竞争力可能会使得企业无法主动创新，竞争力是需要在不断的学习过程中积累的。于是在不断学习的过程中，企业没有竞争力，才是最好的竞争力，如果把核心竞争力当作企业的庇护伞，那样只会让企业死于"温床"之中。作为企业就是要不断地创新、变革，走在市场的前沿，很多企业往往都是受到外部的压力，而使自己不得不去变革、创新。

同时，"开放"也是作为员工相互学习的竞争。在传统思维中，师傅始终会保留一手，生怕徒弟超越自己抢了饭碗，这是典型的传统思维。如果在企业中人人都如此，那么企业逐渐会形成人人勾心斗角、尔虞我诈，更别说这个团队如何学习、创新。不管是企业内部还是外部，开放始终是一个企业学习最好的窗口，因为只有在开放的条件下，学习与创新才能得到更好的发展。

（二）"体验式"管理思维

在传统企业中，客户至上都只是停留在口号上，如"客户是我们的上帝"，但又有多少企业能够真正落实呢？又有多少企业切实注重客户呢？传统企业中，"骗"是它们的一大法宝，骗客户、骗产品、骗合作商，最后也就骗了自己。空洞的口号与欺骗不能让一个企业立足于市场，只有真正重视客户价值的企业才能成长。用户体验是让客户参与产品的设计并提出建议，真正落实到售前服务—使用服务—售后服务，在这些服务的过程中，了解客户对产品的评价，以便进行及时改正。

客户的体验也不仅仅只在服务上，还可以在众多领域，比如产品功能及创意、活动的策划、带客户参观企业等。客户体验满意度取决于产品的满意度和感知满意度，直接影响口碑效应。口碑是建立一个企业的品牌、一种输入企业源源不断的命脉。

再者，员工对公司的体验。企业的盈利源自产品销量，而产品销量与设计归根于员工。一个好企业环境造就出好的员工，一个好的员工才能创造出好的产品，这也就是所谓的"人性化管理"。据我所知，往往只有那些科技互联网企业才会注重员工工作体验。例如，谷歌、微软、腾讯、百度等一些网络企业，它们在企业管理过程中充分注重人性要素，以充分挖掘人的潜能。

（三）"专注式"管理思维

在传统企业中，大家在意的都是做大做强，以规模占领市场，对产品细节从不会过多地注重，大家也就有了进入"世界五百强"的心理病态。在传统观念里，都是以规模来衡量企业的品牌，觉得大就是品牌企业、好企业。如果这个根本观念不转变，那么对互联网思维永远都不会懂。在互联网思维里，企业不在乎大，而在乎小而美、美而精、精而致。互联网的专注精神是"工匠精神"，是对自己的产品精雕细琢、精益求精的精神。在"开放"与"用户体验"之上，互联网必然要求具备工匠精神，如果不注重专注，互联网也就失去了用户体验。互联网的专注可以小到某个代码，不能有丝毫的差错，大到对整个网站的设计与规划，最终落实到营销与产品本身。互联网的专注不是追求多元化，而是只专注于行业本身，以达到极致，并且在不同的时间段完成某项任务。比如：联通比腾讯大得多，但是腾讯市值要比联通多得多。那么在做企业时，不要一味去追求全国到底有多少家分公司，在企业排行榜里排名第几，那些都是虚的，即使你排名前三，但是产品和服务跟不上，又能怎么样，只有专注于行业产品的本身才是王道。

[复习思考题]

1. 如何理解管理实践、管理思想与管理理论三者之间的关系？
2. 西方中世纪代表性的管理思想主要有哪些？
3. 泰罗“科学管理”的主要内容及其对管理学发展的贡献有哪些？
4. 如何理解法约尔的管理原则？
5. 韦伯的“理想的行政组织体系”具有哪些特点？
6. 霍桑实验与梅奥教授的新见解是什么？
7. 行为科学对管理学发展的贡献是什么？
8. 管理科学理论及其特征是什么？
9. 系统管理理论的主要内容是什么？
10. 试论管理理论丛林产生的背景与渊源。

[案例分析]

互联网时代传统企业转型

娃哈哈：食品饮料行业也玩工业 4.0

作为以生产食品饮料为主的娃哈哈，估计大家不会想到其“互联网＋”的表现方式，竟然也是工业 4.0 的内容。与海尔及富士康类似，娃哈哈的生产车间的大部分生产设备都应用了工业机器人，并且所有机器人都是自主研发的。娃哈哈先后研发了码垛机器人、放吸管机器人、铅酸电池装配机器人等。同时，开发了低惯量永磁同步伺服电机、永磁伺服直线电机、高效力矩电机、高效异步电机，并准备收购欧洲、日本的有机器人关键部件的 1～2 家生产厂家，在原有机械厂的基础上发展装备制造业，进入高新技术产业。

工业机器人的大量应用，在将来也能实现海尔互联工厂那样的定制生产模式。经销商下完订单后，可以随时跟踪订单的动向，而机器人在生产上的应用，会让从营销到生产的过程更为便捷与流畅。娃哈哈通过互联网信息技术改造，将生产计划、物资供应、销售发货，包括对经销商与批发商的管理、设备远程监控、财务结算、车间管理、科研开发，全部嵌入信息化系统管理，极大地提高了工作效率。

蒙牛：将“跨界”玩成转型路径

与娃哈哈相比，蒙牛在融合“互联网＋”转型升级方面，走的是跨界的战略级路线。在产品质量及技术方面直接引进国际合作伙伴，整合全球先进的技术、研发和管理经验，始终保持与国际接轨，即能保证产品品质。产品的升级也是企业转型升级的一部分。在保证产品质量的同时，蒙牛在跨界营销以及产品形式上做了大量尝试。2014 年，蒙牛与百度合作推出二维码可视化追溯牛奶“精选牧场”，将牧场放到了“云端”。同年 11 月，蒙牛跨界与滴滴战略合作，尝试从战略到渠道方面的资源最大化的无缝对接。2015 年 5 月 6 日，蒙牛与自行车品牌捷安特签订了品牌、渠道、资源等多方面的战略合作协议，并应用智能塑形牛奶 M-PLUS 的适配硬件产品智能体质仪让用户获悉身体状况，通过云端推送量身定制的私教计划和蛋白质补给提醒到 APP。除此，蒙牛的最新产品是与明星合作的定制性产品，极致单品的互联网思维应用在了其产品上。近期，蒙牛还与 NBA、上海迪士尼度假区等签订了战略合作，成为蒙牛在跨界战略方面的重点布局。

加多宝：以“罐子”串联出“金彩生活圈”生态

同样是做快消品，相信加多宝的想法是疯狂的，做法也是疯狂的，接受其战略思想的商家客户也是疯狂的。但是，这种疯狂如果能使产品做好，足以成就一个企业转型与升级。2015 年 4 月 30 日，加多宝上线了“金罐加多宝 2015 淘金行动”，京东商城、滴滴打车等成为首批合作伙伴。10 天之后的 B 轮微信发布会，百度外卖、微信电影票、民生银行等都成为加盟加多宝“金彩生活圈”的第二批战略合作品牌。加多宝正式对外公布了“全球招商”计划，宣布开放加多宝数十亿金罐的用户流量资源，面向所有品牌寻求合作。

简单地说，加多宝的生活圈逻辑就是“因罐子而生”，消费者因口渴买加多宝，通过扫一扫进入互联网生活圈，然后链接给其他朋友，或完成其更便利的生活，从而改变消费者消费快消品时的孤立状态，而让每个罐子成了生活圈中的便利入口。这个量是巨大的，据加多宝所公布的数据，“淘金行动”上线十天，微信活动平台总计派出超过 300 万个金包。根据加多宝官方的解释，金罐加多宝将围绕美食、娱乐、运动、音乐四大主线，整合现有资源优势，计划每月围绕一个主题为消费者提供“心动福利”，这样，在未来即可以为用户串联起数以万计的生活方式。

资料来源：https://wenku. baidu. com。

思考题：

1. 这几个案例的共同特点是什么？
2. 从这三个案例中能得到什么启发？

第三章　社会责任与管理伦理

德者，本也；财者，末也。

——《大学》

[学习目标]

知识点：

1. 理解并掌握道德的概念及社会责任的含义；
2. 了解各种道德观的内容；
3. 掌握影响管理者道德素质的因素及改善道德行为的途径；
4. 理解并掌握企业社会责任的具体体现。

技能点：

有意识地培养学生对四种道德观的理解。

[案例导入]

林科的困惑

创科公司是一家国有企业，主要生产变压器，但经营不佳，亏损严重。为了加快经济发展，市政府决定以比较低的价格将创科公司让民营企业家林科买断产权，组建股份有限公司。买断的条件是在原有的400多个工人中，只保留100多人。林科是一位十分精明能干且素质优良的企业家，受过高等教育，在特区搞过经营。接手后，他进行了两项改革：一是提高科技开发的投入比重；二是提高销售成本比例。前者由1%提高到5%，后者由3%提高到12%。两项措施都比较有力地推动了企业的经营。不过，这些高比例的销售费用中相当一部分被产品推销人员用来作为回扣或向有关人员送礼，以打开市场。林科认为，现在该企业的产品虽然在同行业中市场占有率不算最高，但前景很乐观。另外，在改制后的第二年，他解雇了原企业留下的部分工人。估计不需要多长时间，保留的100多个工人中相当多的工人都要被解雇。

林科认为，他已陷入经济与道德、企业自身发展与履行社会责任的困境中。首先，作为本地的窗口企业，它的发展必将推动地域经济的发展，然而，提高销售成本会滋长企业经营中的一些不道德现象，形成不正当的竞争。其次，低价买断产权时，承诺接受100多名工人，实践证明，相当一部分人难以达到他的管理要求。于是，要么花大量经费培训这些工人，要么解雇他们。这样做，一方面不能履行改制时的承诺，另一方面会产生新的社会问题。为了本企业的发展，林科选择了后者。

资料来源：http://www.wendangxiazai.com/b－6b2edea4b52acfc788ebc98b.html。

思考题：

1. 你认为在这种困境中经营者应当如何抉择。

2. 能否存在两全其美的措施？如果不行，选择解决问题的侧重点应在哪里？

道德与社会责任是管理学研究的新课题。道德通常是指那些用来明辨是非的规则或原则。有四种道德观：功利观、权利观、公平理论观和综合社会契约理论观。影响管理者道德素质的因素有多种，提高员工道德素质的途径也有多种。社会责任是指企业在法律和经济的义务之上，追求对社会有利的长期目标的义务。有两种对立的社会责任观：古典观和社会经济观。大量证据表明，企业的社会责任与其长期利润之间存在正相关性。在衡量一个企业的社会责任时，通常要看它是否真正以及在多大程度上对有关各方负起了责任。

第一节　管理人员的社会责任

一、社会责任的定义

在 20 世纪 60 年代前，企业的社会责任问题很少引起人们的注意。不过那时的社会活动家已开始对企业的单一经济目标提出异议。时至今日，社会责任问题已引起人们的普遍关注。一方面，管理者在管理实践中经常会碰到与社会责任有关的决策，如是否为慈善事业出一分力、如何确定产品的价格、怎样处理好与员工的关系、是否以及怎样保护自然环境、如何保证产品的质量和安全等；另一方面，翻开任何一本新近出版的中外管理学教科书，不乏专门讨论社会责任问题的章节。

在正式讨论社会责任之前，有必要对它下一个较准确的定义。如果企业在承担法律上和经济上的义务（法律上的义务是指企业要遵守有关法律，经济上的义务是指企业要追求经济利益）的前提下，还承担追求对社会有利的长期目标的义务，那么，我们就说该企业是有社会责任的。

社会责任（Social Responsibility）是一种工商企业追求有利于社会的长期目标的义务，而不是法律和经济上所要求的义务。

注意：

（1）我们假定企业遵守法律，并追求经济利益；

（2）所有企业都会遵守社会所颁布的所有法律；

（3）企业作为一个道德机构，能分清正确的和错误的行为。

为了更好地理解“社会责任”这一概念，有必要对它和另外两个概念作比较，这两个概念是社会义务和社会反应。社会义务是企业参与社会活动的基础。如果一个企业仅仅履行了经济上和法律上的义务，我们就说该企业履行了它的社会义务，或达到了法律上的最低要求。只履行了社会义务的企业仅追求那些对其经济目标有利的社会目标。

与社会义务相比，社会责任和社会反应超出了基本的经济和法律标准。有社会责任的企业受道德力量的驱动，去做对社会有利的事而不去做对社会不利的事。社会反应则是指企业适应不断变化的社会环境的能力。

社会责任对企业利润的冲击（积极的或消极的）要许多年后才能见效。时间的滞后性，使得利用短期财务信息不能产生有效的结果。如果有信息表明社会参与和经济利益的正相关性,也很难说明是企业参与社会带来高利益回报还是企业因为高回报而主动参与社会活动。通过股票市场可以发现,社会责任和企业利润存在着某种正相关性。

二、两种社会责任观

在社会责任上,有两种截然相反的观点。

(一)古典观(或纯经济观)

古典观的代表人物当首推诺贝尔经济学奖获得者美国经济学家米尔顿·弗里德曼(Milton Friedman)。他认为,当今的大多数管理者是职业管理者,这意味着他们并不拥有他们所经营的企业。他们是员工,仅向股东负责,从而他们的主要责任就是最大限度地满足股东的利益。那么,股东的利益是什么呢?弗里德曼认为股东只关心一件事,那就是财务收益。

在弗里德曼看来,当管理者自行决定将公司的资源用于实现社会目的时,他们是在削弱市场机制的作用,有人必然为此付出代价。具体来说,如果社会责任行动使利润和股利下降,则它损害了股东的利益;如果社会行动使工资和福利下降,则它损害了员工的利益;如果社会行动使价格上升,则它损害了顾客的利益;如果顾客不愿支付或支付不起较高的价格,销售额就会下降,从而企业很难维持下去,在这种情况下,企业的所有利益相关者都会遭受或多或少的损失。除此之外,弗里德曼还认为,当职业管理者追求利润以外的其他目标时,他们其实是在扮演非选举产生的政策制定者的角色。他怀疑企业管理者是否具有决定"社会应该怎样"的专长,至于"社会应该怎样",据弗里德曼说,应该由我们选举出来的政治代表来决定。

(二)社会经济观

持社会经济观的人提出了不同的看法,利润最大化不再是公司的第一目标,而是第二目标。第一目标是保证公司自身的生存。古典理论的主要缺陷在于其时间框架有问题。现在的企业不再是纯经济机构,它们参与社会决策。

他们指出,时代发生了变化,社会对企业的期望也发生了变化。公司的法律形式可以很好地说明这一点。公司的设立和经营要经过政府的许可,政府也可以撤销许可。因此,公司不是一个仅对股东负责的独立实体,同时要对产生和支持它的社会负责。

在社会经济观的支持者们看来,古典观的主要缺陷在于其时间框架。社会经济观的支持者们认为,管理者应该关心长期财务收益的最大化。为此,他们必须承担一些必要的社会义务及相应的成本。他们必须以不污染、不歧视、不发布欺骗性广告等方式来维护社会利益。他们还必须在增进社会利益方面发挥积极的作用,如参与所在社区的一些活动和捐钱给慈善组织等。

在古典观下,管理的唯一的社会责任就是使利润最大化。企业在实现利润目标的过程中就在承担着社会责任,从而企业的社会责任与利润取向是完全一致的;在社会经济观下,企业应对更大的社会负责。我们有充足的理由表明,与不承担社会责任相比,承担社会责任或许会使企业的短期利益受到损害(承担社会责任通常要付出一定的代价),但换来的却是比所损害的短期利益多得多的长期利益,从而企业的社会责任行为与其利润取向相容。

表 3—1　古典观与社会经济观的区别

	古典观	社会经济观
利润	一些社会活动白白消耗企业的资源;目标的多元化会冲淡企业的基本目标——提高生产率而减少利润	企业参与社会活动会使(1)自身的社会形象得到提升;(2)与社区、政府的关系更加融洽因而增加利润,特别是增加长期利润

续表

	古典观	社会经济观
股东利益	不符合股东利益。企业参与社会活动实际上是管理者拿股东的钱为自己捞取名声等方面的好处	符合股东利益。承担社会责任的企业通常被认为其风险低且透明度高,其股票因而受到广大投资者的欢迎
权力	企业承担社会责任会使其本已十分强大的权力更加强大	企业在社会中的地位与所拥有的权力均是有限的,企业必须遵守法律,接受社会舆论的监督
责任	从事社会活动是政治家的责任,企业家不能"越俎代庖"	企业在社会上有一定的权力,根据权责对等的原则,它应承担相应的社会责任
社会基础	公众在社会责任问题上意见不统一,企业承担社会责任缺乏一定的社会基础	企业承担社会责任并不缺乏社会基础,近年来舆论对企业追求社会目标的呼声很高
资源	企业不具备/拥有承担社会责任所需的资源,如企业领导人的视角和能力基本上是经济方面的,不适合处理社会问题	企业拥有承担社会责任所需的资源,如企业拥有财力资源、技术专家和管理才能,可以为那些需要援助的公共工程和慈善事业提供支持

三、赞成和反对企业承担社会责任的理由

在"企业应不应该承担社会责任"这一问题上,有两种不同的意见:一种意见认为企业应该承担社会责任,另一种意见则认为企业不应该承担社会责任。每种意见都有很多理由。

(一)赞成企业承担社会责任的理由

1. 满足公众期望

自20世纪60年代以来,社会对企业的期望越来越大,现在有很多人支持企业追求经济和社会双重目标。

2. 增加长期利润

有社会责任的企业能可靠地获取较多的长期利润,这在很大程度上归因于责任行为所带来的良好社区关系和企业形象。

3. 承担道德义务

企业能够而且应该具有社会意识。企业承担社会责任不仅是道义上的要求,还符合自身的利益。

4. 塑造良好的公众形象

企业在公众心目中的良好形象对企业的好处是多方面的,如使销售额上升、雇用到更多更好的员工、将更容易筹集到资金等。由于公众通常认为社会目标是重要的,企业通过追求社会目标就能够产生一个良好的公众形象。

5. 创造良好的环境

参与社会活动有助于解决比较棘手的社会问题,有助于提高生活质量和改善所在社区的状况,这种良好的环境适合企业的生存和发展。

6. 阻止政府的进一步管制

政府管制使经济成本上升并使管理者的决策缺乏一定的灵活性。企业承担社会责任可以减少政府管制。

7. 责任和权力相称

企业在社会中拥有很多权力,根据权力和责任对等的原则,企业必须承担同样多的责任。

8. 符合股东利益

从长期看,社会责任会使企业的股票价格上涨。在股票市场上,有社会责任的企业通常被看作是风险较低的和透明度较高的,从而持有该企业的股票会带来较高的收益。

9. 拥有资源

企业拥有财力资源、技术专家和管理才能,可以为那些需要援助的公共工程和慈善事业提供支持。

10. 预防胜于治疗

社会问题必须提早预防,不能等到问题已变得相当严重、处理起来较困难时才采取行动。

(二)反对企业承担社会责任的理由

1. 违反利润最大化原则

这是古典观的精髓所在。企业只参加那些可带来经济利益的活动,而把其他活动让给其他机构去做,就是有社会责任的。

2. 冲淡目标

追求社会目标冲淡了企业的基本目标——提高生产率。

3. 不能补偿成本

许多社会责任活动不能补偿成本,有人必须为它们支付成本。

4. 权力过大

企业在当今社会中权力已经很大了,如果让它追求社会目标,则其权力就更大了。

5. 缺乏技能

企业领导者的视角和能力基本上是经济方面的,不适合处理社会问题。

6. 缺乏责任

政治代表追求社会目标并对其行为负责。但对企业领导者来说,情况却不是这样。企业对公众没有直接的社会责任。

7. 缺乏广泛的公众支持

社会上对企业处理社会问题的呼声不是很高。公众在社会责任问题上意见不一。实际上,这是一个极易引起激烈争论的话题。在缺乏一致支持的情况下采取行动,很可能会失败。

(三)管理者受到的社会责任压力

管理者在考虑和实施管理决策时,越来越感受到来自社会责任方面的压力。

1. 法律法规的压力

无论是资源、环境的要求,还是推动经济增长维持市场秩序的需求,政府为了迎合国际社会的共同要求和满足国内公众利益而制定出一系列法律、法规,对于企业而言,从传统观念看这些问题会使负担加重,管理者决策艰难。但是,如果换一个角度来看,这种压力可能会成为一种商机。

2. 成本的压力

无论管理者是否愿意,社会责任的问题会以各种形式影响到企业的运作成本,比如对排放征费,这一项就会增加企业的成本压力,而如果企业考虑循环利用、回收或其他方法则可节约成本。管理者逐步意识到,具有社会责任的战略能带来长期的成本优势,以环境保护为例,如果仅仅是跟随法律被动运作,则一旦法律发生变化,就会因迫于无奈的赔偿和紧急升级技术与运作方式而使成本大幅度提高。

3. 竞争的压力

高质量的绿色产品和服务的要求给企业带来了巨大压力，因社会责任问题而注入的风险投资、政府基金、专项投资基金、优惠政策等都会成为企业取得竞争优势的推动力，但如果决策不当或运作不好，不仅使成本提高，还会丧失竞争优势，只会将国内市场白白奉送给进口商。

4. 公众压力

公众的压力很不好应付，处理不好会有损企业形象，由于公众认为社会责任是很重要的，企业只能迎合公众的要求来创造一个具有社会责任的形象，以获得更多的顾客、更好的员工和其他益处，包括受政府优惠或资助。

5. 长远目标和可持续发展的压力

管理者既要抓住眼前利益，也不能忽视企业的长远利益。社会责任对企业的正面影响或负面影响，其效果有很大部分是滞后的，这就给管理者带来了巨大压力。可持续发展的概念对于一个具体企业而言，要求管理者既能够满足企业现在的利益增长要求，又能够尽其社会责任而为企业长期的生存和发展创造有利的条件。而且，这种长远目标的可持续实现存在着许多不确定因素，这就要求管理者必须是一位有正确的眼光、坚强的毅力和娴熟的管理技能的战略家。

四、社会责任与经营业绩

社会上有一些人担心企业承担社会责任会有损于其经营业绩。这种担心乍看起来似乎有点道理，因为在大多数情况下，社会责任活动确实不能补偿成本，这意味着有关企业要额外支付成本，从而损害了其短期利益。但在我们看来，企业在力所能及的范围内进行一些社会责任活动相当于投资。虽然短期内这种投资或许牺牲了企业的经营业绩，但从长期看，这种投资由于改善了企业在公众心目中的形象、吸引了大量人才等，可以增加收益，并且所增加的收益足以抵补企业当初所额外支付的成本。从这种意义上讲，企业在利他的同时也在利己。

上述判断已基本上为实证研究所证实，尽管在社会责任和经营业绩的度量方面存在着一些困难。"大多数研究表明，在公司的社会参与与经营业绩之间有着正的相关关系"，从而最有意义的结论是，"……没有确凿的证据表明，公司的社会责任行动会显著损害其长期经营业绩"(Robbins and Coulter，1996)。

五、社会责任的具体体现

(一)企业对环境的责任

企业既受环境的影响又影响着环境。从自身的生存和发展角度看，企业有承担保护环境的责任。企业对环境的责任主要体现在：

1. 企业要在保护环境方面发挥主导作用，特别要在推动环保技术的应用方面发挥示范作用

有社会责任的企业有着强烈的环境保护意识，它们积极采用生态生产技术。生态生产技术主要是指利用生态系统的物质循环和能量流动原理，以闭路循环的形式，在生态过程中实现资源合理而充分的利用，使整个生产过程保持很高的生态效率和环境零污染。企业要紧密跟踪生态生产技术的研究进展，在条件许可的情况下，将最新的生态生产技术应用到生产中去，使研究出来的生态生产技术能尽快转化为生产力，造福于人类。在这样做的过程中，企业自身的发展得到了有力的保证。

2. 企业要以"绿色产品"为研究和开发的主要对象

企业研制并生产绿色产品既体现了企业的社会责任，推动了"绿色市场"的发育，也推动着环保宣传教育，提高了整个社会的生态意识。

3. 企业要治理环境

污染环境的企业要采取切实有效的措施来治理环境，要做到谁污染，谁治理，不能推诿，更不能采取转嫁生态危机的不道德行为。

(二)企业对员工的责任

员工是企业最宝贵的财富。企业对员工的责任主要体现在：

1. 不歧视员工

现代企业的一个显著特征是员工队伍的多元化。为了调动各方面的积极性，企业要同等对待所有员工，不搞三六九等。

2. 定期或不定期培训员工

决定员工(尤其是高素质员工)去留的一个关键因素是员工能否在本企业中得到锻炼和发展的机会。有社会责任的企业不仅要根据员工的综合素质，把他安排在合适的工作岗位上，做到人尽其才、才尽其用，而且在工作过程中要根据情况的需要，对他进行培训，如送他到国外或到国内的学校、科研机构和兄弟单位学习深造。这样做既满足了员工自身的需要，也满足了企业的需要，因为通常情况下，经过培训后的员工能胜任更具挑战性的工作。

3. 营造一个良好的工作环境

工作环境的好坏直接影响到员工的身心健康和工作效率。企业不仅要为员工营造一个安全、关系融洽、压力适中的工作环境，而且要根据本单位的实际情况为员工配备必要的设施。

4. 善待员工的其他举措

例如，推行民主管理，提高员工的物质待遇，对工作表现好的员工予以奖励，等等。

(三)企业对顾客的责任

"顾客是上帝"，忠诚顾客的数量以及顾客的忠诚程度往往决定着企业的成败得失。企业对顾客的责任主要体现在：

1. 提供安全的产品

安全的权利是顾客的一项基本权利。企业不仅要让顾客得到所需的产品，还要让他们得到安全的产品。

产品的安全性越来越受到企业(尤其是知名企业)的重视。据美联社 1999 年 11 月 2 日报道，由于驾驶舱存在一些问题，波音公司决定将四种型号的飞机，即 747、757、767 和 777 飞机暂停交货。从这篇报道中，我们可看出波音公司对顾客负责的态度。

2. 提供正确的产品信息

企业要想赢得顾客的信赖，在提供产品信息方面不能弄虚作假，欺骗顾客。

3. 提供售后服务

企业要重视售后服务，要把售后服务看作对顾客的承诺和责任，要建立与顾客沟通的有效渠道，如设立意见箱、热线电话等，及时解决顾客在使用本企业产品时遇到的问题和困难。

4. 提供必要的指导

在使用产品前或过程中，企业要尽可能为顾客提供培训或指导，帮助他们正确使用本企业的产品。

5. 赋予顾客自主选择的权利

在市场经济下，顾客拥有自主选择产品的权利。企业不能限制竞争，以防止垄断或限制的出现给顾客带来的不利影响。

（四）企业对竞争对手的责任

在市场经济下，竞争是一种有序竞争。企业不能压制竞争，也不能搞恶意竞争。企业要处理好与竞争对手的关系，在竞争中合作，在合作中竞争。有社会责任的企业不会为了暂时之利，通过不正当手段挤垮对手。

（五）企业对投资者的责任

企业首先要为投资者带来有吸引力的投资报酬。那种只想从投资者手中获取资金，却不愿或无力给投资者以合理报酬的企业是对投资者极不负责的企业，这种企业注定被投资者抛弃。

此外，企业还要将其财务状况及时、准确地报告给投资者。企业错报或假报财务状况，是对投资者的欺骗。

（六）企业对所在社区的责任

企业不仅要为所在社区提供就业机会和创造财富，还要尽可能为所在社区做出贡献。有社会责任的企业意识到通过适当的方式把利润中的一部分回报给所在社区是其应尽的义务。它们积极寻找途径参与各种社会行动，通过此类活动，不仅回报了社区和社会，还为企业树立了良好的公众形象。

第二节　伦理道德观

从引发全球金融风暴的次贷危机和麦道夫诈骗案，到美国安然公司假账事件，中国山西黑砖窑事件、三鹿奶粉事件都不可辩驳地证明，任凭人性的自私和贪婪无节制地发展，将会造成严重的后果。企业在追求利润的同时，必须遵守管理道德和承担必要的社会责任，任何组织的管理行为都在文化深层上体现它所秉持的道德观，形成独特的管理道德。管理道德随着社会经济的发展而不断进步。现代管理道德的发展，使社会责任成为当前管理界最紧迫、最重要的课题。管理之所以需要伦理道德，不只是因为现代社会经济运行面临诸多伦理困境与道德风险，更不是因为伦理道德作为有效的文化工具可以帮助组织更好地达到经济目的，最根本的是，伦理道德是现代社会的核心价值构件，具有特殊的管理意义和文明意义。

一、伦理道德的真谛

人类是一种群居的动物，同时每个人又都想有个人的自由意志。社会就是以一定的物质生产为基础而相互联系的人类生活共同体。人类在社会中利用各自的智力和体力互相协作进行生产活动，共同在一起生活。但是由于人性的特点，既有善的一面——仁爱和自律；又有恶的一面——自利和贪婪。因此，为了相互协调，共同生产和生活，就必须有共同遵守的行为规范，这就是伦理。伦理最初的自然形态就是风俗习惯。而道德就是在一定的风俗习惯下所形成的个人的品质、气质。伦理与道德的关系是什么？用德国古典哲学家黑格尔的话说，“道德是一种伦理上的造诣”。

在中国文化中“伦”指人所处其中的共同体及人在这个共同体中的地位。人类最基本的共同体，被表述为“天伦”与“人伦”。天伦即家庭良缘关系的共同体，人伦指社会关系的共同体。伦理，是人之所以为人，即单个的人成为一个具有共同体本质的人，用管理学家的话说，就是单个人成为"组织人"的理性与原理。

这些理性与原理,当走出思维与意识,而具有意志与行为的意义时,便是所谓的"道"。"德者,得也",得什么?就是"得道"。于是得到了道,便具有了"伦理上的造诣",也就有了"德"。由此,道德便相接相通。

伦理的真谛是"本性上普遍的东西",这种"本性上普遍的东西"被称为伦理性的实体,即伦理性的共同体。在社会体系中,任何组织都首先是一个伦理实体。伦理关系是个人与共同体的关系,伦理行为的本质是个人作为共同体的成员而行动。伦理的真谛是个人的单一性与共同体的普遍性的统一,但它不是借助外在的强制如法律规范形式上达到统一,而是通过精神达到统一。因此,精神是伦理的文化内核,即所谓的"伦理精神"、"民族精神"、"企业精神"、"企业文化"等。而所谓"德",就是个体将共同体的普遍性、普遍品质或普遍要求加以内化,"内得于己",并"外施于人",形成个体内在的伦理普遍性,获得"伦理上的造诣",造就精神同一性,从而使共同体成员达到"同心同德"。由此可见,伦理与道德作为人类文明的基本因子,是指评价人类行为善与恶的社会价值形态,在日常生活中具体表现为一定的行为规范和准则。任何社会任何组织要想长期生存,不仅需要遵守法律,同时还必须遵守一定的道德规范。

二、道德概述

在实际生活中,我们经常会碰到以下一些问题:推销员在推销商品的过程中贿赂客户,这是道德的吗?如果推销员用自己的佣金进行贿赂,情况又如何?是否有什么不同?一个人为了能在经济衰退时期找到一份工作而压低自己的学历,因为这份工作通常无须拥有较高学历的人去做,这是道德的吗?公车私用是道德的吗?用单位的电话打私人长途是道德的吗?请单位的秘书写私人信件是道德的吗?

对上述问题的回答本身就是一个道德判断的过程。为了能正确地回答这些问题,需要对道德下一个较准确的定义。

(一)道德的定义

道德通常是指那些用来明辨是非的规则或原则。根据这一定义,道德在本质上是规则或原则,这些规则或原则旨在帮助决策人判断某种行为是正确的或错误的,或这种行为是否为组织所接受。不同组织的道德标准可能不一样,即使是同一组织,也可能在不同的时期有不同的道德标准。此外,组织的道德标准要与社会的道德标准兼容,否则这个组织很难为社会所容纳。

(二)四种道德观

在商业道德方面有以下四种观点:

1. 道德的功利观

这是一种完全按照成果或结果制定决策的一种道德观点。这种观点认为,决策要完全依据其后果或结果作出。功利主义的目标是为尽可能多的人提供尽可能多的利益。接受功利观的管理者可能认为解雇其工厂中20%的工人是正当的,因为这将增加工厂的赢利能力,使余下的80%的工人的工作更有保障以及符合股东的利益。一方面,功利主义对效率和生产率有促进作用,并符合利润最大化的目标。另一方面,它会造成资源配置的扭曲,尤其是在那些受决策影响的人没有参与决策的情况下,同时,功利主义也会导致一些利益相关者的权利受到忽视。

2. 道德的权利观

尊重和保护个人自由和特权有关的观点,包括隐私权、良心自由、言论自由和法律规定的各种权利。这种观点认为，决策要在尊重和保护个人基本权利（如隐私权、言论自由和游行自由等）的前提下作出。例如，当雇员揭发雇主违反法律时，应当对他们的言论自由加以保护。道德的权利观的积极一面是它保护了个人的自由和隐私。但它也有消极的一面（主要是针对组织而言），即接受这种观点的管理者把对个人权利的保护看得比工作的完成更加重要，从而在组织中会产生对生产效率有不利影响的工作氛围。

3. 公平理论道德观

这种观点要求管理者公平地实施规则。接受公平理论观的管理者可以决定向新来的员工支付比最低工资高一些的工资，因为在他（或她）看来，最低工资不足以维持该员工的基本生活。按公平原则行事，也会有得有失。得的是它保护了那些未被充分代表的或缺乏权力的利益相关者的利益，失的是它可能不利于培养员工的风险意识和创新精神。

4. 综合社会契约理论观

这种观点主张把实证（是什么）和规范（应该是什么）两种方法并入商业道德中，即要求决策人在决策时综合考虑实证和规范两方面的因素。这种道德观综合了两种“契约”：一种是经济参与人当中的一般社会契约，这种契约规定了做生意的程序；另一种是一个社区中特定数量的人当中的较特定的契约，这种契约规定了哪些行为方式是可接受的。这种商业道德观与其他三种的区别在于，它要求管理者考察各行业和各公司中的现有道德准则，以决定什么是对的、什么是错的。

研究表明，大多数生意人对道德行为持功利主义态度。这不足为奇，因为功利主义与诸如效率、生产率和高额利润之类的目标相一致。例如，在追求利润最大化的过程中，管理者可以从容地争辩说他正在为尽可能多的人谋取尽可能多的好处。

随着个人权利和社会公平日益被重视，功利主义遭到了越来越多的非议，因为它在照顾多数人的利益的时候忽视了个人和少数人的利益。对个人权利和社会公平的考虑，意味着管理者要在非功利标准的基础上建立道德标准。这对当今的管理者来说无疑是个严峻的挑战，因为使用诸如个人权利、社会公平和社区标准之类的标准来进行决策要比使用诸如对效率和利润的影响之类的标准来进行决策，更让管理者感到迷惑。其结果是，管理者不断发现自己处在道德困境中。

三、影响管理者道德素质的因素

（一）道德发展阶段

国外学者的研究表明，道德发展要经历三个层次，每个层次又分两个阶段。随着阶段的上升，个人的道德判断越来越不受外部因素的影响。道德发展所经历的三个层次和六个阶段如表3—2所示。

表3—2 道德发展阶段

层 次	阶 段
1. 前惯例层次 只受个人利益的影响，决策的依据是本人利益，这种利益是由不同行为方式带来的奖赏和惩罚决定的。	1. 遵守规则以避免受到物质惩罚。 2. 只在符合个人的直接利益时才遵守规则。
2. 惯例层次 受他人期望的影响，包括对法律的遵守，对重要人物期望的反应，以及对他人期望的一般感觉。	3. 做你周围的人所期望的事。 4. 通过履行你允诺的义务来维持平常秩序。

续表

层 次	阶 段
3. 原则层次 受个人用来辨别是非的道德准则的影响，这些准则可以与社会的规则或法律一致，也可以与社会的规则或法律不一致。	5. 尊重他人的权利，置多数人的意见于不顾，支持不相干的价值观和权利。 6. 遵守自己选择的道德准则，即使这些准则违背了法律。

道德发展的最低层次是前惯例层次。在这一层次，个人只有在其利益受到影响的情况下才会作出道德判断。道德发展的中间层次是惯例层次。在这一层次，道德判断的标准是个人是否维持平常的秩序并满足他人的期望。道德发展的最高层次是原则层次。在这一层次，个人试图在组织或社会的权威之外建立道德准则。

有关道德发展阶段的研究表明：第一，人们一步一步地依次通过这六个阶段，而不能跨越；第二，道德发展可能中断，可能停留在任何一个阶段上；第三，多数成年人的道德发展处在第 4 阶段上。

(二)个人特征

每个人在进入组织时都有一套相对稳定的价值准则。这些准则是个人早年从父母、老师、朋友和其他人那里发展起来的，是关于什么是对、什么是错的基本信念，从而组织的管理者通常有着非常不同的个人准则。需要注意的是，尽管价值准则和道德发展阶段看起来相似，但它们其实不一样。前者牵涉面广，包括很多问题；而后者是专门用来度量独立于外部影响的程度的。

人们还发现有两个个性变量影响着个人行为，这两个变量是自我强度和控制中心。

自我强度用来度量一个人的信念强度。一个人的自我强度越高，克制冲动并遵守其信念的可能性越大。这就是说，自我强度高的人更加可能做他们认为正确的事。我们可以推断，对于自我强度高的管理者，其道德判断和道德行为会更加一致。

控制中心用来度量人们在多大程度上主宰自己的命运。具有内在控制中心的人认为他们控制着自己的命运，而具有外在控制中心的人则认为他们生命中发生什么事都是由运气或机会决定的。从道德角度看，具有外在控制中心的人不大可能对其行为后果负责，更可能依赖外部力量；相反，具有内在控制中心的人则更可能对后果负责并依赖自己内在的是非标准来指导其行为。与具有外在控制中心的管理者相比，具有内在控制中心的管理者的道德判断和道德行为可能更加一致。

(三)结构变量

组织的结构设计有助于管理者道德行为的产生。一些结构提供了有利的指导，而另一些结构令管理者模糊。模糊程度最低并时刻提醒管理者什么是“道德的”的结构设计有可能促进道德行为的产生。正式的规章制度可以降低模糊程度。职务说明书和明文规定的道德准则就是正式指导的例子。不断有研究表明，管理者的行为对个人的道德或不道德行为有着最重要的影响。人们密切关注管理者在做什么并以此作为可接受行为和期望于他们做什么的标准。一些绩效评估系统仅评估结果，另一些则既评估结果也评估手段。在仅根据结果来评估时，人们会不择手段地追求结果。与评估系统密切相关的是报酬的分配方式。奖赏或惩罚越依赖于特定的结果，管理者所感到的取得结果和降低道德标准的压力越大。

在不同的结构中，管理者在时间、竞争和成本等方面的压力也不同。压力越大，越可能降低道德标准。

(四)组织文化

组织文化的内容和强度也会影响道德行为。

最有可能产生高道德标准的组织文化是那种有较强的控制能力以及风险和冲突承受能力的组织文化。处在这种文化中的管理者,具有进取心和创新精神,意识到不道德行为会被发现,并且对他们认为不现实或个人所不合意的需要或期望进行自由、公开的挑战。

与弱组织文化相比,强组织文化对管理者的影响更大。如果强组织文化支持高道德标准,那么它就会对管理者的道德行为产生重要的和积极的影响。而在弱组织文化中,管理者更有可能以亚文化准则作为行为的指南。工作小组和部门标准会对弱组织文化中的道德行为产生重要影响。

(五)问题强度

影响管理者道德行为的最后一个因素是道德问题本身的强度,它取决于以下六个因素:

(1)某种道德行为对受害者的伤害有多大或对受益者的利益有多少影响?例如,使 1 000 人失业的行为比仅使 10 人失业的行为伤害更大。

(2)看多少人认为这种行为是邪恶的(或善良的)。

(3)行为实际发生并造成实际伤害(或带来实际利益)的可能性有多大?例如,把枪卖给武装起来的强盗,比卖给守法的公民更有可能带来危害。

(4)在行为和其预期后果之间的时间间隔有多长?例如,减少目前退休人员的退休金,比减少目前年龄在 40～50 岁的雇员的退休金带来的直接后果更加严重。

(5)你觉得行为的受害者(或受益者)与你(在社会上、心理上或身体上)挨得多近?例如,自己工作单位的人被解雇,比远方城市的人被解雇对你内心造成的伤害更大。

(6)道德行为对有关人员的影响的集中程度如何?例如,担保政策的一种改变——拒绝给 10 人提供每人 10 000 元的担保,比担保政策的另一种改变——拒绝给 10 000 人提供每人 10 元的担保——的影响更加集中。

综上所述,受伤害的人数越多,越多的人认为这种行为是邪恶的。行为发生并造成实际伤害的可能性越大,行为的后果出现越早,观测者感到行为的受害者与自己挨得越近,问题强度就越大。这六个因素决定了道德问题的重要性。道德问题越重要,管理者越有可能采取道德行为。

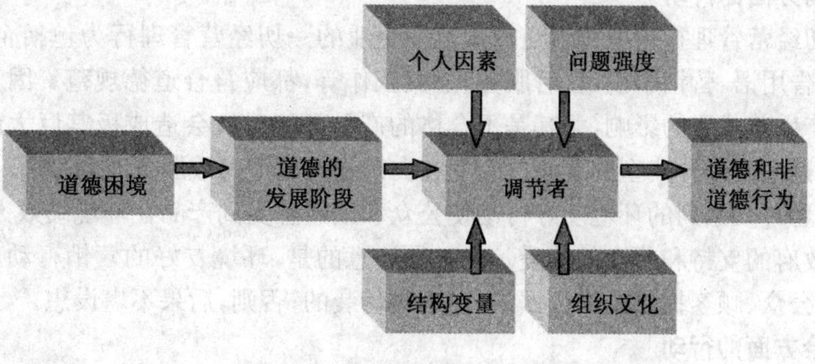

图 3－1　影响管理道德的因素

第三节 管理伦理的改善途径

一、管理者的改善途径

(一)系统思考

对环境问题的系统思考,可以贯穿于组织的输入、过程和输出的各个环节之中,输入涉及资源的破坏或保护,环境问题的压力会导致资源价格的上升,从而导致对技术创新的追求以使资源得以有效的利用。输出对环境的影响不仅是产品本身或废弃物,还有过程中产生的副产品。为了减少输出对环境的影响,管理者必须从源头开始抓起,而不能仅依赖于末端处理,这就必须以系统思想为主导,统筹考虑企业对环境的影响以及带来的经济问题。

(二)战略方面的行动

以系统思想来看环境与经济的问题,是企业的战略问题。如果认为环境责任是企业长期具有竞争优势的重要资源,那么在战略内容中要加入环境概念的教育、环境管理体系的要求、开展"绿色"产品设计和工艺的要求;要提倡实施清洁生产方式;要关注环境带来的机遇;要加入对社会公众和后代责任的要求;要坚持放弃有损环境的利益企图等。

(三)法律领域的行动

具有社会责任的组织首先要避免与法律、法规发生正面冲突,而且不只是被动地应付这方面的问题,而是要站在战略的高度主动走在法律、法规的前面,做政府倡导的事。在这方面,战略越是积极、主动,越是超前,成本就越低,而且还能争得更多的市场份额和机会,获得更多的利润和竞争优势。在商业伙伴方面,无论是供应商还是顾客,合作的对象也应该是有社会责任的,这样才会有助于组织的公共形象不断地改善。

(四)生产与运作方面的行动

最需提倡的是清洁生产方式,因为这样就可以减轻末端处理的压力,而且这也是积极、主动和更有效地对环境作贡献的运作方式。要以零污染和零排放为目标(这可是长远目标),推动生产和运作过程的技术进步,积极推动新技术、新材料、新工艺的发展推广工作,还要带动供应商为环境绩效做出贡献,从而从源头开始为清洁生产打好基础。

(五)营销方面的行动

企业一切经营管理行为应符合道德规范。企业的一切经营管理行为包括企业内部管理、产品设计、广告用语、营销手段、售后服务、公关工作等,都应符合道德规范。因为所有这一切都会对社会产生善或恶的影响,尤其是不合格的产品可能对社会造成极其巨大的伤害,"三鹿奶粉"事件就是一个十分典型的案例。企业在向市场投放产品或服务时,必须积极扮演环境友好的角色,要通过一系列的环境友好行动使公众和政府感受到产品在环境绩效方面的差异化,从而争取到政府的支持和公众的偏爱。但必须注意的是,环境友好的营销行动应该是实事求是的,能够向公众、顾客提供有力证据的,而不是伪装的;否则,后果不堪设想。

(六)财会方面的行动

环境责任的行动有成本,也有绩效,其信息来源的一个重要方面就是组织的财会系统。许多企业在环境信息、环境会计系统的研究方面都有良好的表现。按标准的工业会计来考虑对环境的新技术投资可能会起到阻碍作用。而环境会计可以识别在环境责任方面企业的成本问题,有助于管理者更好地进行决策。

(七)融资方面的行动

随着全球经济的发展和人类对可持续发展概念认识的进步,具有环境责任的企业比其他企业大大降低了可预见风险,并使其社会公众形象大大改善,从而在股市上获得额外回报。有社会责任的投资机构乐于对这类企业提供服务,因为它们认为对社会负责的投资具有良好的发展前景,如果企业能在尽环境责任方面有创造性的表现,对于提高投资质量是极有帮助的。所以,积极、负责的环境态度将有助于管理者在融资方面的发展。

(八)社会慈善事业的行动

企业对社会教育、医疗公共卫生、疾病防治、福利设施及对由于特殊的天灾人祸所引起的一切需要帮助的人,企业应根据自身的优势适当地定位,及时伸出援助之手,尽到应尽的社会责任。尤其对那些突发性社会灾难事件,例如,地震、海啸、飓风与恐怖袭击等造成的巨大灾难,企业应给予特别的关注,并争取在第一时间做出快速而适当的反应,但不必相互攀比作秀,应当实事求是、量力而行。

对企业所在社区或其他特定社区的建设进行福利投资,包括医院、学校、幼儿园、养老院、住宅、公共娱乐设施、商业中心、图书馆等有关社区人民福利的一切设施的投资,均不应以赚取商业利益为目的,因为社区为本企业的发展已经作出了太多牺牲和贡献。

(九)保护自然环境的行动

企业应主动节约能源和降低其他不可再生资源的消耗,尽可能减少企业活动对生态的破坏,积极参与节能产品的研究开发,参与对地球荒漠化和地球变暖所引发的各种灾害的研究和治理。

社会对上述活动一般都不用法律的形式来规范企业的行为,因而是由企业的管理者根据企业的价值观、道德观以及企业内部治理的规章制度自愿作出抉择。企业主管应十分敏感地关注消费者和社会舆论对本企业产品或行为的反应和法律可能变更的趋势,并迅速做出必要的、合理的响应。任何过度的澄清、辩解、否认或抗拒都可能进一步扩大事态,使企业遭受不必要的损失,甚至引发一场危机。如果处理得当,企业所尽的社会责任,不仅赢得社会公众的尊敬,更重要的是由此激发起员工的道德力量,将成为企业最宝贵的财富。

二、提高员工道德素质的途径

(一)挑选高道德素质的员工

人在道德发展阶段、个人价值体系和个性上的差异,使管理者有可能通过严格的挑选过程(挑选过程通常包括审查申请材料、组织笔试和面试以及试用等阶段)。把低道德素质的求职者淘汰掉,这并非易事。事实证明,仅仅通过“挑选”这一控制措施,是很难把道德标准成问题的求职者挡在门槛之外的,所以通常辅之以其他控制措施。

挑选过程的另一个作用是有助于管理者了解个人道德发展阶段、个人价值观、自我强度和控制中心。

(二)建立道德准则和决策规则

在一些组织中,员工对“道德是什么”认识不清,这显然于组织不利。建立道德准则可以缓解这一问题。

道德准则是表明组织的基本价值观和组织期望员工遵守的道德规则的正式文件。道德准则既要相当具体,以便让员工明白以什么样的精神来从事工作、以什么样的态度来对待工作;也要相当宽泛,以便让员工有判断的自由。麦道公司的道德准则如表 3－3 所示。

表 3—3　　麦道公司的道德准则

为了使正直和道德成为麦道公司的特征，作为公司成员，我们必须努力做到： ·在所有交往中要诚实可信； ·要可靠地完成所交代的任务； ·说话和书写要真实和准确； ·在所有工作中要与人合作并做出自己的贡献； ·对待同事、顾客和其他人要公平和体贴； ·在所有活动中要遵守法律； ·承诺以较好的方式完成所有任务； ·节约使用公司资源； ·为公司服务并尽力提高我们生活于其中的质量。 正直和高道德标准要求我们努力工作、具有勇气和做出艰难选择。有时为了确定正确的行动路线，员工、高层管理人员和董事会之间进行磋商是必要的。有时正直和道德可能要求我们放弃商业机会。但是，从长远看，做正确的事比做不正确、不道德的事对我们更有利。

管理者对道德准则的态度(是支持还是反对)以及对违反者的处理办法对道德准则的效果有重要影响。如果管理者认为这些准则很重要，经常宣讲其内容，并当众训斥违反者，那么道德准则就能为道德计划提供坚实的基础。

劳拉·纳什(Nash,1981)提出了使用正式文件来指导行为的另一种方法。她提出了 12 个问题(见表 3—4)，这些问题作为决策规则，可以指导管理者处理决策中的道德问题。

表 3—4　　作为决策规则的 12 个问题

1. 你准确地确定了问题吗？
2. 如果你站在对方的立场上，你将如何确定问题？
3. 这种情形原本是如何发生的？
4. 作为一个公司的职员，你忠于什么样的人和事？
5. 在决策时你的意图何在？
6. 这一意图与可能的结果有何差距？
7. 你的决定或行动可能伤害谁？
8. 你能在决策前与有关各方讨论这一问题吗？
9. 你有信心认为你的立场不仅现在看起来正确，即使长期，也正确吗？
10. 你能问心无愧地把你的决定或行动透露给你的上司、你的首席执行官、董事会、你的家庭以及整个社会吗？
11. 你的行动在被人理解的情况下有什么可能的后果？在不被人理解的情况下又如何？
12. 在什么情况下你将容忍反对意见？

(三)在道德方面领导员工

高层管理人员在道德方面的领导作用主要体现在以下两个方面：

第一，高层管理人员在言行方面是员工的表率——他们所做的比所说的更为重要，他们作为组织的领导者要在道德方面起模范带头作用。如果高层管理人员把公司资源据为己有、虚报支出项目或优待好友，那么这无疑向员工暗示，这些行为都是可接受的。

第二，高层管理人员可以通过奖惩机制来影响员工的道德行为。选择不道德手段而取得惊人的业绩，从而获得晋升，这种行为本身向所有人表明，采取不道德手段是可接受的。鉴于此，管理人员在发现错误行为时不仅要严惩当事人，而且要把事实公之于众，让组织中所有人都认清后果。这就传递了这样的信息："做错事要付出代价，行为不道德不是你的利益所在"。

(四)设定工作目标

员工应该有明确和现实的目标。如果目标对员工的要求不切实际，即使目标是明确的，也会产生道德问题。在不现实的目标的压力下，即使道德素质较高的员工也会感到迷惑，很难在道德与目标之间做出选择，有时为了达到目标而不得不采取不道德的行为。

（五）对员工进行道德教育

越来越多的组织意识到对员工进行适当的道德教育的重要性，它们积极采取各种方式（如开设研修班、组织专题讨论会等）来提高员工的道德素质。人们对这种做法意见不一。反对者认为，个人价值体系是在早年建立起来的，从而成年时的道德教育是徒劳无功的。而支持者指出，一些研究已发现价值准则可以在童年后建立。另外，他们也找出了一些证据，这些证据表明：第一，向员工讲授解决道德问题的方案，可以显著改变其道德行为；第二，这种教育提升了个人的道德发展阶段；第三，道德教育至少可以增强有关人员对商业伦理问题的认识（即使没有其他作用）。

（六）对绩效进行全面评价

如果仅以经济成果来衡量绩效，人们为了取得结果，就会不择手段，从而有可能产生不道德行为。如果组织想让其管理者坚持高的道德标准，则它在评价过程中就必须把道德方面的要求包括进去。例如，在对管理者的年度评价中，不仅要考察其决策带来的经济成果，还要考察其决策带来的道德后果。

（七）进行独立的社会审计

有不道德行为的人都有害怕被抓住的心理，被抓住的可能性越大，产生不道德行为的可能性就越小。根据组织的道德准则对决策和管理行为进行评价的独立审计，会使不道德行为被发现的可能性大大提高。

审计可以是例行的，如同财务审计，也可以是随机的，并不事先通知。有效的道德计划应该同时包括这两种形式的审计。审计员应该对公司的董事会负责，并把审计结果直接交给董事会，以确保客观、公正。

（八）提供正式的保护机制

正式的保护机制可以使那些面临道德困境的员工在不用担心受到斥责的情况下自主行事。例如，组织可以任命道德顾问，当员工面临道德困境时，可以从道德顾问那里得到指导。道德顾问首先要成为那些遇到道德问题的人的诉说对象，倾听他们陈述道德问题、产生这一问题的原因以及自己的解决方法。在各种解决方法变得清晰之后，道德顾问应该积极引导员工选择正确的方法。另外，组织也可以建立专门的渠道，使员工能放心地举报道德问题或告发践踏道德准则的人。

综上所述，高层管理人员可以采取多种措施来提高员工的道德素质，这些措施包括：挑选高道德素质的员工、建立道德准则和决策规则、领导员工、设定工作目标以及对员工进行道德教育等。在这些措施中，单个措施的作用是极其有限的，但若把它们中的多数或全部结合起来，就很可能会收到预期的效果。

[复习思考题]

1. 请解释伦理、道德的内涵。

2. 为什么“企业首先是一个社会组织，其次才是一个经济组织”？作为一个社会组织和作为一个经济组织的责任有区别吗？为什么？

3. 解释功利主义、权力至上、公平公正、社会契约四种道德观的内涵，以及它们可能产生的社会结果。

4. 合乎道德的管理具有哪些特征?
5. 影响管理伦理的因素有哪些?
6. 管理者可以采取哪些办法来改善自身及其成员的伦理行为?
7. 以“三鹿奶粉”事件为例,解释企业与社会的关系。
8. 企业的社会责任主要体现在哪些方面?

[案例分析]

某宾馆处分职工的道德困境

某宾馆经理接到处分职工李斌的报告,他觉得有问题,就作了一番调查。事实是李斌的母亲患病住院,想喝鸡汤。由于李斌白天上班,晚上去医院陪母亲,连去市场买鸡的时间都没有。在这种情况下,他在餐厅里偷了一只鸡。经理了解了情况后,批准了餐厅对李斌记大过一次、扣发当月奖金的处分,然后带着慰问品去医院看望李的母亲,并对他母亲说:“李斌在工作中表现很好,在家里对你也很孝顺,他是你的好儿子。”患病的母亲含笑听着。次日,经理找李斌谈话,先肯定他工作好,接着又指出偷公家东西是错误的,并征求其对处分的想法。李斌对这种赏罚分明、合情合理的处理十分感动,并表示自己错了,愿意接受这种处罚。这时,经理离开座位说:“你母亲生病半个多月,我们都不知道,没有给予关心,我们也对不起你。”说后,经理毕恭毕敬地向李斌鞠了一个躬。

思考题:

1. 从管理与道德的关系分析李斌的行为。
2. 评价经理处理这件事的做法。

第四章 决 策

管理的关键在于决策。

——美国经济组织决策管理大师赫伯特·西蒙(Herbert A. Simon)

[学习目标]

知识点:

1. 掌握决策的含义及类型;
2. 理解决策的过程;
3. 了解定性的决策方法。

技能点:

1. 培养学生灵活掌握定量决策方法来解决实际生活中的管理问题的技能;
2. 认知并能有意识地培养自身的决策能力。

[案例导入]

乔布斯每天都是同一套行头?对抗“决策疲劳”,我们要怎么做?

关于决策,乔布斯了解的要比我们大多数人多得多。

从早上开始,我们每天都要面临着诸多选择。要不要再睡一会?早餐吃什么?我该几点出门上班?午餐吃什么?我在团队会议上要不要发言?去不去健身房?等等。

关于决策,非常有意思的地方在于,当你要做出决定时,实际上是需要耗费心力的。如果短时间内做出过多决定的话,你的决策能力将会显著下降。

我们将其称为“决策疲劳”。

史蒂夫·乔布斯每天都穿着他那身已经成为标配的行头:黑色高领毛衣+牛仔裤+新百伦运动鞋。每当你想起这位世界上最具价值企业的联合会创始人和(前)首席执行官,首先印入脑海的就是他那套万年不变的衣着,很显然,史蒂夫自己无疑已经明白个人能够做出英明决断的能力是有限的。

这真的可以归结为:每天选哪件T恤穿或者新一代的iPhone该如何进行交互?哪一个对他来说更重要?当把全部放到这样一个简单的例子中,这套万年不变的行头就变得有意义了,他每天都需要做出太多关于如何把苹果产品打造成传奇的决定。

处于领导位置的人多因制定了一系列重要的决策却从未意识到自己的决策能力正在恶化而声名狼藉。很多首席执行官、创始人以及领导者都出现过相似的问题。每天的时间是固定的,你必须得做出决定或者干脆放手不管。

我们每天都需要做出多个重要决定，那么该如何把自己的决断能力留给真正重要的事情上呢？很简单，对那些无足轻重的决定进行自动化处理，这样你就不用再把精力浪费在它们身上了。

以下这些将有助于你避免“决策疲劳”：

不要在你的衣柜中塞满数百件衣物。学学史蒂夫，选一些你喜欢的T恤、毛衣、牛仔裤等，然后多买几件，再配上些鞋，基本每天都是这么穿。

在每周相同的时间，到网上进行生活必需品采购，而且90%以上的物品都使用预填充清单。为什么要在这周究竟该买哪种牌子的番茄酱上浪费时间呢？

在日历上标注锻炼时间，并将锻炼视作每天都要重复进行的事。不要再想什么时候锻炼，看看日历就成。

如果你在经营一家企业的话，带着初步决定来见你的领导团队，告知他们这些初步决定，听听他们的意见，集思广益。

说实话，每天大约有80%的决定你可以进行自动化、委托或者消除的处理。你必须意识到“决策疲劳”的存在，而且要记得做的决定越少，每个决定的质量才会越高。所以，该怎么判断你是否正处于决策疲劳期呢？

开始避免一起做所有的决定。

无法在决定间做出权衡。

你对平常所避免的事物失去了自我控制力，像喝酒或是吃光眼前的一切食物。如果你对自己说“好吧，我不打算每天都做这么多的决定了”，然后为了好玩，试试这个，写下你在24小时内所做的所有决定，无论大小。

你最后可能会写下来几十个甚至几百个决定。找出那些会对你的进步产生最大影响的决定，然后就像前文所提到的那样，对其他的决定进行自动化、委托或者消除的处理。

这样，你所做的决定将会越来越少，但是越做越精。

资料来源：http://www.21cbr.com/article/71491.html。

第一节 决策的含义和类型

一、决策的含义

决策是人类的一种普遍性活动，它反映了人们认识和改造客观世界，促进或控制事物发展的能力。决策一般是指个人或集体为达到预期目标，从两个以上的可行方案中选择最优方案或满意方案，并推动方案实施的过程。

决策活动广泛存在于社会实践的各个领域，其中既有个人日常工作、生活目标和行为对象的决策，也有大量以实现社会组织活动目标为内容的各种类型的决策。管理者在管理活动中承担着人际关系、组织信息和决策三方面的工作。决策通常处于管理活动中心，离开决策，管理将失去准绳，达不到预期管理目标。任何一个企业，都需要一系列的决策活动。企业在适应与反作用于市场的运行中为满足需求，获取利润，对社会做出贡献，而对自身市场行为实施管理，随时面临着诸多问题而要作出决策。比如，制订企业经营方向计划、选择组织资源渠道、投资生产、解决营销管理问题等。

所有经营管理问题的决策都是在市场调查研究和预测提供的资料、情报等信息基础上，确定决策目标，利用科学理论和方法，充分发挥人的智慧，系统分析主客观条件，围绕实现目标拟定可行的行为方案，从中选择一个最优方案去组织执行。在方案执行中，还要不断地检查和监督，以便发现偏差，加以修正，才能真正达到目标。

二、决策的类型

现代经营管理活动的复杂性和多样性，决定了现代管理决策有着多种不同的类型，可从不同的角度作如下划分：

（一）根据决策主体的构成不同，可以分为个人决策和集体决策

1. 个人决策

个人决策是由决策者凭借个人的经验、智慧及掌握的信息作出的决定，决策速度快、效率高是其特点，常常适用于常规事务及紧迫性问题的决策，对全局性重大问题则不宜采用。

2. 集体决策

集体决策是指为了充分发挥集体的智慧，由多人共同参与分析作出的决定。集体决策的优点是能充分发挥集体智慧，集思广益，决策较慎重，可信度较高，从而保证决策的正确性、有效性。缺点是决策过程较复杂，耗费时间较多。它适宜于制定长远规划和全局性的决策。

（二）根据决策问题的性质和重要程度不同，可以分为战略决策、战术决策和业务决策

1. 战略决策

战略决策是对涉及经济活动系统长远性、全局性和方向性等问题的重大决策。它体现了企业全局工作长远的指导思想与经营发展规划的总体设想，通常是由高层领导集团作出。战略决策具有涉及范围广、影响时间长、作用程度深刻的特点，是战术决策和业务决策的依据和中心目标。它的正确与否直接决定经济活动系统的发展方向和总体效果。

2. 战术决策

战术决策是战略决策的重要组成部分，常由高层管理者和中层管理者密切结合作出，指的是根据战略目标的要求，对某一战略阶段的企业经营要素优化组合的重大问题做出的决策，也称策略决策。它将战略总目标具体化和细分化，针对战略阶段经济活动内容进行总体部署，又为业务决策的制定提供依据和指明方向，所以说战术决策是连接战略决策与业务决策的桥梁和纽带。

3. 业务决策

业务决策是围绕实现阶段战略目标的具体业务问题的决策，如企业的经管计划编制、人员调配、物资设备管理等。它属于低层次决策，由经济活动系统的中基层管理人员来完成。业务决策为战术决策服务，是战术决策的延续和具体化。其正确与否、运行效率如何，对战略目标实现的程度和效果有重要影响。

（三）根据决策过程信息的完备程度不同，可以分为确定型决策、风险型决策和未确定型决策

1. 确定型决策

确定型决策是指在决策过程中各备选方案完全明确知晓的决策环境下，每个方案只有一种结果，比较其结果优劣，作出最优选择的决策。所谓完全明确知晓的决策环境，即指环境只有一种可能的自然状态，或者说，环境的任何可能的变化都不会影响对某特定方案选择所带来的结果。这类决策一般可用数学模型，借助计算机程序进行模拟决策。

2. 风险型决策

风险型决策是指决策过程事先能预知各备选方案在几种可能约束状态（即自然状态）下产生的几种不同结果以及出现概率情况下做出的决策。许多管理决策的影响因素较为复杂且多变，因而决策面临的自然状态约束条件就带有较大的随机性，备选方案的结果也就存在随机性。这类决策必须在科学调查研究的基础上进行预测，对各种因素进行详细的分析，估计出不同可能自然状态条件下方案的结果以及出现的概率，借助统计方法作出方案选择，就可以使不确定性程度降低，尽可能减少决策的风险。

3. 未确定型决策

未确定型决策也称不确定型决策，是指决策过程事先仅能预知各备选方案在几种可能的自然状态下产生的几种不同结果，在自然状态出现概率不明确的情况下做出的决策。这类决策由于人们对在几种可能客观状态下出现的随机性规律认识不足，就增大了决策的不确定性程度，其风险较大。未确定型决策一般难以进行精确量化分析，主要依据决策者的经验和对风险的态度作出判断。

(四)根据经营管理活动的特点不同，可分为结构化决策和非结构化决策

1. 结构化决策

结构化决策又称程式化决策，是指针对经营管理活动中反复出现，有明确、稳定的解决问题程式的例行业务活动进行的决策，如日常生产作业安排、商品采购与销售任务指派、物资调运路线选择等经营管理中例行活动的决策。这类决策通常表现为决策者知晓决策的范围，有明确的备选方案，决策者只要遵循程式作出选择即可。

2. 非结构化决策

非结构化决策又称非程式化决策，是指针对经营管理活动中随市场和社会经济环境变化，企业难以用固定的思维模式处理解决经营管理活动问题所进行的决策。例如，新市场的开发，新的经营管理制度的建立，企业的扩展、破产或兼并，流通渠道或经营环节的调整与革新等经营管理中非例行活动的决策。这类决策是以前从未以同样的方式或在同样的环境下遇到过的决策，通常表现为决策问题模棱两可，备选方案不能马上很清楚地提出。由于决策方式具有新颖性，决策主体对如何处理很难有明确的认识，就决策本身和如何对待，也是仁者见仁，智者见智，很难达成一致的最佳决策。

除上述分类之外，决策按目标多少的不同，可以分为单目标决策和多目标决策；按决策过程、决策问题划分阶段多少的不同，可以分为单阶段决策和多阶段决策；按决策过程方案选择条件不同，可以分为最优化决策和满意决策等。

第二节　决策的过程

决策是一个复杂的动态系统，运行有序与否直接影响决策质量。决策的过程是决策系统有序运行包含的一系列相关阶段，以其特定的内容和要求及相互之间的内在联系，使决策过程的每一环节紧密衔接起来，为决策的高效率、高质量提供有力保证。一般而言，科学的决策过程一般包括以下六个步骤：

一、发现问题(识别机会)

发现问题是决策过程的起点，没有发现组织中的问题，就谈不上决策；明确问题是进行决策的首要任务。问题可以理解为在现有条件下应该达到的理想状态与现实状况之间的差距。因此,决策者首先要研究组织所处的内外部环境,发现问题,分析原因,提出解决问题的对策。

尽管有很多人主张识别问题常常是凭直觉进行的,但以下四种信号有助于决策者正确地识别问题:(1)偏离过去的绩效或经验,即组织中以前建立的绩效模式遭到破坏或发生变化。例如,企业销售额下降、人才流失率提高、成本费用上涨或废品率上升等都常常暗示决策者,可能出现了问题。(2)偏离既定的计划,即没有达到决策者的期望水平。例如,新产品推出后没有达到预期的市场占有率,利润水平也低于计划水平等。(3)竞争者的绩效水平。当竞争对手改进或形成新的生产程序时,决策者可能不得不对组织的过程或程序重新评价。(4)其他人可能给决策者带来问题。例如,有关顾客对于延迟交货的抱怨、高层管理者为部门制定了新的绩效标准等。

仅仅识别出问题并不是目的,关键还要根据各种现象诊断出问题产生的原因,这样才能考虑采取什么措施,选择哪种行动方案。比如,可以通过尝试性地询问一些诊断性问题来发现原因。例如,是组织内外的什么变化导致问题的产生,哪一类人与问题有关,他们是否有能力澄清问题等,可以利用鱼骨图等诊断分析工具逐步发现原因并分清主次;否则,只能是病急乱投医,或是头痛医头、脚痛医脚,造成资源的浪费。

二、明确目标

没有目标就无所谓决策,目标错了,决策就会出现失误。因此,确定问题后,还要有明确、具体的决策目标。目标是指一定的环境和条件下,根据预测所能希望得到的结果。确定目标时必须注意以下问题:

(一)目标必须是客观、可行的

企业的任何一项决策都需要确定其目标,如何为实现全局目标和提高企业竞争优势作出贡献。在做某项决策时一定要考虑如何使之与高层次目标相适应,使决策目标最有助于企业目标的实现。

(二)目标必须明确、具体

在决策过程中,目标是研究对策备选方案的标准和尺度。目标含糊不清,方案设计与评价选择就会无所适从。决策目标必须做到具体化、定量化,在时间、地点、数量上加以确定。

目标必须是单一的,即只能有一种理解,不能模棱两可。为此,目标应尽可能数量化;目标必须落实,通过建立分层目标结构,使某个部门在某个决策问题上的决策目标正好是本部门问题上的具体目标,实现该目标就是实现更高层次目标的手段。

(三)要区分目标的重要程度和主次顺序

由于经济活动范围的扩大,现代管理决策经常面临多目标并存的情况,所提问题经常要考虑两个或两个以上的目标。例如,零售企业的店址选择,既要考虑地理位置的优越性,又要在所在地区保持合理的市场份额,同时还要符合城市商业网点的统一规划和布局。在某些情况下,就会出现矛盾和对立,这就给决策方案的确定增加了难度。因此,通过对决策目标加以区分,可以迅速抓住主要矛盾和核心问题,确立主次分明的决策目标体系,从而使制定和抉择最佳决策方案成为可能。

三、拟定备选方案

为了达到决策目标,必须拟定备选方案,提出解决问题的对策。备选方案首先必须是可行的方案，也就是说，在现有条件下可以实施的方案。有的方案看起来很好但是不可行，该方案就不是备选方案。在提出备选方案时，管理者必须把试图达到的目标铭记在心，而且要提出尽量多的方案。

只有存在一个以上的方案，才能进行方案选择，否则也就无所谓决策了。为了确保方案的最优性，应该拟定全部可能实行决策目标的可替代的行动方案。拟定备选方案时应注意：第一，整体详尽性，在可能的条件下，应拟定出所有的重要方案，大体上保持整体详尽性；第二，备选方案之间的互斥性，即不同的备选方案间必须相互排斥，不能同时执行几个方案，只能从中选取一个方案。也就是说，各备选方案在总体设计、主要措施和预期效果上必须有明显的区别，既不能把 A 方案的措施包括在 B 方案中，也不能使 A 方案和 B 方案成为实现 C 方案的途径。只有备选方案间互斥，才能保证各方案备选、比较的意义。

四、评价选择方案

每个实现目标的可行方案，都会对目标的实现产生某种积极作用和影响，也会产生消极作用和影响。

一般评价备选方案考虑的标准是方案的可行性、可靠性和可接受性。评价方案的可行性，是说明执行各方案可能需要的各种资源如何与企业能得到的资源相互配合；可靠性是评价方案执行的内在风险程度；可接受性是从方案实现决策目标对企业竞争力和财务两个方面判断方案的优劣。从企业竞争力角度看，就是要从执行方案的技术、质量、可靠性、灵活性等方面分析经营活动和运营目标，如何提高企业竞争力。从财务角度来看，就是通过预测和分析所采用方案的财务成本，以及决策可能带来财务收益的增长。

选择方案是对评价方案的结果进行总体权衡和最终抉择的过程，是决策过程的核心环节。方案选择时应当要清楚一点，任何方案均有风险，影响企业经营管理的因素很多，很难完全预计到，理想的选择就是最优化。所以，选择方案一般只能是在目前条件下权衡利弊之后选择比较满意的可行方案，而不是最佳方案。同时，方案选择时要注意各方案的差异，有无不良的后果或潜在问题，以便采取预防措施。

五、实施方案

选择出满意的方案或最优方案只能说解决了决策问题的一半，另一半则是如何实施决策方案。决策的成功取决于方案的有效实施。现实是，很多方案看起来很好，但由于没有得到有效的实施，只停留在纸上，因此实施方案是决策过程中的重要环节。

方案实施时不是被动、机械地执行决策方案，需要在实施执行方案的同时，根据情况对决策方案进行适当的修正或调整，灵活地、创造性地加以实施与控制。而方案的实施离不开信息的收集与反馈，以便随时发现执行过程中出现的新情况、新问题，并及时采取调整措施或针对新问题做出新的决策。

六、信息收集与反馈

信息是决策的基础，必要的信息是决策的前提条件。以上五个步骤的主要任务是设法将企业资源在时空上科学、合理地组织起来，通过实际行动使其充分发挥作用，实现企业的预期目标。而且，上述五个步骤并非必然从某一步骤依次进到下一个步骤，而无须回溯或循环反复。从决策任务的提出到目标实现，都离不开信息收集与反馈，即进行大量的调查研究，了解企业的外部环境和内部条件、竞争状况，预测企业经营发展的趋势与动向，通过信息收集、处理、传递与反馈将上述五个步骤有机地联系起来。所以，信息收集与反馈也成为科学决策过程中必不可少的重要阶段之一，且贯穿决策程序的始终。

上述六个步骤有机结合构成的决策过程如图 4－1 所示。

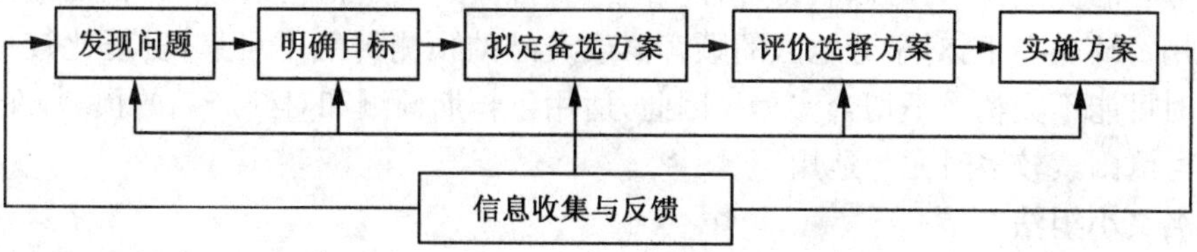

图 4－1 决策过程

第三节 决策方法

决策的方法有很多，总的来说，可以分为两大类：定性决策方法和定量决策方法。但很多情况下将这两种方法结合运用，特别对于一些重要的决策更是如此。

一、定性决策方法

定性决策方法又称主观决策法，是指采取有效的组织形式，依靠专家们的知识和经验，根据已掌握的情况和资料，提出决策目标及实现目标的方法，并做出评价和选择。定性决策方法简单易行，容易被一般管理者接受，而且特别适用于非常规决策，同时还有利于调动专家的积极性，提高他们的工作能力。但因其缺乏严格论证，易产生主观性，容易受决策组织者个人倾向的影响。常用的定性决策方法有头脑风暴法、德尔菲法、名义小组法等。

（一）头脑风暴法

头脑风暴法（brain storming）的特点是：针对拟解决的问题，相关专家或人员聚在一起，在宽松的氛围中敞开思路，畅所欲言，寻求多种决策思路。

头脑风暴法的创始人是美国的奥斯本（A. F. Osborn）。该决策方法的四项原则是：

（1）各自发表意见，对别人的建议不作评论。

（2）鼓励独立思考。

（3）鼓励完善已有的意见。

（4）建议不必深思熟虑，越多越好。

头脑风暴法旨在倡导创新思维，时间一般控制在 1～2 小时，参加者以 5～7 人为宜。

（二）德尔菲法

德尔菲法 (Delphi technique) 是由美国兰德公司提出的使专家们对影响组织某一领域的看法达成一致意见的结构化方法。德尔菲法的步骤如下：

（1）根据问题的特点，选择和邀请有相关经验的专家。这里的专家指的是对所研究的问题有深入了解的人员，可以是管理人员，也可以是普通员工。

（2）将与问题有关的信息分别提供给专家，请他们各自独立发表自己的意见，并写成书面材料。

（3）由工作人员收集并综合专家的意见后，将综合意见反馈给各位专家，请他们再次发表意见。如果分歧很大，可以开会集中讨论；否则，工作人员分头与专家联系，向专家们发出第二次征询表，同时把汇总的情况一同寄去，让每一位专家看到全体专家的意见倾向，据此对所征询的问题独立地提出修改意见或重新做一次评价。

(4)如此反复多轮，最后专家们的意见趋于一致，形成代表专家组意见的方案。

德尔菲法的优点在于：可以获得各种不同但有价值的观点和意见；可以加快预测速度和节约预测费用。缺点在于：对于分地区的顾客群或产品的预测可能不可靠；责任比较分散；专家的意见有时可能不完整或不切合实际。因此，适用于长期预测和对新产品的预测，在历史资料不足或不可测因素较多时尤为适用。

(三)名义小组法

在集体决策中，如大家对问题性质的了解程度有很大差异，或彼此的意见有较大分歧，直接开会讨论，效果并不好，可能争执不下，也可能权威人士发言后大家随声附和，这时，可以采取名义小组法。

名义小组法又称名义小组技术(nominal group technique)，其操作流程是：管理者先选择一些对要解决的问题有研究或者有经验的人作为小组成员，并向他们提供与决策问题相关的信息。小组成员各自先不通气，独立思考，要求每个人尽可能把自己的方案和意见写下来，然后再按次序让他们一个接一个地陈述其方案和意见。在此基础上，由小组成员对提出的全部备选方案进行投票，根据投票结果，赞成人数最多的备选方案即为所需的方案，当然，管理者最后仍有权决定是接受还是拒绝这一方案。

二、定量决策方法

定量决策方法，又称“硬”方法，就是运用数学的决策方法。其核心是把与决策有关的变量与变量、变量与目标之间的关系，用数学关系表示，即建立数学模型，然后通过计算求出答案，供决策参考使用。近年来，计算机的发展为数学模型的运用开辟了更广阔的前景。现代企业决策中越来越重视决策的“硬”方法的运用。因此，学会运用数学方法进行企业决策是非常重要的。

(一)确定型决策方法

确定型决策所处理的未来事件有一个最显著的特性，就是对未来情况有十分明确的把握，即事物的各种自然状态是完全稳定而明确的。对此，应采取的方法一般有以下几种：

1. 价值分析法

在企业管理中，任何决策都是为一定的耗费达到一定的目标。能用最少的耗费使决策目标得到最大满足的方案就是最优方案。对应单一目标决策和多目标决策，价值分析法有以下两个公式：

(1)单一目标决策

$$V=F/C$$

式中，V为价值系数，F为功能(可用货币单位、实物单位计量)，C为费用(或成本)。

计算的目的是为了给决策者提出一个不同方案之间可以进行定量分析的数值结构，方案的值越大，说明该方案的价值越大。因此，比较不同方案的值就可决定方案的优劣。

(2)多目标决策

$$V=(F_1+F_2+F_3+\cdots+F_n)/C$$

式中，V为价值系数，F_n为功能(可用货币单位、实物单位计量)，C为费用(或成本)，n

为功能数目。

通过比较各方案的综合价值来决定方案的优劣。

2. 线性规划

在决策的过程中，人们总是希望找到一种能达到理想目标的方案。而实际上，由于种种主、客观条件的限制，实现理想目标的方案在一般情况下是不存在的。不过，在现有的约束条件下，在实现目标的多种方案中，总存在一种能取得较好效果的方案。线性规划就是在一定的约束条件下追求最优方案的数学模型的方法。

利用线性规划建立数学模型的步骤是：先确定影响目标大小的变量；然后列出目标函数议程；最后找出实现目标的约束条件，列出约束条件方程组，并从中找到一组能使目标函数达到最大值或最小值的可行解，即最优可行解。

(二)不确定型决策方法

不确定型决策就是决策者对未来事件虽有一定程度的了解，知道可能发生的各种自然状态，但又无法确定各种自然状态可能发生的概率。这种决策，由于有些因素难以确定，因此，它主要取决于决策者的经验、智力及对承担风险的态度。这时的选择将受决策者心理导向的影响，其决策准则很大程度上具有主观随意性。我们通过一个例子介绍几种不确定型决策方法。

例 1 某企业为了开发一种新产品，有三种方案可供选择：新建生产线、改进生产线、外包生产。产品销路有三种可能性：销路好、销路一般、销路差。各种方案的收益值在表 4—1 中给出。

表 4—1 **企业产品生产各方案在不同市场情况下的收益** 单位：万元

方 案	销路好	销路一般	销路差
新建生产线	370	140	—110
改进生产线	260	90	—30
外包生产	90	60	10

常用的解不确定型决策的方法有以下三种：

1. 大中取大法(乐观原则)

决策者对未来持乐观态度，认为未来会出现最好的情况。决策时，对各种方案都按它带来的最大收益考虑，然后比较哪种方案的最大收益最大，简称大中取大法。

在本例中，三种方案的最大收益分别为 370、260、90，其中第一种方案对应的值最大，所以选择新建生产线的方案。

2. 小中取大法(悲观原则)

决策者对未来持悲观态度，认为未来会出现最差的情况。决策时，对各种方案都按它带来的最小收益考虑，然后比较哪种方案的最小收益最大，简称小中取大法。

在本例中，三种方案的最小收益分别为—110、—30、10，其中第三种方案对应的值最大，所以选择外包生产的方案。

3. 最小最大后悔值法

决策者在选定方案后，如果条件改变，其他备选方案会取得更好的收益，企业将遭受机会损失，决策者会因此而后悔，由此产生了最小最大后悔值决策方法，其步骤是：

第一步，计算每个方案在每种情况下的后悔值，定义为：

后悔值＝该情况下各方案中的最大收益—该方案在该情况下的收益

第二步，找出各方案的最大后悔值；

第三步，选择最大后悔值最小的方案。

表4－2给出了各方案在各种市场情况下的后悔值，最右边一列给出各方案的最大后悔值，分别为120、110、280，其中第二种方案对应的最大后悔值最小，所以选择改进生产线的方案。

表4－2　　企业产品生产各方案在不同市场情况下的后悔值　　单位：万元

方案	销路好	销路一般	销路差	各方案的最大后悔值
新建生产线	0	0	120	120
改进生产线	110	50	40	110
外包生产	280	80	0	280

(三)风险型决策方法

如果决策问题设计的条件中有些是随机因素，它虽然不是确定型的，但决策者知道概率分布，这类决策称为风险型决策。常用的风险型决策方法有最大期望收益法、决策树法。

1. 最大期望收益法

最大期望收益法是选择期望收益最大的方案(见例2)。

例2　某企业打算生产某产品。根据市场预测分析，产品销路有三种可能性：销路好、销路一般、销路差。这三种情况出现的概率分别为0.3、0.45、0.25。生产该产品有三种方案：新建生产线、改进生产线、外包生产。各种方案的收益值同表4－1。

解：依据概论知识，可以求出三种方案对应的期望收益分别为：

(1)$370\times0.3+140\times0.45-110\times0.25=146.5$(万元)

(2)$260\times0.3+90\times0.45-30\times0.25=111$(万元)

(3)$90\times0.3+60\times0.45+10\times0.25=56.5$(万元)

显然，第一种方案对应的期望收益值最大，所以选择新建生产线的方案。

2. 决策树法

决策树法是以决策收益表为依据，通过计算和比较各个方案的损益值，借助树枝图形，利用修剪方案枝的方法寻找出最优方案。由于每个决策或事件(即自然状态)都可能引出两个或多个事件，导致不同的结果，这种决策分支画成图形很像一棵树的枝干，故称决策树。

决策树的构成要素有决策节点(方块节点)、状态节点(圆形节点)、方案枝、概率枝。由决策节点引出若干条细支，每条细支代表一个方案，称为方案枝；由状态节点引出若干条细支，表示不同的自然状态，称为概率枝。每条概率枝代表一种自然状态。在每条细枝上标明客观状态的内容及其出现的概率。在概率枝的最末梢标明该方案在该自然状态下所达到的结果(收益值或损失值)。这样树形图由左向右、由简到繁展开，组成一个树状网络图。

决策树法的决策程序如下：

第一步：绘制树状图，从左往右绘出决策节点，根据方案的个数绘出方案枝，方案枝上标明方案的内容；然后在方案枝末端绘出状态节点，根据自然状态的个数，引出概率枝，在概率枝上标明自然状态及概率值；最后在概率枝末端标明不同自然状态下的期望值。

第二步：进行剪枝，计算并比较各个方案的期望损益值，将期望损益值小的方案剪掉，所剩的最后方案即为最佳方案。

例 3 某企业根据市场预测分析，明年的销路有两种可能：销路好和销路一般，两种情况出现的概率分别为 0.6 和 0.4。为适应市场需求可能的变化，企业在今年第四季度有两种方案可供选择：新建生产线以满足销路好的需求和改进生产线以满足销路一般的需求。如果今年没有新生产线，到明年市场需求旺盛，企业还可以采取两种方案：紧急安装新生产线；加班生产和外包。各种方案的收益值如表 4—3 所示。

表 4—3 **各种方案在不同市场情况下的收益** 单位：万元

项 目	销路好	销路一般
新建生产线	4 000	—200
改进生产线		600
紧急安装新生产线	1 600	
加班生产和外包	2 000	

图 4—2 是解这一问题的决策树。图中的矩形节点称为决策节点，节点 A 代表今年的决策，节点 B 代表明年的决策，从决策节点引出的分支称为方案枝；圆形节点称为状态节点，从状态节点引出的分支称为状态枝。图 4—2 中标出了相应的概率和收益值。

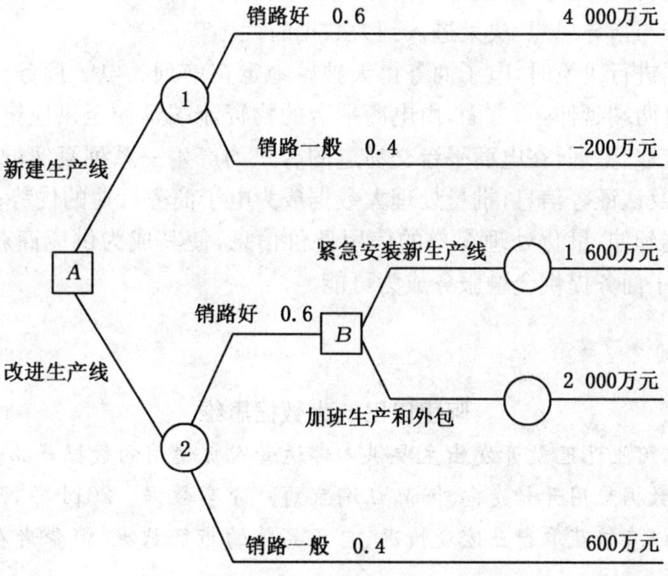

图 4—2 用决策树解多阶段生产规模问题

求解的次序是从决策树的末端开始，基本步骤如下：

(1)先遇到决策节点 B，取从该决策节点出发的方案枝中的最大值，作为该决策节点的值。

决策节点 B 的值$=\max(1\,600, 2\,000)=2\,000$(万元)

(2)遇到状态节点，依据各种状态的概率计算期望收益。

状态节点 1 的期望收益 $E_1=0.6\times4\,000+0.4\times(-200)=2\,320$(万元)

状态节点 2 的期望收益 $E_2=0.6\times2\,000+0.4\times600=1\,440$(万元)

(3)在决策节点 A，比较两个方案枝相连的两个状态节点上的期望收益。

状态节点1的期望收益为2 320万元，状态节点2的期望收益为1 440万元，取其中最大的作为采用的方案。

最后得到的决策方案是：今年新建生产线，这种方案的期望收益是2 320万元。

第四节 决策与创意

一、创意概述

企业发展离不开创意。创意是对传统的叛逆，是打破常规的哲学，是破旧立新的创造与毁灭的循环，是思维碰撞，智慧对接，是具有新颖性和创造性的想法，不同于寻常的解决方法。

创意是一种突破，产品、营销、管理、体制、机制等方面主张的突破。

创意是逻辑思维、形象思维、逆向思维、发散思维、系统思维、模糊思维和直觉、灵感等多种认知方式综合运用的结果。要重视直觉和灵感，许多创意都来源于直觉和灵感。

二、创意与决策

(一)以大数据为基础进行决策

在互联网时代，特别是移动互联网时代，大数据、云计算成为决策的极为重要的手段，并成为一种决策的思维与指导思想，决策进入到大数据时代。

在运用大数据进行决策时，电子商务得天独厚地走在前列。电子商务正在依托数据优势向其承载的供应链两端延伸：一方面，由电商平台的物资流端延伸至供应链上游的数据流端，注重原始数据的获取、整理，在电商平台交易过的客户均产生一系列真实的交易数据、物流数据、客户评价数据及认证等信息，批量处理大数据成为电子商务行业的优势；另一方面，向供应链下游的资金流端延伸，量化处理客户的信用评价信息，使其成为供应商获得融资服务的依据，从而使得为电子商务提供金融服务成为可能。

[智慧管理]

阿里巴巴的大数据思维

早在2005年，阿里巴巴就开发出主要供内部运营人员使用的数据产品——淘数据。2009年，阿里巴巴的大数据应用开始走向外部，让淘宝商户分享数据。2011年，阿里巴巴开发数据魔方平台，商家可以直接获取行业宏观情况、自己品牌的市场状况、消费者在自己网站上的行为等。

2012年7月，阿里巴巴的“聚石塔”正式发布，“数据分享平台”战略全面展开。马云正式公布了阿里巴巴“三步走”的发展策略——平台、金融、数据。有业内人士认为，这意味着整合阿里旗下所有电子商务模式的“基石”——大数据平台初步成形，阿里巴巴集团正在重新认识电子商务——成为更强壮的数据平台、服务电商。

在阿里的数据集团中，阿里金融可谓独树一帜。阿里巴巴集团数据委员会会长车品觉曾表示，阿里集团数据产品的标杆是阿里金融。据悉，阿里金融的数据来源包括淘宝、天猫、B2B、支付宝等，除此之外，阿里金融还会调取卖家与网购有关的日志、聊天记录、信用评价、退换货记录等各种结构化和非结构化的数据，利用阿里金融的大数据数学模型对此进行分析处理。阿里金融则能够借助技术手段，把碎片化的信息还原成对企业的信用认识。阿里内部对数据的运用不仅仅体现在商业产品上，也在大大缩短、简化内部的业务流程。

（二）互联网创意成为决策的灵魂

在互联网时代，出现了诸多全新的分析思路与思维创意，这些成为决策的灵魂。

[智慧管理]

大数据与三个重大的思维转变

大数据与三个重大的思维转变有关，这三个转变是相互联系和相互作用的：

首先，要分析与某事物相关的所有数据，而不是依靠分析少量的数据样本；

其次，我们乐于接收数据的纷繁复杂性，而不再追求精确性；

最后，我们的思想发生了转变，不再探求难以捉摸的因果关系，转而关注事物的相关关系。

1. 以创造性构想为核心

创造性构想是互联网的精神所在，是互联网永恒不变的主题。商业世界是个瞬息万变的世界，任何商业模式都不是永远不变的，即使是拥有最优秀的商业模式，要保持其领先地位，也要不断地进行大创新和微创新。世界上许多优秀的企业不是没有核心能力，也不是没有好的商业模式，而是不能根据市场环境的变化进行积极、有效的创新和变化而衰落的；相反，一些出色的企业，通过创造性的构想，建立一种将成功的商业模式不断进行更新的机制，从而实现快速、稳定的增长。

[互动话题]

"发现旅行"

作为一位资深旅游爱好者，王振华看到了近年来出境游发展的良好态势。他决定创办一家和旅游产业紧密融合的互联网公司，用互联网思维设计产品，打造业务流程和商业模式，让互联网和传统旅游碰撞出火花、激发出活力。

2013年9月中旬上线的"发现旅行"目前在出境游领域赢得了不错的口碑和销售业绩。区别于大多数扮演平台角色的旅游网站，"发现旅行"致力于为用户提供最佳出境旅行体验。

旅游业发展形势现在日趋明朗：跟团游因为限制得过于死板，整体呈下降趋势；而自由行则因为形式灵活呈不断上涨态势。但自由行的自由是有代价的，就是用户需要自己做攻略，亲自搞定从订机票、订酒店到弄签证等一系列事情。所以用户把大量的时间都浪费在到处查找各种信息上，同时，海量信息将用户置身于一种选择困境，很难分辨信息的真实性，等到目的地之后往往发现各项服务差强人意。

与此同时，现实中消费者的需求变得越来越多样化，对服务的细节要求也越来越高，一面是热火朝天的信息平台，一面是希望自由又省心的消费者，在这一形势下最稀缺的是针对自由行的一站式在线旅游服务。机票、酒店、签证、目的地交通、当地特色美食等，这些都是安排好的，用户不必再靠感觉和表面上的性价比来判断。

同时，游客也不会感到事事被安排、受限制，"发现旅行"只是解决了这几项必需的问题。其他服务则是消费者可以自由选择的。比如说，在目的地柬埔寨会有"求签"这项内容，适合爱好文艺或者有宗教信仰的游客自由选择；再比如，某些海岛上会安排专业的摄影服务，也可以选订一项或者两项当地的特色大餐，这些服务都不是强制的，游客可以自行选择消费或者不消费。

"发现旅行"还精细考量了游客抵达目的地后的通信问题。随着国内微信用户越来越多，游客在目的地旅行时上网需求急剧增强。"发现旅行"推出的3G上网卡服务可以有效满足游客的手机联网需求，同时也方便游客通过微信随时和旅行顾问联系。王振华想实现的就是让自由行变得简单，让每个人获得最好的体验，"我觉得最缺的东西是好的产品和服务，不缺平台。我们值得在好的产品和服务这两块好好地做一些事情"。

资料来源：http://roll.sohu.com/20131220/n392131201.shtml（摘编）。

思考题：

1."发现旅行"挖掘了用户的哪些需要？

2. 他们是怎样满足这些需要、提高用户体验的？

3."发现旅行"的创新点是什么？

2. 跨界思维与异质整合

突破所在行业、现有视野、思维习惯，进行跨界思考，是创新的重要途径。在互联网时代，由于几乎实现了所有事物的互联，看起来毫不相干的事物都可以联系起来，从而为跨界创新提供了可能与机会。而且，越是跨度大，在常人眼里不相干的，越容易产生更大的创新价值。同时，在跨界思考的过程中，要注意异质资源的整合，而且资源的差异越大，整合的剩余价值就会越大，产生"杂交优势"。

[跨界思维]

移动互联网成功"入侵"汽车

移动互联网的浪潮让智能手机与汽车的结合更紧密。国内，上汽与阿里宣布将共同打造互联网汽车，随后阿里开发出App"智驾行"以及硬件"智驾盒子"；腾讯入股四维图新，双方将共同打造新一代的智能地图和导航服务；百度也宣布正在全力研发自动驾驶技术，接下来还会整合旗下音乐、导航、图像识别、路况数据以及语音识别，统一提供给车企和车载设备商，完成"人、车、手机"的移动互联。

通过手机App，移动互联网成功"入侵"汽车，配合智能硬件随时随地控制汽车，了解汽车的相关情况。Google在洛杉矶车展上宣布并发布了专为汽车软件打造的Android Auto API，这意味着开发者可以对Android Auto这款安卓汽车操作系统开发App了。

资料来源：腾讯网—科技，http://tech.qq.com/a/20150108/009645.html。

3. 创造宽松与鼓励试错

求发展，需要不断创新探索，否则就只能原地踏步。走前人没有走过的路，无疑就没有前车之鉴可以参照，也意味着可能会犯错。如果要激励创业者和工作人员大胆地闯，就必须包容一些错误。当然，允许"试错"不等于纵容和鼓励犯错。容忍的前提条件或者相关情形的设定，必须足够科学，免责的过程也需要接受多方监督，如此才能有效地避免谋利益者打擦边球的现象。

[复习思考题]

1. 什么是决策？它有哪些类型？

2. 决策的过程包括哪些步骤？每一步骤需要注意哪些问题？

3. 什么是“最小最大后悔值”决策方法？其步骤是怎样的？

4. 在计算机已经普及的今天，为什么定性决策方法仍有用武之地？

[案例分析]

罗彻姆有限公司

罗德兹博士发火了，“这应该是一项非常简单的决策，因为只有两种选择，我实在不明白它怎么会变成这么大的一个问题。我只是让你们去挑选一台机器而已”，管理委员会都面有愧色。

问题已经酝酿了好几个星期了。虽然约翰·罗德兹已经预感到它会发生，但是他还是非常生气。当他还是一名年轻的化学家时，他创建了这家公司，至今已有十三年了。公司一直避免政策方面的激烈争论，目前就这个小问题发生争论，这令他感到困惑和不安，特别是发生在公司已经完善以后。

罗彻姆有限公司是最大的独立公司之一，它主要向仪器加工业供货。它在20世纪60年代末首次获得成功，这归功于一种食品防腐剂。它主要用于肉制品的保鲜，当时是用利兰太(LerentyI)的名字出售的。此后它们又开发了食品染色与食品包装方面的产品。目前，利兰太在公司销售总额中只占25%。

争论的发起与替换用于生产利兰太的一台加工机器有关。一共只有两台机器，它们都是由当地的切迈克斯(Chmex)公司出品的。其中较旧的一台机器发生了故障，频繁停机，再加上质量水平的不稳定，使产出水平只能勉强达到要求。现在的问题是，应当用新的切迈克斯机器替换旧的，还是购买市场上仅有的符合加工要求的一家德国产AFU机器？首席化学家对两种机器进行了比较，如表4—4所示：

表4—4

	切迈克斯	AFU
资本成本	590 000 英镑	880 000 英镑
按生产能力加工的单位成本	185 英镑	183 英镑
计划的生产能力	2 200 千克/月	2 800 千克/月
质量	98%±0.7%纯度，手工测试	99.5%±0.2%纯度，自动测试
保养	很充分，但需经常进行	不清楚，可能不错
售后服务	很好	不清楚，可能不太好
送货	3个月	立即

问题由新成立的管理委员会主持解决。约翰·罗德兹最近宣布，公司已经初具规模，从前所采用的专制的(尽管比较友好)决策方式应该改变了。委员会由四名高级经理组成，他们是：首席化学家和营销经理，他们从公司创立起就在公司工作；还有生产部经理和会计师，他俩加入公司只有6个月。这是委员会的第二次会议，罗德兹已经开始为当初的决定后悔了。

下面列出的就是委员会各位成员提交的信息以及他们对决策的表态。

1. 营销经理

今年对这种防腐剂的市场需求已经达到了2 000万英镑的规模，其中罗彻姆公司占大约48%的份额。市场已经发生了明显的变化——特别是很多防腐剂用户现在能够买到与利兰太相似的产品,竞争的结果是市场对价格的反应敏感多了。

将来的市场走向有些不确定。很明显,市场不会萎缩(从需求量看),最乐观的估计表明4年后市场规模将达到2 400万英镑(按当前价格计算)。然而,有些业内人士认为,如果考虑到食品防腐的潜力,当前的市场只不过是冰山一角罢了。特别是考虑到几乎被打开的出口市场。

利兰太是根据顾客的专门要求以固体、粉末或液体形式出售的。然而,尽管比较复杂,价格仍与所使用的化学品的重量相关。比如,今年的平均市场价格大约是200英镑/千克。当然,根据订货量合同价格也会有所变动。

目前,我主要关心的是确保每个月利兰太的质量和数量,虽然生产部门从未让我失望过,但我担心,除非我们迅速买到可靠的新机器,否则这样的事很快就会发生。德国的机器几周后就可正式投产,而且产品的质量会更好。而且,如果需求增加,我不是说需求一定增加,德国AFU机器可以提供额外的生产能力。我承认现在我们还没有扩大防腐剂市场份额的打算,我们应该优先考虑开发其他产品。当这一目标完成后,我们再回头来关注防腐剂问题。

2. 首席化学家

首席化学家是罗德兹的一个老朋友,每种新产品的研制,大体上由他俩共同负责。目前,他的主要预算用于改进基本的利兰太,它主要用于酸性丰富的食品,譬如水果。这并不容易,至今仍未有什么结果,但这位首席化学家仍保持乐观态度。

如果我们成功改进了利兰太,市场需求一夜之间就会翻番,我们就会需要额外的生产能力。我知道如果选用德国机器就要承担风险,但公司就是把筹码押在我们的研究成果之后才成长起来,我们必须继续表现出信心。

3. 生产部经理

利兰太部是一个独立的生产部门。实际上,它从实体上是分离的,位于离工厂其他部门不远的一幢建筑内,有自己的原材料仓库和包装部门,只是产成品放在主楼的主仓库里。利兰太的生产需求目前稳定在每月4 150千克。为机器配备的4名技工是罗彻姆公司仅有的技术人员,他们主要负责机器的日常维修和质量控制,这主要是由于历史的原因,因为当企业刚开始运营时,产品是试验性的,需要合格的技工来维持工厂运营。这4名技工几乎是从一开始就在企业中工作的。

营销经理和首席化学家认为利兰太销售的大规模扩张没有什么不对。如果扩张没有发生,则他们无需处理所有相关的问题。德国机器所需催化剂的成本几乎是切迈克斯公司机器的3倍。考虑一下,如果产量很低,这对预算的影响会有多大。根据我的了解,根本没有证据表明利兰太的需求会有大幅上升,不行,使用AFU机器的想法太冒险了。不仅仅是因为存在风险,我认为大家并未全面了解使用AFU机器的后果,为了开动它,我们所需要的条件是原来的两倍,但真正使我担心的是工作人员的反应。作为非常合格的技术人员,他们视自己为企业的精英,如果我们使用AFU机器,所有他们感兴趣的工作像检测和保养机器,会消失或大大下降,他们将不再是领取高薪的加工工人。

4. 会计师

公司最近的资本投资几乎全部来自本身的留存收益,但今年将要申请短期贷款,这是几年来的第一次。

我认为进行我们负担不起的投资是不明智的,它带来的额外生产能力目前并不需要。今年将是公司财务比较紧张的一年,为了改进其他产品和增加企业其他部门的投资,我们早已承诺增加大量的支出,罗德兹博士并不主张从企业外部过度融资。我同意对利兰太的需求可能会大幅增加的观点。但是，如果需求真的增加了，也不可能是今年，而且增加的幅度之大也不是 AFU 就能应付得了的，我们最好到那时再购买 3 台切迈克斯机器。

约翰·罗德兹对争论的调停：

好吧！我知道我们的讨论还有些盲目性，但这个世界本来就不完美，我们永远也不会获得全部所需的信息。况且，我们为在现阶段采取任何决策者比放任自流要好。

资料来源：http://3y.uu456.com/bp-81604919227916888486d7bf-1.html。

思考题：

1. 请说明本案例管理决策的类型，给出你的理由。

2. 依据案例资料，你认为公司应购买哪种机器？为什么？

第五章 计 划

任何计划都是尺度、准则、灯塔、路标。

——列宁

[学习目标]

知识点：

1. 理解计划的定义；
2. 理解计划的作用和职能；
3. 理解目标的定义和分类；
4. 掌握如何制定良好的目标；
5. 掌握目标管理。

技能点：

1. 认知并能有意识地培养自身的编制计划的意识和能力；
2. 能运用管理学原理分析实际管理中存在的计划问题。

[案例导入]

昔日的黄色巨人柯达

伊士曼柯达公司(Eastman Kodak Company)，简称柯达公司，曾是世界上最大的影像产品及相关服务的生产商和供应商，总部位于美国纽约州罗切斯特市。1883年，伊士曼发明了胶卷，摄影行业发生了革命性的变化。在柯达的鼎盛时期，柯达相机和柯达胶片分别占据着美国本土市场85%和90%的份额，占据全球2/3的市场份额，是毫无疑问的绝对王者。1994年，柯达快速彩色冲印店进入中国。至2003年，柯达冲印店达到8 000家，这个数字是肯德基门店的10倍、麦当劳的18倍。从城市到乡村，黄底红字的柯达商标和“柯达，串起每一刻”的广告语深入人心。2002年，柯达的全球营业额达到128亿美元，全球员工总数约7万人。

在131年的大多数时间里，柯达风光无限，但美人终会迟暮，百年老企也难永葆青春。随着数字时代的到来，胶片工业迎来了末日，数字化的浪潮席卷了柯达，真是成也萧何，败也萧何，全球第一部数码相机恰恰就是由柯达制造出来的，如今柯达也正是被它逼入绝境。1975年，柯达应用电子研究中心工程师Steven J. Sasson开发出了世界上第一台数码相机。这台数码相机以磁带作为存储介质，拥有1万像素。记录一张黑白影像需要23秒。当时的柯达管理层看到这个产品之后说：“很漂亮，但不要让任何人知道。”为什么研发出了世界上第一台数码相机，手握无数专利，却密而不发？为什么明明意识到了数码终将取代胶片，却迟迟不肯迈出那一步?

柯达公司也并非对未来没有考虑,它们在“未来相机”项目报告里这样写道:“随着技术的进步,摄影系统必将对未来的拍照方式造成实质性的影响。未来相机的照片将存储在一种稳定性极佳的存储器里,可从相机内取下以进行播放。照片将保存在胶卷、磁带或视频光盘上,并且相机存储介质将可重复使用。”也正是意识到了这一点,柯达在 20 世纪 90 年代进行了大量的数字化研发,如今数码相机所使用的许多技术,都是柯达工程师的专利——CCD 图像传感器、OLED 显示器、全世界第一个摄像头、全世界第一台数码单反相机。柯达错误地判定数码成像时代虽然已经到来,但其取代传统胶片仍需时日。还有一个重要原因是,当时胶片行业的高利润率坚定了柯达的管理层固守传统领域的惰性,数码影像本身无法带来太大的利润。柯达前高管就曾说过:“如果说胶片时代的利润为 70 美分,那么数码时代的利润最多可能为 5 美分。”聪明的商人会认为,最好不要急于转型。鉴于柯达具有压倒性的市场份额优势,这不仅带给柯达丰厚的收益,也更加坚定了它继续保守观望的市场策略。在这种致命判断的前提下,柯达采取了看似两全其美的计划:一方面,加大在传统胶片领域的投入,以求占领更大的市场份额,攫取更多的利润;另一方面,对其已有的数码成像技术秘而不宣,延缓其商业化进程,并坚信其掌握的数码影像技术足以应付短期的市场需求。

然而,市场是难料的。2000 年,全球数码成像市场翻了差不多两倍,全球彩色胶卷的需求开始出现拐点,此后以每年 25%的速度开始急速下滑。柯达传统胶片业务的销售利润从 2000 年的 14.3 亿美元锐减至 2003 年的 4.18 亿美元,跌幅达 71%。2003 年 9 月 25 日,柯达集团宣布,公司的业务重点从传统胶片业务向数码领域转移,并且今后将不再向传统胶片业务进行任何重大的长期投资。但是 2003 年 10 月 23 日,柯达决定以 1 亿美元的现金和其他资产换取我国乐凯胶卷 20%的股份,这项合作维持了不到 4 年。2007 年 5 月,柯达被迫关闭在中国厦门海沧工厂的胶卷生产线;同年 11 月,宣布终止与乐凯的合作。2009 年,柯达宣布停止生产其长达 74 年历史的全球首款商用胶卷 Kodachrome 彩色胶片,并裁撤传统胶片部门。2012 年 1 月,柯达公司正式申请破产保护,股价跌至 58 美分,在它巅峰时代的 1999 年 1 月,柯达股价曾达 78 美元,柯达公司的市值从 1997 年 2 月最高的 310 亿美元降至 2012 年的 1.75 亿美元,十余年间蒸发了 99%。迟钝的反应速度、犹豫不决的计划转型,使得百年柯达终于落幕。

第一节 计划概论

对企业来说,计划就是企业对未来拟定一个理想的发展目标并制定出相应的政策和策略的过程,即企业根据市场预测情况,找出企业向前发展的因果关系并设定目标起点,然后制定出政策和策略以及企业内部相应的组织形式和工作步骤,以实现要达到的经济目标。计划过程,是人们预计未来可能的变化,从而制订适应变化的最佳方案,减少工作失误的过程。没有计划,组织就会像没有舵的船一样失去发展的方向、失去行动的目标。

一、计划的含义

一般,人们在两种情况下使用“计划”一词:

1. 作为动词

“计划”代表着一类特定的行为,即指对各种组织目标的分析、制定和调整,以及对组织实现这些目标的各种可行方案的设计这一系列相关联的活动或行动。

2. 作为名词

“计划”就是指上述计划行动的成果，这些成果包括各种明确的、书面化的使命和目标说明，以及战略、政策、预算书等。

管理过程学派创始人亨利·法约尔认为，计划即预见，是管理的首要因素，具有普遍的适用性，而且是一切组织活动的基础，包括预测未来并在此基础上对未来的行动予以安排。

现代著名管理学教授斯蒂芬·P. 罗宾斯认为，计划包括定义组织的目标，制定全局战略以实现这些目标，开发一组广泛的相关计划以整合和协调组织的工作。计划既包括目标(做什么)，也包括实现目标的方法(怎么做)。

综上所述，计划是管理的首要职能，是管理人员根据组织内外环境分析，通过科学的预测，确定组织在一定时期内所要达到的目标，对未来进行规划、安排以及组织实施的一系列管理活动的总称。

二、制订计划的意义

为什么有的人工作井然有序，而你却丢三落四呢？为什么有时候你感觉自己天天在忙，但似乎没有任何工作成果？为什么有时候你感觉有许多事要做，却不知从何做起呢？工作中，这些问题时常困扰着你，而且久而久之，还会影响到你的工作绩效。究其原因就是没有一个合理的工作计划。任何工作都应该有一个合理的计划，有明确目的，这样对要做什么以及如何去做就能了然在胸，我们就能以更大的信心和把握投入工作中去，而最终的成功率就会高很多。

无论个人还是企业都需要计划，制订计划的意义体现在以下四个方面：

(一)计划指明了企业成员行动的方向和方式，有利于管理人员把注意力集中于目标

管理的宗旨是有效实现目标，计划过程使人们就企业目标、现状以及由现实过渡到目标状态的途径做出事先安排，从而使各个方面的行动得到了明确的指示和指导。

如果管理者不制订计划，企业就不能确定目标，企业就不知道未来要往哪里走，就好比船航海时没有灯塔，会迷失在大海中。例如，对于一个是否建立新工厂的计划研究工作来说，如果得出的结论是新工厂在经济上是不合算的，那也就没有组织、领导和控制一个新工厂的问题了。

(二)计划工作的开展促使管理人员思考未来的各种情况，降低未来的不确定性

未来环境的不确定性，管理人员无法控制，但管理人员可以通过环境分析，预测变化，采取适当的措施应对变化。如果环境的变化能在思考和预测中被事先估计到，管理人员就能事先做出应变准备，至少是思想上的准备，这样，计划工作就会有助于提高企业的应变能力，从而降低有关风险，即使环境存在很大的不确定性，正式的计划仍然非常重要。

(三)计划工作能促使管理人员改善企业的运行效率，减少活动的重复和浪费

当管理人员为实现某一目标而拟定各种行动方案时，必然要考虑企业现行的各种活动的合理性，挖掘潜力、减少各种浪费和降低不合理性。例如，企业可以付出 100%的资源去完成一个目标，但是只要付出 30%的资源就可以完成目标，如果你是管理人员该怎么选择？从效率角度看，管理人员都会选择付出 30%的资源。

有了计划，企业就可以少走弯路，两点之间直线最短，计划工作就是要寻找企业与目标之间的最短途径，实现以最少的投入获得最大的产出。

(四)计划工作为管理人员设立了工作目标和标准，有利于开展控制

计划是控制的基础，如果没有计划就无法衡量管理人员工作的好与坏。管理人员只有设定了目标和制订了计划，并通过控制，及时对照标准检查实际活动进展情况，从而为及时发现

和纠正偏差提供可靠保障。

三、计划与决策的关系

计划与决策是何关系？两者中谁的内容更为宽泛，或者说哪一个概念是被另一个概念包含？管理理论研究中对这些问题有不同的认识。

有人认为，计划是一个更为宽泛的概念：作为管理的首要工作，计划是一个包含环境分析、目标确定、方案选择的过程，决策只是这一过程中某一阶段的工作内容。比如，法约尔认为，计划是管理的一个基本部分，包括预测未来并在此基础上对未来的行动予以安排。西斯克认为，"计划工作在管理职能中处于首要地位"，是"评价有关信息资料、预估未来可能的发展、拟定行动方案的建议说明"的过程，决策是这个过程中的一项活动，是在"两个或两个以上的可选方案中作出选择"。

而以西蒙为代表的决策理论学派则强调，管理就是决策。决策包括情报活动、设计活动、抉择活动和审查活动等一系列活动的过程；决策是管理的核心，贯穿于整个管理过程。因此，决策不仅包括计划，而且包含了整个管理，甚至就是管理本身。

我们认为，决策与计划是两个既相互区别又相互联系的概念。

说它们是相互区别的，因为这两项工作需要解决不同的问题。决策是对组织活动方向、内容以及方式的选择。我们从"管理的首要工作"这个意义来把握决策的内涵。任何企业，在任何时期，为了表现其在社会上存在，必须从事某种社会需要的活动。在从事这项活动之前，企业当然必须首先对活动的方向和方式进行选择。计划则是对企业内部不同部门和不同成员在一定时期内的行动任务的具体安排，它详细规定了不同部门和成员在该时期内从事的活动的具体内容和要求。

但计划与决策又是相互联系的，这是因为：

第一，决策是计划的前提，计划是决策的逻辑延续。决策为计划的任务安排提供了依据，计划则为决策所选择的目标活动的实施提供了组织保证。

第二，在实际工作中，决策和计划是相互渗透的，有时甚至是不可分割地交织在一起的。

决策制定过程中，不论是对内部能力优势或劣势的分析，还是在方案选择时对各方案执行效果或要求的评价，实际上都已经开始孕育着决策的实施计划。反过来，计划的编制过程，既是决策的组织落实过程，也是对决策更为详细的检查和修订的过程。决策无法落实，或者决策选择的活动中某些任务无法安排，必然导致对决策一定程度的调整。

四、计划的性质

在管理体系中，计划工作具有承上启下的作用。一方面，计划工作是决策的逻辑延续，为决策所选择的目标的实施提供了组织实施保证；另一方面，计划工作又是组织、领导、控制和创新等管理活动的基础，是企业内不同部门、不同成员行为的依据。因此，我们从以下四个方面来表明计划的性质：

(一)计划的目的性

计划的目的性是非常明显的。任何企业或个人制订的各种计划都是为了促使企业的总目标或一定时期的目标的实现。确切地说，计划可以使企业有限的资源得到合理的配置，可以减少浪费，提高效率，规范企业人员的行为，提高成员工作的目的性，以维持企业的生存和发展。计划工作是为实现企业目标服务的。企业是通过精心安排的合作去实现目标而得以生存和发展。计划工作旨在促使企业目标实现,没有目的和目标就没有计划。所以,计划工作的实质就是确立实现决策的具体目标和安排。

(二)计划的首位性

计划是进行其他管理职能的基础或前提条件。把计划放在管理职能的首位,不仅因为从管理过程的角度来看,计划先行于其他管理职能,还在于计划影响和贯穿于组织、领导、协调和控制等各项管理职能中。组织的管理过程首先应当明确管理目标、筹划实现目标的方式和途径,而这恰恰是计划工作的任务,因此计划位于其他管理职能的首位。例如,在制定控制的标准时,必须以计划为依据,并且控制的目的就是为了更好地实现计划的目标,所以没有计划就谈不上控制。

(三)计划的普遍性

与计划的概念相对应,计划的普遍性也有两层含义:一是指社会各部门、各环节、各单位、各岗位,为了有效实现管理目标,都必须具有相应的计划。上至国家,下至一个班组,甚至个人,无不如此。二是指所有管理人员,从最高层管理人员到第一线的基础管理人员都必须从事计划工作。企业中大部分人员都会涉及计划工作,只是程度不同而已。凡是管理人员都要做计划工作,都必须在上级规定的政策许可的范围内做好自己的计划工作。在管理科学研究中,往往都会考察管理人员从事计划工作的能力。

(四)计划的效率性

计划的效率性主要是指时效性和经济性两个方面。任何计划都有计划期的限制,也有实施计划时机的选择。计划的时效性表现在两个方面:一是计划工作必须在计划期开始之前完成制订;二是任何计划必须慎重选择计划期的开始和截止时间。经济性是指企业计划应该是以最小的资源投入获得尽可能多的产出。计划工作要讲究效率,要考虑投入与产出之间的比率。计划不仅要确保企业目标的实现,而且要从众多的方案中选择最优的方案,以求得合理利用资源和提高效率。因此,计划要追求效率。计划的效率可以用计划对企业的目标的贡献来衡量。计划的效率不仅体现在有形物上,还包括满意度这类无形的评价标准,在衡量代价时,不仅要用时间、金钱或者生产来衡量,而且还要衡量个人和集体的满意度等。

第二节 计划的类型

计划是将决策实施所需完成的活动任务进行时间和空间上的分解,以便将这些活动任务具体地落实到组织中的不同部门和个人。因此,计划的分类可以根据时间和空间两个不同的标准。除了时间和空间两个标准外,我们还可以根据计划的明确性程度和计划的程序化程度对计划进行分类。战略性计划和战术性计划是管理活动中常见的两种计划。这一分类综合了时间和空间两类标准,同时考察计划设计的时间长短和涉及的职能范围的广狭程度。

时间	层次	对象	具体性	使用频率
长期计划	战略计划	综合计划	方向性计划	一次性计划
中期计划	战术计划	局部计划	具体计划	滚动计划
短期计划	作业计划	项目计划		

图 5—1　计划的分类

一、按计划的期限分

(一)长期计划

确定组织今后发展的方向,一般计划期为5年或以上,如我国的"十三五"规划。

(二)中期计划

确定组成具体的目标和战略的计划,时间为1至5年。

(三)短期计划

确定短期内组织要完成的目标或者任务时间为1年或1年以下。

二、按计划的层次分类

在前面我们学习了三种类型的管理者,即高层管理者、中层管理者和基层管理者。计划是三个层次的管理者都要使用的职能。

(一)战略计划

由高层管理者制订,建立组织的全局目标和寻求组织在环境中的定位,涉及组织整体的计划。

(二)战术计划

由中层管理者制订,在战略计划的基础上,制定与组织的特定部门相关的特定目标和计划,通常针对一个职能部门如财务或人力资源部。

(三)作业计划

由基层管理者制订,指导日常工作分配任务和资源的计划。例如,生产运作计划、发货安排计划和人力资源需求计划等。

三、按计划对象分类

(一)综合计划

指具有多个目标和多个内容的计划,如企业年度计划,包括生产计划、营销计划、财务计划、技术计划等。

(二)局部计划

指定范围的计划,如各部门制订的职能计划。

(三)项目计划

指针对组织特定课题做出的计划,如某产品开发计划、学校教学楼建设计划等。

四、按具体性划分

(一)具体计划

指清晰定义的、没有任何解释余地的计划。例如,2017年使本公司的生产能力从年产量35万件扩充至年产50万件。

(二)方向性计划

指设立了一般指导原则计划。当环境不确定性很大时,管理者制订的参考性计划。

五、按使用频率划分

(一)一次性计划

一次性计划是指为了满足特定需要而设计的一次性解决方案的计划,是为实现一次性目标而制订。一次性计划一般是应对突发事件而制订的。

(二)滚动计划

按"近细远粗"的原则制订,按计划的执行情况和环境变化调整和修订未来的计划,计划期向未来延伸一段时间,使计划不断向前滚动、延伸的计划。这是把短期计划和中期计划结合起来的一种计划方法。

另外,按照组织的职能还可以分为生产计划、营销计划、财务计划和研发计划等。依据不同的标准,计划可以划分为不同的类型,但是各种计划并不是割裂的,而是由分别适用于不同条件下的计划组成的一个体系。

第三节 计划的编制

计划的编制本身是一个系统的过程。为了保证编制的计划合理,能够实现决策的组织落实,计划的编制必须采用科学的方法。

一、计划编制的基本原则

(一)概念明确,实事求是

一个计划期较长的计划,其编制应成为一部计划文献、一部计划著作;不但要有定量的计划数据,而且还有定性的计划概念,是运用一系列概念进行判断、推理和论证的过程。而判断、推理、论证的基础是概念的明确和准确。因此,概念不清、不准,就会给计划执行者造成认识上的混乱不清,所以,在计划编制过程中,必须做到使一系列概念明确和准确。不能设想:一个概念混乱不清的计划会成为一个科学的计划。而要做到概念明确,最根本的就是一切从实际出发,实事求是。

(二)积极稳妥,切实可行

任何一项计划,都必须做到积极稳妥。所谓积极,就是要使计划目标经过艰苦奋斗有望实现的可能性。如果计划目标太高,人们就会认为虽然经过艰苦努力仍不可能实现,从而引起怨声载道,严重挫伤人们的积极性;反之,如果计划目标太低,人们就会认为,实现这个计划目标太容易了,从而也不可能调动人们的积极性。这就是积极的计划的本质。所谓积极的计划,就是经过艰苦努力可能实现目标的计划。只有积极的计划才是稳妥的计划;只有稳妥的计划,才是切实可行的计划。

(三)先远后近,由近及远

编制计划要先从计划期的终点目标定起,即首先确定终端的长远目标,然后再从终端目标依次制订中期计划目标,最后再从中期计划目标到制定近期、短期计划目标。所谓由近及远,是指计划的执行或实施,要由近到远地去实现,从而使计划的编制形成一个时间上的由若干个计划组成的序列。

(四)留有余地,不留缺口

一方面,制订计划,决不可满打满算,不可把话说死;做到随时有准备,可进又可退:进时有准备，退时不被动。这就是计划的留有余地。另一方面，在计划编制过程中要先考虑到计划实施过程中会不会出现所需人力、物力、财力、技术、信息等资源的可能短缺问题，这就是计划的不留缺口。不留缺口是计划工作必须遵循而不能违背的重要原则。正反两方面的经验反复证明，凡是生产资料、生活资料和资金留有无法弥补的缺口的计划，总有许多指标无法实现，其结果是打乱了经济建设的部署，挫伤了干部和群众的积极性，造成严重的损失和浪费。缺口留得越大，危害越严重。

(五)追踪反馈，完善计划

计划的制订不可能一蹴而就。因此，对计划实施过程中的情况进行跟踪检查，发现问题，及时纠偏或修订、补充，从而使计划日臻完善。

二、计划编制的程序

科学、合理的计划编制程序，是正确处理各级组织在计划编制上的关系，做到实事求是，提高计划的科学性，及时发挥计划对管理活动的指导作用的重要方法。

(一)收集资料，确定计划的基本前提条件

1. 估量机会，认清过去与现在

计划是连接组织所处的现实即此岸和所达理想即彼岸的桥梁，是对实现目标途径的预先安排。首先管理者应该对环境中的机会做一个扫描，确定能够取得成功的机会。管理者应该考虑的内容包括组织期望的结果，存在的问题，成功的机会，把握这些机会所需的资源和能力，自己的长处、短处和所处的地位。认识现在的目的在于寻求合理、有效地通向未来的途径。因为未来是现在的延续，现在是未来发展的立足点。研究过去是为了从过去发生的事件中得到启示和借鉴；探讨过去是为了防止过去曾经发生过的不幸事件在未来重演。估量机会的工作就是根据现实的情况可能存在的机会做出现实主义的判断。确切地说，这项工作并非计划的正式过程，它应该在计划过程开始之前就已经完成，但它是整个计划工作的真正起点。

2. 明确计划的具体前提条件

前提条件是关于计划的环境的假设条件，是关于由所处的此岸到达将去的彼岸的过程中所有可能的假设情况。确定前提条件是要确定整个计划活动所处的未来环境。对前提条件认识越清楚、越深刻，计划工作就越有效，而且组织成员越彻底地理解和同意合用一致的计划前提条件，企业计划工作就越协调。因此，预测并有效地确定计划前提条件有重要意义。要想有效地确定计划工作的前提条件，需要注意以下几点：(1)合理选择关键性的前提条件。人们从来都不可能百分之百地预见未来的环境，而只能通过对现有事实的理性分析来预测计划涉及的未来环境。未来环境的内容多种多样、错综复杂，管理者不可能也没有必要对它的每个方面、每个环节都做出预测。组织通常只要对计划内容有重大影响的主要因素做出预测便可满足需要。前提条件应限于那些对计划来说是关键性的或具有重要意义的假设条件，也就是说，应限于那些对计划贯彻实施影响最大的假定条件。(2)提供多套备选的计划前提条件。几乎每次活动都有不同的途径、不同的解决方式和方法，要发掘出多种高质量的方案必须集思广益、开拓思路、大胆创新。“条条大路通罗马”，“殊途同归”，都描述了实现某一目标的路径是多条的。拟订可靠的行动计划要求拟订尽可能多的计划。可供选择的行动计划数量越多，对选中的计划的相对满意程度就越高，行动就越有效。因此，在计划拟订阶段，要发扬民主，广泛发动群众。(3)保证计划前提条件协调一致。

(二)确定组织目标

确定目标是决策工作的主要任务,是制订计划的第一步。目标为组织整体、各部门和各成员指明了方向,描绘了组织未来的状况。目标的选择是计划工作极为关键的内容,很难想象一份成功的计划会在选定的目标上存在偏差。在目标的制定上,首先要注意目标的价值。计划设立的目标应对组织的总目标有明确的价值并与之相一致,这是对计划目标的基本要求。其次要注意目标的内容及其优先顺序。目标应有其明确的衡量指标,不能含混不清。目标应该尽可能地量化,以便度量和控制。模棱两可的目标往往会成为失败的遮羞布。目标有其层次性,组织的总目标要为组织内的所有计划指明方向,而这些计划又要规定一些部门目标,部门目标又控制着其下属部门的目标,如此等等,从而使得整个组织的全部计划内容都控制在企业的总目标体系内。

(三)分解目标,形成合理的目标结构

计划工作的主要任务就是将目标或任务分解落实到各个部门、各个活动环节,将长期目标分解为各个阶段的分目标。通过分解,确定了组织的各个部分在未来各个时期的具体要求。分解的结果是形成组织的目标结构,包括目标的时间结构和空间结构。目标结构描述了组织中较高层次的目标(总体目标和长期目标)与较低层次的目标(部门、环节、个人目标与各阶段目标)相互间的指导(如总体目标对部门目标、长期目标对阶段目标)与保证(部门目标对整体目标或阶段目标对长期目标)关系。制定分部门及分阶段的目标具有以下 5 个方面的作用:(1)目标分解到各个责任点上,以保证目标的一致性;(2)为组织资源和分配资源提供依据;(3)形成共通的思想状态或组织气氛;(4)指明工作的努力方向;(5)形成详细的指标体系。

(四)计划编制的综合平衡

(1)分析由目标结构所决定的或与目标结构所对应的组织各部门在各时期的任务是否互相衔接和协调,因此包括任务的时间平衡和空间平衡。

(2)研究组织活动的进行与资源供应的关系。分析组织能否在适当的时间筹集到适当品种和数量的资源,从而保证组织活动的连续性。

(3)分析不同环节在不同时间的任务与能力之间是否平衡,即研究组织的各个部分是否能够保证在任何时间都有足够的能力去完成规定的任务。完成选择之后,计划工作并没有结束,还必须帮助涉及计划内容的各个下属部门制订支持总计划的派生计划。几乎所有的总计划都需要派生计划的支持保证,完成派生计划是实施总计划的基础。例如,一家公司年初制订了“当年销售额比上年增长 20%”的销售计划,与这一计划相连的有许多计划,如生产计划、促销计划等。派生计划是主计划顺利实施的必要保障。

(五)编制并下达执行计划

编制预算计划的最后一步工作就是将计划转变为预算,使之数字化。这主要有两个目标:第一,计划必然要涉及资源的分配,只有将其数量化后才能汇总和平衡各类计划,分配好资源;第二,预算可以成为衡量计划是否完成的标准。编制预算,一方面是为了计划的指标体系更加明确,另一方面是使企业更易于对计划执行进行控制。定性的计划往往在可比性、可控性和进行奖惩方面比较困难,而定量的计划则具有较硬的约束。数字化的预算具有更好的可操作性。计划工作最后还包括实施计划,以及观察计划实施过程是否正常,有无障碍出现,为了按照计划要求执行方案,管理人员必须进行一系列的决策。执行方案需要组织中所有成员相互协调与配合。实现有效协调的途径是鼓励参与编制计划。实施计划还需要制定时间表并对其进行分段,以利于计划的实施。

三、现代计划方法

计划的方法很多，计划工作效率的高低和质量的好坏很大程度上取决于采用的计划方法。下面简要介绍几种常用的现代计划方法：

(一)滚动计划法

滚动计划是一种具有灵活性的、能够适应环境变化的长期计划编制方法。由于长期计划的计划期较长，影响它的不可控因素多，很难准确地预测到各种影响因素的未来变化，因而很难确保长期计划的成功实施。采用滚动计划方法，意在根据环境条件变化和实际完成情况，定期对计划的修订，使组织始终有一个较为切合实际的长期计划作指导，并使长期计划与短期计划紧密衔接。

滚动计划的编制过程：在已编制出的计划的基础上，每经过一段固定的时期(例如一年或一个季度等，这段固定的时期被称为滚动期)，便根据变化了的环境条件和计划的实际执行情况，对原计划进行必要的调整，以确保实现计划目标。每次调整时，保持原计划期限不变，只将计划期限顺序向前推进一个滚动期，或者说平行移动一个滚动期。

滚动计划的特点是：把计划工作看成是一种不间断的运动，使整个计划处于适时的变化和发展之中，避免了计划的凝固化，提高了计划的适应性。由于计划内容随着内外部条件的变化而不断调整，便于不同时期的计划之间的衔接和协调，可以提高计划的指导作用。

[小阅读]

怎样把现代计划方法用到实际的计划工作当中?

我公司是一家以铸造产品的生产及销售为主营业务的企业。公司成立以来，由于受我国的春节等习俗的影响，出现了一年中春节前后的几个月受固定资产投资少的影响，机械行业的订单相对而言也比较少，也就是我们常说的经营淡季，从而导致铸造产品的订单也大幅减少。在这个时期，虽然订单量大幅减少，但每月不加班仍然完不成月初既定的生产计划，让人费解，而且还出现了部分产品供货严重延误的情况，特别是到了月底，哪个客户要得急，就先生产哪个客户的，往往造成许多客户都抱怨没有按期供货。

通过调查发现，生产计划工作存在很多问题。生产调度只有月度的生产计划，却没有每周的、每天的作业计划。考核也是按照月初的月度计划进行，而且有的客户到了月底才将下月计划提供给我们，导致当生产计划制作出来时，这个月已经过去1周了，而且有的客户在月度中间需要追加部分订单，只好慌里慌张地调整其他客户的产品生产，紧急生产这些追加的订单产品，从而导致计划的执行率较低，从内部而言，该生产的没有生产完；从外部而言，由于没有有计划地进行生产调整，已经打乱了原有的生产计划，无法保证按期供货给某些客户，造成客户不满，甚至有的客户将模型抽到别家生产，给公司带来了一定的损失。

根据以上情况，我公司对此进行了分析，决定按照科学的方法调整生产计划编制方法，采用滚动计划法。月初根据上月欠货情况、当月订单情况及下月订单情况，制订当月(4周)的生产计划。产品的生产计划明确到每一天的生产计划，第一周完全按照月度计划组织生产，到了第一周末根据本周接到的客户的追加订单情况，对以后2周的订单进行调整，并与追加订单的客户进行协商，将原计划的某些产品相应推迟一定时间交货。车间主任根据生产科制订的计划制订当天的生产作业计划(根据生产计划自动生成)，下发到各工段、班组，第二天对前一天的作业计划完成情况进行确认，没有完成的，说明原因，并于当天想方设法补齐，甚至可以考虑延长工作时间。到了第2周末,再对今后2周的计划进行调整,调整追加订单的客户的相应产品的交货期,以此类推,月末也不需要忙几天才能制订生产计划,只要几个小时就可以搞定。

通过以上调整,大大缩短了计划的制作时间,提高了计划工作的准确性,增强了计划对生产的指导作用,提高了产品的质量;保证了月度计划、周计划、日计划的相互衔接,使各期计划基本保持一致;大大增加了计划的弹性,可以适应环境的变化,从而提高了组织的应变能力,大大减少了客户因交货期的抱怨,内部职工的抱怨也得到一定程度的减少。

[管理启示]

计划工作的效率高低和质量的好坏在很大程度上取决于所采用的计划方法。现代计划方法为制订切实可行的计划提供了手段。在计划的质量方面,现代计划方法可以确定各种复杂的经济关系,提高综合平衡的准确性,能够在众多的方案中选择最优方案,还能够进行因果分析,科学地进行预测;在效率方面,由于采用了现代数学工具,并以计算机技术作为基础,大大加快了计划工作的速度,这就使得管理者从繁杂的计划工作中解脱出来,能够集中精力考虑更重要的问题。现代计划方法已经逐渐为更多的计划工作所采用。

(二)线性规划方法

线性规划方法是企业进行总产量计划时常用的一种定量方法。线性规划是运筹学的一个最重要的分支,理论上最完善,实际应用得最广泛。由于有成熟的计算机应用软件的支持,采用线性规划模型安排生产计划,并不是一件困难的事情。在总体计划中,用线性规划模型解决问题的思路是,在有限的生产资源和市场需求条件约束下,谋求利润最大的总产量计划。该方法的最大优点是可以处理多品种问题。

实际运用线性规划模型进行总生产计划时需要注意的一些问题如下:

(1)线性规划模型考虑的因素可能不全面,实际中有些情况没有被考虑到,这就使得线性规划模型过于理想化。

(2)实际运用线性规划模型时,虽然一些因素或约束条件被考虑到了,但是由于这些因素或约束条件不易被量化或求得(如进行总生产计划常需考虑到的能源单耗就不易求得),线性规划模型的运用和有效性因而受到了一定的限制。

(3)对一些基础管理不善的企业而言,模型中的一些系数如单位产品资源消耗系数很难得到。

线性规划模型用在原材料单一、生产过程稳定不变、分解型生产类型的企业是十分有效的,如石油化工厂等,对于产品结构简单、工艺路线短或者零件加工企业,有较大的应用价值。需要注意的是,对于机电类企业用线性规划模型只适用于做年度的总生产计划,而不宜用来做月度计划。这主要与工件在设备上的排序有关,计划期太短,很难安排。

(三)计量经济学方法

计量经济学是运用现代数学和各种统计方法来描述和分析各种经济关系的方法,它以经济学中关于各种经济关系的学说为依据,运用数理统计的方法,根据实际统计资料,对经济关系进行计量,然后将计量的结果和实际情况加以对照。这种方法对于管理者调节经济活动、加强市场预测,以及合理地安排生产计划和改善经营管理等都具有很大的使用价值。

经济计量方法的运用程序:

(1)因素分析。按照问题的实际情况分析影响它的因素种类、因素之间的相互关系以及各种因素对问题的影响程度。

(2)建立模型。根据分析的结果把影响问题的主要因素列为自变量,把所有次要因素用一个随机误差项来表示,而把问题本身作为因变量,建立起含有一些未知参数的数学模型。

(3)参数估计。利用统计资料确定参数,进而计算相关系数,并进行检验,直至选到满意的模型为止。

(4)实际应用。计量经济模型主要用于经济预测、评价方案和结构分析。这三方面都可用于计划工作,从而使计划工作更加完善和科学。

(四)投入产出法

投入产出法,作为一种科学的方法来说,是研究经济体系(国民经济、地区经济、部门经济、公司或企业经济单位)中各个部分之间投入与产出的相互依存关系的数量分析方法。

投入产出法的基本内容包括编制投入产出表、建立相应的线性代数方程体系,综合分析和确定国民经济各部门之间错综复杂的联系,分析重要的宏观经济比例关系及产业结构等基本问题。

通过编制投入产出表和建立模型,能够清晰地揭示国民经济各部门、产业结构之间的内在联系,特别是能够反映国民经济中各部门、各产业之间在生产过程中的直接与间接联系,以及各部门、各产业生产与分配使用、生产与消耗之间的平衡(均衡)关系。正因为如此,投入产出法又称为部门联系平衡法。此外,投入产出法还可以推广应用于各地区、国民经济各部门和各企业等类似问题的分析。当用于地区问题时,它反映的是地区内部之间的内在联系;当用于某一部门时,它反映的是该部门各类产品之间的内在联系;当用于公司或企业时,它反映的是其内部各工序之间的内在联系。

[走进管理]

如何写一份出色的年度市场计划?

接近年底,对于所有 marketer 来说,制订明年的年度计划是当前的一项重要工作,虽然各个公司财务年不同,起点不一定在 1 月 1 日。通常来说,一份事业单位的市场计划从开始撰写到最终批准实施,至少需要 3 个月到 6 个月的时间,而事业部经理(marketing manager)或相应的品牌经理,生产部门经理是承担这项重要工作的主要责任人。

但做好一份出色的年度市场计划,并非每个事业部经理都能胜任。我认为一份出色的市场计划,更多的是体现了 marketer 对于市场和竞争的经验,洞察和创意一些难以衡量的东西,最关键之处在于目标的设定和策略的形成,再加上对执行及预算的周密安排。在这里我分享几点对于制订年度市场计划的心得,不能保证你出色,但至少可以避免一些我自己或同行曾经犯过的错误。

先搞清楚什么叫市场计划。

什么是市场计划?什么叫销售计划?那些富有经验的品牌经理对上面这个问题可能轻蔑一笑:"这个问题都搞不清楚还做 marketing?"但我认为这并不好笑,要知道在今天中国大多数市场人员并没有接受过良好的培训(我不鼓吹学院派,但也不赞成纯实战或游击队),而且有很多人在此之前是从事销售、广告甚至是设计师。对于销售和市场,大多数消费品公司是分工的,两者的计划也有明显的区别。

销售年度计划,着重于对区域市场的竞争分析(即重点在于自己的竞争对手而不是消费者),进行销售预测和目标分解,同时根据实现目标的需要,制订分销和助销计划(分销计划包括渠道改进和提升,而助销计划包括终端生动化和促销等工作),并在此基础上提出新一年的人员和资金预算。

市场年度计划则更加全面和宏观,它必须要站在事业(品牌或产品)发展的高度,从消费者、竞争对手以及公司自身三个角度进行分析,设定商业目标,然后发展为实现目标需要的品牌与市场策略(其中包括目标顾客、品牌定位、成长和竞争战略、营销组合等),确定新产品计划,修订价格体系,传播消费者推广计划(也就是通常说的 marketing communication 或者 above-the-line 部分),最终要针对整个生意进行盈亏分析(P/L Statement)。

为了推动生意的发展,市场计划还可能涉及其他要素,比如 R&D 方向、生产成本及质量控制、物流分析、渠道分析和改进要求、销售人员以及流程的重新设计等。

在某种意义上,品牌经理应该是一个公司中最活跃的"鲇鱼",他应该要让其他部门的人感到有压力,而不是让人觉得他只是一个浪费钱的忽悠高手,或是一只纸上谈兵的软弱小绵羊。因此,在一个市场或品牌驱动的公司,毫无疑问,市场计划最重要和关键,它必须先于销售计划和引导销售计划的方向。

做 strategy plan,不要做 money plan。

大多数公司之所以表现平庸,是因为他们雇用了平庸的人,做平庸的产品,写平庸的计划。的确,看看我们身边大多数市场计划,它们只是一些"money plan",也就是把预算按照地区、方式和时间进度分配一下,不过是"甘特图计划"而已。

什么叫"策略"? 这个词已经被那些 MBA 和广告策划人恶俗化,以至于人们经常还不得不争论它的定义。我认为,简单地说,策略意味着两个词:第一是"取舍",决定你要得到什么、放弃什么,什么都能做就不需要策略;第二是"对手",策略意味着你要决定对谁而战,然后选择最适合你作战的时间、地点和工具,那些不能清晰说明竞争对手和商业目标的品牌,通常就是缺乏一个良好的策略。

市场计划的核心应该是一个具有差异化的策略,而不只是描述一个行动日程表。有时候,如果在冷静分析市场后,决定"面对现实,不做",或"保持现状,稳健发展",这也是一个好的策略,或像韦尔奇讲的那个小故事,对 CEO 说:"现在的策略没有问题,而先生你才是阻碍策略实施最大的障碍",这种面对真相的勇气,更激动人心。然而,如果一个公司的高管持续看到平庸的市场计划,在责问市场经理之前,应该先问问自己:我们是否有一个清晰的公司策略? 我们公司提倡什么文化? 公司是否鼓励创新和不断否定自己? 在很多时候,专制、苛刻和保守扼杀了营销人员的策略突破力,使他们变成了唯唯诺诺的跟屁虫。

拥有逻辑,胜过拥有模板。

市场计划的模板很有意义:它提供了一套逻辑化的流程。

如果你有心 google 一下,网上可以找到大量模板,不过顺便也谈点自己的看法:有一些模板参考固然好,不过随着经验的增加,要逐渐摆脱这些模板,否则容易变成八股文。

市场计划当然不是广告策划提案,它首要的是诚恳、严谨,以数据和事实说话,用严整的逻辑证明你的观点和行动。但我们切忌走过头,市场计划的核心目的在于沟通,传达你要传达的,而不在于写一篇面面俱到、可以存在档案馆的完美报告。因此要领在于掌握市场计划的主要逻辑和思考方法,然后将它自然地融入自己的报告中,并且用听众最容易接受的方式表达出来。

有一些我很喜欢的高效市场计划,开篇就是"我们在今年的 3 大失误",然后逐个扼要分析;接下来是"解决的两个方法",然后是行动方案,最后是费用分析。简洁明快,10 分钟讲完,大家走出门就知道要做什么，这非常好并值得提倡。事实上，我发现很多复杂的市场计划，并不是作者的分析和观察十分透彻，有太多观点要讲，而是恰恰相反：他堆砌了一大堆无用的数据和已知的事实，无法从中提炼核心论点，并且毫无立场，也不知道自己该表达什么，影响什么和影响谁，从而失去了沟通的本质。

资料来源："品牌名利场"，http://www.Brandmarketing.com.cn。

第四节 目标及目标管理

[智慧管理]

一个非常著名的哈佛大学关于人生目标的跟踪调查。调查对象是一群智力、学历、环境等条件差不多的年轻人。25 年的跟踪调查结果显示：

3%有清晰且长期目标的人——大多成了社会各界的顶尖成功人士，其中不乏白手创业者、行业领袖、社会精英。

10%有清晰但目标比较短期的人——大多生活在社会的中上层，成为各行业不可或缺的专业人士，如律师、医生、工程师、高级主管等。

60%目标模糊的人——几乎都生活在社会的中下层，他们能安稳地生活与工作，但都没有什么特别的成绩。

27%没有目标的人——几乎都生活在社会的最底层，他们的生活过得都不如意，常常失业，并且抱怨他人、抱怨社会、抱怨世界。

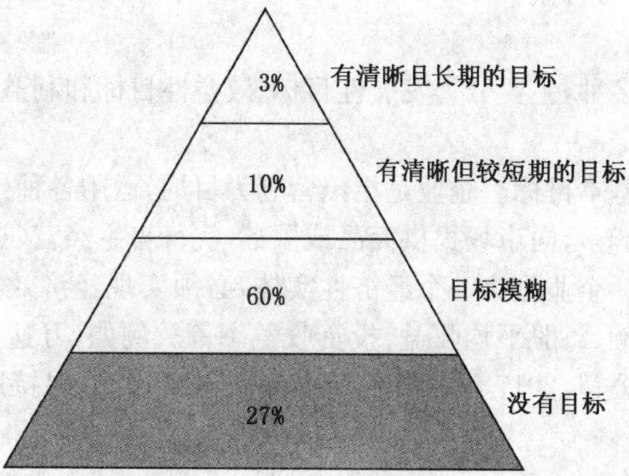

一、目标概述

(一)目标的定义

目标是在一定时期内，组织所期望达到的状态或目的。目标为组织成员指明了方向，为管理人员提供了衡量标准，是调动组织成员积极性的一种激励因素，是个人、部门或组织整体付出了所选择的努力之后想得到的成果。

因此，目标可用于校验业绩水平，更是制订各种行动方案的前提和依据。一个组织往往有许多目标，有经济方面的、社会方面的、环境方面的、技术方面的等。

例如：阿里巴巴的目标：

第一，要持续发展 102 年，打造跨越 3 个世纪的世界知名企业。

第二，要成为全球十大网站之一。

第三，让天下没有难做的生意，只要是商人，就要用阿里巴巴。

(二)目标的作用

目标的作用具体表现在以下四个方面：

1. 指明方向

目标的订立为管理者提供了协调集体行动的方向，从而有助于引导组织成员形成统一的行动。所以，有人把目标的这一作用比喻为“北斗星”。

2. 激励作用

目标是一种激励组织成员的力量源泉。只有在员工明确了行动目标后，才能挖掘其潜力，使其尽力而为，创造最佳成绩。员工也只有在达到了目标后，才会产生成就感和满足感。

3. 凝聚作用

凝聚力是使组织成为一个多成员的联合体，而不是一盘散沙的重要因素。当组织目标充分体现组织成员的共同利益，并与组织成员的个人目标保持和谐一致时，它能够极大地激发组织成员的工作热情、献身精神和创造性。当然，与组织成员个人目标存在冲突的组织目标则可能削弱组织的凝聚力。这从一个侧面说明组织目标的制定是管理工作的一项重要内容。

4. 决策标准和考核依据

目标不仅是管理人员制定决策方案的出发点，而且是考核管理决策的制定和执行工作好坏的依据。组织制定了明确的目标，有关人员的思考和行动才有客观的准绳，而不至于凭主观意志做决定，凭主观印象做考核。

(三)目标的内容

企业战略目标有很多种，主要分为发展性目标、效益性目标和利益性目标。

1. 利润目标

利润目标是企业的基本目标。企业是指以营利为目的，运用各种生产要素(土地、劳动力、资本、技术和企业家才能等)，向市场提供商品或服务，实行自主经营、自负盈亏、独立核算的法人或其他社会经济组织。企业作为一个经济性实体，必须实现经济效益，才能够生存和发展。常用的利润目标有利润额、每股平均收益、投资收益率等。例如，万达 2017 年的利润目标：净利突破 300 亿元。波音公司：2017 年尽我们所能来获得高利润，保持股东的年平均收益率为 20%。

2. 市场目标

市场是一个综合体，是多层次、多元化的消费需求集合体，任何企业都无法满足所有的需求，市场目标是企业竞争的重要目标。企业根据自身战略和实际情况从市场中选取有一定规模和发展前景，并且符合企业的目标和能力的市场作为公司的目标市场。常用的指标有市场占有率、产品销售额、市场开发能力等。例如，华为要用两到三年的时间把智能手机市场份额做到第二，意图超越三星或苹果，销量占全球 15%的市场份额。

3. 竞争目标

竞争目标是企业在行业中的竞争地位，企业的技术、质量、企业在消费者心目中的形象等。例如，麦当劳的目标，是占领全球的食品服务业，在全球范围内处于统治地位，以及在建立客户满意度标准的同时，通过执行“服务便利 · 增加价值 · 履行承诺”的战略，提高市场占有率和盈利率。

4. 发展目标

发展目标是指企业规模扩大、资产总量提高、技术研发能力提高、劳动生产率提高等。例如,宝马2016年的发展目标是,销量和税前利润稳健增长,继续保持全球第一高档汽车制造商的地位,实现汽车业务税前利润8%～10%的增长。

5. 社会责任目标

著名管理学家彼得·德鲁克指出:"企业的目的必须在企业本身之外,更确切地讲,企业的目的必须在社会之中,因为工商企业是社会的一种器官。"在发展社会主义市场经济、构建社会主义和谐社会的今天,企业在对股东利益负责的同时,还要承担对员工、对消费者、对社区和环境的社会责任,包括遵守商业道德、生产安全、职业健康、保护劳动者的合法权益、保护环境、支持慈善事业、捐助社会公益、保护困难群体等。例如,长虹的目标是以产业报国、民族昌盛为己任。

(四)目标制定的SMART原则

1. 目标必须是具体、明确的(Specific)

要用具体的语言清楚地说明要达成的行为标准。明确的目标几乎是所有成功企业的一致特点。很多企业失败的重要原因之一就因为目标定得模棱两可,或没有将目标有效地传达给相关成员。目标应为企业成员指明方向。

2. 目标必须是可衡量的(Measurable)

目标应该是明确的,而不是模糊的,应该有一组明确的数据,如果制定的目标没有办法衡量,就无法判断这个目标是否实现。例如,本企业准备大幅度提高生产能力,这是一个模糊不清的目标;如果改为本企业今年准备提高生产能力30%,则是一个明确而又具体的目标。

3. 目标必须是可达到的(Attainable)

企业的目标应该定得高一些,才具有挑战性和激励性,但是也不能高不可攀,那样会挫伤员工的积极性;反之,目标设定过低,又会被员工视为笑话。目标的制定应该在付出努力后可以实现,避免设立过高或过低的目标。

4. 目标必须具有相关性(Relevant)

实现此目标与其他目标的关联情况。如果实现了这个目标,但对其他的目标完全不相关,或者相关度很低,那么即使达到了这个目标,意义也不大。

5. 目标必须有时间限制(Time-based)

目标除了明确、可衡量、可达到、具有相关性,还应规定具体的完成期限,如果没有时间限制,目标就没有办法考核。企业中的目标实现可以以日、周、月、年为基础,不管是短期的、中期的、长期的,都应有一个时间限制。

(五)目标设立的步骤

管理者制定目标应包括以下五个步骤:

1. 审视组织的使命

使命是企业区别于其他类型企业而存在的原因或目的,也就是企业的目的、性质、任务及其应当承担的责任。为了了解什么是一个企业,我们必须从企业的使命开始,产品和技术都有生命周期,但消费者的基本需求有的持久不变,企业的使命决定企业目标。

2. 评估可获得的资源

目标不是孤立存在的,在制定和执行目标的时候,要考虑清楚自己所拥有的资源、组织的有形资产和无形资产,才能更有效地完成目标;否则,目标定得过高或过低,达成的效果就差。

3. 制定目标要考虑相关因素

战略目标是企业的整体目标，为保证其实现，企业要制定出一系列分目标，这些分目标之间以及分目标与总目标之间存在相关性。

4. 以书面的形式陈述目标

世界最伟大的销售员乔·吉拉德的办公室的墙上贴着这样一句话："生活的秘诀在于知道自己想要什么，把它写下来，然后付诸行动。"他不仅把这句话贴在办公室的墙上，而且贴在汽车的遮阳板上，以便时时激励自己。目标一定要用白纸黑字写下来，并与相关人员充分沟通。

5. 用评估结果判断目标是否达到

把实施结果与预期的标准进行比较，根据偏差大小及其发生的原因，对行动过程采取纠正措施，以使最终结果符合既定标准。目标制定即使再完美，实施不到位，或者环境发生变化的时候，企业也应适时调整目标。

二、目标管理

[智慧管理]

海尔创立于1984年，经过30多年发展，从一家资不抵债、濒临倒闭的集体小厂发展成为全球家电第一品牌。海尔的发展经历四个发展阶段。第一阶段，名牌战略发展阶段(1984—1991年)：要么不干，要干就干第一。第二阶段，国际化战略发展阶段(1998—2005年)：走出国门，出口创牌。第三阶段，全球化品牌战略发展阶段(2005—2012年)：创造互联网时代的全球化品牌。第四阶段，网络化战略发展阶段(2012—2019年)：网络化的市场、网络化的企业。2014年12月31日，世界权威市场调查机构欧睿国际(Euromonitor)公布全球主要电器品牌排名，海尔连续第6年荣登榜首，其全球市场份额升至10.2%，而2009年海尔初次登榜时为5.1%。同时，海尔在冰箱产品、家用洗衣产品和葡萄酒冷柜三个产品类别中排名第一。其中，海尔冰箱以17%的品牌零售量连续7年蝉联全球第一，海尔冰箱公司以18.6%的制造商零售量份额继续蝉联全球冰箱最大制造商。

之所以海尔有今天的成就，是因为从1991年开始海尔便引入目标管理，从最初的OEC管理模式到后来提出来的人单合一模式。OEC(Overall Every Control and Clear)模式意为全方位地对每天、每人、每事进行情理控制，提炼为"日事日毕，日清日高"；今天的工作必须今天完成；今天完成的事情必须比昨天有质的提高；明天的目标必须比今天更高。海尔的每个员工都有一张"三E卡"。所谓"三E卡"，就是每个人、每天、每件事。每个员工干完了当天的工作后，必须填写这张卡片，填写完之后，他的收入就跟这张卡片直接挂钩。这张日清卡，把整个的工作大目标分解落实到每个人身上。比方说制造冰箱共有156道工序、545个责任区，这些都落实到每个人头上。企业的冰箱仓库一共有1 964块玻璃，每一块玻璃都有一个责任人，这就使得整个冰箱质量能够保证是优质的。保证产品优质的关键是员工的素质，只有优秀的员工才能生产出优秀的产品。OEC管理中的一个重要内容就是事事、物物都有人管，并有人监督检查，以保证整个企业每一个环节的运行不出偏差和疏漏。

"人单合一"是海尔面对新的市场竞争环境提出的重要发展战略。所谓"人单合一"，就是每一个员工都有自己的订单，而每一张订单都有员工对它负责。每个员工都是先从市场直接获取订单，工厂根据订单进行制造，根据订单发货；因为海尔生产线的产品都是有用户的订单，所以资金就可以很快回笼，而且不产生库存，节省了大量的库存成本。因此，每个人的收入就与订单结合在一起。"人单合一"，就是人与市场结合到一体，然后每个人都成为创造市场的

"SBU"(战略事业单位),每个人都对市场进行经营。员工成为自主创新的主体,由此形成了企业与员工之间关系的一个新格局,即由原来员工听企业的,现在变成员工听用户的、企业听员工的为用户创新的方案。"人单合一"双赢的本质是:我的用户我创造,我的增值我分享。也就是说,员工有权根据市场的变化自主决策,员工有权根据为用户创造的价值自己决定收入。

(一)传统的目标管理

近年来,经常有一些中小企业的经理,在管理企业中面临一些困惑:员工工作无头绪,对工作缺乏了解,不能明白给出结果;员工总是犯重复性的错误,工作质量低下;员工给经理提供的信息太少,以至于发现问题太晚而无法弥补;管理人员和员工沟通不畅,信息不对称。

传统的目标管理,首先设立企业总目标,然后分解为中层目标,再逐一分解为基层目标。目标由最高管理层制定,然后分解成子目标落实到企业的各个层面,是一种由上至下的单向过程。这样设定的目标可操作性往往较差,下级只是被动地接受目标,由于缺乏沟通,每个层次的管理人员都会加上一些自己的理解,甚至是错误的解释。结果是,目标在自上而下的分解过程中丧失了它的清晰性与一致性,目标的接受者经常怨声载道,直接导致执行力不足,目标失去它原来的面目。

(二)目标管理的概念、要素和实施步骤

1. 目标管理的概念

目标管理的出现,是现代管理理论不断发展适应现代化大工业生产的结果,是社会生产力和生产关系不断发展的产物。

"目标管理"的概念是管理学家彼得·德鲁克于1954年在其名著《管理实践》中最先提出的,后来便在美国迅速流传。那时是第二次世界大战后西方经济由恢复转向迅速发展的时期,企业急需采用新的方法调动员工的积极性以提高竞争能力,目标管理的出现可谓应运而生,被广泛应用,并很快为日本、西欧国家的企业所采用。德鲁克认为,并不是有了工作才有目标,而是相反,有了目标才能确定每个人的工作。所以"企业的使命和任务,必须转化为目标",如果一个领域没有目标,这个领域的工作必然被忽视。因此,管理人员应该通过目标对下级进行管理,当组织最高层管理者确定了目标后,必须对其进行有效分解,转变成各个部门以及各个人的分目标,管理人员根据分目标的完成情况对下级进行考核、评价和奖惩。

目标管理是一种程序或过程,它使组织中的上级和下级一起协商,根据组织的使命确定一定时期内组织的总目标,由此决定上、下级的责任和分目标,并把这些目标作为组织经营、评估和奖励每个单位和个人贡献的标准。

2. 目标管理的要素

目标管理是在企业个体员工的积极参与下,自上而下地确定工作目标,并在工作中实行"自我控制",自下而上地保证目标实现的一种管理办法,如图5-2所示。传统的目标管理只有自上而下设立目标,而没有自下而上层层保证,缺少反馈过程。目标管理是一种参与的、民主的、自我控制的管理制度,同时也是一种把个人需求与组织目标结合起来的管理制度。所以,目标管理不仅是一种控制制度,而且是一种激励员工的制度。

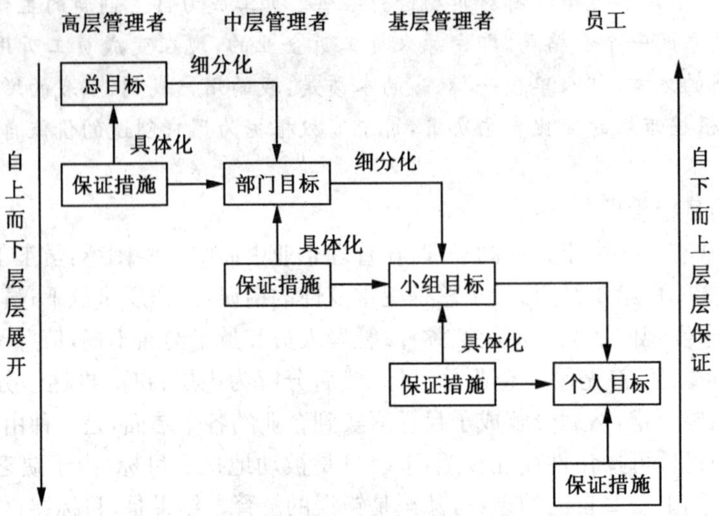

图5—2 目标管理

[智慧管理]

管理学家们曾经专门做过一次摸高试验。试验内容是把二十个学生分成两组进行摸高比赛,看哪一组摸得更高。第一组十个学生,不规定任何目标,由他们自己随意制定摸高的高度;第二组规定每个人首先定一个标准,比如要摸到1.60米或1.80米。试验结束后,把两组的成绩全部统计出来进行评比,结果发现规定目标的第二组的平均成绩要高于没有制定目标的第一组。

摸高试验证明了一个道理:目标对于激发人的潜力有很大作用。

(1)确定目标

明确的目标要比只要求人们尽力去做有更高的业绩,高水平的业绩和较高的目标是相联系的。目标管理通过专门设计的过程,将组织的整体目标逐级分解,转换为各单位、各员工的分目标。

(2)全员参与

目标管理中的目标不是像传统的目标设定那样,单由上级给下级规定目标,然后分解成子目标,落实到组织的各个层次上,而是用参与的方式决定目标,上级与下级共同参与选择设定各对应层次的目标,即通过上下协商,逐级制定出整体组织目标、经营单位目标、部门目标直至个人目标。因此,目标管理的转化过程既是"自上而下"的,又是"自下而上"的。在这一制度下,上级与下级的关系是平等、尊重、依赖、支持的,下级在承诺目标和被授权之后是自觉、自主和自治的。

(3)明确期限

目标管理强调时间性,制定的每一个目标都有明确的时间期限要求,如一个季度、一年、五年,或在已知环境下的任何适当期限。在大多数情况下,目标的制定可与年度预算或主要项目的完成期限一致。但并非必须如此,这主要是要依实际情况来定。某些目标应该安排在很短的时期内完成,而另一些则要安排在更长的时期内。同样,在典型的情况下,组织层次的位置越低,为完成目标而设置的时间往往越短。

(4)成果反馈

目标管理寻求不断地将实现目标的进展情况反馈给个人,以便他们能够调整自己的行动。也就是说,下属人员承担为自己设置具体的个人绩效目标的责任并具有同他们的上级领导人一起检查这些目标的责任。每个人因此对他所在部门的贡献就变得非常明确。尤其重要的是,管理人员要努力吸引下属人员对照预先设立的目标来评价业绩,积极参加评价过程,用这种鼓励自我评价和自我发展的方法,鞭策员工投入工作,并创造一种激励的环境。

3. 目标管理的实施步骤

(1)制定目标

制定目标是实施目标管理的第一阶段,同时也是最重要的阶段。只有目标制定得合理、明确,后两个阶段才能顺利进行,这个阶段又分为三个步骤:

第一步,制定组织的全局目标。

组织的全局目标是由上下级共同商量制定的,可以是由下级和员工提出,高层管理者批准,也可以由高层管理者提出再同中层管理者、基层管理者和员工共同讨论决定。不管采用哪种方式,都要注意两点:第一,必须由高层管理者同各个层次管理者共同商量决定,尤其要听取员工的意见。第二,高层管理者必须根据企业使命和企业所面临的环境,制定全局目标,不能简单地对下属目标进行汇总作为企业的全局目标。

第二步,分解目标。

这是一个自上而下层层展开的过程。首先,目标要在各个部门之间进行分解,确定各个部门目标。然后,部门管理者要与其下属单位的管理者共同设定他们的具体目标,单位管理者再与该单位全体成员共同设定每个人的具体目标。目标进行层层分解,从组织目标到经营单位目标,再到部门目标,最后到个人目标。在目标分解过程中,权、责、利三者已经明确,而且相互对称。这些目标方向一致,环环相扣,相互配合,形成协调、统一的目标体系。只有每个人完成了自己的分目标,整个企业的总目标才有完成的希望。

第三步,逐级授权。

公司整体目标分解成部门目标,部门目标分解为个人目标,并量化为经济指标和管理指标。目标展开后,就要进行授权,应在直接上级同直接下属之间进行,不可越级授权,要遵循权责相对称的原则,在职责和权限范围内自主地开展工作,自行决定完成目标的方法和手段,实行自主管理,管理人员与员工之间就如何实现目标的具体行动计划达成奖惩协议。

(2)实施目标

目标的实施主要依靠具体的行动计划去实现,依靠目标的执行者完成,在实施目标的过程中,要经常检查和监控目标在实施过程中的执行情况和完成情况。定期检查实现目标的进展情况,并提供反馈。如果出现偏差,及时从资源配置、管理系统等方面分析原因,及时调整或修正。

(3)评价目标

评价目标是一个目标管理周期的结束,也是下一个目标管理周期的开始。在制订目标管理方案时,就必须预设奖惩,然后根据目标实现与否兑现奖惩。这样,才可以起到激励作用,保证下一轮目标管理有效贯彻执行,形成良性循环。另外要总结经验教训,把成功的经验、好的工作方法固定下来,使之标准化、科学化。至于不足之处,要分析原因,采取改进措施。目标管理是一项系统管理工作,只有通过合理的设计、认真的执行及全面的统筹,才能真正加速实现组织目标。

4. 目标管理的优点与局限性

目标管理是一种以结果为导向的管理，它要求管理人员不仅要考虑计划的效果，还要考虑实现目标的方法和途径，既有目标体系，又有评价标准，是一种有效的管理工具。目标管理具有以下几个优点：

(1)提高工作绩效

目标管理比传统的目标管理在推进组织工作、保证组织最终目标完成方面更胜一筹，组织的每个层次、每个部门及每个员工先考虑目标的实现，尽力完成目标，因为这些目标是组织目标的分解。所以，当组织的每个层次、每个部门及每个成员目标完成时，也就是组织的总目标得以实现。目标管理不同于以往的那种只重视按照规定的工作范围与工作程序和方法进行工作的做法，而是在各自目标明晰、成员工作目标和组织总目标直接关联的基础上，鼓励组织成员完成目标。同时，目标与客观的评价基准和奖励相配套，有利于全面提高组织的绩效。

(2)提高员工的工作积极性、主动性和创造性

目标是经过上下级共同商定决定的，员工明确自己的工作在组织中的地位和作用，个人利益和组织利益能紧密结合起来。目标管理使个体的能力得到激励和提高，在管理目标建立的过程中，成员可以各抒己见，各显其能，有表现其才能、发挥其潜能的权利和机会。员工为了更好地完成其职责和个人目标，将会积极努力地工作。

(3)改善人际关系

根据目标进行管理，组织的上下级沟通会有很大的改善，原因在于：第一，目标制定时，上级为了让员工真正了解组织希望达到的目标，必须与成员商量，必须先有良好的上下沟通和取得一致的意见，这就容易形成团体意识。第二，目标管理理念是每个组织成员的目标，是为组织整体完成并且根据整体目标而制定的。

目标管理尽管有许多优点，但也有许多不足，如目标设置和执行都比较困难。企业目标管理要有成效，就必须保持目标的明确性和肯定性，但是在目标管理过程中，对于环境的复杂性和动态性企业无法控制，由于目标管理是经过上下级共同制定的，要改变它并不是轻而易举的事，修订目标和制定目标所花费的时间和精力差不多，结果很可能不得不中途停止目标管理的进程。所以，目标管理看起来简单，但要把它付诸实施，管理人员必须要谨慎对待。

[复习思考题]

1. 理解计划职能的含义。
2. 战略计划、战术计划、作业计划的区别是什么？在组织中，这三种计划是怎样结合的？
3. 请简要分析滚动计划。
4. 请简要分析计划编制的程序。
5. 制定目标应遵循哪些原则？目标的作用表现在哪些方面？
6. 什么是目标管理？其实施步骤有哪些？
7. 联系实际谈谈你对目标管理的认识和理解。

[案例分析]

乐仁堂的困惑

中国医药市场正以较高的速度发展，增长速度远远高于我国GDP的增长速度，连续十几年都是两位数增长，中国已经成为全球第二大医药市场。2013年底，我国医药产业总资产16 408亿元，同比增长16.4%。2013年完成产值18 255亿元，同比增长20.7%。其中，化学药品原药3 305亿元，同比增长16.6%；化学药品制剂5 089亿元，同比增长24.7%；中药饮片1 020亿元，同比增长26.4%；中成药4 136亿元，同比增长21.3%；生物生化药品1 853亿元，同比增长20.5%；医疗器械1 573亿元，同比增长20.6%。同期，医药产业工业增加值增长14.5%，高出工业增速4.5个百分点。中国制药工业企业面临两个极端：大型企业和特色专业企业满是雄心壮志，大展拳脚，四处开展收购、投资和多元化发展；中小制药企业内心惶恐，或得过且过，或试探性地进行局部调整。

乐仁堂制药有限公司始建于2003年，是一家中小型制药企业。在过去的数年间，先后投入很多资金用于中西药品的开发与研制，于2009年勉勉强强通过了国家GMP认证。公司现有胶剂、胶囊剂、颗粒剂、片剂、中间体等数条生产线近30个品种。公司主导产品包括国家中药保护品种、国家级新药乐仁糖尿乐胶囊、乐仁齿痛消炎灵颗粒、乐仁小儿清热宁颗粒、乐仁参芪健胃颗粒等。

我国医药行业主营业务销售收入发展很快，但是赢利能力十分微弱，主要原因：一是竞争激烈；二是国家政策连续多年打压国内药品价格；三是药用原辅料价格暴涨；四是人力成本、工资、保险等大幅增加；五是绝大多数国产药品是仿制药，同质化严重，附加值低；六是第一次GMP和GSP认证10余年，还没有缓过神来，紧接着GMP和MSP升级版认证接踵而来，并且确定了最后的时间期限。中小制药企业还面临认证日期日益紧迫的新版GMP认证，新版GMP认证还需要投入大量的资金、时间和精力，截至2013年8月份，全国1 319家无菌药品生产企业通过新版GMP认证365家，核发483张证书，占总数的27.7%；3 839家非无菌药品生产企业中，通过认证(不含医用氧、中药饮片及体外诊断试剂)690家，核发846张证书，通过率为18%。上述这些原因很明显是造成医药行业赢利能力差的主要原因，除少部分企业盈利较好以外，这个比例在30%以下，70%的工业企业微利。

根据中华人民共和国卫生部部长签署的2011年第79号令，《药品生产质量管理规范(2010年修订)》(下称新版GMP)已于2010年10月19日经卫生部部务会议审议通过，自2011年3月1日起施行。中国新版GMP与1998年版相比从管理和技术要求上有相当大的进步，特别是对无菌制剂和原料药的生产方面提出了很高的要求。新版GMP认证有两个时间节点：药品生产企业血液制品、疫苗、注射剂等无菌药品的生产，应在2013年12月31日前达到新版药品GMP要求；其他类别药品的生产均应在2015年12月31日前达到新版药品GMP要求。未达到新版药品GMP要求的企业(车间)，在上述规定期限后不得继续生产药品。

乐仁堂的资金一直很紧张，在药品研发方面投入很少，不到销售利润总额的1%。随着社会的发展、人口结构的变化、病种的变化、生态环境的变化，新药的生命周期越来越短，升级换代的频率越来越快。从美国、欧洲一些著名制药企业的发展历史来看，新药开发至少要占企业销售利润总额的10%～15%，而我国制药企业的新药开发费用一般不超过3%。所以，我国生产的西药品种中有97%以上是仿制的。乐仁堂也是如此。药品虽然有30多种，但是很多都是仿制的中成药，技术含量低、附加值低，导致赢利能力低。

新版GMP认证迫在眉睫，为了能够在医药行业生存和发展下去，乐仁堂想改变这种被动的局面。为了提高经营业绩，乐仁堂决定在整个公司内实施目标管理。事实上他们之前在为销售部门制定奖金系统时已经采用了这种方法。公司通过对比实际销售额与目标销售额，支付给销售人员相应的奖金。这样销售人员的实际薪资就包括基本工资和一定比例的个人销售奖金两部分。

销售大幅度提上去了，但是苦了生产部门，他们很难完成交货计划。销售部抱怨生产部不能按时交货。总经理和高级管理层决定为所有部门和个人经理以及关键员工建立一个目标设定流程。为了实施这个新的方法，他们需要用到绩效评估系统。生产部门的目标包括按时交货和库存成本两个部分。

他们请了一家咨询公司指导管理人员设计新的绩效评估系统，并就现有的薪资结构提出改变的建议。他们付给咨询顾问高昂的费用修改基本薪资结构，包括岗位分析和工作描述。还请咨询顾问参与制定奖金系统，该系统与年度目标的实现程度密切相连。他们指导经理们如何组织目标设定的讨论和绩效回顾流程。乐仁堂期待着很快能够提高业绩。然而不幸的是，业绩不但没有上升，反而下滑了。部门间的矛盾加剧，尤其是销售部和生产部。生产部埋怨销售部销售预测准确性太差，而销售部埋怨生产部无法按时交货。每个部门都指责其他部门的问题。客户满意度下降，利润也在下滑。乐仁堂本想通过目标管理提高企业业绩，结果却事与愿违，到底是目标管理本身有问题，还是实施有问题呢？乐仁堂现在也是一筹莫展。

思考题：

1. 在国家行业政策环境、市场竞争环境和中小制药企业自身资源能力较弱的情境下，怎样规划未来的发展战略？

2. 乐仁堂制药有限公司的目标管理存在什么问题？

[拓展训练]

1. 读《李开复给大学生的7封信》

2. 观看DVD陈安之的《要你成功》

第六章　战略管理

没有战略的组织会像没有舵的船，在原地打转。它又如同一个流浪汉，漫无目的，无处可去。

——乔尔·罗斯、迈克尔·卡采

[学习目标]

知识点：

1. 了解战略和战略管理的概念；
2. 了解战略管理的意义；
3. 从企业层、业务层、职能层三个层面阐述战略类型。

技能点：

1. 掌握战略管理过程，即战略制定、战略实施、战略评价；
2. 掌握一般竞争战略的优、缺点以及实施条件。

[案例导入]

乐视的现状，是战略定位错误下的必然趋势！

乐视，已经成为互联网行业内的焦点，目前大家议论纷纷。我们认为乐视最核心的问题，就是战略问题。它在战略定位上出现了最为致命的错误，因此如果乐视公司不大幅调整战略，将无法走出眼前的泥潭。

从互联网角度看，乐视的战略定位没有问题。

乐视应该是个非常好的互联网企业，它在开始的时候战略定位也是恰当的。它的战略定位为互联网视频内容提供商，并通过PC、电视入口提供各种视频内容。

也许该公司可能在和互联网视频公司，如土豆、优酷等竞争中感觉到自己无法争夺第一、第二的可能，因此在战略选择中逐步进入入口环节，如电视、手机。

因此，在后来的战略定位中，一方面加大、扩展各种视频内容，但是另一方面加大突出自己的入口定位，即PC、电视、手机以及汽车，乐视试图打造成全环节的入口、平台、内容与支付的生态体系。

总体上，乐视在视频内容的整体战略上应该说是没有问题的。

然而，乐视最大的问题是混淆了互联网和制造业的核心区别。

乐视确定了入口、平台、视频内容以及支付的生态体系，但是乐视为了更好地控制整个生态系统，在战略定位上选择了自己直接进入用户入口的手机、电视以及汽车产业。

至此，乐视生态体系中最致命的战略问题就出来了，混淆了互联网和制造业的区别，从互联网产业进入制造业，因此给公司带来巨大的麻烦：

1. 互联网是轻公司，而制造业是重公司；

2. 互联网产业最核心的事情是模式、营销，而制造业最核心的事情是资金、生产。

3. 互联网强调的是快，而制造业强调的是质量；

4. 互联网是短流程，而制造业是最为典型的长流程，周期特别长。

对比一下，我们可以清楚地看到互联网和制造业的核心区别。而乐视最大的问题就在于此，即从互联网产业进入制造业，目的也很明确，试图自己控制互联网的入口，而且是彻底地控制，从根本上控制，但是同时也带来了巨大的问题。

那么，这样的战略会给乐视带来什么样的问题呢？

首先，是资金问题，汽车、电视、手机属于资金密集型的企业，因此乐视必然无法有效支撑，非常可能导致集团的资金链断裂。目前来看，这个情况已经显露。

其次，制造业和互联网的区别，必然带来巨大的管理问题，我们说制造业是规模经济，而互联网处于速度经济，因此乐视目前的管理模式无法有效支撑制造业和互联网。

再者，巨大的文化差异，我们不知道乐视如何去弥合制造业和互联网业的巨大文化差异问题。

最后，运营问题，即销售、营销、生产、管理、渠道等一系列问题。

目前大家紧紧盯住乐视的资金问题，实际上这仅仅是问题之一。

更为担心的是乐视的文化、模式、运营、管理等系列深层次问题，乐视即使解决了资金问题，但是后续这些问题会给乐视带来更多的问题，再次陷入泥潭。

因此小禾智库建议：

首先从产业角度看，建议乐视彻底放弃自己进入制造业，这不是互联网公司玩的事情，不要提互联网＋，互联网＋是制造业改造自己的手段之一而已。

建议尽快剥离重资金、重流程、重生产的汽车生产、研发制造，而对于手机、电视制造我们认为也应该走参股的模式，而不是自己控制和控股。

建议专心做好自己的入口、平台、内容与支付的模式，即全互联网模式。在入口上和各种终端企业合作、参股，而更核心的事情是平台、内容和支付，实际上未来得支付者得天下。

建议重新审视自己的文化、流程和管理，目前乐视已经被撕裂过，因此必须尽快重新整合和重新统一自己的文化体系、管理体系、价值观，否则后续问题会更多。

我们认为，在资金允许的情况下，乐视可以彻底分裂为两个公司：(1)智能制造；(2)互联网。全部放到乐视集团下绝对不是最好的选择。

资料来源：小禾智库，2016-12-06。

第一节　战略管理概述

战略最早用于军事领域，是对战争全局的谋划和指导，是战争指挥者根据战争状况制定并采用的方针、政策及方法。战略具有对抗的含义，它针对竞争对手的优势和劣势以及正在和可能采取的行动而制定，是随着环境变化而制定的，具有变化性。只要存在竞争，就需要制定战略。而在当今复杂的动态环境下，企业就更需要制定战略。在竞争中获胜往往取决于优势，而优势地位的取得又要依靠长期的准备和持续的努力，但是这些都离不开战略的指导。

一、企业战略的定义

关于对战略的定义，国内外学术界和企业人士有多种表述。

企业战略的鼻祖之父安索夫，认为企业战略就是企业确定自己的经营性质，明确“共同的经营主线”(即目前产品和市场之间的内在联系)，从而把握企业的复杂化方向，指导企业内部的管理。

迈克尔·波特是当今全球第一战略权威，被誉为“竞争战略之父”，是现代最伟大的管理思想家之一，是当今世界上竞争战略和竞争力方面公认的权威。他认为：战略是公司为之奋斗的一些终点与公司为达到终点目标而寻求的途径的结合物。波特的定义概括了20世纪60年代和70年代对企业战略的普遍认识，他强调企业战略的一方面属性——计划性、全局性和整体性。

中国学术界对于企业战略的定义比较有代表性的是：企业战略是指根据企业外部环境及企业内部资源和能力状况，为建立持续竞争优势、求得企业持续发展，对企业发展目标、达到目标的途径和手段的总体规划。

二、战略管理

(一)战略管理的定义

战略理论发展促进战略管理理论的发展。战略管理的理论基础来源于三本创新性书籍，即《战略与结构》(钱德勒，1965)、《公司战略》(安索夫，1965)、《商业政策：原理与案例》(德鲁斯，1965)。随着战略管理理论的研究和管理实践的发展，越来越多的学者与企业家前仆后继研究战略管理，充实了战略管理理论。

1975年，安索夫在其出版的《从战略计划到战略管理》一书中，将战略管理定义为“企业高层管理者为保证企业的持续生存和发展，通过对企业外部环境和内部条件的分析，对企业全部经营活动所进行的根本性和长远性的规划和指导”。他认为，战略管理与以往经营管理的不同之处在于：战略管理是面向未来，动态地、连续地完成从战略决策到战略实现的过程。

1982年，斯坦纳在其出版的《管理策略与战略》一书中则认为，企业战略管理是确立企业使命，根据企业外部环境和内部经营要素设定企业组织目标，保证目标落实，并使企业使命最终得以实现的一个动态过程。

许多战略管理学者和企业家对什么是战略管理提出了各种不同的见解，战略管理主要包括以下内涵：

(1)战略管理是决定企业长期问题的一系列重大管理决策和行动，包括企业战略的制定、实施、评价和控制。

(2)战略管理是企业处理自身与环境关系过程中实现其愿景的管理过程。

(3)通过企业外部环境分析，寻求环境中存在的机会和可能发生的威胁；通过企业内部条件分析，用优势和劣势评价企业现有的和未来能够具备的能力。

(4)选择和确定企业的长远发展方向、战略目标和企业各个层次的战略；制订和选择实现目标的战略计划和行动方案，并加以实施。

(二)战略管理的意义

从20世纪50年代开始，企业外部环境变得复杂、频繁、难以预料，使企业经常面临着许多严峻的挑战。在这种环境下，企业管理的某种失误所导致的不仅仅是经营成果上的损失，更多的时候是面对生死存亡的考验。组织仅靠生产管理时的内部控制式管理，已无法应付未来的挑战，不能保证自身的生存和发展，必须对面临的环境进行深入分析，并采用与环境相适应的新的管理方式，以谋求企业的生存和发展。正是在这样的背景下，战略管理受到广泛的重视。

近年来，国内外一些有名的大公司倒闭的消息时有所闻，究其原因，大多数并非由于公司内部管理的混乱，而是战略的失误造成的。例如，百年公司柯达，主要因为转型战略失败，最终导致破产。除了这些长期竞争需要制定战略并进行战略管理外，涉及长远发展、全局部署的管理活动也需要制定战略。除了这些原因，战略管理在企业发展过程中占重要地位的原因是：

1. 战略管理有利于企业明确方向

战略为企业指明了总方向，对企业今后一段时间的蓝图进行规划，使企业在发展过程中具有明确的目标，同时战略也对企业发展过程中的行为进行严格的约束和规范。

2. 战略管理有利于企业资源的合理配置

战略管理是为了实现企业的总目标对所要采取的行动方针和资源使用方向的一种总体规划，使企业的资源在其经营业务之间协调运用，从而取得更好的经营效果。

3. 战略管理有利于企业管理者增强战略意识

在国内，随着市场经济、全球经济一体化时代的到来，管理者面临的企业环境更加复杂多变，过去在高度集中的计划体制下的管理模式必将被淘汰，新的环境要求当代管理者必须具备敏锐的战略眼光与意识，国际市场的竞争也要求企业必须很好地进行战略管理。

4. 战略管理有利于企业扬长避短，取得竞争优势

企业要想在市场中生存和发展，就需要采取措施取得竞争优势，趋利避害，以便在竞争中获胜，是企业战略管理的指导思想，同时也是企业实施战略的目的。战略选择是建立在对企业及其环境进行系统分析的基础上进行的，有利于企业在竞争过程中发掘自身优势。

5. 战略管理有利于人力资源管理

战略管理是企业资源有效配置的手段。人员也是企业中一种非常重要的资源，所以战略管理有利于人力资源的分配。战略管理使每一个员工明确企业在可预见的未来应该完成的任务，激励员工的积极性。

第二节　战略管理的层次和类型

一般来说，一个现代企业的战略可以划分为三个层次：公司层战略、业务层战略、职能层战略。高层管理者通常负责公司层战略，中层管理者负责业务层战略，基层管理者负责职能层战略。企业每一层的战略都构成了下一层次的战略环境。同时，低一级的战略又为上一级战略目标的实现提供保障和支持。企业战略层次如图 6－1 所示。

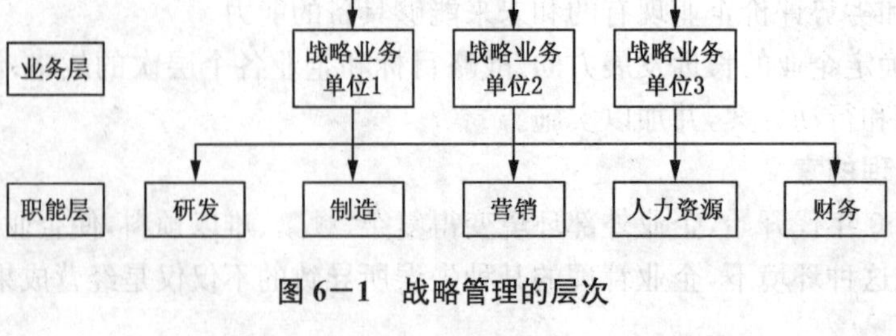

图 6－1　战略管理的层次

一、公司层战略

公司层战略又称企业总体战略，是最高层次的战略，是企业最高管理层指导和控制企业的一切行为的最高行动纲领，决定企业从事或想从事什么业务以及它想如何从事这些业务的战略。其主要强调两个方面的问题：一是“我们应该做什么业务”，即确定企业的使命、产品与市场领域。例如，百事公司的使命：立足于便利食品和饮料行业，成为世界上最好的消费品公司。为了实现这个使命，百事公司实施的一项公司战略是把公司划分为不同的战略事业单位。二是“我们怎样去管理这些业务”，即在企业不同的战略事业单位之间如何分配资源以及采取何种成长方向等。

公司层战略分为成长型战略、稳定型战略、紧缩型战略。

（一）成长型战略

1. 成长型战略的概念

成长型战略指的是企业通过现有业务或新业务来增加它所服务的市场数量或提供的产品数量。根据自己的成长战略，一个企业可能会提高收入、员工数量或市场份额。

2. 成长型战略的类型

成长型战略是寻求扩大组织经营规模的战略。它可分为集中化战略、一体化战略（横向一体化和纵向一体化）、多元化战略和密集型成长战略。

（1）集中化战略。也称专业化战略，是指企业聚焦于自己的主营业务，并在这些领域中增加所提供的产品数量或所服务的市场数量，并以快于过去的增长速度来增加销售额、利润额或市场占有率。例如，位于美国马萨诸塞州福雷明的博世公司就是采用集中化战略，它聚焦于开发创新的音响产品，成为家庭音响、专业音响和汽车音响领域的全球顶级制造商，年销售额超过 20 亿美元。

（2）一体化战略。一体化战略是指通过资产纽带或契约方式，企业试图获得对输入（后向一体化）、输出（前向一体化）的控制，或者与同一产业的企业进行联合（横向一体化），以达到降低交易费用及其他成本、提高经济效益目的的战略。它可分为横向一体化和纵向一体化。

横向一体化战略是指企业收购、兼并或联合竞争企业来实现成长的战略。企业采用横向一体化战略的主要目的是减少竞争压力，实现规模经济和增强自身实力，以获取竞争优势。例如，优酷视频与土豆视频进行业务合并，就属于横向一体化战略。

纵向一体化是指试图获得对输入（后向一体化）和输出（前向一体化）的控制，其主要目的在于节约交易成本，提高经济效益，同时有利于深化协作，提高资源的利用深度和综合利用效率。但是，它增加企业的内部管理成本，所以企业规模并不是越大越好。

纵向一体化战略可以分为前向一体化战略和后向一体化战略。

后向一体化，就是企业把外部的输入端内部化，试图控制它的输入从而拥有自己的供应商，如联合航空公司就成立了自有的航空食品服务业，蒙牛公司自己建有奶牛养殖场。

前向一体化，就是企业把外部的输出端内部化，即通过对输出（产品或服务）的控制从而拥有自己的分销商，例如，苹果公司在中国等全世界众多国家或地区拥有直营零售店，销售自己公司的产品。

（3）多元化战略。多元化战略是指一个企业同时在两个或更多行业从事经营活动的战略，既可以是相关行业多元化，也可以是非相关行业多元化。

相关多元化是指公司增加新的且与原有业务相关的产品或服务。它可以通过自己直接投资来实现,也可以通过合并或收购相关产业不同业务的公司来实现。总部设在新泽西州的美国标准公司就是一个有多种业务的公司,其业务领域包括空调、加热装置、管道配件以及气动刹车装置。

非相关多元化是指国内公司增加新的且与原有业务不相关的产品或服务。它同样可以通过自己的直接投资来实现,也可以通过收购和兼并不同产业不同业务的公司来实现业务增长。例如,印度塔塔集团的业务覆盖了化学、电信、IT、消费产品、能源、工程、原材料和服务等各个行业多个领域。又如阿里巴巴集团,不但是电子商务龙头老大,而且围绕着电子商务交易过程成立了25个事业部,涉及阿里巴巴、天猫、淘宝、聚划算、一淘、阿里妈妈、支付宝、云计算中心等平台,实现多元化发展。

(4)密集型成长战略。密集型成长战略,也称为加强型成长战略,是指企业充分利用现有产品或服务的潜力,强化现有产品或服务竞争地位的战略。密集型成长战略主要包括三种类型:市场渗透战略、市场开发战略和产品开发战略。

①市场渗透战略

市场渗透战略是指企业通过更大的市场营销努力,提高现有产品或服务市场份额的战略。该战略可以通过扩大规模、提高生产能力、增加产品功能、改进产品用途、拓宽销售渠道、开发新市场、降低产品成本、集中资源优势等单一策略或组合策略来开展,其战略核心体现在两个方面:利用现有产品开辟新市场实现渗透、向现有市场提供新产品实现渗透。

②市场开发战略

市场开发战略是指将现有产品或服务打入新市场的战略。市场开发战略的成本和风险也相对较低。实施市场开发战略的主要途径包括开辟其他区域市场和其他细分市场。

③产品开发战略

产品开发战略是通过改进或改变产品或服务以增加产品销售量的战略。它的实施途径包括开发新的产品性能、型号、规格和质量差异。实施产品开发战略通常需要大量的研究和开发费用。

(二)稳定型战略

1. 稳定型战略的概念

稳定型战略是指企业继续从事当前各种业务,在一定时期内不进行重大变革的战略。这种战略的实施通常有以下一些做法:

通过提供同样的产品和服务持续不断地服务于同样的客户,保持市场份额,维持企业的投资回报率。稳定型战略使企业决定追求既定的或与过去相似的经营目标,保持稳定状态。一种情况是当他们对企业的绩效感到满意,同时环境是稳定的和安全的,他们认为可以安于现状,不必进行重大的变革的时候,如果采取这种战略,企业一般不会成长,但也不会退步。另外一种情况就是有些企业经营者不思进取,当企业发展到一定程度的时候,原地踏步,实施稳定型战略。当然,这种情况达不到稳定的目的。

2. 稳定型战略的类型

美国的一些管理学家认为稳定型战略可分为不变战略、近利战略、暂停战略、谨慎前进战略。

(1)不变战略。不变战略就是维持现状的战略。

(2)近利战略。近利战略,也称维持利润战略,是一种牺牲企业未来发展来维持目前利润的战略。

(3)暂停战略。暂停战略是企业内部休整的临时战略，是指在一段时期内降低企业目标水平、放慢快速成长步伐、巩固现有资源的临时战略。

(4)谨慎前进战略。当企业外部环境中某些重要因素发生显著变化，而企业对环境变化带来的不确定性因素把握不了，就理所当然地选择谨慎前进战略。当企业外部环境不明朗时，或自己对某个发展思路把握不准时，宜实施此战略。

总的来说，稳定型战略较适宜在短期内运用，长期实施则存在较大风险。这些风险主要包括：①稳定型战略的成功实施要求战略期内外部环境不发生重大变化，竞争格局和市场需求都基本保持稳定；②稳定型战略的长期实施容易导致企业缺乏应对挑战和风险的能力。

(三)紧缩型战略

1. 紧缩型战略的概念

紧缩型战略是一种处理组织劣势的公司层战略。当企业面临绩效困境时，实施紧缩型战略往往奏效，它有助于企业稳定经营，激活组织的资源和重新恢复竞争力。

紧缩型战略是指企业从目前的战略经营领域和基础水平收缩和撤退，将多元化范围减少到少数几种经营，通过减少成本与资产，以扭转销售和盈利下降的局面。实施紧缩型战略的企业，一般将尽可能减少现金流出和尽可能增加现金流入作为首要任务，通过采取削减分部和精简机构等措施，盘活存量资产，节约成本支出，集中一切的人力，用于企业的主导业务，以增强企业主导业务的市场竞争力。与稳定型战略和增长型战略相比，紧缩型战略是一种消极的发展战略。一般企业实施紧缩型战略只是短期的，其根本目的是使企业渡过危机后转向其他的战略选择。有时，只有采取收缩和撤退的措施，才能抵御竞争对手的进攻，避开环境的威胁和迅速地实行自身资源的最优配置。可以说，紧缩型战略是一种以退为进的战略。例如，万科公司从“多元化”走向“专业化”采用了紧缩型战略，转让了“扬声器厂”、“怡宝蒸馏水”产品，走地产专业化道路。

2. 紧缩型战略的类型

根据不同的分类依据，紧缩型战略可分为不同的类型，具体如表6－1所示。

表6－1 紧缩型战略的类型

分类依据	类型
实施紧缩型战略的基本途径	抽资转向战略
	调整型战略
	放弃战略
	清算战略
采用紧缩型战略的原因	适应型紧缩战略
	失败型紧缩战略
	调整型紧缩战略

二、业务层战略

业务层战略，又称事业层战略、经营单位战略等。它是大型企业特别是企业集团里，为了提高协同作用，加强战略实施与控制，从组织上把具有共同战略因素的若干事业部或其中某些部分组合成一个经营单位。每个战略经营单位一般都有着自己独立的产品和细分市场，这属于企业战略的第二个层次。

因此，业务层战略就是战略经营单位、事业部或子公司的战略。业务层战略是在公司层战略的制约下，指导和管理具体经营单位的计划和行动，为企业的整体目标服务。

业务层战略主要针对不断变化的外部环境，在各自的经营领域有效地进行竞争。为了保证企业的整体竞争优势，各经营单位要有效地控制资源的分配和使用。同时，经营单位战略还要协调各职能层的战略，使之成为一个统一的整体。它的任务主要包含以下内容：

(1)如何贯彻企业使命；

(2)分析企业发展的机会与威胁，确定竞争策略；

(3)确定经营单位的重点、战略阶段和主要战略措施；

(4)应该开发哪些产品和服务，将产品和服务提供给哪些市场；

(5)确定满足顾客需求的程度。

对于单一业务的小型企业和没有实行多元化的大型企业，业务层战略通常与公司层战略相重叠。但对于有多事业单位的企业，每一个分部都应该有它自己的战略。这些战略定义了这部分的顾客以及应该提供的产品和服务。每一个分部都基于自身的战略资源和核心能力以独特的方式进行竞争。当一家企业有多种不同业务，每一种业务又相对独立和有自己的战略时，通常称这样的部门为战略事业单位。

业务层战略和公司层战略的区别是：

(1)公司层战略是有关企业全局发展的、整体性的、长期的战略计划，对整个企业的长期发展产生深远的影响；而业务层战略着眼于企业中有关事业部或子公司的具体产品和市场，只能在一定程度上影响公司战略的实现。

(2)公司层战略形成的主要参与者是企业的高层管理者，而业务层战略形成的参与者主要是具体的事业部或子公司的经理等中层管理者。

战略管理大师迈克尔·波特教授认为，企业有三个一般竞争战略，即成本领先战略、差异化战略和目标集中战略(又称重点集中战略)。企业究竟选择哪一种战略，取决于企业的优势和核心能力以及它的竞争对手的劣势。

(一)成本领先战略

成本领先战略又称低成本战略，是指企业的全部成本低于竞争对手的成本，甚至是行业中最低的成本。按照波特的思想，成本领先战略应该体现为相对于竞争对手而言的低价格，但这并不意味着仅仅获得短期成本优势或仅仅是削减成本，而是一个“可持续成本领先”的概念，企业可通过低成本地位来获得持久的竞争优势。企业采用成本领先战略主要有以下优势：

1. 形成进入障碍

企业的经营成本低，便为行业的潜在进入者设置了较高的进入障碍。那些在生产技术上不熟练、经营上缺乏经验或缺乏规模经济的企业都很难进入此行业。

2. 增加讨价还价的能力

企业的低成本能对抗强有力的购买者。因为购买者的讨价还价只能使产品的价格下降，当价格降到与竞争对手的价格相同的水平时，企业的低成本优势使其仍能获得高于竞争对手的利润。

3. 降低替代品的威胁

企业的生产成本低，在与替代产品竞争时，仍可以凭借其低成本的产品和服务吸引大量的顾客，降低或缓解替代品的威胁，使自己处于有利的竞争地位。

4. 保持领先的竞争地位

当企业与行业内的竞争对手进行价格战时，由于企业的成本低，可以在其对手毫无利润的低价格的水平上保持盈利，从而扩大市场份额，使自己处于有利的竞争地位。

[智慧管理]

丰田在雷克萨斯产品线中实施低成本战略

丰田汽车公司被人们广泛认为是世界汽车生产商中的低成本生产商。虽然它也强调产品的质量，但它还取得了绝对的低成本领导者地位，因为它有使用高效生产技术的技能，它的车型位于低中档，在这个价位上能够获得高产量，而高产量有助于降低成本。但是，当丰田推出雷克萨斯系列新车型准备参与豪华车的竞争时，它实施的还是经典的低成本战略。丰田雷克萨斯的战略有三个特色：

(1)以比其他豪华车制造商——尤其是奔驰和宝马更低的成本制造超级豪华车。丰田的制造技术能够使它以比其他豪华车制造商更低的成本提供高技术性能和高质量。

(2)利用相对低的制造成本定出比奔驰和宝马更低的价格，因而装备诱人的雷克萨斯可以从奔驰和宝马那里抢走价格敏感型顾客。

(3)为雷克萨斯建立新的特约经销商网络，同丰田的特约经销商网络分离开来，致力于提供行业中无与伦比的、个性化的客户服务。

(二)差异化战略

差异化战略是指将企业提供的产品或服务实现特色化，使企业的产品和企业提供的服务与竞争对手有明显的区别，形成与众不同的特点而采取的一种战略。差异化战略建立起本企业在行业中独有的一些东西，通过提供与众不同的产品或服务，满足顾客特殊的需求，从而达到吸引顾客的目的，最终形成企业的竞争优势。差异化战略可分为产品差异化战略、服务差异化战略、人事差异化战略及形象差异化战略。

企业采用差异化战略主要有以下优势：

1. 形成进入障碍

差异化的产品或服务是针对某些特殊顾客的特殊需要的，而这些具有特色的产品和服务是其他企业不能提供的。这就形成了顾客对该企业的产品或服务的信赖和忠诚，从而形成了强有力的进入障碍。如果行业内有新的竞争者加入，它必须克服原产品的独特性对顾客的影响及扭转顾客对原产品的信赖和忠诚，这便增加了新加入者的进入难度。

2. 给企业带来超额收益

因为差异化的产品或服务很好地满足了某些特殊顾客的特殊需求。因此，这些顾客往往愿意支付更高的价格，甚至在某些情况下，这些顾客没有别的选择，不得不支付更高的价格。这种较高价格不仅可以弥补企业为了达到差异化而增加的成本，甚至还可以带来额外的收益。

超额收益的多少与企业产品或服务的差异化的程度有关，差异化程度越大，竞争对手越难以模仿和替代，因此顾客就越愿意为这些特色化的产品支付较高的价格。

3. 降低顾客的价格敏感程度

由于产品或服务的差异化，顾客对该产品或服务具有某种程度的忠实性。当这种产品的价格发生变化时，顾客对价格的反应往往并不敏感，因为顾客看重的是本产品的独特之处，往往并不在乎价格的高低。

另外，因为产品或服务是独特的，有时甚至是独一无二的，顾客很难找到价格比较的对象。生产该产品的企业便可以运用产品差异化战略，在行业的竞争中形成一个隔离带，避免竞争者的进攻，同时也提高了企业的讨价还价能力。

4. 防止替代品的威胁

如果企业提供的是大众化的产品或服务，即使在成本方面占据领先地位，企业也时刻面临其他企业的替代品的威胁。而具有特色的产品或服务，由于能够更加赢得顾客的信任，而且顾客购买这些产品或服务时往往不是在乎其价格，因此，有差异的产品或服务可以在对付替代品竞争对手时处于更加有利的地位。

[智慧管理]

天津有一个津工超市，它与众不同，只做社区店，却十分成功。它与沃尔玛、家乐福的大卖场及其他小型超市都不一样，与人们所理解的超市也不尽相同，却被视为“本土超市找到了出路”。它甚至声明，自己不是一家零售企业，而是一家服务企业。

津工超市的差异化战略主要体现在以社区超市、社区厨房、社区服务、社区物流、社区养老相结合的“社区一站式服务”。总经理卢代盛认为：“提供全方位的亲情服务，不仅是我们的一种生存手段，也是我们经营的根本目的。‘全心全意为人民服务’在我们看来绝不是一句空话套话，我们想尽办法去践行这个理念，才有了丰厚的回报。”

(三)重点集中战略

重点集中战略又称目标集中战略和聚焦战略，是指企业把经营的重点放在一个特定的目标市场上，并为这个特定的目标市场提供特定的产品或服务。实施重点集中战略的企业不是围绕着整个产业，而是围绕着一个特定的目标进行密集性的生产经营活动，要能够提供比竞争对手更为有效的产品或服务。

重点集中战略的重点可以是成本重点，也可以是产品重点。实行成本重点时，企业要在所处的目标市场中取得低成本的优势；实行产品重点时，企业则要在目标市场中形成独特的差异化。

重点集中战略实际上是特殊的差异化战略和特殊的成本领先战略。企业采取重点集中战略也许在整个市场上并没有取得成本领先或差异化优势，但在较狭窄的市场范围内却是成本领先或差异化的。采用重点集中战略的企业一般规模较小，往往不能同时采用差异化和成本领先战略。

根据不同分类依据，重点集中战略可分为不同类型，具体如表 6－2 所示。

表 6－2　　目标集中战略类型

划分依据	战略类型
从聚焦战略的焦点划分	产品线聚焦战略
	顾客聚焦战略
	地区聚焦战略
从实施聚焦战略的手段和途径划分	低成本集中战略
	差异化集中战略

企业采用重点集中战略主要有以下优势：

1. 避免在大范围内与对手竞争

重点集中战略是企业在某一特定的目标市场上实施成本领先战略或差异化战略，因此，可以防御行业中的五种基本竞争力量，同时也可避开在大范围内与竞争对手的竞争，增强相对竞争优势，尤其对一些力量还不足以与大企业相抗衡的中小企业来说，可以增强其竞争力量。

2. 避免与竞争对手正面冲突

采用重点集中战略也可以使其避免与竞争对手的正面冲突，使企业处于竞争的缓冲地带。

3. 集中企业资源为某一目标市场服务

重点集中战略便于集中企业的资源，更好地为某一目标市场服务，抵御外部竞争者的进入。

4. 战略目标集中、明确

重点集中战略可以使战略目标集中、明确，经济结果易于评价，战略管理过程易于控制，从而给管理带来方便。重点集中战略的特性是最适合中小企业的战略。因为中小企业规模小、资源有限，往往无法经营多种产品以分散风险。因此，不如集中有限的优势兵力专攻一行，将有限的资源用到最优的项目上。

三、职能层战略

职能层战略是指企业内部主要职能部门的短期战略计划，目的在于使职能部门管理人员更清楚地认识到本职能部门在实施公司战略中的职责和要求，有效地运用研究开发、营销、生产、财务、人力资源等方面的经营职能，保证企业战略的实现。

职能层战略的关键任务是组织中各职能部门如何根据自身的资源与能力，更好地为公司层和业务层战略服务，从而提高整个公司的运作效率。

职能层战略可分为市场营销战略、财务战略、研究与开发战略、人力资源战略、生产战略等。

（一）市场营销战略

市场营销是指那些将生产者的产品或服务送到市场或顾客手中的活动，其基本任务是在适当的时机将适当的产品或服务投放于适当的地点。市场营销战略是指企业确定的在未来某个时期欲达到的市场营销活动目标以及为实现这一目标所预定要采取的长期的、全局的行动方案。市场营销战略的有效实施可以使企业获利并能高效率地服务顾客，以满足目标顾客的需求。市场营销战略是企业整体战略的集中表现，它的制定事关企业的方方面面，需要在综合考虑企业的各种资源和能力的基础上由高层管理者制定。

市场营销战略是在公司层战略指导下制定的，一般可包括市场分析（市场细分、市场/产品战略组合）、产品战略（先慢后快、后发制人的产品战略，产品差异战略，产品多样化战略）、促销战略、价格战略、渠道战略。

（二）财务战略

财务战略是指在对企业现有资金市场充分认识的基础上，根据企业财务的实际情况选择企业的投资方向、融资渠道，调整企业的内部财务结构，保证企业资金需要，以最佳资金利用率来协助企业实现战略目标。制定财务战略的前提是对企业内外部财务环境的仔细分析。外部财务环境包括从外部筹集资金和投资活动的可能性与影响因素、企业与其他机构之间的资金往来关系或资金市场的状况等。内部财务环境包括企业内部的资金流动和积累、企业的财务结构和状况等。财务战略具有从属性、导向性、长期性、系统性和风险性等特点。财务战略主要包括筹资战略、投资战略、利润分配战略和财务结构战略。

(三)研究与开发战略

企业之间的竞争表现在企业内外部。外部竞争体现为产品与服务的竞争,内在竞争表现为技术的竞争,而企业的研发是获取技术的重要途径,研究与开发战略正在受到越来越多的关注与重视。

根据不同的分类方法,研究与开发战略的类型也不同,具体如表6—3所示。

表6—3　　研究与开发战略的类型

划分依据	战略类型
根据开发力量的不同	自主研发战略
	合作研发战略
根据研发的起点不同	首创研发战略
	模仿研发战略
根据研发的对象不同	技术研发战略
	产品研发战略
	生产研发战略
根据研发技术的变化过程	聚变战略
	裂变战略
根据研发技术的变化程度	渐进研发战略
	飞跃研发战略

(四)人力资源战略

企业最重要的资源是具有技能、智能、创造性和主动性的人力资源。人力资源战略是根据企业总战略和竞争战略对人力资源的需求,对企业的人力资源进行开发、培训和合理使用的过程。企业人力资源战略要解决的问题不是个别岗位和层次上的人才选用问题,其基本着眼点是根据企业的中长期发展目标,建立管理团队,从总体上规划人才队伍的发展目标,制定相应的实施方案与措施,有计划地逐步加以贯彻和实施。人力资源战略可分为人才开发战略、人才培养战略、人才结构优化战略和人才使用战略四种类型。

(五)生产战略

生产战略是指企业根据所选定的目标市场和产品特点构造其生产系统时所遵循的指导思想,以及在这种思想下进行的一系列决策、规划及计划。生产战略作为一个职能战略,其作用是在生产领域内取得某种竞争优势以支持企业的总体战略和竞争战略的成功实施,而不仅局限于处理和解决生产领域内部的矛盾和问题。它包括生产系统设计战略与生产系统运行战略。

第三节　战略管理过程

一、战略管理过程的含义

战略管理过程是指企业通过战略制定、实施和评价,使企业能够实现其战略目标的动态管理过程。战略管理过程由三个阶段构成,即战略制定、战略实施、战略评价。三者形成一个完整的、相互联系的管理过程(见图 6—2)。

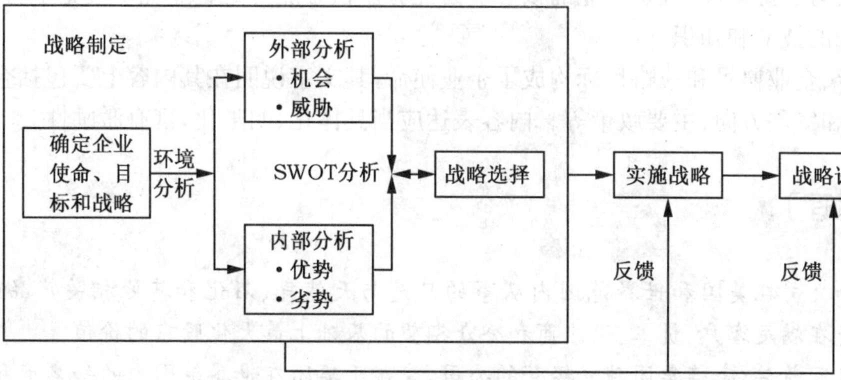

图 6—2 战略管理过程

二、战略制定

战略制定包括拟定公司愿景和使命,确定外部机会与威胁、内部优势和劣势,建立长期目标,提出备选战略以及从中选择战略。

战略制定涉及确定公司进入哪些新产业,要放弃哪些业务,如何配置资源,是否扩大经营范围或提高多元化水平,是否进入国际市场,是否进行并购或组建合资企业,如何防止恶意收购等。

由于任何企业都不可能拥有无限的资源,战略制定者必须确定,在备选战略中哪些将为公司带来最大利益。战略制定这一阶段做出的决策将在相当长一段时间内对企业的特定产品、市场、资源和技术产生深远的影响,并决定企业的长期竞争优势。企业高层管理者必须高瞻远瞩,充分预见和洞察战略决策的后果,有效调配战略实施所需的资源。

(一)确定企业宗旨、企业愿景和战略目标

1. 企业宗旨

企业宗旨是指一个企业存在的理由或这个企业区别于同类企业的特征。企业宗旨通常反映了一个企业的经营范围、目标市场、主要顾客、经营哲学和原则、社会责任等。宗旨通常用文字来表述。

2. 企业愿景

企业愿景是指企业为描述未来的发展方向,回答企业要成为一个什么类型的公司、要占领什么样的市场、具有什么样的发展能力等问题。宗旨和愿景两个词汇可以互相使用,但愿景更能形象地表明企业的长期方向和战略意图。

3. 战略目标

战略目标是与企业长期生存和发展密切相关的主要目标或最终结果。各级经理要对其目标的实现完全负责,这种制度叫目标管理。企业的战略目标有投资收益率、赢利能力、市场占有率、产品创新、生产率、对社会的贡献等。

为了使企业的战略目标切实可行,战略目标要符合层次化、数量化、现实性及协调性的要求,这样才能使战略目标化解为一个个实施计划,得到落实。

企业宗旨、企业愿景和战略目标的制定需要考虑的影响因素有:一是历史和文化的延续性;二是所有者、管理者的意图和想法;三是市场环境的发展变化;四是企业的资源条件,包括物质资源和人力资源条件;五是企业的核心能力优势。核心能力是企业优于其竞争对手之处,是指独一无二的技能和知识。

企业宗旨、企业愿景和战略目标构成了企业使命,其文字说明在其内容上要包括企业的经营范围、愿景和发展方向、主要政策等。内容表达应当具体化、明晰化,富有激励性。

[智慧管理]

宗旨:

壳牌石油公司在美国和世界范围内从事的只是与天然气、石化和其他相关产品的业务。我们的宗旨是在满足客户、员工、供应商和公众期望的基础上最大化股东的价值。

我们是皇家荷兰/壳牌集团独立经营的公司,受益于集团在世界范围内的知名度和技术支持,并为此做出自己的贡献。

愿景:

我们的目标是成为美国第一,并在我们的业务领域内处于世界领先地位。

我们的理念是诚实守信,顾客至上,利润增长,以人为本,技术领先。我们要广纳各方意见,不断求索。

我们要以无比的责任感和提供价值商品的能力征服客户。人们将以为壳牌公司工作为荣,因为我们有最好的业务和提供发挥个人潜能的机会。我们所处的社区也会欢迎我们,因为我们的关心和投入。

我们,壳牌人,是实现这一愿景规划的关键,并因我们的敬业、能量、改进的紧迫感和我们分享的价值观而与众不同。

(二)战略环境分析

战略环境分析是企业战略制定的起点,其目的是为完成企业使命服务,也为战略选择服务。企业环境包括外部宏观环境、行业环境和企业内部条件。外部宏观环境,主要分析政治与法律环境、经济环境、社会文化环境、技术环境;行业环境分析的主要内容有行业竞争结构;企业内部条件,主要分析企业自身的战略资源与核心能力。通过环境分析,可以发现企业面临哪些机会与威胁,自身具有哪些优势与劣势,从而制定与选择正确的战略。

1. 外部宏观环境

企业外部宏观环境,也称外部一般环境,或称总体环境,是指在一定时间与空间内存在的各类型企业均要面对客观存在于社会中的环境。其大致可归纳为政治与法律环境、社会文化环境、经济环境、技术环境、自然环境等方面。

2. 行业环境

企业环境最关键的部分是企业投入竞争的一个或几个行业的环境,行业竞争结构分析是行业环境分析的主要内容。

根据美国学者迈克尔·波特教授的研究,一个行业内部的竞争状态取决于五种基本竞争力量,如图6—3所示。这些作用力汇聚起来决定着该行业的最终利润潜力,并且最终利润潜力也会随着这种合力的变化而发生根本性的变化。一个企业的竞争战略的目标在于使企业在行业内进行恰当定位,从而最有效地抗击五种竞争作用力并影响它们朝自己有利的方向变化。

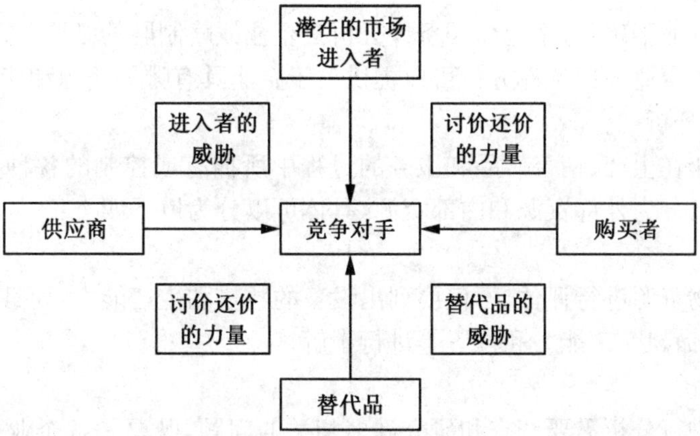

图 6—3 五种竞争力量

(1)现有企业间的竞争

现有企业间的竞争状态取决于如下因素:现有竞争者的数量和集中度;行业增长速度;固定和存储成本;产品特色与用户的转移购买成本;行业内的生产能力增加状况;竞争对手的类型;退出壁垒。

(2)潜在进入者

某一行业潜在进入者的威胁的大小主要取决于行业的进入障碍。影响行业进入障碍的因素主要有规模经济、产品差异化壁垒、转移购买成本、资本需求壁垒、资源供应壁垒、销售渠道壁垒、资产专用性壁垒、在位优势、品牌偏好和顾客忠诚、政府政策及有关法律限制。

[智慧管理]

例如,美国通用汽车公司年产量为 800 万辆,日本丰田汽车公司年产量为 600 万辆,德国大众汽车公司年产量为 550 万辆,目前比亚迪汽车公司年产量大概为 100 万辆。显然比亚迪汽车要进入国际市场,规模经济小是一个必须要大力克服的阻力。

(3)供应商的讨价还价能力

供应商的讨价还价能力的影响因素主要有:供应商的集中程度和本行业的集中程度;供应品的可替代程度;本行业对于供应商的重要性;供应品是否为本行业的主要投入资源;供应品的特色和转变费用;供应商"前向一体化"的可能性;本行业内企业"后向一体化"的可能性。

(4)用户的讨价还价能力

用户的讨价还价能力的影响因素主要有:用户是否大批量或集中购买;用户从本行业购买的标准化程度;用户这一业务在其购买额中的份额大小;产品或服务的可替代程度;用户买方面临的购买转移成本的大小;本企业的产品、服务是否是用户在生产经营过程中的一项重要投入;用户是否有"后向一体化"的策略;用户对产品信息的拥有程度。

(5)替代品生产者

替代品生产者的影响因素主要有:替代产品的赢利能力;生产替代品的企业所采取的经营策略;购买者转向替代品的难度和成本。

3. 企业内部条件

“知己知彼,百战不殆”。企业内部条件分析是企业战略制胜的必要条件,是企业制定正确战略的重要环节。企业内部条件分析可以提供关于企业具有哪些资源和能力的重要信息。

(1)企业资源分析

资源是指企业在生产、销售产品和服务的过程中所拥有或控制的各种要素。企业投入生产经营的资源可以分为外部资源和内部资源,具体可以分为以下四类:

①实物资源

对企业的实物资源进行评估,不仅要列出设备的数量和生产能力,而且还应该对这些资源的自然状况,如寿命、状态、能力和位置等进行了解。

②人力资源

对人力资源进行分析需要调查和研究许多相关的问题,既要了解企业中不同技能的人员数目和人员类型,还要分析人力资源的适应性等其他方面。

③财务资源

财务资源包括货币的来源和使用,如资金的获得,吸纳进管理,对债权人和债务人的控制,处理与货币供应者(如股东、银行等)的关系。

④无形资产

无形资产是企业重要资产的组成部分,包括专利、专有技术和“商誉”等。商誉主要来源于商标、品牌、公司形象及其他。应该重视无形资产的价值,因为企业出售的产品和服务中有一部分价值就是“商誉”,尤其是一些服务行业的企业。

(2)企业能力分析

企业能力是指企业获取资源、分配资源和使用资源的效率,是企业在发展过程中完成各项预期任务和目标所必须具备的素质和技能。企业拥有资源后,还必须对各种资源进行组合协调,便于发挥其潜在的价值能力。

企业能力包括职能领域的能力和跨职能的综合能力。职能领域的能力包括市场营销能力、企业财务能力、组织管理能力、研发能力、制造能力、人力资源、生产管理、管理信息和企业文化等。跨职能的综合能力则包括学习能力、创新能力和战略性整合能力。

企业能力分析中最值得分析的是企业的核心竞争能力。根据普拉哈拉德和汉默的定义,核心竞争能力是“组织中的积累性学识,特别是关于如何协调不同的生产技能和有机结合多种技术流的学识”。所以,核心竞争能力是某一企业内部一系列互补的技能和知识的组合,这种组合可以使企业的业务具有独特的竞争优势。说它是组合,是指它既包括科学技术,又包括管理、组织和营销方面的技能。这些技术和知识的结合方式决定着核心竞争能力的强弱,决定着企业开发新产品或服务市场、挖掘新的市场机会的潜力,体现着竞争优势。

核心竞争能力既可能以某种先进技术的形式表现出来,如英特尔公司的计算机微处理技术、佳能公司的影像技术等,也可能以其他形式表现出来,如麦当劳公司快捷的服务体系、联想公司的售后服务、京东快捷的快递服务等。但无论形式如何,核心竞争力都是多种先进技术和能力的协调集合。

[智慧管理]

成立于1948年的智囊机构兰德公司(RAND)在朝鲜战争刚开始,就投入大量的人力和资金对该问题进行研究。兰德的专家们通过对朝鲜战争的综合分析,结合对中国民族性和中国内政、外交形势的研究，最后写出了一份重要的研究预测报告，该报告可用七个字概括："中国将进入朝鲜。"起初，兰德这一报告向五角大楼的开价是200万美元。但最高决策层和军界的高级官员认为中国部队绝不会进入朝鲜和以美国为首的"联合国军"作战。在他们看来，中国刚经历了八年抗日战争和三年内战，无论从人力和财力看都不具备出兵朝鲜的可能。此外，国防部认为兰德的研究报告要价太高，于是没有理睬。10月25日，中国军队果真进入朝鲜参战，美国国防部看到兰德的预测变成现实，追悔莫及，朝野也一片哗然。

1953年朝鲜战争结束后，五角大楼为了全面检讨在朝鲜战争中的决策失误，终究以200万美元的价格买回了那份早已过时的报告。

(3)能力与资源的主要区别

①在相互作用中的地位不同

能力和资源是主体和客体的关系。能力是社会主体的作用力；资源是社会主体作用力的作用对象和作用产物。资源贡献价值的大小不仅取决于资源自身的价值，还要由使用资源的人的能力来决定。

②对人的依附性不同

能力是人的能力，而资源则往往可以独立于人而与别的载体结合，如资本可以以设备、厂房、原材料为载体；信息除了人脑外还可以装在纸张、光盘中。但能力只能以人力资源为载体和源泉，因此人力资源是一种特殊资源。

③价值衡量准则和方法不同

资源的价值可以根据其稀缺程度、获取成本等通过市场交易进行较为客观的衡量。而能力的结构和形成机制较为复杂，处于动态变化之中，其价值难以评估。

④所有权特性不同

资源产权可以依照法律进行转移，而能力依附于人体之中，无法实现永久性转移。

⑤增长规律不同

能力可以通过社会主体的自身学习、知识和经验积累而得到提高；而资源虽然也可以再生或增长，但归根结底，人的能力是资源增长的源泉。

(三)战略选择

企业战略方案的评估和选择可以从备选方案的适用性、可行性、可接受性三方面入手。

1. 适用性评估

适用性是一种评估标准，用来评估所提出的战略方案对所确定企业的适用程度，以及如何保持和提升企业的竞争优势，具体可以从战略逻辑适应性和文化适应性两个方面来进行适用性评估。

战略逻辑是对备选战略方案的合理性与经济性作评价，主要判断所选择的战略是否与企业的市场竞争地位相匹配，以及与企业的核心能力是否相匹配。评估的具体方法有：

(1)组合分析

多业务公司常常通过组合分析方式来分析选择优先发展的业务。常用的分析工具有波士顿矩阵法、吸引力/优势矩阵法等。

(2)生命周期分析法

该方法的评估战略是否适应产品生命周期特定阶段的特点，以及产品在市场中的相对地位。常用的分析工具有生命周期组合矩阵。

(3)价值链分析法

通过对企业的价值链进行分析，可以发现企业要维持和提升竞争优势的关键环节，并识别自身拥有核心能力的关键环节。

2. 可行性评估

可行性评估是分析所选择的战略方案是否切实可行。可行性评估从确定战略方案开始，一直持续到实施战略的计划过程中。可行性评估常用的方法包括资金流分析、盈亏平衡点分析和资源配置分析等。

3. 可接受性评估

可接受性评估是分析所选择的战略方案是否符合企业的期望，反映企业对所选战略方案的接受程度。对所选择战略可能产生的收益进行评价是可接受性评估的重要方法，主要包括获利能力分析、成本/效益分析、所有者价值分析(SVA)等。

三、战略实施

要求公司通过设定年度目标、制定政策、激励员工和配置资源，确保战略得以实施。战略实施包括：营造一种支持战略的企业文化，建立一套有效的组织结构，确定营销举措，制定预算，开发与应用信息系统，将员工薪酬与公司业绩挂钩。

战略实施是战略管理的“行动阶段”。战略实施意味着动员员工和管理者，将战略付诸行动。它往往被视作战略管理最艰难的一个阶段，因为它需要个人的纪律性和全身心投入，甚至需要个人在特定情况下做出特定牺牲。成功的战略实施依赖于管理者激励员工的能力。激励是一门科学，更是一种艺术。再好的战略若得不到有效的实施，都是枉然。

人际交往技能对实施战略至关重要。战略实施会影响所有人，每个部门都必须对“为了履行企业战略中的相应职责，我们应该做些什么”,“我们能够将工作做到多好”等问题做出回答。战略实施具有挑战性，企业必须激励全体员工与管理者，以高度的自豪感与满腔热情，投入实现既定目标的过程中。

企业战略制定后，还需要付诸行动，这就是战略实施。当企业制定了良好的战略且又能有效地实施这一战略时，则企业有可能比较顺利地实现战略目标。因此，战略实施是企业战略管理的关键环节。

企业战略实施的步骤是：提出具体的实施措施，编制经费预算，建立运作程序，稳步推进战略目标的实现。

(一)企业战略实施的基本原则

在企业战略实施的过程中，经常会遇到在战略制定时预料不到的问题。因此，企业战略实施要遵守三个基本原则。

1. 合理性原则

经济学家西蒙认为，没有最佳的决策，只有最满意的决策。企业战略决策也一样。由于战略目标和企业战略的制定过程中受到信息、环境以及认知能力等因素的局限，对未来的预测不可能很准确，所制定的企业战略也不可能是最优的。而且，在战略实施过程中，由于企业外部环境的动态变化以及自身条件的变化，情况变得相当复杂，因此，只要基本上达到了预定的战略目标，就应当认定这一战略的制定和实施是成功的。另外，在战略实施过程中，环境的变化导致战略的某些内容或特征有可能改变，但只要不影响总体目标的实现，就是合理的。

2. 权变原则

企业战略的制定都是基于一定的环境条件假设，而企业面临的环境是动态变化的。在战略实施过程中，经常会遇到很多偏离设定环境条件的问题，这就要求战略管理者具有权变观念，树立创新观点，把战略实施过程当作一个创造性解决问题的过程。

权变观念应当贯穿于企业战略管理的全过程。权变理论启示我们，从战略的制定到战略的实施，要求识别战略实施中的关键变量，并对它做出灵敏度分析，提出当这些关键变量的变化超出一定的阈值时，原定的战略就需要调整，并提出相应的替代方案。企业只有对未来的任何变化做好充分准备，提升应变能力，才能确保战略目标的实现。

3. 一致性原则

在战略实施中，一个关键问题是组织各级员工如何就战略方向以及实施达成共识，把组织的整体目标、业务层目标、职能部门目标以及员工个人目标有机地统一起来，这就要求组织必须上下同心，步调一致。

(二)企业战略实施的主要任务

现实中，每个企业都有自身的特点，每个企业所制定的战略都具有不同的特征，其实施方法也不尽相同。但总的来看，企业战略实施的主要任务有：

(1)建立一个富有柔性的且与战略相适应的组织；

(2)制定合理的经费预算，有效配置资源，保证对价值链的关键环节的资源投入；

(3)制定战略实施的运作程序；

(4)发挥高层管理者对战略实施过程的控制与结果评价的关键作用；

(5)不断提升管理者的经营管理水平和基层员工的一线运作能力；

(6)实施目标管理，建立战略实施的目标考核体系和薪酬激励体系；

(7)创造一种与企业战略相匹配的文化氛围。

四、战略评价

战略评价是战略管理的最后阶段。当企业战略没有带来预期结果时，管理者迫切需要了解这一事实，战略评价就是获知该事实的主要方法。由于企业的内外部环境变动不定，所有的战略都需要在后期得到校正。

战略评价包括：(1)检查作为当前战略基础的内外部环境因素；(2)衡量战略带来的绩效；(3)采取纠正措施。企业需要战略评价，因为今天的成功并不必然预示明天的成功。成功往往带来新的问题，骄傲、自满的公司容易走向衰落。

战略制定、战略实施和战略评价发生在大企业的三个层级：公司、业务部和职能部门。促进不同层级管理者与员工的沟通与交流，有助于企业作为竞争实体来运作。大部分中小企业和部分大型企业，没有分公司、业务部或战略业务单元，因而只有公司和职能两个层级。即便如此，这两个层级的员工与管理者都应该积极投身于战略管理活动中。

(一)战略评价的概念

战略评价是指对战略实施过程中的企业绩效进行评价，通过评价可以发现战略实施中存在的误差，以便采取措施纠正偏差，保证企业战略目标的实现。战略评价包括三项基本活动：考察企业战略的内在基础；将预期结果与实际结果进行比较；采取纠正措施以保证行动与计划一致。

战略评价是一项复杂而敏感的任务。过分的战略评价可能成本很高，并且降低生产效率。

没有人愿意接受过于严格的评价，管理者越尝试评价其他人的行为，他们的控制权反而越少。然而，评价太少又会导致更严重的问题。战略评价对于确保目标实现十分必要。

(二)战略评价的标准

许多企业中，战略评价仅仅是评价企业绩效如何；企业的资产增加了吗；利润提高了吗；销售量扩大了吗；生产能力提升了吗；利润率、投资回报率和每股收益都增加了吗。一些企业认为只要这些指标完成了，它们的战略就是正确的。是的，战略或者战略制定者可能是正确的，但是这种逻辑有误导作用，因为战略评价同时针对短期和长期。通常，战略不会影响短期的运营结果，直到需要做出改变时才发现，就为时已晚。

我们不可能证明某一战略是最优的，或者保证它一定有效，却能够评价它是否存在严重的缺点。理查德·鲁梅特(Richard Rumelt)提出了战略评价的四个准则：一致性、协调性、可行性和优越性。协调性与优越性主要用于对企业的外部进行评价，一致性与可行性则主要用于对企业内部进行评价。

1. 一致性

一个战略方案中，不应出现不一致的目标和政策。鲁梅特提出如下帮助确定组织内部问题是否由战略间的不一致所引起的三条准则：

(1)尽管更换了人员，管理问题仍然持续不断，以及如果这一问题像是因事而发生而不是因人而发生的，那么便可能存在战略上的不一致；

(2)如果一个组织部门的成功意味着或被理解为另一个部门的失败，那么战略间可能存在不一致；

(3)如果政策问题不断地被上交到最高领导层来解决，可能存在战略上的不一致。

2. 协调性

协调性指在评价时既要考察单个趋势，又要考察组合趋势。企业与环境之间的关系需要解决好两个问题：企业必须配合和适应环境的变化，同时与其他试图适应环境的企业相竞争。具体问题是：

(1)战略选择方案在多大程度上处理了战略分析过程中发现的问题？

(2)战略是否利用了企业的优势和机会？

(3)战略是否与目标相一致？

(4)战略在处理瞬息万变的环境变化方面是否有足够的灵活性？

3. 可行性

一个好的经营战略必须做到：既不过度耗费可利用资源，也不造成无法解决的派生问题；对战略的最终结果中主要指标的检验有可行性标准；依靠自身的人力、物力及财力资源能够实施这一战略。企业的财力资源是最容易定量考察的，通常也是确定采用何种战略的第一制约因素。

人员及组织能力对于战略选择要求更严格，但定量性却是较差的制约因素，因此，在评价战略时，很重要的一点是要考察企业在以往是否已经展示了实现既定战略所需要的能力、技术及人才。可行性评价主要包括下面一系列的问题：

(1)企业是否具有解决问题或者实施战略所需要的特别能力？

(2)企业是否具有实施战略所必须具备的协调和综合能力？

具体就是：企业是否有实施战略所需的资金？企业是否有能力达到预期的水平？企业是否有能力应付竞争对手的行动？企业能否获得必需的信息和服务？

(3)企业实施战略能否使企业创造和保持竞争优势?

战略必须能够在特定的业务领域使企业创造和保持竞争优势。竞争优势通常来自以下三个方面:较多的资源、较强的技能或者较有利的地位。前两个因素代表了企业强于或优于其竞争对手的能力,具体是:哪些技能和资源占竞争优势?一旦具备了这种能力,企业可以维持其地位优势。因此,在评价某种战略时,企业应当考察与之相联系的位置优势特性:

①战略是否能通过提供值得信赖和可靠的产品与服务而给企业带来一定的声誉?

②在满足市场需求的过程中,战略是否有助于企业积累独特的经验?

③战略是否能使企业在地理位置上更接近主要顾客?

4. 优越性

优越性是指企业的战略必须创造和保持其某一方面的竞争优势。通常,竞争优势来自以下三个方面:(1)资源;(2)技能;(3)地位。关于资源能够增强其综合竞争力的观点,军事理论家、棋手和外交家应该十分熟悉。地位在企业战略中也十分重要,好的地位具有防御性,这意味着竞争对手要付出很大代价才能获取,以至于它们不得不放弃全面进攻。只要关键的内部和外部因素保持稳定,地位优势就具有自维持性。这就是为什么地位牢固的企业最不可能被扳倒,即使它们技能平平。虽然不是所有的地位优势都与规模有关,但大型企业往往能在多个市场中运营,并适用一些流程,体现它们的规模优势。中小企业则寻找产品或市场定位,以发挥其他类型的优势。好地位的特征是允许企业从政策中获利,而那些没有相同地位的企业则不能。因此,评价战略时,企业应该评价给定战略提供的地位优势的性质。

[小阅读]

华为的战略

过去20多年,华为抓住中国改革开放和ICT行业高速发展带来的历史机遇,坚持以客户为中心,以奋斗者为本,基于客户需求持续创新,赢得了客户的尊重和信赖,从一家立足于中国深圳特区、初始资本只有21 000元人民币的民营企业,稳健成长为年销售规模近2 400亿元人民币的世界500强公司。如今,我们的电信网络设备、IT设备和解决方案以及智能终端已应用于全球170多个国家和地区。

作为全球领先的信息与通信解决方案供应商,我们为电信运营商、企业和消费者等提供有竞争力的端到端ICT解决方案和服务,帮助客户在数字社会获得成功。我们坚持聚焦战略,对电信基础网络、云数据中心和智能终端等领域持续进行研发投入。以客户需求和前沿技术驱动的创新,使公司始终处于行业前沿,引领行业的发展。我们每年将销售收入的10%以上投入研发,在近15万华为人中,超过45%的员工从事创新、研究与开发。华为在170多个标准组织和开源组织中担任核心职位,已累计获得专利授权36 511件。

华为积极致力于社会经济的可持续发展,运用信息与通信领域的专业经验,弥合数字鸿沟,让人人享有高品质的宽带连接;我们努力保障网络的安全稳定运作,助力客户和各行各业提升效率、降低能耗,推动低碳经济增长;我们开展本地化运作,构建全球价值链,帮助本地发挥出全球价值,实现整个产业链的共赢。

我们深信:未来将是一个全链接的世界。华为与合作伙伴一起,开放合作,努力构建一个更加高效、整合的数字物流系统,促进人与人、人与物、物与物的全面互联和交融,激发每个人在任何时间、任何地点的无限潜能,推动世界进步。

第四节 互联网环境下的战略管理

一、互联网思维与战略

在互联网环境下，企业战略的制定、商业模式的选择与理念上的创新等都出现了根本性的转变。

(一)返璞思维:使命驱动

在互联网时代，企业的战略制定必须基于企业使命，回归企业存在的根本目的与价值。所有企业必须以为客户创造价值、强化用户良好体验为终极目标。这样，企业的发展战略的根本目标与战略制定都必须从企业使命出发，围绕使命制定战略。企业使命驱动发展战略的制定与实施以及商业模式的创新。

(二)迭代思维:动态战略机制

战略是大局的、重大的、长期的。通过战略进行重大的调整与创新是必要的。但是，互联网、移动互联网，特别是大数据，一方面使预测更加可靠，使决策更加科学，但另一方面，又推进了社会与各种事物的剧变。这样，战略在进行重大创新、长期适用的同时，又必须根据瞬息万变的环境，快速做出调整与再创新。因此，不断迭代与微创新，成为战略制定与实施的常态，由此弹性战略便应运而生。

[智慧管理]

小米应时而变——圆滑的产品策略

圆滑的产品策略给小米带来了应对市场变化的能力，其效果也相当显著。雷军那乔布斯式的新品发布会让无数米粉为之疯狂，其本人和小米也被冠以“雷布斯”和“中国苹果”的称号。

但中国的手机市场要比美国复杂得多，国外品牌称霸中高端市场，国内品牌在低端市场恶战连连。小米的圆滑之处在于把国内手机市场闹得沸沸扬扬之后，果断放弃学习苹果转投三星。

产品战略的转变让小米的产品线逐渐丰富起来。除了小米手机，小米相继发布了红米、小米电视、小米平板、小米路由器等。

资料来源：圆滑的产品策略，http://www.xiazaizhijia.com/news/20140717/53494.html。

(三)流量思维:占据战略关键点

大数据价值链是指从数据获取、挖掘到转化为价值的数据价值创造过程。大数据价值链由数据获取或拥有、数据挖掘、挖掘数据创造新价值的创意三大环节构成。这三者中最核心的部分是第一个环节，即获取或者拥有数据，而有权使用或者将数据授权给渴望挖掘数据价值的人。这就掌控了大数据价值链的核心，占据成功战略的关键点。掌控大数据价值链的核心，就要构建或利用人气高的大流量平台，牢牢掌控“入口”，努力做大流量，没有大流量就没有大数据。做大流量，使更多的人浏览、参与，以扩大用户规模，加深用户体验，增强用户黏度，促进企业使命与战略目标的实现。

(四)平台思维:构建平台生态圈

在互联网时代，商业模式创新的一个重要趋势就是构建资源共享、追求共赢、实行开放的平台模式。互联网平台思维是互联网时代新型的衍生思维产品。它就是开放、共享、共赢的思维。平台模式的精髓，在于打造一个多主体共赢互利的生态圈。企业创新商业模式，要善于运用平台思维，构建平台生态圈，众多组织、用户、公众共建、共享、开放、共赢，和谐生存，共同发展。平台模式最有可能成就产业巨头。全球最大的100家企业中，有超过60家企业的主要收入来自平台商业模式，包括苹果、谷歌等。

（五）个性化思维：激活用户激情

在互联网时代，随着信息的日渐透明，人们逐渐会追求特色鲜明的个性。企业应有鲜明的个性和价值观，并以此来吸引和聚焦感兴趣的群体。当然，个性化的风险在于丧失一些不符合其个性的用户。因此，企业必须进行市场细分，亮出鲜明的价值观，才能吸引到足够多的用户。正如淘宝，“双十一”销售上亿元的互联网淘品牌的崛起，无疑都是精准定位。如韩都衣舍（没有空去韩国，就来韩都衣舍）、阿卡（梦想会喜欢）等，这些互联网新生代品牌，激发了“80后”、“90后”互联网用户喜欢自由、追求梦想、安享舒适的热情。

[智慧管理]

韩都衣舍

韩都衣舍电商集团创立于2006年，是中国最大的互联网品牌生态运营集团之一。凭借“款式多，更新快，性价比高”的产品理念，深得全国消费者的喜爱和信赖。2016年7月获批成为互联网服饰品牌第一股，股票代码为838711。

2010年获“十大网货品牌”以及“最佳全球化实践网商”的称号；2012～2016年，在国内各大电子商务平台，连续五年行业综合排名均第一。2014年，韩都衣舍女装取得了天猫历史上第一个全年度、双十一、双十二“三冠王”，男装取得天猫原创年度第一名，童装列天猫原创年度第三名。

2011年3月，获得IDG近千万美元投资。2014年9月，获得由李冰冰、黄晓明、任泉三人成立的Star VC投资，系其首个投资项目。

通过内部孵化、合资合作及代运营等，韩都衣舍品牌集群达70个，包含女装品牌HSTYLE、男装品牌AMH、童装品牌米妮·哈鲁、妈妈装品牌迪葵纳、文艺女装品牌素缕、美国户外品牌Discovery等知名互联网品牌，包括韩风系、欧美系、东方系等主流风格，覆盖女装、男装、童装、户外等全品类。

韩都衣舍独创的“以产品小组为核心的单品全程运营体系（IOSSP）”是企业利用互联网提升运营效率的一个成功案例，入选清华大学MBA、长江商学院、中欧国际工商学院及哈佛商学院EMBA教学案例库。

2014年4月，韩都衣舍签约韩国巨星“国民女神”全智贤，10月签约“国民弟弟”安宰贤；2015年3月，签约新生代“亚洲女神”朴信惠；10月签约韩国实力派明星池昌旭。韩都衣舍系中国拥有国际明星代言人最多的互联网企业。

资料来源：韩都衣舍，百度百科。

二、互联网时代的战略管理

互联网时代，战略地位更加重要，但是，战略管理也出现重大变化。如何制定正确的战略并有效执行战略则更加困难。

(一)预测期的延长与战略期的缩短

互联网的快速发展带动了整个社会经济等所有领域的快速发展,变化成了主旋律。一方面,人们借助大数据,可以对更长时期进行预测,而且预测并把握客观发展的大趋势,是制定正确的战略与决定企业生存发展的根本性因素,错误的判断就会带来失败的结局。但是,另一方面,由于社会经济变化速度太快,甚至经常出现颠覆性变革,任何长期战略都不会一贯到底,必须经常进行调整与迭代,使得实际上的战略期缩短。

(二)战略管理之柔性管理

柔性管理,从本质上说是一种对"稳定和变化"同时进行管理的新战略。随着科学技术的飞速发展,生产与供给能力急剧膨胀,产品生命周期在迅速缩短;随着经济全球化进程的日益推进和网络技术的日益普及,全球各地的市场已趋饱和;消费偏好瞬息万变,全球市场变成了一个由个性化、多样化与人性化组成的变幻不定的万花筒。在表面上混沌的纷杂现象中,看出事物发展和演化的自然秩序,洞悉到下一步前进的方向,识别出潜在的未知需要和未开拓的市场,进而预见到变化并自如地应付变化,这就是柔性管理的任务。

柔性管理就是要通过创造对"稳定和变化"同时进行管理的方法,使企业对变幻不定的市场做出灵活、迅速、及时的动态反应,以达到保持和获得竞争优势的目的。为实现这一目标,企业必须打破原有的分工边界,充分利用"外脑",在了解各方面信息的基础上,采用柔性的生产技术和动态的组织结构,充分发挥全体员工的创新动机。

(三)规划范围的扩展

互联网时代的全球化、网络化发展,使得世界上几乎所有事物之间都具有这样或那样的联系。许多看似毫不相关的事物之间都可产生现实或潜在的关联。因此,实现战略目标,采用战略措施,都必须兼顾方方面面的因素,统筹相关或者看起来不相关的领域,系统运筹,整体规划。所以,战略规划的范围被大大地扩展了。

(四)跨界思维与超常运作

互联网时代对规划范围扩展的要求,在增加规划难度的同时,也为战略规划提供了前所未有的机遇。跨界思维成为超常规发展战略的思维利器。强化跨界思维,实现跨越时空运作,突破行业经营,成为突破创新的卓越战略的重要路径。

[智慧管理]

云南白药做牙膏

按照传统的思路,云南白药做牙膏就是"用鸡蛋砸石头"的不自量力行为。不过云南白药因为拥有正确的跨界思维,所以成功地实现了产业跨界,仅用了短短7年的时间,就实现了从3 000万元到30多亿元的跨界崛起奇迹,让整个商界都为之震撼!

(五)战略调整频率加快

由于互联网的快速发展,社会经济变化速率加快,决定了战略必须随着不断发展变化的环境与目标,进行迭代创新,从而使战略调整的频率加快。这样,就形成一种更长时期的预测及不断迭代的更短战略互动与契合的战略发展格局。

(六)决策管理方式的创新

1. 管理范围由企业内部扩展到企业外部

传统管理理论侧重于公司内部关系的管理。但是,随着互联网时代的到来,世界范围内市场竞争的加剧,产品和服务正变得越来越复杂,顾客的需求越来越趋于定制化。这一变化使企业必须具备一系列核心能力。对单一企业来说,这是难以做到的。所以,企业必须将其与其他企业或顾客的关系进行重新整合。

2. 管理程序由顺序化向并行化转变

在工业时代,由于生产经营过程通常的序列化,使其管理过程一般也顺序化进行。序列化的生产经营过程使得相关人员及各环节割裂开来,每一个职能部门、环节都有其特定任务,对于其他环节或职能部门运转所需的条件缺乏正确的认识。因此,会经常出现前后环节或部门之间互相矛盾、指责的状况。

在互联网时代,由于网络和普遍采用的视窗工作方式,使得工作在空间或时间上的接近不再是至关重要的问题。这样,工作可以由顺序化向并行化发展。这不仅意味着各环节、各职能部门可以同时运转,而且意味着它们之间可以方便地进行有效的协作。

[复习思考题]

1. 说明管理战略与战略的区别。
2. 简述战略管理的企业层战略的类型。
3. 理解战略管理的职能层战略的适用条件。
4. 谈谈你对战略管理过程的理解。

[案例分析]

小米战略分析

2007年,苹果发布第一款iPhone,IOS的到来改变了当时智能手机仅有WM和塞班的格局,其UI设计和AppStore(2008年苹果对外发布应用开发包)的模式改变了塞班与WM作为智能手机的呆板和操作繁琐的现状,优异的用户体验使得iPhone迅速崛起。与此同时,谷歌以免费开源的姿态与几十家手机厂商组成安卓联盟,并于2008年由HTC发布第一款搭载安卓系统手机,此时智能手机市场开始形成以WM、塞班、IOS、安卓为主的四股力量。

塞班在之后的几年里依然存在并没有没落,然而诺基亚似乎并不看好,转而联合Intel开发Megoo手机操作系统,并运用于N9这一手机。不过好景不长,Megoo系统也不被看好。与此同时,微软的Window Mobil系统一直没有大幅度改良用户体验,不温不火,促使微软决定重新打造手机操作系统,取名为Windows Phone,这得到了诺基亚的倾力支持,并宣布放弃塞班和Megoo两个操作系统。然而,Windows Phone的迟迟到来使双方都错过了许多时间,它们原有的市场份额被大量地瓜分。

iPhone发布后的接下来几年里,苹果一直对其硬件、软件和服务等层面进行迭代优化升级,使得iPhone的竞争优势大幅度加强,不过碍于iPhone高昂的售价,依然局限于高端智能手机用户。与此同时,安卓虽然以开源的姿态联合了诸多手机厂商,但是它们推出的智能手机大多搭载谷歌原生系统,并没有针对中国本土化进行优化,操作系统的运用并不十分让用户认可,同时与iPhone相似的是,诸多安卓手机都处于高价状态。

在2010年,一款高性能智能手机的售价依然在4 000元左右,过高的定价让大多用户望而却步,这也是为什么从2007年iPhone的出现,到2008年首款安卓手机G1问世,一直到2010年这几年来智能手机都没有得到全面的发展。

在这个大背景之下,雷军看到了这个巨大的机会窗口,很快联合林斌、黎万强等一批有志之士创立了小米公司，并于2010年8月发布第一款基于安卓深度优化的MIUI操作系统产品，通过快速迭代模式持续更新；同年12月份，小米发布第一款应用类产品米聊，定位为可以语音聊天的即时通信应用；次年8月份，小米打着普惠价格的旗号(顶配1 999元价格)发布搭载MIUI系统的小米手机，迎合社会大众用户的需求，之后小米手机品牌借助网络优势开始广泛传播，同时小米手机销量也快速增长。

MIUI、米聊和手机三种产品发布之后，小米形成了知名的以“硬件＋软件＋服务”为主的铁人三项战略，其中米聊随后在与微信的竞争中败下阵来。2014年2月，米聊与另一支团队合并组建“小米互娱”。

一、铁人三项战略

铁人三项战略的真正意义是小米想通过硬件、软件和服务三个层面整合服务，形成超越竞争对手的全新优势，这在当时普遍认为互联网服务与硬件系统是不同领域的环境下一个巨大的创新，并给小米带来了两大竞争优势。

小米产品包含硬件、软件、服务三个层面，汇总如下：

硬件层面：小米手机、智能电视、路由器、周边产品(移动电源、贴膜、保护套、耳机、米健、后盖、贴纸、挂饰、小米支架等)和生态链产品(小米手环、摄像机、空气净化器、血压计、智能插座、体重秤等)；

软件层面：MIUI、小米桌面、应用商店、主体商店等；

服务层面：米聊、小米网(电商服务)、MIUI社区、云服务、多看。

上述三个层级的布局带来以下几点优势：

(1)深度打通上下层级之间的连接，其中硬件是三个层级中的底层，软件是附着于硬件之上的层级，服务是建立在软件之上的最高层级。

在PC互联网时代，硬件、软件和服务分别属于不同的领域，各自依靠Intel(硬件厂商)、微软和网络巨头为中心，彼此之间是较为分裂的，并导致彼此之间的合作程度降低，这使得PC阵营在产品质量上慢慢落后于苹果MAC这种纵向整合厂商。

在安卓手机阵营中，也存在类似的情况，不过小米果断采用硬件、软件和服务纵向整合的策略，不仅深度打通彼此之间的产品连接，而且能够按照最优产品的目标调整各个层级产品的演进路线。

(2)下部层级对上部层级具有巨大的驱动作用。比如：在一级关联领域，小米手机的崛起，带动了MIUI、小米官网、小米手机周边的崛起；在二级关联领域，小米通过MIUI驱动了通信录、邮件终端、云存储、应用商店、桌面主题、内置内容APP等服务的增长，这些产品都获得了很不错的发展；在三级关联领域，应用商店推动了视频、音乐、阅读、游戏等内容产业的发展，手机上统一账号体系又加大产品彼此之间的便捷度，智能家居统一连接标准使各种硬件彼此建立深度的连接。

最终在产品之间建立深度连接，并由一个单一的产品，形成一簇产品，或者说是产品群，从而广泛而又深度地触达众多互联网用户，满足他们的各种需求，并形成以“中心”带“周边”，“周边”护“中心”的战略联动。

二、成本定价法成为可行

相比于其他手机厂商而言，小米的产品并不仅仅是硬件，还包含庞大的软件和服务体系，后者可以带来可观的利润收入，因此小米可以进行相互补贴战略，并对手机硬件进行成本定价，相比之下，其他硬件厂商跟随则意味着可能亏损，因为它们没有依靠其他业务来赚钱弥补补贴。

其实在互联网领域，补贴战略是常见的策略，百度、QQ/微信、淘宝等这些核心产品均采用免费模式对用户进行补贴，转而依靠一些边际业务进行赚钱。在整个智能手机领域，小米可能是第一家采用类似补贴的手机厂商。

当小米手机采用成本定价法时，相比于iPhone、galaxy以及国产厂商的旗舰手机，同样是顶级配置旗舰手机，后者售价可能高达4 000元甚至更高，但小米手机的售价只有1 999元，只有前者一半左右。如此大的差价，使用户明显感知到小米手机在价格与服务方面的优势，从而给用户带来较大的触动，并使小米手机在用户心中形成一定的认知优势，最终驱动小米手机销量的爆发式增长。

随着小米手机销量的快速增长，手机产品为上层的软件、服务类产品提供了大量的潜在用户，同时后者又稳固了用户对小米手机的忠诚度。因此，在小米所有运作模式里，如果说铁人三项是第一个关键策略，那么成本定价法是第二个关键策略。

三、小米营销矩阵

然而小米的营销模式创新，起因是因为小米诞生初期作为创业公司，资金不充足，不能够像其他智能手机厂商一样砸广告，只好顺着互联网产品与用户沟通以及2010年正在爆发的微博这两条路径进行探索，初试牛刀之后发现收获颇丰(可见资源匮乏并非坏事，创业初期探索力量非常重要)。于是开始模式复制，构建社会化媒体营销矩阵，并坚持以与用户做朋友的谦逊姿态，让用户参与吐槽、调研、产品开发、测试、传播、营销、公关等多个环节，使其不断受小米文化的熏陶，不仅获得了大量用户的认可，而且还使得小米以极低的成本获取了非常好的品牌宣传。

小米营销创新主要体现在以下三个方面：

(1)优势驱动营销，是指以高性价比、成本定价进行营销驱动，使产品或服务获得迅速传播的动能。

(2)构建社会化营销矩阵，用户在哪里，营销渠道就建立在哪里，从微博、微信、QQ、QZone、微信，到贴吧、百科、知乎等，从而深度触达用户。

(3)小米不是把渠道当作营销工具，而是真实接触到用户，在与用户进行沟通时，倾听用户的真实声音，及时了解用户对产品的反馈并对自己的产品进行改进。

之后，小米又率先在QZone上发布预约红米手机，深度触达QZone的数亿活跃用户，接下来随着微信这一平台的崛起，小米采取在微信上预约小米手机的方式，发展微信上的用户，这些行为都是在重新利用社会化媒体社区平台，来深度触达用户，传递小米的品牌、产品和服务理念。

除此之外，小米还先见之明地借鉴了“双十一”的模式推出米粉节，根据小米发布的数据，其在2016年米粉节总销售额达到18.7亿元，参与人数超过4 600万，取得了巨大的成功。

一场又一场强大的营销活动，一年一度感恩回馈用户的米粉节，以及持续不断的社会化媒体营销，造就了小米题材内容的高流量的属性和高流量的吸引力，又促使媒体也乐于报道宣传，最终支撑起小米强大的营销能力。

四、小米手机布局

小米手机在诞生之初，就为其设计一系列的周边服务性产品，其中五大相关产品为：小米网、MIUI、仓储配送、应用商店、手机周边，这五大产品随着小米手机的崛起而顺势发展，现在都有了非常不错的成绩。

小米敏锐地抓住了智能手机这个大风口，借助于互联网销售渠道与成本定价的优势，率先推出小米系列手机，定位中端市场(性能旗舰，价格中端)，之后推出红米系列，下探千元智能手机市场，仅用五年时间就成为国内智能手机市场第一品牌。

同时，小米手机的网上抢购方式，使得小米网成为国内第三大电商平台，以及国内最大的以智能硬件为主的销售平台，其在全国拥有23个小米之家服务中心、520余家授权服务网点以及超过4 000人的客服团队，从而在全国形成了一张广泛覆盖的服务网络。

(一)产品组合

目前，小米官网上共销售9款智能手机，分别为：小米5、小米4S、小米Note、小米4C、小米4、红米Note3、红米Note、红米3、红米2，这9款手机大概分为两个价位段，完成了对中低端手机的覆盖，如下所示：

2 000价位段的小米系列：小米5、小米Note、小米4S、小米4C、小米4。

1 000价位段的红米系列：红米Note3、红米Note、红米3、红米2。

然而，小米手机经历了几年的爆发式增长之后，目前的销售增长速度放缓，这源于两点：

第一，智能手机市场增速放缓。

从整个智能手机市场来看，大多用户已经完成从功能机到智能机的转变，新增用户日渐减少，整个手机市场开始趋于饱和，并进入用户周期更新阶段，在这种大趋势之下，手机市场增长速度正在放缓，甚至已经进入滞涨阶段。

从小米的销售数据来看，2015年的年销量约7 000万部，同比增长率仅为14.5%，而对比过去三年的数据，从2012～2014年，小米手机的销量增长率分别为2 296%、160%、226%，显然小米的增长速度同整个智能手机市场一道在快速放缓。

第二，小米抢夺对手份额的难度加大。

如果小米手机最初高速增长，是因为在整个功能手机向智能手机切换的高速期，即智能手机空白市场时期，小米依靠创造性的商业模式迅速抢占了大量的空白市场，但如今整个手机市场圈地已经接近尾声，国内大多用户已经用上智能手机，此时小米如果继续增加市场份额，势必需要从竞争对手手中抢夺市场份额，难度可想而知。

从别人手中抢夺市场份额主要看竞争优势与用户切换成本之间的比值，如果前者较大，则容易抢来市场份额；反之则较难。小米的竞争优势在于其产品的用户体验、产品售价、品牌知名度等方面，而用户的切换成本则来自购买渠道、触网能力、网购习惯、用户爱好、价值观差异、品牌认知等非常多的因素，由于两者都是很难量化的概念，因此很难比较双方的比值大小。从销售数据看，小米手机的销量依然在增长，再从竞争对手处抢来市场份额，但是这个难度在加大。

这可能是因为智能手机在现阶段已经成为一种成熟型产品，产品创新空间日渐趋小，大家开始进入同质化时期(硬件、软件、应用等带来综合体验)，或者称为延续性创新阶段，各大智能手机厂商能做的就是伴着供应链的发展而自然的升级，彼此的市场份额变化开始趋缓，除非出现下一个大的创新，来打破这种平衡。

与此同时，我们看到在国内市场，主要的竞争对手华为(荣耀系列)、联想(乐檬系列)、中兴(nubia系列)、奇虎(360系列)、魅族、乐视等都在跟进小米的模式，虽然目前来看效果各异，但能够看到它们对小米模式的认可。

(二)战略方向

小米手机业务如果想继续保持快速增长，必须突破现有布局，寻找其他出路。显而易见的出路有两条:其一是国际化,把手机卖到风速还很猛的其他发展中国家,对于这件事,小米的确在做;其二,进军智能手机高端市场。

第一,进军海外市场。

小米最明智的策略是借助于成本定价模式,迅速开拓国际市场,提升小米手机的出货量,扩大小米手机在全球的市场份额。

不过,小米手机在国外市场的销量虽然在大幅度地增长,但相比国内市场,销量差距依然非常大,这是由于许多国家为保护本国相关产业而采取较高税率,比如印度,这使得小米不得不与富士康联合在印度建立工厂,从而启动产地销售模式,从而避开高额税收,因此小米在国外的销量提升仍需要时间。

第二,布局线下渠道。

小米手机诞生初期为了降低在销售渠道方面的投入,主要采用小米网等线上销售方式,这在当时也一度引起大量的黄牛疯抢,最终部分流入线下销售渠道,并形成线上小米手机低价难抢,线下用户不得不多出钱买货的局面。

现如今,小米已经发展成为大的互联网集团,拥有充足的现金储备,虽然牢牢固守线上最大的手机销售商,不过毕竟线下仍是智能手机的主要销售渠道,因此开拓线下销售渠道来提升小米手机销量是明智的举措。

开拓线下渠道的方式有许多种,包括自建、加盟、代理等诸多模式,我们看到的是今年小米之家已经开始销售小米手机,比如小米之家五彩城店,已经拥有不错的客流量。不过鉴于自建模式成本较高,不利于大规模扩展,因此未来势必会走向加盟或代理的模式。

另外,线下销售渠道不仅仅是对于小米手机,而且对于 TV、路由器以及小米生态的硬件产品,都有非常好的用户体验和推广效果,能在一定程度上提升销量。

第三,涉足高端手机。

按照一般竞争规律而言,小米在中低端市场占据大量的市场份额之后,应该努力抢占高端手机(4 000 元以上)市场份额,然而小米高管或许认为这与小米的大战略稍相悖(成本定价法,普惠手机战略),于是小米至今仍未涉足高端手机市场。或许有一天小米会想通,在此稍微展示进军高端市场的方法。

在智能手机市场上,决定高端手机与低端手机销量的因素截然不同。对于低端手机市场,价格决定一切,因为目标购买者本身就没有钱,能够分配到购买手机方面的钱少之又少,因此,只要手机性能基本能用,就会优先选择低价手机进行购买。

高端手机的售卖则与之恰恰相反。大部分目标购买者已经很有钱,根本不在乎价格是高了 1 000 元还是少了 1 000 元,因为 1 000 元钱对于他们来说根本不算什么,而手机品牌自身的公众认知对于他们来说才是核心,因为这更多地彰显他们有钱的身份,并基于此在社会上获得更多的认可与资源。因此,高端手机绝不仅仅是卖产品配置。配置仅仅是一个非常基础的选项,而真正卖的是品牌的溢价给消费者带来的炫耀与认可。这就是为什么仍处于双核时代的 iPhone 却卖得比所有四核的安卓高端手机好,是因为苹果品牌的超强溢价给用户带来身份上的炫耀与认可,并基于此获取更多的优势。

手机再贵,贵不到哪儿去。对于买得起苹果的人来说,价格不是问题。他们买最新款的苹果手机,一个无法开口的理由是苹果体现着身份和社会地位,这背后是中国的中产阶层渴望认同的复杂心态。

客观地说,小米用四年的时间完成了中国智能手机低端市场的整合。向高端市场扩张,这算得上是一个务实的战略。但是越往高端走，产品定位、创新能力、产品设计、外观设计以及专卖店体系就越来越重要，尤其是专卖店体系，在建立企业品牌方面，扮演着至关重要的作用，它是品牌的一张脸。对小米来说，仅靠小米之家和几百家第三方维修点是不足以支撑小米的高端战略的。

最后，虽然说小米应该涉足高端市场，但并不意味着小米想通过高端用户人群赚钱，而是不想错过这部分高价值人群，毕竟这部分人群对于小米整个智能家居战略有着重要的意义。

（三）其他产品

小米除了智能手机之外，还有电视与盒子、小米路由器、小米平板等硬件产品，这些产品是小米手机产品的有效补充。其中小米尤为重视智能电视产品，并通过投资爱奇艺等视频网站，来实现小米电视与视频内容平台的深度捆绑，以此来丰富视频内容。

除此之外，小米也可以选择进军PC市场，鉴于小米在用户心中具有较高的品牌效应和已经拥有的海量用户规模以及PC笔记本的成本定价模式，将使小米很容易从PC市场获取不错的市场份额，这对于小米来说，或许是丰富小米生态的一个不错的方法。

（四）智能硬件生态

目前来看，小米已经成为一系列产品组合的大互联网公司集团，产品不仅涵盖硬件（手机、TV、路由器）、软件（MIUI）、服务（应用市场、小米网、游戏、阅读、视频）三大领域，还在金融、云计算、虚拟运营商和广告业务等诸多领域有所布局，但除了目前的手机业务（包含MIUI）价值数百亿美元之外，其他硬件、内容服务尚没有成为年营业收入数百亿元、估值数千亿元的潜力，而互联网金融、云计算、虚拟运营商和广告业务短期内仍看不到大的发展可能，更多是跟随趋势做必要的布局。

虽然小米仍在智能手机领域寻找新的增长途径，但这些措施都是稳固小米现有核心业务，实质上并不会驱动小米持续大规模增长当我们回顾BAT的发展轨迹时，会发现它们最初和小米一样诞生于不是很赚钱的领域（相对于BAT，小米铁人三项中的软件/服务能创造的营业收入/利润依然很少，小米公司的整体利润不高），比如腾讯的QQ、阿里的阿里巴巴和百度的搜索，但是它们后续都逐渐找了更加能创造营业收入的业务，分别是游戏、淘宝和竞价搜索，从而为公司的成长输送源源不断的资金资源，推动公司走向二次扩张与转型，这种基础业务和营业收入业务的转换使得它们经历了超过15年以上的高速增长历程，方可成为如今的BAT网络三巨头。

相比之下，小米从2010年成立至今只有六个年头，恰恰是阿里探索淘宝、腾讯探索游戏的时间点，这对于小米保持持续增长来说至关重要。因此，小米需要寻找一个类似于手机一样的、全新的巨大市场，并在这个市场蓬勃发展过程中带动小米走向下一波巅峰，并开辟新的、更大的利润源泉。

大互联网公司转型不易，尤其对于小米这样的小巨头而言，首选需要做的就是从激烈的手机市场竞争中走出来，并把更多的精力投向美好的未来，而在2016年1月15日的小米年会上，雷军认为2016年小米将重点放在三个方面：第一个方面是聚焦，聚焦核心业务，突破关键技术；第二个方面就是补课，苦练内功，夯实基础；而第三个方面就是探索，筹建小米探索实验室，研究最前沿的技术和方向，为小米的发展奠定下一个台阶。如果说前两个方面的重点依然局限在智能手机领域，那么第三个方面则是在探寻小米的未来，也是雷军尤为在意的一点。

（五）小米管理层与组织架构

从大的方向上看，小米只有两个可能的前进方向：一个是电动汽车，另一个是智能硬件。

前者是比智能手机更大的单品市场，小米需要做的就是复制其曾经走过的经验路径；后者是面向散乱的硬件市场做纵向一体化的整合。

如果是为了规避电动汽车复杂的技术体系、巨大的生产研发困境，小米选择放弃前者，从而拼尽全力压住智能硬件市场（另一个类似于小米的颠覆者乐视，则恰恰相反，法拉第未来开入特斯拉的腹地，正在热火朝天地干），那么意味着智能硬件与家居生活领域则是小米的未来。

至此，可以说小米的布局已经与诸多手机领域的竞争对手（华为、联想、中兴、酷派、魅族、锤子、vivo）不再在一个层面上竞争，随着时间的推移，它们之间的距离会越来越大，只剩下360奇酷一个彼此吵吵闹闹的玩伴。

宏观上看，目前的智能手机、PC仅仅是小荷才露尖尖角，放眼未来的智能硬件，会与电商、社区、搜索一样成为一个独立且规模巨大的领域。小米作为智能硬件领域的新物种代表，犹如2003年时的腾讯、阿里和百度，虽然看似面临各自不可挣脱的忧愁，但随着布局的完善、资源的逐步积累，很有可能会成为互联网中的一极，现在要做的就是遵循自己独特的智能硬件之路，一直坚定地走下去。

所谓小米的独特道路，即为将小米现有优异的商业模式（迭代研发、网络直销、成本定价、内容营销、关联组合等）推广到智能硬件各个细分领域，并借助于小米现有的各种资源，完成对整个智能硬件生态的布局，从而形成一种局部近似垄断的现象。

具体策略上，小米的布局主要通过4个层次，分别是投资扩品类、金山云服务、硬件开放平台和家装服务，从而尽可能地向智能硬件各个方面渗透。

(1)投资扩品类

智能硬件品类异常丰富，高达数百种甚至上千种之多，大多是面向个人用户的硬件家居生活产品，比如PC、手机、电视、路由器、空调、洗衣机、冰箱、照明灯、门锁等，这些硬件产品可以大致分为三类：

第一类：PC、手机、路由器、电视，这四种硬件已经高度互联网化，目前各种产品已经被联想、惠普、小米、华为、苹果、TCL等厂商占据。

第二类：被称为大家电的领域，这种产品目前竞争的核心仍然是产品的性能与制造环节，互联网仅仅是对其控制环节进行轻微的改造，这一领域已经形成了格力、海尔、美的等家电巨头稳定竞争的格局。

第三类：诸多的细分智能硬件产品，比如灯、耳机、移动电源、平衡车、门锁、音响等，这一类别产品种类繁多，不同产品市场大小不一，而且各种产品有自己特有的产业链，再加上不同领域的竞争格局不一样，有的是新生产品，发展时间不长，比如平衡车，而有的已经进入稳定竞争格局，比如音响。

对于上述三类产品，小米分别采取了不同的策略，其中第一类产品中的手机、路由器正是小米擅长的领域，而PC是一个成熟的市场，小米选择忽略不计；而对于第二类产品，小米选择以12.66亿元入股美的集团，获得1.29%的股份，从而使小米的智能家居服务延伸至空调、洗衣机等家电领域。

对于这种复杂多变的情况，小米最终选择针对细分品类，挑选目标潜力企业或团队进行入股，并给予相应的资源，辅助其发展的策略，这也就是雷军最近宣传的要投资超过100家智能家居领域的公司。

剩余的第三类产品，大多品类是面向小众用户群体，不具备广泛的用户数基础，再加上小米一家公司是不可能覆盖如此多的品类的，因此小米最终选择针对细分品类，挑选目标潜力企业或团队进行入股，并给予相应的资源辅助其发展，从而完成产品品类的覆盖与扩张。

与此同时，诸多智能硬件创业公司开始在各个细分领域发展圈地，它们往往已经具备了在各自细分领域的技术和经验积累，此时小米通过投资的方式，以非常少的资金投入，既规避了亲自涉足的诸多风险，又实现了自己的战略意图。

截至目前，小米已经投资了包括紫米、华米、青米在内的55家硬件创业公司，其中有三十多家已经推出了硬件产品，这些公司的产品涵盖插线板、智能灯、摄像头、电子秤、空气净化器、手环、移动电源、耳机、血压计等众多产品，组合在一起形成了一个颇具规模的智能硬件生态，而对于未来，小米的目标是投资超过100家硬件创业公司，基本覆盖智能家具硬件产品的大多长尾品类。

与此同时，小米在投资众多硬件创业公司时，也将自己的部分资源提供给后者，包括如下几个方面：

①输送小米的价值观和文化，以及辅助营销资源。

小米向投资的硬件公司，不仅开放小米网销售渠道、内容营销，更重要的是，还向其输送自己的价值观、方法论和相应的产品标准。

众所周知，小米产品的核心竞争力是性价比，这是小米手机等产品成功的原始驱动力。小米将这种模式嫁接给投资的硬件公司，使高性价比智能硬件产品同时兼具创新性与低价优势，大幅度降低了用户的购买成本，提升了产品的普及速度。比如小米投资的华米科技推出的手环产品，由于定价79元的低价格，销量很快达到100万台，而如今它总共已经卖出超过1 000万台，成为智能硬件市场的大赢家。

②提供供应链资源以及品牌背书。

对于投资的公司，小米会向其开放供应链资源，为此小米专门抽调熟悉小米文化的早期员工，组建了一个170多人的小米生态链团队，任务是充分调动小米资源，对这55家投资硬件公司进行品牌支持、技术支持、供应链支持、渠道支持、市场支持和投融资支持。

由于有小米公司做品牌背书，这些公司很容易得到代工厂的重视，并视为为小米公司代工，从而为其提供高质量的代工服务。

(2)云计算生态

硬件产品往往需要一定的互联网云计算资源，尤其是监控视频服务等尤甚。小米公司通过金山云计算转型，以及投资世纪互联、迅雷等方式组建了基于智能硬件的专业云计算服务，可以为投资的创业公司提供高效云计算服务，共同打造硬件云服务体系。

(3)硬件开放平台

即便是通过投资的模式，依然不能广泛地覆盖大多数智能硬件厂商与产品，最佳策略是将小米已积累的智能硬件产业资源，提取其中的相同项并推出小米硬件开放平台，犹如电商开放平台与社区开放平台，开放自己的关键服务资源为下游客户提供服务。同样道理，小米可以从整个智能家居的通信标准和关键元器件两大层面建立广泛的合作，从而最终形成一个庞大的、繁荣共生的生态。

或许是思想的束缚，或许是硬件市场竞争不够激烈，在硬件领域推出犹如互联网开放平台一样的服务，可能会使许多友商敌对，敬而远之，但相信硬件开放平台终究是一个注定的趋势，所有硬件厂商更加开放、更加精工，这不仅仅能够降低每家公司的覆盖面，而且将大幅度提升它们的整体运作效率。

值得一提的是，小米曾经在关键元器件开放层面有所探索，小米曾在2015年1月一场发布会上提出智能模块，并试图通过开放、不排他、非独家的合作策略，拥抱各大家电、硬件设备厂商，从而建立以小米智能家居服务标准为中心的生态圈。

(4)智能家装

将来，用户不会再为一个单一的硬件、电器买单，而是为智能生活解决方案买单，家电、家居、手机、安防、能源，所有一切家居生活都会通过互联网连接起来，并为用户提供高效、简约的服务。

这不禁让人联想起智能家居与家装服务的深度结合，即在装修层面把小米生态能够提供的资源都整合起来打包，直接为家庭客户提供深度定制化的智能家庭装修服务，并树立一个广泛意义的标准，让比尔·盖茨花费千万美元建立的智能化家庭也能低价走向大众。

因此，小米如果能够在智能家庭装修层面大胆地做一些探索，或许会产生出人意料的结果。确切地说，小米应该投资或直接收购一家品质家装服务公司，对家装领域进行纵向集成，犹如苹果直接开体验店，从而推广远领先于普通装修的家装服务，让许多普通家庭用户直接用上比尔·盖茨家一样的智能梦幻之屋，从而让广大用户切实体会到智能家居生活的巨大优势，这对于小米整个智能硬件生态都极为重要。

战略方向——小米纵向生态体系：

可以说，小米新的战略是将小米打造成一个可连接一切终端的大型家居生态系统，这个战略足够宏大，包含以下五个部分：

(1)底层由众多家居硬件品类组成强大的护城河，这些硬件依靠成本定价优势扩展广度。

(2)通过智能装修将众多硬件、连接标准、服务系统有序组合，直接触及以家庭为末梢的单元。

(3)基于硬件生长出众多彼此连接的上层应用，包含硬件控制、家电连接、远程监控、安全管家、健康检测、教育辅助等众多应用组合，并最终发展成为一个家庭应用开放平台。

(4)所有这些应用服务统一采用嫡系金山云、世纪互联的服务，从而有利于网络服务的底层加强对上层应用的监管。

(5)应用服务之上则是小米布局已久的内容服务，包含小米游戏、阅读、视频(爱奇艺)、音乐、咨询(一点咨询)、直播(欢聚时代)这些娱乐内容，这部分很可能是部分利润的来源。

最终硬件、应用、计算和内容共同构成了小米的宏大家居O2O生态——中央靠硬件扩展驱动，外围靠产业链协作扩张。纵向不同层面深度结合，并将内容、运营、渠道、品牌和硬件全面打通，形成更大的价值。

那么小米的智能家居生态如何盈利？坦白地说，小米可以在提供智能家居服务中的不同环节设计成利润点源，比如硬件售卖、智能装修、应用服务、营销服务、数据服务等，但不同的盈利模式设计会对整个生态的稳定性、持久性及赢利能力产生很大的影响。

鉴于小米的发展模式，小米最有可能走的路是智能硬件、装修服务等相关环节全部走免费/低利润率途径，从而尽可能地扩大基本覆盖面，而在上层的应用与内容服务层面，产生不错的利润。

不过，整个智能家居生态仍有两点需要小米着重布局，即家庭操作系统和家用机器人，两款产品对于小米来说，一个犹如1995年的Windows 95，一个犹如2003年的Google，它们都是PC互联网发展史上的丰碑，具体如下：

(1)家庭服务操作系统

智能家居最终将是以人为中心，其他一切都是实现路径和工具，因此不太可能以手机为唯一的核心和终端，而是泛在的互联、拓扑化的或去中心化的，所有的硬件产品均是智能的，不需要单一硬件来承载控制功能，其实也没有必要。

设想一下场景，如果你在家里，可随时随地通过语音或肢体语言实现需求控制，可以随时随地与AI畅聊家里的资源管理情况，即使你不在家里，只要保持网络连接，你也可以实现对家居硬件的控制，即便家里断网了，你的AI依然在执行你曾经留下的任务。

因此，这就意味着家居操作系统不像现在Windows通过鼠标/键盘来控制，也不像安卓/IOS通过触控来实现，更可能的是通过语音/肢体语言来实现操作控制，如果考虑到联网和离线两种情况，这意味着需要一套全新的软硬件生态系统来实现这种潜在的产品。

值得庆幸的是，小米已经开发MIUI多年，具有开发操作系统的实力，而且语音识别技术也取得了长足的进步，科大讯飞/百度语音/腾讯语音都是鲜明的例子。对于虚拟现实与肢体识别，也有一大堆创业公司在冲锋探索，本地语音解析也有IBM/地平线科技这类关键组件提供者，小米处于一个非常不错的历史机遇期。

家庭操作系统背后会附带海量的各类服务，需要通过开放平台模式实现，在具体产业分工层面，小米应该做的即为AI和基础平台层面的服务。应用层面的服务交给开放平台上边的各个合作伙伴。

不过，鉴于小米在人工智能层面并没有太多的布局与积累，选择投资国内的人工智能领先者（百度或者搜狗）是一个不错的选择，但碍于百度体量太大，投资拿取股份需要太多资金，因此可以选择战略性地投资搜狗，从而形成战略联盟。

（2）大力挺进家庭机器人领域

当家庭操作系统实现之后，下一个核心点即家庭智能机器人，后者由于具备能动性横向拓展一切能力的潜力，必将成为各家争夺的焦点，当然也是小米布局的重中之重。

值得一提的是，在CES 2016展会上，英特尔联合小米投资的NineBot推出一款可以变成机器人的平衡车Hoverbutlerbot，该产品不仅可变形转向，还配备显示屏、微处理器以及RealSense实感摄像头模组，并支持语音指令控制来完成跟随等各种动作，或许这就是小米在家庭机器人领域的初始布局。

资料来源：汇智创享，2016-04-21。

思考题：

1. 小米公司在发展历程中采用了哪些战略？小米公司是在什么样的情况下实施这些战略的？

2. 搜集小米公司的相关资料，分析小米纵向生态体系，谈一谈你的看法。

[拓展训练]

1. 结合自己的兴趣，编写一个关于成功实施战略的企业案例。

2. 推荐观看一本书籍《平台战略》（陈威如、余卓轩著，中信出版社，出版时间：2013-01-01）。

第七章 组 织

允厘百工，庶绩咸熙。

——尚书·尧典

[学习目标]

知识点：

1. 掌握组织的定义、要素；
2. 认识组织的类型；
3. 理解组织部门化；
4. 理解组织结构的主要类型。

技能点：

1. 有意识地提升学生在互联网时代创业团队组建的技能；
2. 掌握组织设计的原则、组织设计的必要性、组织层级化、集权与分权。

[案例导入]

劲牌公司的组织结构演变

企业的组织结构是为实现组织的战略目标服务的，是企业实施经营战略的运作基础。不仅一个新成立的组织需要设计合理的组织结构，当企业成长、规模变大或经营策略发生变动时，其组织结构也要相应地改变。组织结构合理的企业，能够更好地适应环境，取得满意的经营业绩。在本章中，读者可以结合劲牌公司的案例思考企业发展与组织结构变化的关系。

劲牌公司位于湖北省大冶市，创建于 1953 年，当时叫大冶县新建酒厂，只有 3 名员工租借了几间民房，固定资产相当于现在的人民币 4 197.5 元，日产白酒 400 斤。1982 年，酒厂已发展成为固定资产 48.8 万元、年产量 520 吨、生产工人 200 多人的地方酒厂。在计划经济时代，原料由国家供给，产品由国家包销，是典型的生产型企业，实行厂长负责、按职能分工的集权型组织结构。

1983 年以来，公司几经改革，先后更名为大冶御品酒厂、湖北省皇宫酒厂、湖北劲酒厂、湖北劲牌酒业有限公司、劲牌有限公司，现已成为一家专业化的健康食品企业。2016 年，公司销售额 92.15 亿元，上交税金逾 25.01 亿元，是拥有劲牌酒业、皇宫酒业、红珠酒业、劲牌饮品、劲牌酿造、劲牌营销 6 个独立法人实体的现代企业，经营管理权适度分散，成功实现了由“恐龙”架构向“羚羊群”架构的转化，呈现出持续发展的勃勃生机。

你能尝试着画出劲牌公司现在的组织结构图吗？

资料来源：http://www.jingjiu.com。

通过前面的学习，我们已经认识到，管理工作是在一个由多人组成的群体内围绕着他们的共同活动而展开的。管理学关注的主要是正式组织所进行的活动及其效率。正式组织是指那些由人们共同组成的、具有明确的目标和权责结构，并通过完整的制度体系规范其成员行为，实现合理分工与协作的系统。依据其目标及活动性质的差异性，正式组织可按不同的划分标准划分为营利性组织、非营利性组织、生产性组织、服务性组织等各有特点的多种类型。

显而易见，无论何种类型的组织，在其已经作出了决策、明确了目标之后，为了实施和落实组织的各项工作任务，必须为组织设计、建立和保持一个分工合理、精干灵活、权责明确的职务结构体系，制定出相应的规则、程序，选配符合职务要求的工作人员，以保证整个组织能够协调、有序、高效率地运转，这就是管理的组织职能。就如同一堆棋子杂乱无章地堆在桌子上不能发挥作用一样，而一旦将它们放在棋盘中各自的位置上，依照一定的分工和规则运动，就成了为一个共同目标而奋勇向前的千军万马，具有了巨大的能量。

各类社会组织的结构形式虽然千差万别、各有特点，但组织结构状态确立了组织运行机制的框架，组织工作在很大程度上制约着组织的效率与活力却是共同的。有学者认为，组织职能是一切管理活动的根本职能，是其他一切管理活动的保证和依托。

第一节 组织概述

一、组织的概念

“组织”一词包括作为名词和动词的含义。

作为名词的含义：组织是人们为了实现某一特定的目标而形成的系统集合，有一个特定的目标，由一群人所组成，有一个系统化的结构。从本质上来说，组织是人们为了实现共同的目标而采用的一种手段或工具。

作为动词的含义：组织是指参与组织活动的人(员工)与事(活动)进行有效的组合，决定和划分一个组织机构内各部门的职权范围，明确其相互关系，并考虑各人、各部门的利益和愿望，使之趋于一个共同的管理目标的职能过程。

结论：(1)组织的共同目标是组织存在的前提；(2)没有分工与合作的群体不是组织；(3)组织要有不同层次的权力与责任制度；(4)人们可根据自己的意愿加入组织或退出一个组织，但一旦进入了一个组织，组织成员就必须受一定的条件约束，以维护组织的整体和共同目标的实现。

总结：组织是人们为了实现共同目标而采用的一种手段或工具，用得好，有利于目标的实现；用得不好，则反而妨碍组织目标的实现。作为管理者，要掌握正确运用组织的方法和手段。

二、组织的要素

1. 人员

组织由两位或者两位以上的人员构成。

2. 共同目标

组织必须要有目标，只有当一个人的力量难以完成组织目标时，建立相应的组织才是可取的。

3. 人员职责

组织内部分工明确，成员各司其职。

4. 协调关系

组织中要有一种协调关系，如人、财、物的协调。

5. 交流信息

组织中要有信息的交流渠道，要进行信息的交流活动。

三、组织的类型

(一)按组织的性质划分，可分为经济组织、政治组织、文化组织、群众组织和宗教组织

(1)经济组织是人类社会最基本、最普遍的社会组织，意义重大，如生产组织、商业组织、银行组织、运输组织和服务性组织。

(2)政治组织是在阶级出现之后所形成的带有政治纲领与目的的组织，包括政党和国家政权组织，如政党代表本阶级的利益和意志，国家政权都是国家管理社会的重要机器。

(3)文化组织是以满足人们的文化需求为目的，以文化活动为其基本内容的社会团体，如学校、图书馆、电影院、艺术团体、科学研究机构等。

(4)群众组织如工会、共青团、妇女联合会、科学技术协会等。

(5)宗教组织是以某种宗教信仰为宗旨而形成的组织。

(二)按组织是否自发形成来分类，可分为正式组织和非正式组织

(1)正式组织是为了有效实现组织目标而规定组织成员之间的职责范围和相互关系的一种结构，具体有以下特点：

①不是自发形成的，反映一定的管理思想和信仰；

②有明确的目标，并为组织目标的实现而有效地工作；

③有明确的效率逻辑标准，组织成员共同努力而提高效率；

④强制性，即以明确的规章制度来约束组织成员的行为。

(2)非正式组织是人们在共同的工作或活动中，由于抱有共同的社会感情、兴趣爱好，以利益为基础而自发形成的组织，具有以下特点：

①自发性，是为了满足成员的各种心理需求而自发形成的；

②内聚性，相同的利益使成员之间的内聚性强；

③不稳定性，环境发生变化，非正式组织就容易发生变动；

④领袖人物是自然形成的，具有较大的权威性，在非正式组织中能发挥较大的作用。

第二节 组织设计

组织职能的目的是通过任务结构和权力关系的设计来协调努力。

——小詹姆斯·H. 唐纳利

每个组织由于其所处的内外环境不同，组织目标也不一样，因而任何组织都会有其自身的特点，并建立与其相适应的组织结构。

一、组织设计的原则

(一)劳动分工原则

分工是按照提高管理的专业化程度和工作效率的要求，把组织的任务和目标分成各个层次、各个部门以及各个人的任务和目标，明确与其相适应的工作及完成任务和目标的手段、方式和方法。

协作是指明确部门与部门之间以及部门内部的协调关系和配合方法。

分工与协作是相辅相成的，只有分工，没有协作，分工就失去了意义；而没有分工就谈不上协作。

(二)柔性经济原则

所谓组织的柔性，是指组织的各个部门、各个成员都是可以根据组织内外环境的变化而进行灵活调整和变动的。组织的结构应当保持一定的柔性以减小组织变革所造成的冲击和震荡。组织的经济是指组织的管理层次与幅度、人员结构以及部门工作流程必须要设计合理，以达到管理的高效率。组织的柔性与经济是相辅相成的，一个柔性的组织必须符合经济的原则，而一个经济的组织又必须使组织保持柔性。只有这样，才能保证组织机构既精简又高效，避免形式主义和官僚主义作风的滋长和蔓延。

(三)统一指挥原则

统一指挥原则就是要求每位下属应该有一个并且仅有一个上级，要求在上下级之间形成一条清晰的指挥链。如果下属有多个上级，就会因为上级可能存在彼此不同甚至相互冲突的命令而无所适从。虽然有时在例外场合必须打破统一指挥原则，但是为了避免多头领导和多头指挥，组织的各项活动应该有明确的区分，并且应该明确上下级的职权、职责以及沟通联系的具体方式。

(四)职权与职责对等原则

在委以责任的同时，必须委以自主完成工作所必需的权利，权责必须相对等，这是管理组织原则中非常重要的一项。

组织中的每个部门和部门中的每个人员都有责任按照工作目标的要求保质保量地完成工作任务，同时组织也必须委之以自主完成任务所必需的权力。职权与职责要对等。如果有责无权，或者权力范围过于狭小，责任方就有可能会因缺乏主动性、积极性而导致无法履行责任，甚至无法完成任务；如果有权无责，或者权力不明确，权力人就有可能不负责任地滥用权力，甚至于助长官僚主义的习气，这势必会影响到整个组织系统的健康运行。

(五)有效性原则

首先，要求组织结构设计要为组织目标服务并有利于组织目标的实现。

其次，有效性原则要求组织结构设计的本身要有效率。

再次，有效性原则要求比较少的人员、较少的层次、较少的时间，达到较好的管理效果。

(六)控制幅度原则

控制幅度原则是指一个上级直接领导与指挥下属的人数应该有一定的控制限度，并且应该是有效的。法国的管理学者格拉丘纳斯(V. A. Graicunas) 曾提出一套数学公式，说明了当上级的控制幅度超过 6～7 人时，其与下级之间的关系会越来越复杂，以至于最后使他无法驾驭。该公式为：

$$N=n(2^{n-1}+n-1)$$

其中，n 表示直接向一位上级报告的下级人数，N 表示需要协调的人际关系数。表 7—1 列出了随 n 的变化 N 变化的情况。

表 7—1　　管理幅度与管理层次的关系

n	N	n	N
1	1	6	222
2	6	7	490
3	18	8	1 080
4	44	…	…
5	100		

从公式及表 7—1 中可以看出，当 n 呈算术级数增加时，与上级形成互动关系的人数会呈几何级数增加。这就意味着，管理幅度不能够无限度增加，毕竟每个人的知识水平、能力水平都是有限的。影响管理幅度的因素有多种，至今尚未形成一个可被普遍接受的有效管理幅度标准。值得注意的是，随着计算机技术的发展和信息时代的到来，运用计算机技术处理信息的速度大大加快，每个管理者对知识和信息的掌握以及实际运用的能力都有普遍提高，这使得管理幅度有可能大量地增加，协调上下左右之间关系的能力也有可能大幅度地提高。

（七）集权与分权相结合原则

集权和分权对于一个组织来说都是必要的，没有绝对的集权，也没有绝对的分权。该由下级获得的权力过于集中，是上级"控权"；该由上级掌握的权力过于分散，是上级"失职"。

（八）弹性适应原则

现代组织理论非常强调组织结构应具有弹性。所谓具有弹性，是指一个组织的部门机构、人员的职责和职位都应适应环境的变化而作相应的变动。

弹性具体表现在两个方面：(1)使部门机构具有弹性。(2)使职位具有弹性。

这种弹性在组织结构设计中可以作以下考虑：

(1)按任务和目标需要设立岗位，不按人设岗。

(2)干部定期更换。

(3)实行职工一专多能。

(4)实行多种用工制度，使组织内人员富有弹性。

二、组织设计的必要性

组织设计涉及两个方面的内容：在职务设计的基础上进行横向的管理部门设计和纵向的管理层级设计。

（一）组织设计的任务

组织设计的任务是设计清晰的组织结构，规划和设计组织中各部门的职能和职权，确定组织中职能职权、参谋职权、直线职权的活动范围并编制职务说明书。

所谓组织结构，是指组织的基本架构，是对完成组织目标的人员、工作、技术和信息所作的制度性安排。组织结构可以用复杂性、规范性和集权性三种特性来描述。复杂性是指每一个组织内部的专业化分工程度、组织层级、管理幅度以及人员之间、部门之间关系所存在着的巨大差别性。分工越细、组织层级越多、管理幅度越大，组织的复杂性就越高；组织的部门越多、分布越散，人员与事物之间的协调也就越难。

规范性是指组织需要靠制定规章制度以及程序化、标准化的工作，规范性地引导员工的行为。规范的内容既包括以文字形式表述的规章制度、工作程序、各项指令，也包括以非文字形式表达的组织文化、管理伦理以及行为准则等。组织中的规章条例越多，组织结构也就越正式化。

集权性是指组织在决策时正式权力在管理层级中分布与集中的程度。当组织的权力高度集中在上层，问题要由下至上反映，并最终要由最高层决策时，组织的集权化程度就较高；反之，当组织授予下层人员更多决策权力时，组织的集权化程度较低，这种授权方式被称为分权。

图 7－1 是一个典型的组织系统示意图。图中的方框表示各种管理职务或相应的部门，箭线表示不同职权的指向。通过直线将各方框进行连接，虽然没有表示出各种职权与职责的具体内容以及在哪一个阶段哪一个部门最为重要，却清晰地廓清了组织内正式职位系统的决策层级和联系网络，同时也标明了各种管理职务或各个部门在组织结构中的地位以及它们之间的相互关系。比如，主管营销的副总经理必须服从总经理的指示，并向总经理汇报工作情况，同时，他又直接领导着销售部经理、广告部经理以及研发部经理的工作。

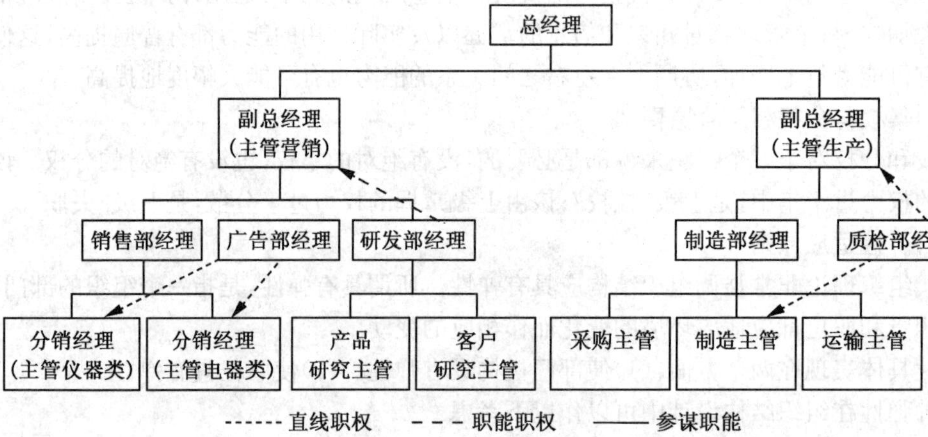

图 7—1 组织系统

从图中我们还可以看出，组织的活动可以分解为横向和纵向两种结构形式。组织纵向结构设计的结果是决策的层级化，即确定了由上到下的指挥链以及链上每一级的权责关系，显然，这种关系具有明确的方向性和连续性；组织横向结构设计的结果是组织的部门化，即确定了每一部门的基本职能、每一位主管的控制幅度、部门划分的标准以及各部门之间的工作关系。

职务说明书要求能简单而明确地指出：该管理职务的工作内容、职责与权力，组织中该职务与其他职务之间的区别和联系，职务当事人所应具备的专业背景、知识结构、工作经验、管理能力等基本条件。

为了达到组织设计的理想效果，组织设计者需要完成以下几项工作：

1. 职能与职务的分析和设计

组织首先需要将总的任务目标进行层层分解，分析并确定为完成组织任务究竟需要哪些基本的职能与职务，然后设计和确定组织内从事具体管理工作所需的各类职能部门以及各项管理职务的类别和数量，分析每位职务人应具备的资格条件、应享有的权利范围和应负的职责。

组织系统图是自上而下绘制的。在创构组织时,可以根据组织的宗旨、任务目标以及组织内外环境的变化,自上而下地确定组织运行所需要的部门、职位及相应的权责。另外,组织设计也可以根据组织内部的资源条件,在组织目标层层分解的基础上从基层开始自下而上地进行。

2. 部门设计

根据每位职务人员所从事的工作性质不同以及职务间的区别和联系,可以根据组织职能相似、活动相似或关系紧密的原则,将各个职务人员聚集在"部门"这一基本管理单位内。组织活动的特点、环境和条件不同,划分部门所依据的标准也是不一样的。对同一组织来说,在不同时期不同的战略目标指导下,划分部门的标准可以根据需要进行动态调整。

3. 层级设计

在职能与职务设计以及部门划分的基础上,必须根据组织内外能够获取的现有人力资源情况,对初步设计的职能和职务进行调整和平衡,同时要根据每项工作的性质和内容,确定管理层级并规定相应的职责、权限,通过规范化的制度安排,使各个职能部门和各项职务形成一个严密、有序的活动网络。

(二)组织设计的必要性分析

既然管理是对人们从事业务活动的计划、组织、协调和控制,是管理过程中不可或缺的手段,在组织目标明确之后,就必须考虑进行有效的组织设计,以保证组织目标的实现。

概括国内外学者的基本观点,组织设计就是对组织的结构和活动进行创构变革和再设计。

个体劳动者和作坊式的手工业组织不存在组织设计的问题。个体劳动者完全可以根据自己的情况来安排简单的活动,而作坊式的手工业组织者,因为组织规模较小的特点也完全可以直接管理每一项具体的活动。然而,面对一个现代化的大型组织,管理者由于能力和精力有限,根本无法直接安排组织内部所有的活动,无法安排组织中每一个人的每一项具体工作。这就必须通过组织设计对组织的活动进行细分,通过进一步区分管理工作的类型和相互关系确定有效的组合方法。

传统的组织设计建立在劳动分工的基础上。斯密认为,分工程度越高,工作效率也会越高。在外部环境相对稳定的条件下,为了圆满地完成组织任务,组织设计者只需要把工作任务按其复杂、难易的程度进行分解,然后委托一定数量的管理者负责具体的管理工作,并授予一定的权力,就能够保证工作任务的顺利进行。然而,随着外部环境条件日趋复杂,单一封闭式的组织设计模式往往会导致组织僵化,这就必须以系统、动态权变式的观点来理解和重新设计新的组织。在权变思想的指导下,组织被设计成一个开放系统,它不断地与外部环境进行资源和信息的交换,不断地进行组织内部各种关系的调整,从而保持组织的灵活性和适应性。

综合来看,组织设计的目的就是要通过创构柔性、灵活的组织,动态地反映外在环境变化的要求,并且能够在组织演化成长的过程中,有效积聚新的组织资源,同时协调好组织中部门与部门之间、人员与任务之间的关系,使员工明确自己在组织中应有的权力和应担负的责任,有效地保证组织活动的开展,最终保证组织目标的实现。

三、组织部门化

组织的横向结构设计,主要解决组织内部如何按照分工协作原则,对组织的业务与管理工作进行分析和归类,组成横向合作的部门问题,即划分部门问题。

(一)部门的含义

部门指的是组织中主管人员为完成规定的任务有权管辖的一个特殊领域。

(二)部门设计的常用方法

组织设计任务的实质是按照劳动分工的原则将组织中的活动专业化,而劳动分工又要求组织活动保持高度的协调一致性。协调的有效方法就是组织的部门化,即按照职能相似性、任务活动相似性或关系紧密性的原则把组织中的专业技能人员分类集合在各个部门内,然后配以专职的管理人员来协调领导,统一指挥。

部门化可以依据多种不同的标准,如业务的职能、所提供的产品或服务、目标顾客、地区、流程等进行选择安排。不同时期、不同环境条件下,组织所依据的标准可以是不同的,但这种选择安排应当遵循部门化的一些基本原则,并以组织目标为基准。

1. 按照人数的多少设计部门

为部门设置不同的人数以满足工作的需要,即每个部门规定一定数量的人员,由主管人员指挥完成一定的任务。这是一种最原始、最简单的划分方法,在高度专业化的社会中有被逐渐淘汰的趋势。

2. 按照时间划分部门

这种方法也常用于基层组织划分。如许多工业企业按早、中、晚三班制进行生产活动,那么部门设置也是早、中、晚三套。这种方法适用于那些正常的工作日不能满足市场需求的企业。

3. 按照职能划分部门

按职能划分部门是最普遍采用的方法,是根据生产专业化原则,以工作或任务的性质为基础来划分部门的。

4. 按照产品标准划分部门

这种方法划分的部门是按产品或产品系列来组织业务活动。它是随着科学技术的发展,为了适应新产品的生产而产生的。

5. 按照地区标准划分部门

当一个企业在空间分布上涉及的地区广泛,并且各地区的政治、经济、文化、习俗等存在差别并影响到企业的经营管理,这时就将某个地区或区域的业务工作集中起来,委派一位主管人员负责。相比较而言,这种方法更适合于分布地区分散的企业,目的是调动地方、区域的积极性。

(三)组织部门化的基本原则

要想有效、合理地集合组织资源,安排好组织内全部的业务活动,必须提供一些基本的指导原则,使组织部门化能够具备科学性和可操作性。

1. 因事设职和因人设职相结合的原则

为了保证组织目标的实现,必须将组织活动落实到每一个具体的部门和岗位,确保"事事有人做"。另外,组织中的每一项活动终归要由人去完成,组织部门设计就必须考虑人员的配置情况,使得"人尽其能,人尽其用"。特别是,组织需要根据外部环境的变化进行调整和再设计组织部门结构时,必须贯彻因事设职和因人设职相结合的原则,及时调整与组织环境不相适应的部门和人员,使组织内的人力资源能够得到有效的整合和优化。

2. 分工与协作相结合的原则

分工与协作是社会化大生产的必然结果,古典的管理理论强调分工是效率的基础。在组织的部门设计中，必须对每一个部门、每一个岗位进行必要的工作分析和关系分析，并按照分工与协作的要求进行业务活动的组合。部门设计者可以依据技能相似性的归类方法集合相关的业务活动，以提高专业分工的细化水平。但是，过分强调专业化分工也会造成管理机构增多、部门之间难以协调等问题，这反而会使管理效率下降。这时，可以依据关系紧密性的归类方法，按照业务流程管理的逻辑顺序来集合业务活动，以达到紧凑、连续、利于协作的工作效果。

3. 精简、高效的部门设计原则

精简、高效是每一个部门设计者所追求的理想效果，作为一项基本的原则，应当贯彻在部门设计的每一个阶段和每一项活动过程中。按照这一原则，部门设计应当体现局部利益服从组织整体利益的思想，并将单个部门效率目标与组织整体效率目标有机地结合起来。另外，部门设计应在保证组织目标能够实现的前提条件下，力求人员配置和部门设置精简、合理，不仅要做到“事事有人做”，而且要“人人有事做”，工作任务充裕饱满，部门活动紧密有序。

四、组织层级化

(一)管理幅度与管理层次

管理幅度是指管理者能够直接有效地指挥和领导的下属的数量。组织层次的多少与管理幅度的大小有直接关系。在管理组织中，管理层次是指一个组织内部从最低层次的工作人员至最高组织主管之间的隶属关系数目。管理幅度与管理层次成反比关系。

由于管理幅度的大小不同形成了两种形式的组织结构：一种是管理幅度窄、组织层次多的高长式组织结构（见图 7－2）；另一种是管理幅度宽、组织层次少的扁平式组织结构（见图 7—3）。

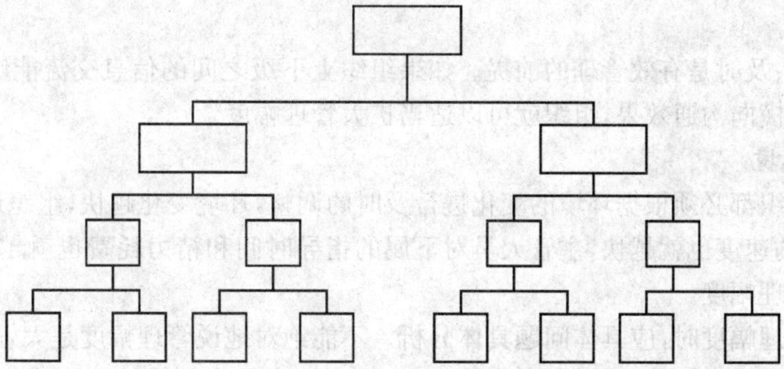

图 7—2 高长式的组织结构

在高长式的组织结构中每个管理人员领导的下属人数较少，层次多，可以进行严密的控制和监督；使上下级之间联络迅速；有利于控制；权责关系明确；有利于增强管理者权威；为下级提供晋升机会，但是容易造成上级过多地插手下级的工作；不利于调动下级的积极性；管理层次多，引起管理费用增加；最高层与最低层之间的距离拉长，信息传递缓慢，容易失真。

在扁平式的组织结构下由于管理层次少，组织机构精简、工作效率较高，有利于发挥下级的积极性和自主性及培养下级的管理能力，管理费用也可大大节约。但是上级主管负担较重，容易出现失控的危险；对管理者的素质要求高；横向沟通与协调难度大。

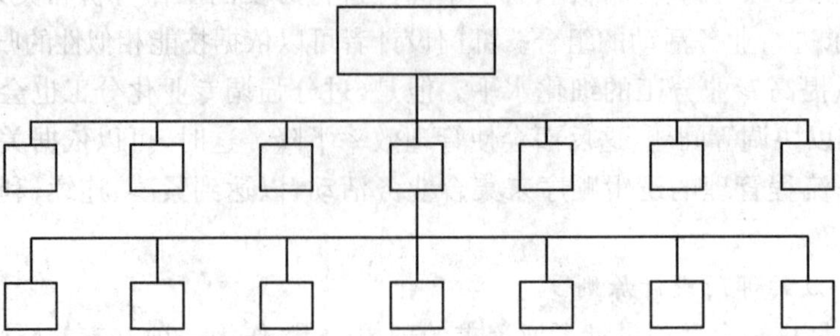

图 7—3 扁平式的组织结构

(二)影响管理幅度的因素

1. 工作能力

如果管理人员和下属都具有较强的工作能力,管理人员就能够准确而迅速地把握问题的关键,及时提出指导性的建议和方法,而下属也同样能够准确领会上级的命令和意图,从而减少协调和沟通的频率,有效扩大管理幅度。

2. 工作内容和性质

管理工作内容越多,上下左右之间的联系就越多,需要花费的工作时间也就越多;管理工作越是复杂多变,管理人员需要耗费的时间和精力就越多,组织就越是需要缩小控制幅度。另外,下属人员工作的相似性越大,管理的指挥和监督工作就越容易,扩大管理幅度就越有可能。

3. 工作条件

如果下属人员在空间上的分布比较分散,就会增加上下左右之间协调和沟通的难度,尽管现代通信手段提供了较为便捷的联系渠道,但是这多少会影响上级主管增加管理幅度的主动性。

信息充分、及时是有效管理的前提。如果组织上下级之间的信息交流能够充分、及时,并且具有较高的横向沟通效果,组织就可以适当扩大管理幅度。

4. 工作环境

每一个组织都必须根据环境的变化进行及时的调整,环境变化越快,组织遇到的问题就越多,组织变革的速度也就越快,主管人员对下属的指导时间和精力耗费也就越多,组织也就越不容易扩大管理幅度。

在确定管理幅度时,应具体问题具体分析。不能绝对地说管理幅度是大好,还是小好。管理幅度的大小是有条件的,同样层次的管理者,管理幅度是有差异的。但就一般情况来说,上层管理幅度以 4～8 人为宜,下层管理幅度以 8～15 人为宜。

五、集权与分权

[案例引入]

王厂长的等级链

王厂长总结自己多年的管理实践,提出在改革工厂的管理机构中必须贯彻统一指挥原则,主张建立执行参谋系统。他认为,一个人只有一个婆婆,即全厂的每个人只有一个人对他的命令是有效的,其他的都是无效的。如书记有什么事只能找厂长,不能找副厂长。下面的科长只能听从一个副厂长的指令,其他副厂长的指令对他是不起作用的。这样做中层干部高兴,认为是解放了。原来工厂有十三个厂级领导，每个厂级领导的命令都要求下面执行就吃不消了。一次，有个中层干部开会时在桌子上放一本本子、一支笔就走了，散会他也没回来。事后，我问他搞什么名堂，他说有三个地方要他开会，这里熟，所以就放一个本子，以便应付另外的会。此事不能怨中层领导，只能怨厂级领导。后来我们规定，同一个时间只能开一个会，并且事先要把报告交到党委和厂长办公室统一安排。现在我们实行固定会议制度。厂长一周两次会，每次两小时，而且规定开会迟到不允许超过五分钟。所以会议很紧凑，每人发言不许超过15分钟，超过15分钟就停止。

上下级领导界限要分明。副厂长是我的下级，我作出的决定他们必须服从。副厂长和科长之间也应如此。厂长对党委负责，我要向党委打报告，把计划、预算决算弄好后，经批准就按此执行。所以我跟党委书记有时一周一面也不见，跟副厂长一周只见一次面，我认为这样做是正常的。我们规定，报忧不报喜，工厂一切正常就不用汇报，有问题来找我，无问题各忙各的事。

王厂长认为，一个人管理的能力是有限的，所以规定领导人的直接下级只有5～6个人。我现在多了一点，有9个人(4个副厂长、2个顾问、3个科长)。这9个人我可以直接布置工作，有事可直接找我，除此以外，任何人不准找我，找我也一律不接待。

思考题：

1. 王厂长主张“一个人只有一个婆婆”。在理论上的依据是什么？在实践上是否可行？

2. 你怎样理解王厂长的“报忧不报喜”？你赞成吗？

3. 王厂长认为除直接下属外，“任何人不准找我，找我也一律不接待”。请说出赞成或反对的理由。

(一)组织中的职权及其分布

权力是指组织成员为了达到组织目的而拥有的开展活动或指导他们行动的权力。在一个组织中，任何一个组织成员都拥有开展活动的权力，但作为管理者，其还拥有指挥他人行动的特殊权力。

传统观念认为权力是授予的，如股东的权力来源于股东大会。现代的接受理论认为，权力来源于下属接受指挥的意愿，但只有当下属接受其指挥时，管理者的权力才能形成。权力只有在一定的范围内才能发挥作用。权力应用必须与组织目标相一致，只有在特权范围内才能行使职权。

(二)权力的类型

按照权力性质的不同，权力可分为三种形式：

1. 直线权力

上级指挥下级的权力，上下级之间的命令权力关系，其与组织等级链相联系，在组织等级链上的管理者一般都拥有直线权力，其一方面接受上级指挥，另一方面又指挥下级。

2. 参谋权力

组织成员所拥有的向管理者提供咨询或建议的权力，属于参谋性质。组织中的任何成员都拥有参谋权力，管理者也会设置专门的参谋人员协助管理。

3. 职能权力

某人员或部门根据高层管理人员的授权而拥有的对其他部门的人员直接指挥的权力。但这种有限的权力只有在被授权的职能范围内有效。

在一个组织中，直线人员拥有除上层直线人员赋予的职能部门的职能权力以外的大部分直线权力；职能部门的管理人员除拥有本部门下属的直线权力外，还拥有上层赋予的特定权力可以在其职能范围之内对其他部门及其下属部门发号施令。参谋人员的专业知识水平比管理者相对较高，要求参谋的建议具有较高的创新性。当直线权力与参谋权力间出现矛盾时，可采用“参谋建议，直线指挥”、“先参谋，后指挥”的方式。

(三)集权与分权

集权与分权是指职权在不同管理层之间的分配与授予。职权的集中和分散是趋向性的，处于一种相对的状态。组织中的权力较多地集中在组织的高层，即为集权；权力较多地下放给基层，则为分权。当权力的授予与接受是在上下级组织之间进行时，授权就变为分权。分权是授权的一种形式，是一个组织向其下属各级组织进行系统授权的过程。分权是形成任何组织内部权力关系的基本手段。

1. 集权与分权的相对性

组织内部存在分工，则要求组织内部进行分权，分权对于任何组织来说都是必要的。没有分权，也就没有上下级的组织结构，无法发挥组织分工协作的优越性。

分权的对立面是集权，集权就是一切权力都由某一最高层管理者或某一上级部门掌握与控制，下级部门只能依据上级的决定和指示执行，一切行动听上级指挥。

2. 影响集权与分权的主要因素

(1)主观因素：组织首脑的个人性格、爱好、能力等。

(2)客观因素：起决定性的作用，包括组织规模、职责或决策的重要性、组织文化、下级管理人员的素质、控制技术的发展程度、环境等。

3. 过分集权或过分分权的弊端

集权有利于组织实现统一指挥、协调工作和更为有效的控制；但另一方面，会加重上层领导者的负担，从而影响决策质量；不利于调动下级的积极性；降低决策的质量和速度；降低组织的适应能力。美国通用公司的阿尔费雷德·斯隆提出“政策制定与行政管理相分离”、“分散经营和协调控制相结合”。而分权的优、缺点则正与集权相反。

4. 分权的标志

戴尔(R. Dell)曾提出判断一个组织分权程度的四条标准：

(1)较低的管理层次作出的决策数量越多，分权程度就越重。

(2)较低的管理层次担任的决策重要性越大，分权程度就越重。

(3)较低的管理层次担任的决策影响面越大，分权程度就越重。

(4)较低的管理层次所作的决策审核越少，分权程度就越重。在根本不需要审核决策的情况下，则分权程度最重。若作出决策后还必须上报上级领导，则分权程度就较轻；如果在决策之前必须请示上级领导，则分权程度就更轻。

5. 分权的实现途径

(1)任务分派——组织目标或目标的分解；

(2)权力授予——完成任务的基本特征；

(3)责任明确——制约；

(4)监控权的确认。

授权者：分派工作任务，但不能分派工作责任，负最终责任，拥有所有权和监督权。

受权者：只承担工作责任，拥有使用权。

6. 权力分配中常见的错误

(1)职权不清

组织中相互之间的职权不清，是引起摩擦及效率低下的最主要原因。

(2)不授权

管理人员不愿给本组织的下级授予决策权，不重要的问题也被提供给上级处理，高层管理人员处于救火状态之中。

(3)不能均衡地授权

过多地将决策权在组织中下放也会造成组织失败。高层管理人员必须保持某些特权，特别是决策权。

(4)有责无权

要下级承担却不授予完成任务所必需的权力。

(5)将权力系统与信息系统混淆

广开信息渠道可减少各层次组织及各部门存在的问题，除非是机密的信息，否则无理由要求信息系统遵循权力系统。

(6)漫不经心地使用参谋机构

陷入专家的包围之中，削弱直线管理人员的权力，无视参谋人员的建议。

(7)误用职能权力

对职能权力授予未作规定或不加限制，会加剧直线部门与职能部门之间的矛盾。

(8)多头指挥

职能权力过多会破坏统一指挥。

(9)组织过于复杂

7. 授权的艺术

(1)不愿授权的原因

①管理人员自身计划组织能力差，不知给下级授何权、如何授权；

②对他人不信任；

③担心别人比自己做得好，从而影响自己现在的地位和未来的提升；

④职业偏好的影响。

(2)下级不愿接受上级授权的原因

①担心做不好而受上级的训斥或惩罚，不愿接受过多的职权，上级要求什么，就做什么；

②害怕承担更多的责任；

③多做工作也不会带来更多的报酬，因而不承担责任。

(3)改进建议

①建立良好的组织文化，高层管理人员要致力于建立相互信任和鼓励承担风险的组织文化；

②进行充分的交流；

③对承担更多责任的人予以额外的奖励；

④提高管理人员的素质；

⑤建立一定的制度强迫管理者授权。

第三节 组织结构的主要类型

组织不良征兆一出现，就一定是正确的结构原则没有得到遵守。

——德鲁克

一、直线制

直线制是一种最早也是最简单的组织形式。

这种组织形式结构比较简单，责任分明，命令统一。它要求行政负责人通晓多种知识和技能，亲自处理各种业务。这在业务比较复杂、企业规模比较大的情况下，把所有管理职能都集中到最高主管一人身上，显然是难以胜任的。

直线制只适用于规模较小、生产技术比较简单的企业，对生产技术和经营管理比较复杂的企业并不适用。直线制组织结构如图 7－4 所示。

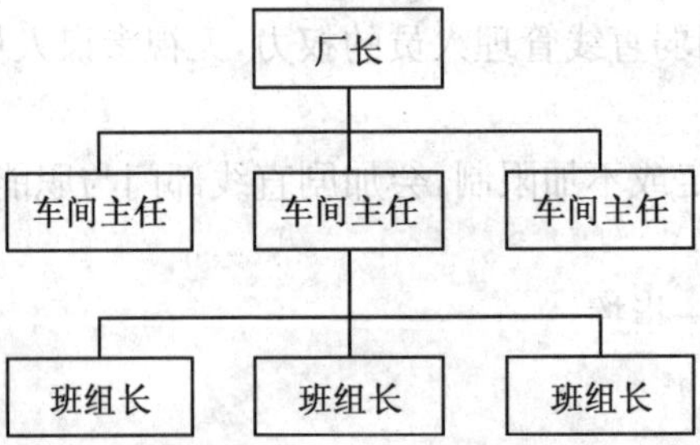

图 7－4 直线制组织结构

二、职能制

职能制组织结构，是各级行政单位除主管负责人外，还相应地设立一些职能机构，如在厂长下面设立职能机构和人员，协助厂长从事职能管理工作。这种组织形式能适应现代化工业企业生产技术比较复杂、管理工作比较精细的特点；能充分发挥职能机构的专业管理作用，减轻直线领导人员的工作负担。但它妨碍了必要的集中领导和统一指挥，形成了多头领导；不利于建立和健全各级行政负责人和职能科室的责任制等。现代企业一般都不采用职能制。职能制组织结构如图 7－5 所示。

三、直线职能制

直线职能制，也称生产区域制或直线参谋制。直线职能制是建立在直线制和职能制基础上的，取长补短，吸取这两种形式的优点而建立起来的。这种组织结构形式是把企业管理机构和人员分为两类：一类是直线领导机构和人员，按命令统一原则对各级组织行使指挥权；另一类是职能机构和人员，按专业化原则从事组织的各项职能管理工作。这种组织结构形式的特点是：以直线制为基础，在各级行政领导之下设置相应的职能部门从事专业管理。在这种组织模式中，直线部门担负着实现组织目标的直接责任，并拥有对下属的指挥权；职能部门只是上

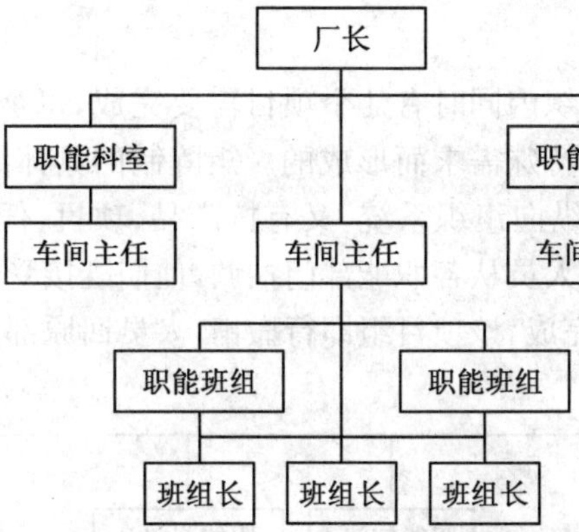

图 7—5 职能制组织结构

级直线管理人员的参谋和助手,其主要负责提出建议、提供信息,对下级机构进行业务指导,但不能对下级直线管理人员发号施令,除非上级直线管理人员授予其某种职能权力。

这种组织结构的特点是:它既能保持直线制集中统一指挥的优点,又吸收了职能制发挥专业管理职能的长处。具体地说,这种结构指挥权集中统一,决策迅速,且容易贯彻到底;分工细密,职责分明;由于各职能部门仅对自己应做的工作负有责任,既可减轻直线管理人员的负担,又可充分发挥专家的特长;容易维持组织纪律,确保组织秩序,在外部环境变化不大的情况下,易于发挥组织的集团效率。直线职能制的缺点是:不同的直线部门和职能部门之间目标不易统一,相互之间容易产生不协调或矛盾,从而增加了高层管理人员的协调工作量;由于职能组织促使职能管理人员只重视与其相关的专业领域,因而不利于从组织内部培养全面熟悉情况的管理人才;职能部门之间的协作和配合性较差,职能部门的许多工作要直接向上层领导报告请示才能处理,这一方面加重了上层领导的工作负担,另一方面也造成办事效率低;由于分工较细,规章多,因而反应较慢,不易迅速适应新情况。目前,我们绝大多数企业都采用这种组织结构形式(见图 7—6)。

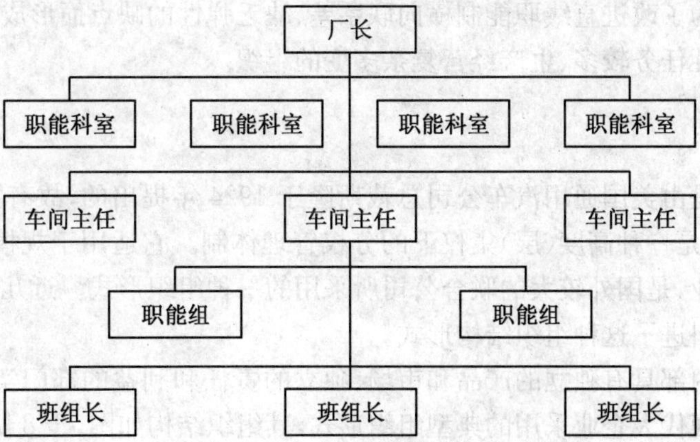

图 7—6 直线职能制组织结构

四、矩阵制

矩阵制是为了适应在一个组织内同时有几个项目需要完成，每个项目又需要具有不同专长的人在一起工作才能完成这一特殊需求而形成的。矩阵制的具体结构如图 7－7 所示。其特点是：既有按管理职能设置的纵向组织系统，又有按产品、项目、任务等划分的横向组织系统。横向系统的项目组所需要的人员从各职能部门抽调，他们既接受本职能部门的领导，又接受项目组的领导，一旦某一项目完成，该项目组即行撤销，人员回原部门工作。

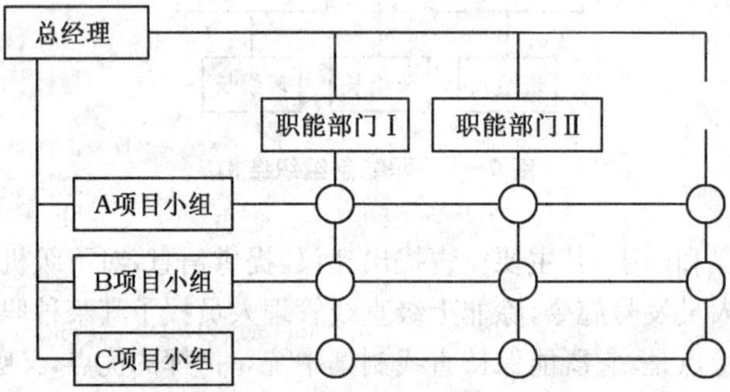

图 7－7　矩阵制组织结构

矩阵制的优点是：上下左右集权和分权实现了有效的结合，有利于加强各个部门间的配合和信息交流；便于集中各种专门的知识和技能，加速完成某一特定项目；可避免各个部门的重复劳动，加强组织的整体性；可随项目的开始和结束而组成和撤销项目组，增加了组织的机动性和灵活性，由于这种结构是根据项目组织的，任务清楚，目的明确，各方面有专长的人都是有备而来。其缺点是：由于各成员隶属于不同的部门，仅仅是临时参加某一个项目组，项目负责人对他们的工作好坏，缺少足够的奖励和惩罚手段，项目负责人的责任大于权力；由于项目负责人和原部门负责人对于参加项目的人员都有指挥权，会造成多头领导，因此，这种结构只有当双方的管理人员能密切配合时，才能顺利地开展工作。

矩阵制组织是为了改进直线职能制横向联系差、缺乏弹性的缺点而形成的一种组织形式，一般多适用于创新性任务较多、生产经营复杂多变的组织。

五、事业部制

事业部制最早是由美国通用汽车公司总裁斯隆于 1924 年提出的，故有“斯隆模型”之称，也称“联邦分权化”，是一种高度(层)集权下的分权管理体制。它适用于规模庞大、品种繁多、技术复杂的大型企业，是国外较大的联合公司所采用的一种组织形式。近几年，我国一些大型企业集团或公司也引进了这种组织结构形式。

事业部制是对内部具有独立的产品和市场、独立的责任和利益的部门实行分权管理的一种组织形式。它是现代大企业采用的典型组织形式，其组织结构如图 7－8 所示。

在这种组织结构中，事业部一般按产品或地区划分，具有独立的产品或市场，拥有足够的权力，能自主经营，并实行独立核算、自负盈亏。这种组织结构把政策制定与行政管理相分离，政策制定集权化，业务运营分权化。企业的最高管理层是企业的最高决策机构，它的主要职责是研究和制定公司的总目标、总方针、总计划以及各项政策。各事业部在不违背总目标、总方

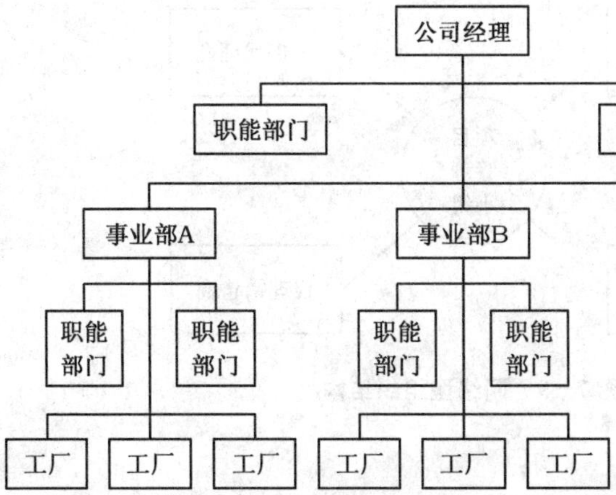

图 7－8 事业部制组织结构

针以及公司政策的前提下，可自行处理其经营活动。

事业部制的优点是：既保持了公司管理的灵活性和适应性，又发挥了各事业部的主动性和积极性；可使总公司和最高管理层从繁重的日常事务中解放出来，得以从事重大问题的研究和决策；各事业部相当于公司内部独立的组织，不论在公司内外，彼此都可以开展竞争，比较成绩优劣，从而可克服组织僵化和官僚化；它也有助于培养高层管理者。

事业部制的缺点是：各事业部往往只重视眼前利益，本位主义严重，调度和反应都不灵活，不能有效利用公司的全部资源；管理部门重叠设置，管理费用增加；由于各事业部相当于一个独立的企业，因此，对事业部一级管理人员的素质要求较高；集权和分权关系敏感，一旦处理不当，会削弱整个组织的协调一致性。

为了克服事业部制存在的问题，使集权和分权更好地结合起来，可在公司的最高首脑与各事业部之间增设一个管理层次，形成超事业部制（也称执行部制）。执行部（相当于分公司）制的特点是：在统辖和协调所属各事业部活动时，使管理体制在分权的基础上又适当地再度集权，从而通过协调各个事业部间的活动，克服本位主义与分散主义，更有效地利用公司的资源，并进一步减轻最高层领导的日常事务工作。

事业部制和执行部制都只有在组织规模很大且业务范围广或市场区域大时才比较适用，可以分为产品事业部和区域事业部。

六、网络型组织结构

动态网络组织结构是以项目为中心，通过与其他组织建立研发、生产制造、营销等业务合同网，有效发挥业务专长的协作型组织形式，其结构如图 7－9 所示。

动态网络型结构的优点：组织结构具有更大的灵活性和柔性，以项目为中心的合作可以更好地结合市场需求来整合资源，而且容易操作，网络中的各个价值链部分可以根据市场需求的变动情况增加、调整或撤并；另外，这种组织结构简单、精练，由于组织中的大多数活动都实现了外包，而这些活动更多的是靠电子商务来协调处理的，组织结构可以进一步扁平化，效率也更高。

动态网络的缺点：可控性太差。

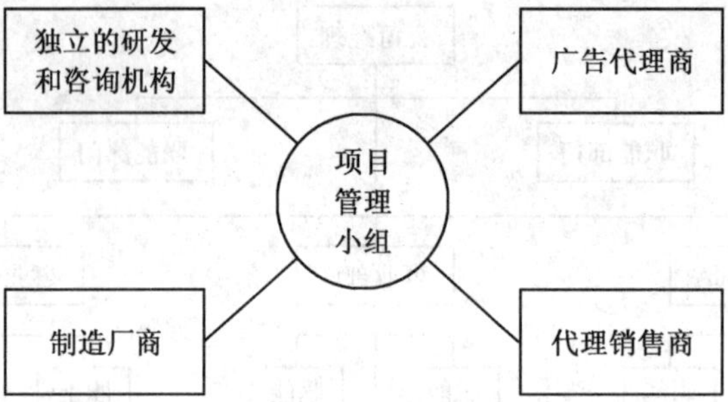

图 7—9　网络型组织结构

(一)柔性组织

随着社会的发展,管理从固定的组织系统向富有弹性的组织系统发展。这是社会管理发展的又一个重要趋势。社会正在发展的这种柔性组织是组织机构的一种发展趋势。

(二)扁平化的网络结构趋势

顾名思义,扁平型组织结构的特征是扁而平,其管理幅度大、管理层次少。扁平化的网络组织结构是未来组织结构的发展趋势。

第四节　互联网时代的组织创新与创业团队组建

[案例导入]

“头等仓”平台的建立

2017 年 8 月 28 日,仓库租赁平台头等仓对外透露已完成 Pre-A 轮融资,投资方为中国光大控股有限公司(简称“光大控股”)旗下的房地产基金光大安石。头等仓是一家为企业用户提供仓库租赁和交易的综合服务平台,通过线上的仓库展示、咨询、协同、链接,以及线下团队的专业服务,为电商、物流、制造业及零售连锁等为企业提供最具性价比的仓库,以及其他延伸服务,以降低企业的仓储成本。目前,平台已经聚合了超过 1 亿平方米的真实仓库信息,覆盖 70 多个主要城市,为许多用户提供了各种服务。

一、毕业于麻省理工,10 年安博后创业

头等仓创始人郁亦盛毕业于麻省理工学院,毕业后加入总部在旧金山的 AMB,也就是如今全球第一的物流地产开发商安博(Prologis)。2006 年,他回到中国,将精力全部放在了安博的中国业务,并在 2012 年晋升为安博中国的 COO,负责业务拓展及运营,管理 4 大区、16 个主要城市,运营和可开发仓库面积达 200 万平方米,总投资超过 10 亿美元。

也就是在这 10 年的工作经历中,郁亦盛逐渐发现,虽然中国的物流行业发展迅猛,不仅仓储物流公司的数量多倍增长,现代化物流仓库面积也从 0 平方米到如今的 5 000 多万平方米,但因为土地资源有限,地产开发又具有一定的周期性,导致中国的物流地产市场非常分散。全国前 20 大物流地产开发商所拥有的仓库总面积(包含物流公司自建仓库)占全国所有仓库的总量不到 5%。而另一头,仓储物流公司的长尾又很长,很多企业规模小、效率低。供需两头分散让用户对第三方服务平台的需求很强,但目前的服务机构并不能满足用户在租仓过程中和租后的需求,痛点非常明显:

1. 在租仓过程中,传统的经纪服务完全靠占有信息来赢利,致使信息的流动慢,透明度、专业度非常差,极大地损伤了租仓用户的信任度,使整个过程痛苦、冗长。用户经常面临多次看仓、找不到仓、租不起、签不下来等痛点。

2. 由于租仓决策时大量的信息不对称,租仓后发现物业质量有瑕疵,仓租成本过高,房东租后服务不够等使双方摩擦不断。

3. 中小仓储物流企业的仓库利用率普遍低下,但苦于没有更好的渠道和方法提高利用率,每个仓库、每个租户更像是一个个信息孤岛。

正是看到这些痛点,加上感受到移动互联网技术的高速发展,越来越多的用户习惯在网络上来寻找服务,2015 年 4 月,郁亦盛离开奋斗了 10 年的安博,创建了头等仓,希望围绕仓储运营的痛点,充分利用现代科技和移动互联网技术,提高用户体验,让仓储运营更简单、高效,从而降低物流成本。"实在是太传统、太低效了,终端客户、仓储物流企业和房东之间毫无黏度可言。"郁亦盛在提到创立头等仓的初心时说。

为此,郁亦盛找来了两位曾经在安博的"战友"共同成为公司创始人,一位是有超过 11 年的物流地产招商经验,对物流仓储用户服务有深刻理解,曾在戴德梁行(DTZ)、安博、鼎晖任职的王剑;另一位是拥有近 18 年商业地产投资经验,对物流地产的开发和运营有全面了解,曾在世邦魏理仕(CBRE)、安博任职,投资开发了数十万平方米物流仓库的吴立炜。同时,大众点评的天使投资人和 CIO 王雨以及新美大的资深研发经理李江湖的加入,帮助头等仓打造了一支精干的 IT 研发团队。

二、深度理解仓储物流地产,解决用户痛点

正是因为对仓储、物流地产、现代互联网技术的深刻理解,头等仓在商业模式、线上产品的开发、线下专业服务的打造方面都具有一定的特点。具体来看:

首先,在商业模式上,头等仓以帮助企业找仓租仓为切入点,专注解决过程中的用户痛点,如找仓渠道、成本核算、快速匹配等问题,形成企业找仓租仓的端口和用户黏度,再利用标准化、规模化为用户提供延伸服务,提高仓储运营效率,降低成本。

其次,线上产品开发方面,头等仓专注于提升用户体验,线下已多次成功举办数十人到数百人用户的产品研讨会,倾听用户意见,快速迭代产品。目前的产品设计上,除了继续为用户提供更多的仓库选择,还不断提升线上信息的真实性、专业度,加强利益各方的协同、链接,提高用户的找仓效率。

最后,线下的专业服务打造上,头等仓现阶段采用直营的经纪人模式,来保证为客户提供服务的专业性。通过培训、学习、师徒计划等帮助新人快速融合到专业的经纪团队。同时,通过 IT 系统的研发来改造传统的服务流程,使其更标准化、可视化,以及通过更多的协同合作来提升经纪人的单人人效和服务质量。

"我个人很欣赏有一定相似性但跨行业的 Airbnb,大家把他看成是分享经济的代表模式,但其实他们的房东也越来越成为专职房东。Airbnb 为用户找住宿点,头等仓为用户找仓库。两者都是相对非标的产品,都是跨区域找,都非高频需求。我们要学习的地方是通过平台的运营,Airbnb 能把那些非标的住宿点和不专业的房东有效地整合起来,为用户提供很好的服务体验并且低价。"郁亦盛说。

据了解,目前国内有几家公司都在探索利用互联网技术对传统仓储业进行改造和提升,切入点各不相同,有些从信息聚合,有些从仓储运营,有些从物流地产,有些从软件工具,但至今为止,并没有一家公司已经建立全国服务网络,提供的服务质量也参差不齐,因此,凭借团队的优势,头等仓未来将拥有巨大的发展潜力。

在没有进行大规模运营和推广的情况下，头等仓已经累积了 2 000 余位种子用户。获得本轮融资后，头等仓将把全部资金投入到业务销售人员的扩张上，通过培训更多专业的业务人员来更好地服务更多的用户。而本轮投资方光大安石也会为头等仓提供更多的资源，包括委托头等仓为光大安石旗下的物流地产项目提供租赁、交易、咨询等服务。在将来的延伸业务上，光大安石也将为头等仓提供金融、产业链整合等方面的支持。

盈利方面，目前头等仓主要通过收取各种服务费来获得一定的利润，未来将会利用数据和规模在仓储物流产业链中的增值进行利润分享来赢利。现阶段，头等仓把重心放在了扩展真实的房源数量，以及逐步提升房源颗粒度来增强用户体验上。"头等仓今年预计能完成 2 500 万元左右的服务收入，完成 50 万平方米的仓库租赁，以及 10 亿元左右仓库资产的交易服务。"郁亦盛说。

资料来源：http://www.cyzone.cn/a/20170828/314740.html。

一、目前企业组织管理方式的局限性

目前的组织设置和组织管理模式建立在泰罗、韦伯的思维之上，将复杂问题分解成细小、可重复的模块并实施了标准化操作，形成纪律、精准、经济、理性和秩序。但是，这种管理也同时可能将具有创造性与自由精神、有主见的人们禁锢在"半专制组织"内，会扼杀艺术、创意、勇敢与锐气，丧失想象力、开创性和灵活变通的能力。"以效率为中心、以科层为导向"的管理旧范式成为制约互联网时代管理创新步伐的绊脚石。

(一)科层制

工业化环境下的科层加大了工人、员工与企业主、老板之间的隔阂，员工只接受上层控制，半孤立的部门工作，缺乏生产过程的系统性观点。科层式管理的发明者韦伯认为，科层制其实就是官僚制。不同部门、职能的划分，分工过窄、过细，使员工失去对最终产品的情感，导致员工过于注重金钱奖励与眼前利益，忽视意愿、激情、使命、价值观。专业化也会一定程度上限制突破性创意产生的跨边界创新行为，员工难以获得专业岗位之外的信息与资源，缺乏创意碰撞的机会。科层等级的扩大、组织的复杂性也阻断了员工应知悉的信息以及员工与员工、顾客、自我管理所需要信息之间的联系，作为最能感受到颠覆者脚步声的市场第一线人员缺乏像管理者一样应掌握的必需信息，信息被管理者垄断，难以像管理者一样能依据全面、对称的信息进行判断、决策，而管理者对信息的理解、应用也存在较大程度的局限性。

(二)效率优先

传统的科学管理以效率为中心，可以让员工更服从、更勤奋、更高效，但不能更创新、更忠诚。自然法则中的进化有的是缓慢式，有的是突变式。企业的进化同样需要通过异质性带来突变。然而，传统管理中的标准化在带来一致性、高效率的同时，也会剔除"变异"，排斥"异己"，阻碍领域之外的新机会、新战略，把进化之路自行切断。

(三)适应性

传统组织管理和组织设置较注重计划、控制，追求稳定性、精确性，但对无先例、非连续性创新事物缺乏敏感反应，屈从成本、官僚主义成本、响应成本、闲散成本会导致众多创新机会的错失，决策迟缓，思维凝滞僵硬，时间就是利润，却常常得不到有效开发。互联网时代讲求快速响应，注重解决"现在的事情、明天的事情"，而非五年后的事情。

二、团队组建应考虑的问题

互联网带来大变革、大颠覆，通过无数人的体验、思考与快速传播，已有普遍的共识。但这远远不够,下一步最艰难、最急需、最熬时间、最具挑战性的将不是技术,而是相应的管理变革与创新。某种程度上管理比技术更重要,但管理创新总落后于技术创新,成为障碍与瓶颈。正如管理大师加里·哈默在《管理的未来》中指出:"与 20 世纪后半叶发生巨大变革的技术、生活方式、地缘政治相比,管理就像一只缓慢爬行的蜗牛。"

现代管理体系发轫于 20 世纪初的"泰罗制"与科学管理理论,是工业经济时代的产物,这仍然是现代企业管理"大厦"的地基。但互联网时代需要采取怎样的管理模式与原则?如何通过运用互联网思维与精神赋予科学管理以新的生命力?目前还没有太多的理论分析或系统总结,要更多地关注、研究、总结来自市场一线优秀互联网企业的管理创新实践,并提炼出适应互联网时代要求的管理原则、模式与工具。在建构公司团队时,需要考虑以下影响因素:

(一)新员工招聘的必要性

你或许认为现在缺少一名专业人才,而非常着急想要招一名新员工。但是,在贴出招聘广告前,请先缓一缓,好好想一下。招这个人真的有必要吗?团队里现有的人才是否也有这方面的专业知识(尽管这方面可能还不是他们的专长)?给团队里的某个成员布置一个新的任务:负责一项新工作、学习一项新技能、成长为一个新角色。这个方法可以扩展你有限的资源,并提醒你细心思考自己的核心任务,不要做任务以外的事。这并不意味着占员工便宜,让他们过度负担非核心的职责,而是意味着锻炼和增强团队成员独立成长和创新的能力。

(二)团队构成

如果你想建立一个科技公司,在企业初创时期,你的团队应当主要由开发人员、工程师和程序员组成。你应当尽可能地建立一个技能互补的团队。但是,如果这项计划不可行,则你必须专注于公司的核心任务。市场营销和其他传统业务雇员,可以晚些雇佣。而且,请不用担心后台服务。一开始,你一定会想要将这些服务外包出去。

(三)基础工作外包

同样地,将财务、人力和法律事务外包出去是一个明智的选择。这些全都是企业成功的重要部件。你需要这些知识。然而,如果公司还处在起步阶段,创始成员拥有这方面的专门知识几乎是不可能的。而且,你最初聘用员工的预算,或许并不足以支付招聘这些职位人员的费用。将这些职位外包,可以确保你集中内部资源开发业务的同时,你的公司还有能力制定财务策略,并且运营得井井有条。

(四)行业经验

如果你招来的员工已经对你所处的领域有一定的经验,就会大大减小他们的学习曲线。而且,有经验的员工更有可能与你有同样的视野和热情,也能与你说到一起。可以招聘那些已经被别人聘用过了的人。当然,说服这些还没有准备加入你公司的人,放弃他们现在稳定的工作而加入你们的新团队,这是非常困难的一件事。但是,为了获得他们掌握的知识和经验,值得公司主动去挖掘他们。而且,招募熟悉的人加入团队,也有利于对团队进行无缝整合。此外,在招聘这些人的过程中,你需要主动向他们推介你的公司,你可以把这当作练习,因为你以后也会做各种推介自己的工作。

(五)共同视野

这并不意味着要求员工的想法和行为都像标准机器人那样一模一样。这只是要求你的员工和你有共同的目标。他们理解公司的目标,并且共同致力于实现这些目标。他们每个人都对这个企业有信仰,并且充满激情。

(六)创业性格

同样重要或更重要的是,你招来的员工必须有正确的理念体系。你准备招聘的对象,如果已经有了不错的行业经验,并且很优秀,但是他的性格不怎么好,而且他的工作理念和你的企业文化格格不入的话,也是不行的。什么样的性格适合企业的发展,因公司不同而标准不同,但是,也有一些普遍性的核心品质,包括创新性、灵活性、热爱冒险、有求知欲等。

三、互联网时代创业团队组建原则

从创业的角度而言,鉴于互联网行业的整体特征,创业方向及盈利预期的不确定性,再考虑到竞争环境变化、资金引入方式等特点,可以说,管理者对创业团队的组织和管理的结果,对项目本身成功与否至关重要。

通常,在商业模式尚未明朗之前或资金并不充足的情况下,谨慎尝试、小步快走的策略较为稳妥。初期的关键,就是依据业务方向及计划目标,控制团队规模。在产品(或服务)尚未进入市场化阶段前,人力成本占总体支出的比例最大,甚至会超过 80%,因此,创建"小而精"的团队是绝大多数经验管理者的追求。

同样,正因为这种"人人皆骨干"的情况,在企业成立之初,人员磨合阶段流程及规范化机制尚未建立和成熟,导致管理者需要大量的时间和精力用于团队的组织和管理上,这注定对管理者自身的要求更高,且更细致。

(一)强调沟通

从实际情况看,多数创业者(管理者)即使原来有团队,也都会通过引入新人来重新组建团队,在业务方向尚未清晰或工作方法并不统一,或缺乏典型复制对象,或文字化、数据化内容不完整等情况下,需要通过长期深入的沟通,来确保新旧成员对目标及任务分解认同的一致性,主要方法就是定期(时间)、定量(线、点)但不定时(时长),目标统一,细节确认,从理论上杜绝因沟通不善而导致后期返工的可能性。

(二)坚持扁平化

初建团队,多数由产品、技术、设计、运营、市场等职能团队组成,为提升效率及保证贯穿性,扁平化的管理可以明显降低项目的不可控风险,一般初期团队是三层或二层半(部分职能,专人专岗)的结构最好,对于任何重大或关键会议,创始人(管理者)及职能负责人必须参加,所有确认的任务经过分解后在内部公开(分阶段性),以确保典型业务里程碑的完成时间及结果。

(三)求同存异

创业团队的内部矛盾,从组织方面来说成因主要有两类:不同职能间的占位差异和同职能间的经验差异,化解前者矛盾的重点进行整体分析,必要时可以三方妥协(甲方、乙方、管理方),一切以确保原有计划任务为前提;化解后者的重点是充分对比,如有必要,可以结合市场或数据进行量化对比,确定后尽可能分化不同意见方的工作重点,避免二次矛盾。切忌除非特殊情况,不要根据成员的熟悉程度处理矛盾。

(四)人文关怀

考虑到互联网创业团队的年轻化程度及特质,除物质奖励之外,管理者的人文关怀非常重要,除了树立信心、营造平等及和谐的工作氛围之外,维持整体的凝聚力和持久性非常重要,定期关注成员,了解其生活,指引其方向,都是非常有效的组织方法。

四、组织创新的方式

互联网导致的社会变革将直接改变未来的管理走向,迫切要求企业管理的范式革命和基因重构。以互联网思维改造传统企业的管理组织架构，建立起互联网精神、思维、理念。

（一）灵活性调整

推进组织模式创新，以用户为中心，创建能迅速自我调整的新公司、小公司与各类新型组织，应对企业存在的适应不良与战略惰性。要让市场起决定性作用，第一要务就应推动一批市场化组织和主体的形成，大胆再造企业组织形式，如股份制、合伙人、混合经济、事业部制、自主经营体、工作室、虚拟团队等，还有随时组建、随时撤并的跨部门、跨领域、跨国别的项目团队，哪种组织形式最能促进创新、最能激发所有人潜能的就可摸索，先进的组织形式与协同化的生态系统才能吸引到最合适的创新人才。阿里巴巴实施"股份制＋合伙人"模式，万科明确提出"事业合伙人"计划，海尔集团则通过"人单合一"形成了"平台型＋自主经营体"的新型组织模式。传统的公司治理标准与董事会、股东会、监事会、管理层的"金字塔"架构并非唯一或最佳选择。传统的组织架构与对应的激励机制应向更具弹性、灵活性与应变能力的方向变革。

（二）重视人才招募

人才即资本。尊重新颖、鲜活、异质、奇思、疯狂、多彩等各类元素。新的商业机会、商业模式往往存在于起初看似不可能的地方，甚至于奇才的臆想。扩大人才基因库，注重发现、选拔具有创业创新基因与互联网思维、跨界灵动的人才，重新定义"人才"。

（三）集思广益

让创新成为每位职员的工作，企业企业家化，创意民主化，人人 CEO，人人创新。实现全员参与经营，招募公司内外志愿者参与创新决策咨询。在现代企业管理中，依然有管理者认为只有少数精英员工才具备创新能力，如专职研发人员或管理层，创新只是组织内部的"少数派"。然而经验表明，伟大的创意往往来自最前线、最接近市场与客户的地方，甚至于不起眼的角色。

（四）尊重不同意见

创新者的天性是不断持反对观点，普通员工对管理层的"项目宠儿"可行使反对权。成熟企业往往会被成功的经验所绑架，固守原来的思维模式，对于互联网思维、工具在各行各业的创新型应用沉不下心去倾听，对于"异类"、"反面"的声音常常产生反感情绪，对于边缘化市场或有瑕疵的创新项目往往视而不见或者嗤之以鼻。昨天的"异类"最后会成为今天的"规矩人"。

（五）团队自治

建立社区制与自治团队，创立多元节点模式，个体对个体、团队对团队，单对多，同一层面有多元的节点，不需要中间层的过滤，扩散人与人、内部与外部、人与物、物与物之间的互联互通，建立持续、即时反馈机制，信息流向各个方向。腾讯内部通过多个工作室的自治团队进行创新研发，并通过赛马机制决出优秀项目。

（六）善于学习

通过快速、低成本、高频率的试验建立起进化优势。倡导微创新、碎片化创新。小规模测试入手，最大化学习新市场。推崇谷歌的"尝试吧"哲学：尝试一学习一再尝试，避免创新中的豪赌。

（七）同级管理

打破信息垄断、资源垄断和层级界限，让自下而上、同事间的压力替代传统科层制、等级制中自上而下、来自领导的压力。要淡化传统意义上的"老板"概念，可以"越级对话"，重新定义领导者与追随者的关系，提倡合伙人意识。依赖"自然领导"，同级可选举、罢免领导，通过自身的专业权威、市场声望持续获得同事的忠诚而维持权力。领导者也不是指手画脚、评头论足型，而是与基层第一线一起摸爬滚打，在此基础上具备比其他同事更强的方向感、洞察力、系统观。

（八）高度、透明

办公室去政治化、去官僚化。建立无秘密、相互高度信任的管理哲学。给员工信息与机会。信息多个方向流动、扩散。员工可查阅其他部门资讯及敏感的经营数据、财务数据、市场营销数据，便于比较、决策，让听得见“炮声”的人们掌握了足够的信息量与决策权。国内服装品牌电商龙头唯品会的董事长、总裁同在一间办公室的一张桌子上办公。

（九）建立“互学易”平台

员工互动机会最大化，沟通成本最小化。增加员工偶遇机会，开辟员工在线论坛，组织跨功能、跨团队的沟通，创造让创意随时随地碰撞的办公氛围。倡导“三人行，皆我师焉”，以及干中学、学中干的理念。让来自第一线的小经验、小创造、小智慧、小案例随时汇集到“互学易”平台，形成讲义、教材与知识管理库，建立企业快速复制先进经验与优秀案例的能力。

（十）弱化阶层观念

日常工作中少用体现“阶层”、“权力”、“权威”的概念，包括老板、领导、下属、请示、指示等。让小型团队像利润中心一样运作，高度授权，高度负责任。权力将体现使命、公平、透明、信任、利他、友善等人类精神中最美好的因素。

互联网时代的管理变革在某种程度上也是一场精神、心理上的革命，要求管理者高度崇尚互联网精神、理念，并切实应用到日常经营管理活动各个细微环节的改造中，如业务流程、创新项目实施、日常工作语言与可视图文、推广传播手段、绩效评价体系、人才选拔培养等，成为21世纪人类的“骨血”与“细胞”。

[复习思考题]

1. 举例说明什么是组织。
2. 组织结构设计的要求与方法有哪些？
3. 简述事业部制的特点。
4. 假如你是一名机构调整工作的负责人，在机构调整时你将遵循哪些基本的原则？
5. 简述直线制、直线职能制、矩阵制、委员会制的特点。
6. 你愿意在职能型组织结构还是在事业部型组织结构里工作？为什么？
7. 如果你知道某个公司是矩阵制结构，你将会更有兴趣在那里工作或对那里工作的兴趣不大？解释你的选择。为在矩阵型组织里更有效地工作，你将做哪些准备？
8. 你愿意加入董事会吗？为什么？如果你愿意，你喜欢哪种类型的组织？作为董事会成员，你觉得你将最积极从事哪种类型的活动。
9. 选择一个你曾经工作的组织，画出它的组织结构图并用本章的术语来描绘它。你喜欢在那里工作吗？为什么？
10. 如何在互联网时代进行组织创新与创业团队组建工作？

[案例分析]

凯迪公司的组织结构

凯迪公司是上海市的一家中型企业，主要业务是为企业用户设计和制作商品目录手册。公司在浦东开发区和市区内各设有一个业务中心，这里简称为A中心、B中心。

A中心内设有采购部和目录部。采购部的职责是接受用户的订单，并选择和订购制作商品目录所需要的材料；目录部则负责设计用户定制的商品目录。凯迪公司要求每个采购员都独立开展工作，而目录部的设计人员则必须满足采购员提出的要求。

凯迪公司的总部和B业务中心都设在市区。B中心的职责是专门负责商品目录的制作。刘利是凯迪公司负责业务经营的主管，他经常听到设计人员抱怨自己受到的约束过大，从而无法实现艺术上的创新与完美。最近，刘利在听取有关人员的建议后，根据公司业务发展的需要，决定在B中心成立一个市场部，专门负责分析市场需求和挖掘市场潜力，并向采购员提出建议。市场部成立后不久，刘利听到了各种不同意见。比如，采购员和设计员强烈反映说，公司成立市场部不但多余，而且干涉了他们的工作。关于此，市场部人员则认为，采购员和设计员太过墨守成规，缺乏远见。刘利作为公司的业务经营主管，虽然做了大量的说服工作并先后调换了有关人员，但效果仍不理想。他很纳闷：公司的问题究竟出在什么地方？

思考题：

1. 凯迪公司存在哪些问题？
2. 试分析刘利的做法。

授权的障碍

B公司的李老板从某大企业挖来了精明强干的刘先生担任公司的总经理，并将公司的大小事务均交由刘先生全权处理。由于得到授权，刘先生便结合公司的特点和实际情况，对公司的经营模式和管理体制进行了大胆的变革，将公司原先的品牌经营模式转变为OEM（贴牌生产）服务模式，并提出了颇具创新意识的OEM改进方式，变被动的OEM服务为主动的OEM服务，得到众多客户的认同与支持。然而，当刘先生意欲更深入地推动企业的变革时，他发现，其实自己手中的权力十分有限，虽然李老板总是客客气气地对其进行鼓励，但刘先生的内心却非常困惑，久而久之，刘先生的变革锐气便渐渐地消失了。

思考题：

1. 李老板在授权上的主要障碍是什么？
2. 产生这种障碍的原因可能是什么？

第八章　人力资源管理

卓有成效的管理者善于用人之长。用人不在于如何减少人的短处，而在于如何发挥人的长处。

——彼得·德鲁克

[学习目标]

知识点：

1. 掌握人力资源的定义、内涵；
2. 理解人员招聘的渠道及方法；
3. 了解人力资源管理的功能与作用；
4. 了解薪酬及福利的功能。

技能点：

1. 培养学生学会依据人力资源的规划，合理地采用选人、育人、用人和留人的技能；
2. 掌握员工培训和绩效评价的主要方法。

[案例导入]

人力资源管理成就顺丰

经过24年的发展，顺丰已经成为中国目前速递行业中投递速度最快的快递公司之一。为了向客户提供更便捷、更安全的服务，顺丰速运网络全部采用自建、自营的方式。长期以来不管是老板王卫还是顺丰的内部发展，都极具神秘色彩，顺丰也成为行业其他企业模仿的对象。顺丰向来重视人力资源的建设，而顺丰的发展，也与它的完善的人力资源密不可分。

作为国内最有影响力的雇主品牌之一，顺丰在人才市场上算是颇受欢迎，而顺丰在人才选拔时格外谨慎。顺丰所有岗位的面试通常都在2～4轮之间，从初试、笔试、复试到岗前体验，需要经过层层筛选，除了一线快递员和分拣员，其他岗位面试合格率往往低于10%。员工入职之后，招聘人员会时时对其进行跟踪，入职三天进行新工访谈，入职满一个月后又进行2次访谈，新员工入职一个月内会组织新员工座谈会，离职后会在一个月内进行电话回访。对于高流失的分点部，人力资源招聘组会协同员工关系组、分点部负责人进行走访，及时分析问题并做出相应的报告及改善措施。

顺丰内部的岗位职责划分非常清晰，工作是一环套一环，招聘组完成招聘需求之后，所有的新人就集中进入下一个环节，由培训组负责跟进。顺丰对于人才的培训和人才管理极为重视，总部常年固定承包一些酒店以供培训使用，它的培训在线上线下同时进行；地区除了全公司常规的新员工培训、业务技能加强培训外,还不定期举行回炉培训,对于一些业务能力不达标或者专业技能不够的员工进行有针对性的培训。顺丰还建立了自己的内部大学,独立开发课程、印制课本、独立开发在线学习系统以及专业的讲师团队。

在人才管理方面,顺丰很早就提出了赛马机制,已经建立了很完善的人才梯队体系,所以顺丰的运转是围绕体系制度来运行的,而非体系跟着人走。在其他一些公司中,一旦重要岗位有变动,立马会给公司带来不可估量的损失,但是顺丰能将这种风险降到最低。一个年产值上亿元的地区,总经理说换就换,而且换掉之后人才储备池里的后备总经理一抓一大把,顺丰人才储备量就最基层的仓管岗位也是1∶2,而且岗位越高,比例越大,以保证公司随时有人用。顺丰的人才管理,不仅强大了自己的人才团队,又让员工自身不断地升值,员工忠诚度越来越高。顺丰大学门口有两句宣传语:"谋士如云,将士如雨。"这也印证了顺丰对于人才的重视以及顺丰人才团队的强大。

做好培训和人才管理,是为了让员工不断地增值,这对员工来说是至关重要的,但是仅此还远远不够。马云说过,员工流失无非两个原因:第一是钱给不到位,第二是干得不开心。所以,不仅要留住员工的心,还要留住员工的身,给予他们科学、公平、有竞争性的酬劳,才能更好地留住优秀人才。顺丰员工收入高于同行水平,这是众所周知的事情,特别是在北、上、广、深这些一线城市,快递员月入过万是很普通的事情。有人开玩笑说,11月和12月这两个月薪资不过万,出门都不好意思开口。顺丰的企业文化是非常务实和低调的,老板或其他管理者既不会给员工画饼,也不会让员工活在宣传口号中,而是让所有员工脚踏实地地努力工作,给每个人自己所应得的一部分。

顺丰员工的忠诚度很高,而且执行力很强,企业文化低调、务实。顺丰的老板王卫不会像马云那样激情高昂的演讲,也不会像柳传志一样家喻户晓,甚至在百度上很少能找到关于他的照片,但是在顺丰人眼里,王卫就是神一样的存在。除了每年的新年寄语之外,内部刊物上很少有关于老板的报道,入职十几年的员工,也可能没有见过一次老板的面,甚至有些内部员工借出差的机会,在深圳总部大楼底下偷偷地等上半天,就为了能见老板一面,而且还是远距离偷偷地看一下。就是这么神秘、低调的一个公司,员工数已达到33万,而且每年还在以50%的人员净增长率疯狂扩张,外界对顺丰的认识依旧很模糊,只知道是一家快递公司,正如王卫给所有人的神秘感一样。

这就是顺丰,严格的招聘流程、公平的薪酬体系、强大的人才管理和丰富的培训,最终造就了强大的企业文化。正是这样的企业文化,使得顺丰成为国内发展最迅速、净利润最高、口碑最好、客户满意度最高、实效最快和安全性最高的国内快递公司。

资料来源:www.chinahrd.net。

第一节 人力资源管理概述

一、人力资源的定义、内涵与特征

(一)人力资源的定义

关于人力资源这一概念,很难找到一种明确的定义。这一概念很多时候又与其他一些类似的概念混用,比如人力资本、人才、智力资本、人力资产、劳动力资源、劳动力、员工队伍等。很多人还试图区分劳动力资源、人力资本、人力资源、人才或人才资源等各种概念之间的差异。

在这里，为讲述上的方便，综合考虑宏观和微观层面对人力资源这一概念进行定义的需要，将“人力资源”定义为：“一个国家、经济或者组织所能够开发和利用的，用来提供产品和服务、创造价值或实现既定目标的所有以人为载体的脑力和体力的总和。”

(二)人力资源的内涵

第一，人力资源既可以指人，也可以指人的能力。它既可以指具体的人或人群，也就是具有特定的知识、经验、技能、体能等的劳动者的集合，也可以理解为是一种相对笼统的泛指，即指一个国家或组织中的人所具有的创造价值的能力总和，即一种以人为载体的能力，而不是特定的人或人口群体。但即使是后一种意思，我们也无法否认一点，人力资源不可能脱离人而单独存在，人是人力资源的载体。

第二，人力资源包括当前人力资源和未来人力资源两个层面，即一个企业的人力资源不仅包括现实的人力资源，而且包括潜在的或未来的人力资源。事实上，从增长和发展的角度来看，对于一个国家的经济增长或者一个组织的使命达成来说，未来人力资源的培养和开发是更为重要的一项任务。

第三，人力资源的重点在于质量而非数量。我们认为，一个国家或者一个组织中聚集的总体、能力、知识、技能和经验是人力资源中最重要的因素，只有不断提升组织的人力资源的质量，才能确保其对组织作出更大的贡献。因此，培训与开发成为人力资源管理中一项非常重要的职能。

第四，人力资源包括微观和宏观两个层面的含义。从微观层面来看，人力资源是指一个组织的全体成员所拥有的有助于实现组织战略、达成组织目标的潜在体力和脑力的总和。从宏观层面来看，人力资源是指一个国家所拥有的、所有能够参与经济活动并创造价值的人口或能力的总和。这种人力资源既有数量方面的含义，又有质量方面的含义。

(三)人力资源的特征

人力资源最为重要的特性是能动性、双重性、时效性、再生性和社会性。

1. 能动性是人力资源区别于其他资源的最根本的特征

人力资源的能动性具体体现在人能够接受教育或主动学习以丰富自己的知识、提高自己的技能，能够自主地选择职业，更重要的是人力资源能够发挥主观能动性，能有目的、有意识地利用其他资源进行生产，还能够不断地创造新工具、新技术，从而推动社会和经济的发展。

2. 人力资源的双重性是指人力资源既是生产者，又是消费者

人力资源的生产性是指人力资源是物质财富和精神财富的创造者，为组织的生存和发展提供条件。人力资源的消费性是指人力资源需要消耗一定的物质财富，维持自身的生存和发展。

3. 人力资源的时效性可以从两个方面来理解

一方面，人的生命经历从婴儿、幼儿、少年、青年、中年再到老年这些自然的时期，不同的时期人力资源的可利用程度不同。从人才成长的角度来看，对人力资源的使用也要经历培训、试用、最佳使用和淘汰的过程。另一方面，人力资源所拥有的知识、技能等要素相对于环境和时间来讲也是有时效性的，必须及时更新知识技能，否则就难以满足不断变化的要求。同样，人拥有的知识技能如果得不到使用和发挥，也可能过时，还会降低人的积极性。

4. 再生性是指人力资源在使用过程中会出现各种磨损

主要包括自然磨损和无形磨损。自然磨损是指由于个体自身的衰老、疲劳、体质下降、机能退化等原因导致劳动能力下降；与物质资源损耗不同的是，人力资源的自然磨损虽说是不可

抗拒的，但是人们可以通过医疗、保健和锻炼等各种途径来减缓这种自然磨损的进程，也就是说，人力资源能够实现自我补偿、自我更新。无形磨损是由于个人的知识、技能、经验等相对滞后于社会的发展进步而导致的劳动能力下降。同样，人力资源的无形磨损也是可以积极防范甚至在某种程度上予以避免的，人们可以通过不断学习、积累经验和培训开发等途径更新和丰富自己的知识、技能、经验来消除或避免无形磨损。

5. 人力资源的社会性是指人是社会人

从微观上看，人类的劳动是社会性劳动，不同的个体参与社会经济活动中的社会分工不同。从宏观上，人力资源的获取与配置依赖于社会，人力资源的配置与使用从属于社会分工体系，这些构成了人力资源社会性的客观基础。另一方面，人生活在社会与群体之中，每个群体都有各自的文化特征和价值观念，个体不同的价值观会影响到个体在社会活动中的行为。另外，人是社会人，除了追求经济利益，还要追求包括社会地位、声誉、尊重以及自我价值实现等多重目标的实现。在实现这些目标的过程中，个体能力和潜能的发挥不仅会带来生产效率的提高，而且会提高社会文明程度，使人有意识地保护并改善自然环境等。因此，从本质上说，人力资源是一种社会性资源。

二、人力资源管理的功能与作用

（一）人力资源管理的基本概念

关于人力资源管理概念的界定，通常情况下是从两个方面来加以进行的：一是从人力资源管理的主要内容或过程来阐述，即人力资源管理主要包括人力资源规划、员工招聘、员工绩效管理、薪酬管理等职能活动。二是从人力资源管理的目的、作用及影响来阐述，即人力资源管理的目的是实现组织规划，提升组织绩效，通过吸引、激励、保留和开发员工来提高员工满意度和企业忠诚度等。

综合以上两种关于人力资源管理的定义，本书定义如下：人力资源管理是指一个组织为了实现自己的经营目标，围绕一整套员工管理理念而进行的吸引、保留、激励以及开发员工的政策、制度以及管理实践活动。人力资源管理既包括组织中的人力资源管理部门所从事的各项专业性的人力资源管理活动，也包括各职能部门管理人员在日常工作中对员工所提供的指导、监督、激励以及开发活动。

（二）人力资源管理的基本功能

现代人力资源管理的核心功能在于人才的选、育、用、留，即人力资源的招聘、培训、保留和激励。所谓招聘，就是从劳动力市场上（其中包括其他企业中）吸收优秀的人才加盟本组织。为了更有效地吸引人才，企业必须在薪酬福利、培训开发、晋升空间、企业文化等多个方面对求职者产生吸引力。培训是指为员工提供不断学习和进步的机会。在这方面，企业需要完善自己的晋升体系、培训体系，重视员工的职业生涯规划等工作，这样才能更好地为员工提供在组织内部不断成长和发展创造的机会。保留指的是当企业招聘到优秀人才时，设法使他们愿意在较长一段时期中为企业提供服务。因此，如何通过各种人力资源管理手段来提高员工的工作满意度、企业忠诚度就显得至关重要。所谓激励，就是指为了使员工创造良好的工作绩效，如何激发员工的工作积极性和创造性。激励的手段除了传统的物质激励，还包括目标激励和感情激励等方式。

（三）人力资源管理的主要作用

人力资源管理对于一个组织的作用主要表现在以下几个方面：

1. 人力资源管理能够提高企业员工的工作绩效

根据企业目标和员工个人情况，企业运用人力资源管理创造理想的工作氛围，为员工做好职业生涯规划设计，并且通过不断的培训，进行横向或纵向的岗位或职位调整，更好地做到人岗匹配、人尽其才，尽可能发挥个人所长，促使员工变被动为主动，将企业的成功当成自己的义务，自觉维护并完善企业的产品和服务，从而提高员工个人和企业整体的业绩。

2. 人力资源管理是提高企业核心竞争力的重要因素

人是企业拥有的重要资源，也是企业的核心竞争力所在。随着企业对人才的利用和开发，企业的决策越来越多地受到人力资源管理的约束。目前人力资源管理已经逐渐被纳入企业发展战略规划中，成为企业谋求发展壮大的核心因素。同时，人力资源管理也是企业在激烈的市场竞争中立于不败之地的重要因素。

3. 人力资源管理是企业生存和发展的需要

人是企业生存和发展的最根本要素。这是因为企业管理目标是由企业管理者制定、执行和控制的，但在实际工作过程中，工作目标是通过员工的努力来实现的，这就要求员工必须具备良好的能力素质，掌握市场运作规律。只有选用恰当的员工，才能更好地实现企业预定的目标。人力资源管理能够创造灵活的组织体系，让员工各尽其能，充分发挥自身的潜力，共同为企业服务，从而协助企业在激烈的市场竞争环境下实现预定的目标。

三、人力资源管理的职能

人力资源管理的功能和作用是通过它从事的各项活动和所承担的各项职能来实现的，对于人力资源管理的活动和职能，国外学者提出了不同的观点。综合考察各种划分方法可以发现，它们之间存在一些共同点，这些共同的职能就是人力资源管理应当承担的基本职能，我们将其概括为以下八个方面：

1. 人力资源规划

这一职能指的是：对组织在一定时期内的人力资源供给和需求做出预测；根据预测的结果制订出平衡供需的计划等。

2. 岗位分析与胜任素质模型

岗位分析包括两部分活动：一是对组织内各岗位所要从事的工作内容和承担的工作职责进行明确的界定；二是确定各岗位所要求的任职资格，比如年龄、学历、专业、工作经验、工作态度等。岗位分析的结果一般体现为岗位说明书。

3. 员工招聘

员工招聘就是企业根据人力资源管理规划和工作分析的要求，采用科学的方法寻找、吸引应聘者，并从中选出企业需要的人员予以录用的过程，也就是企业按照经营战略规划的要求把合适的人招聘进企业，并把他们放在合适的岗位上的过程。

4. 绩效管理

绩效管理是指管理者与员工之间在工作目标与如何实现目标之间达成共识的基础上，通过激励和帮助员工取得优异绩效，从而实现组织目标的管理方法。

5. 薪酬管理

薪酬管理是指在组织发展战略的指导下，针对员工提供的服务来确定他们应当得到的报酬总额以及报酬形式和报酬结构的一个过程。在这个过程中，企业就薪酬水平、薪酬构成、薪酬体系、薪酬结构以及特殊员工群体的薪酬做出决策。

6. 培训与开发

培训与开发包括建立培训体系,制定培训项目,选择培训方法,组织实施培训过程、培训效果的评估等活动。

7. 职业生涯规划管理

职业生涯规划管理必须是个人与企业相结合,先由职工本人对自身的兴趣、爱好、特长、能力进行综合分析与权衡,然后确定个人的职业奋斗目标。企业为了帮助员工实现目标,在此基础上做出行之有效的安排。

8. 员工关系

就是企业中的各种主体,包括企业所有者、企业管理者和企业员工之间围绕雇佣和利益关系而形成的权利和义务关系。

人力资源管理的八项职能之间并不是彼此割裂而孤立存在的,而是相互联系、相互影响,共同构成了一个有机的系统。

第二节　人力资源管理过程

一、人力资源计划

(一)人力资源计划的任务

编制和实施人力资源计划的目标,就是为了实现组织的总体目标,通过规划人力资源管理的各项活动,使组织的需求与人力资源的基本状况相匹配。

人力资源计划的任务包括以下几个部分:

1. 系统评价组织中人力资源的需求量

人力资源计划就是要做到使一定时期内组织内部人员预计的需求量与组织外部人员的供给量相一致。人力资源的需求量主要是根据组织中职务的类型和数量来确定的。职务类型指出了组织需要具备什么技能的人,职务数量指出了每种类型的职务需要多少人。在进行了组织设计之后,组织需要把需求与现状进行动态对比并找出预计的差距。

2. 选配合适的人员

只有对组织内外的候选人进行筛选,才能确保担任职务的人员具备职务所要求的基本知识和技能。这就必须使用科学的人力资源管理方法,使组织中所需要的各类人才得到及时的补充。

3. 制订和实施人员培训计划

培训既是为了提高员工素质,实现员工个人生涯发展的要求,也是为了适应组织内部变革和发展的要求。要使组织中的成员能更好地适应环境,就必须运用科学的方法,有组织、有计划、有针对性地对员工进行全方位的培训,以培养和储备适合企业未来发展需要的各种人才。

(二)人力资源计划的过程

人力资源计划的整个过程大致可以分为六个步骤。前三个步骤分别是:在组织战略规划下编制人力资源的计划、招聘员工、选用员工。这一阶段的目的是要发现并选用有能力的人才。后三个步骤分别是:职前引导、培训、职业生涯发展。这三个步骤是为了保证组织既能留住人才,又能使员工技能得到提升,符合组织未来发展的需要。

编制人力资源计划是程序中的第一步,这一步又可以具体分为三个步骤:评估企业现有的人力资源状况;评估未来所需的人力资源状况;制订一套相适应的人力资源计划,以确保未来的人力资源需求和供给相匹配。

1. 评估企业现有的人力资源状况

这一步是通过工作分析法检查企业现有人力资源的状况,并制定出岗位说明书和工作规范。岗位说明书中明确指出了员工应做哪些工作,如何做,为什么这样做,还指明了工作环境以及工作条件等;工作规范中阐述了某种特定工作至少需要具备哪些知识和技能。

2. 评估未来所需的人力资源状况

组织的目标与发展战略决定了对人力资源的未来需求。要使战略规划转化成操作性较强的、具体的人力资源计划,组织就必须根据内外资源的情况对未来人力资源状况进行预测,找出不同时期各类人员的余缺分布。

3. 制订一套相适应的人力资源计划,以确保未来的人力资源需求和供给相匹配

对现在和未来人力资源需求做出评估之后,管理者就可以制订出一套与组织战略目标及其环境相适应的人力资源计划。在计划执行过程中,组织还必须对此计划进行监督、调整和跟踪,正确引导当前和未来的人才需求。

二、员工的招聘与解聘

(一)招聘的含义与目标

招聘是"招募"与"聘用"的总称,指组织根据自身发展的需要,依据人力资源规划的要求制订出相应的职位空缺计划,并为这些空缺的职位寻找到合适的人选的过程。准确地理解招聘的含义,需要把握几个要点,即良好的招聘活动必须要达到4R的基本目标:

(1)恰当的时间(right time),就是要在适当的时间圆满完成招聘工作,以及时补充企业所需的人员,这也是对招聘活动最基本的要求。

(2)恰当的信息(right information),就是在招聘之前组织要对空缺职位的任职资格要求、工作职责内容以及企业的相关情况做出全面而准确的描述,使应聘者能够充分了解有关信息,以便对自己的应聘活动做出判断。

(3)恰当的人选(right people),就是要把最合适的求职者吸引过来参加企业的招聘,并把他放在最合适的岗位上。

(4)恰当的成本(right cost),就是在保证招聘质量的前提下,要以最低的成本来完成招聘工作。在同样的招聘质量下,应当选择费用最少的方法。

(二)招聘的原则

为把招聘工作做好,真正选用到企业所需的人才,在招聘工作中,必须遵守人力资源管理的相关原则。这些原则是:

1. 因事择人原则

因事择人就是以岗位的空缺、事业的需要为出发点,根据岗位对任职者的资格要求来选用人员。只有这样,才可以做到事得其人、人岗匹配,防止因人设岗、十羊九牧等现象发生。

2. 能级对应原则

不同的企业有不同的文化和价值观,形成了各自的"水土"。因此,与企业文化和管理风格格格不入的人,即使很有能力和技能,对企业的发展也会有不利之处。此外,由于人的能力、阅历、背景、人格等方面存在着差异,企业应量才录用,选择的不一定是最优的,而应尽量选择最合适的。

3. 德才兼备原则

德才兼备是我们历来的用人标准。选拔人才如果只注重德或者只注重才，会造成不良后果。有德无才，只能从事简单的机械性劳动，没有真才实学，不能进行创造性劳动；有才无德，虽然这类人才能给社会带来较多的财富，但因为他们缺乏较高的道德修养和高尚的道德品质，也许会利用所掌握的高科技危害人类，给社会带来巨大的危害。

4. 用人所长原则

世界上找不出两片完全相同的树叶，也找不出两个完全相同的人。人与人之间，有其特殊性，不仅容貌不同，性格、兴趣、爱好、智力、体力也都不同。人各有优缺点、长短处。在招聘过程中，要克服求全责备的思想，人无完人，要善于发现求职者的长处、优点。知人善任，用之长。在招聘活动中，必须把寻找人的长处和优点作为选人的目标。

5. 宁缺毋滥原则

制定招聘决策时一定要树立“宁缺毋滥”的观念，一个岗位宁可暂时空缺，也不要让不适合的人占据。可招可不招时尽量不招，可少招可多招时尽量少招，否则只会浪费企业的资源。

(三)招聘的渠道与方法

企业的招聘渠道有两个：一是内部招聘；二是外部招聘。这两种渠道相辅相成，共同为企业获取人员提供支持与保障。

1. 内部招聘的来源与方法

(1)内部招聘的来源

在进行内部招聘时，主要来源有两个：一是下级职位上的人员，主要通过晋升的方式来填补空缺职位；二是同级职位上的人员，通过工作调换或工作轮换的方式来填补空缺职位。

使用晋升的方式来填补职位空缺，有助于员工个人的发展，并且可以调动员工的积极性，但是容易造成“近亲繁殖”的现象；工作调换就是在相同或相近级别的职位间进行人员的调动来填补职位空缺，当这种调动不止发生一次时，就形成了工作轮换，这种方式有助于提高员工的工作兴趣，并且可以使员工掌握多种技能，但也会影响到员工工作的专业性，不利于员工掌握某一职位的深度技能。

(2)内部招聘的方法

内部招聘的方法主要有两种：一是工作公告法；二是档案记录法。

①工作公告法。工作公告法是最常用的一种内部招聘方法，它是确定了空缺职位的工作内容、工作时间、薪资等级、资格要求等情况后，在企业宣传栏、内网或内部报刊上发布职位空缺信息，号召有才能、有意愿的员工到人事部门申请。另外，发布工作公告时应注意，公告应保留一定的时间，避免有些人因工作外出而看不到；公告应置于企业内部人员都可以看到的地方，以便有资格的人员有机会申请这些职位。

②档案记录法。在企业的人力资源管理部门，一般都有员工的个人资料档案，从中可以了解到员工在教育、培训、技能、经验、绩效等方面的信息，通过这些信息，企业的高层和人力资源管理部门就可以初步确定适合空缺职位要求的员工。使用这种方法进行内部招聘时，要注意两个问题：一是要确保档案资料的信息真实可靠、全面详细，同时还要做到及时更新，这样才能保证挑选人员的质量；二是确定出人选后，要先征求本人的意见，看其是否愿意进行岗位调整。

2. 外部招聘的来源与方法

(1)外部招聘的来源

相比内部招聘，外部招聘的来源相对就比较多，主要有以下几个来源：

①学校。学校是企业招聘初级岗位的重要来源，单位可以派人分别到各有关学校召开招聘洽谈会，有选择地去学校物色人才。

②竞争者和其他公司。当招聘岗位要求求职者有一定的工作经验时，企业的竞争对手或同一行业的其他公司可能是最主要的招聘来源。同时，通过这一来源进行招聘也是企业相互竞争的一种重要手段。

③失业者。这也是企业招聘的一个重要来源，由于失业者经历过失去工作的痛苦，因此当他们重新就业后工作努力程度会比较高，也会更加珍惜现在的工作机会，对企业的归属感也比较强。

④老年群体。虽然老年人的体力可能有所下降，但他们之中包括企业招聘的宝贵来源——退休人员，退休人员具有年轻人不具备的丰富的工作经验。此外，由于老年人的生活压力比较小，因此他们对薪资待遇的要求也并不是很高，这些对企业都非常有利。

(2)外部招聘的方法

由于外部招聘的来源都在企业外部，因此招聘方法的选择就非常重要，否则潜在的应聘者就无法获知企业的招聘信息。外部招聘的方法主要有以下几种：

①广告招聘。广告是企业进行外部招聘时最常用的一种方法，借助广告进行招聘时需要考虑两个问题：一是广告媒体的选择；二是广告内容的构思。

目前，常用的广告媒体有报纸、杂志、印刷品、广播电视、互联网、微信等，主要广告媒体分别具有自己的优点和缺点，企业应当根据具体的情况来选择最合适的媒体。表8—1是对主要广告媒体的一个简单比较。

表8—1　　主要广告媒体的比较

媒体类型	优点	缺点	适用范围
报纸	成本低廉；版面大小选择较灵活；发行范围广；更新较快	印刷不够精美；没有针对性；容易被忽视	潜在的应聘者习惯通过阅读报纸找工作并集中在某一地区
杂志	印刷较精美；可以较长时间保存；专业性杂志针对性比较强	发行时间周期比较长；发行地域广，见效期较长	照片时间没有限制；大范围地进行招聘；招聘较专业的职位
印刷品	容易引起求职者的兴趣，并引发他们的行动	有些印刷品可能会被人丢弃，宣传力度较有限	在特定场合比较适用，如招聘会、展示会等
广播电视	冲击力、感染力较强；容易引起注意；传递信息更为直接和主动	传递的信息简单；信息量小，转瞬即逝；制作成本高，因此费用高；不能选择特定的应聘者	无法使用印刷广告；需要迅速引起人们的注意；某一地区有多种类型的潜在应聘者
互联网	费用低；传播范围广，速度快；信息量大	受上网对象所限制；信息过多，容易被忽略；容易出现竞争	全球范围的招聘
微信	速度快；传播范围广；费用低；形式新颖、灵活多样，有吸引力	制作上难度较大；只能针对特定的人群	关注企业公众号的人群；朋友圈

②外出招聘。外出招聘就是指由企业的招聘人员直接外出到学校(校园招聘)或参加各种招聘会来进行招聘。与其他方法相比，外出招聘具有非常明显的优势。首先，这种招聘是由企业自己的招聘人员进行的，因此可以得到应聘人员的真实信息，有效地避免信息传递过程中的失真现象；其次，在这种招聘方法中招聘人员可面对面和应聘人员直接交谈，这实际上是一种初步的筛选，在一定程度上可以减轻录用的负担；最后，通过这种招聘方法，企业还可以对自身

的企业文化和企业形象进行宣传，一举多得。但是外出招聘也存在一些不足，比如需要投入大量的人力、物力和财力，招聘的费用比较高；由于学生毕业是周期性的，招聘会也是定期召开的，因此企业不能自由掌握招聘的时间，比较被动。

③借助职业中介机构招聘。职业中介机构是企业和求职者之间的桥梁，它承担着双重角色，既为企业择人，又为求职者择业。借助这些机构，企业与求职者都在传播各自的信息，同时也可以获得对方大量的信息。职业中介机构有很多种类型，比如人才市场、职业介绍所、猎头公司等。由于职业中介机构是专门从事人员招聘工作的，掌握着大量的信息，因此现在有一些企业就是将自己的招聘工作外包给这些机构来做的。因为借助它们进行招聘，不仅可以代替企业完成很多工作，节省时间，还可以使招聘活动更有针对性。但是这种方法也存在问题，比如费用较高，猎头公司的收费标准通常相当于企业支付给应聘人员年薪的30％～40％，这样就会增加企业的招聘成本；而且中介机构对企业的情况并不完全熟悉，招聘的人员可能会不符合企业的要求。

④推荐招聘。推荐招聘也是外部招聘的一种重要方法，指的是通过企业的员工、客户或者合作伙伴的推荐来进行招聘。这种招聘方法的好处是推荐人对应聘人员比较了解；应聘人员一旦录用，离职率比较低；招聘的成本也比较低。它的缺点是容易在企业内部形成非正式的小团体；如果不加以控制，会出现任人唯亲的现象。

总之，招聘人才的方法多种多样，不同类型的工作可以采用不同的招聘方法。例如，招聘销售人员则多采用推荐、招聘广告和职业中介机构的方式；招聘一般员工可以通过报纸、杂志、员工推荐或求职者自荐的方式；而招聘高级专业人员和高层管理人员可以通过猎头公司等。

3. 内部招聘与外部招聘的对比

对于企业来说，外部招聘与内部招聘这两种招聘渠道各有利弊，表8－2是对这两种招聘渠道利弊的简单概括和比较。

表8－2 两种招聘渠道的利弊分析

招聘渠道	优 势	劣 势
内部招聘	(1)节省时间和费用。 (2)有利于提高员工的工作积极性。 (3)对企业的忠诚度比较高，辞职的可能性较小，有利于个人和企业的长期发展。 (4)对组织的工作环境、企业文化比较熟悉，工作上手比较快。 (5)对选用人才的工作能力和人品有基本了解，风险较小，可靠性较高。	(1)可能影响到员工关系，造成内部矛盾，甚至导致人才的流失。 (2)容易出现近亲繁殖问题，可能产生“团队思维”现象，不利于组织的长期发展。 (3)竞争失利者感到心理不平衡，容易降低士气。 (4)失去选取外部优秀人才的机会。
外部招聘	(1)为企业注入新鲜的“血液”，能给企业带来新理念、新技术。 (2)增加了企业内部人员的压力，更好地激发他们的工作动力，引发“鲶鱼效应”。 (3)可以缓解企业内部互相竞争所造成的紧张气氛。 (4)更广的选择余地，有利于招聘到更优秀的人才。	(1)外部人员对企业情况不大了解，需要较长时间了解并适应，进入角色状态较慢。 (2)短暂的接触求职者可能因为信息不对称而做出不准确的判断，增加了决策风险。 (3)对内部人员是一个打击，感到晋升无望，会影响工作热情。 (4)外部人员不一定认同企业的价值观，会影响企业稳定。

(四)解聘

如果人力资源规划过程中存在多余无用的人，组织面临结构性收缩或者员工存在违反组织政策的行为时,组织应当裁减一定的员工,这种变动称作解聘。解聘的方式有很多种,表 8—3概括了几种主要的解聘方案。

表 8—3　几种主要的解聘方案

方案	说明
解雇	员工与组织之间雇佣关系的非自愿性终止
临时解雇	临时性、非自愿地终止合同
调换岗位	同级别或降级调换员工岗位
自然减员	对正常退休或自愿辞职腾出的职位空缺不予填补
提前退休	为资历深、年龄大的员工提供激励,使其在正常退休期限前提早离位

三、员工的培训与开发

(一)培训与开发的含义

培训与开发是指组织通过学习、训导的手段提高员工的工作能力、知识水平和潜能,最大限度地使员工的个人素质与工作需求相匹配,进而促进员工现在和将来的工作绩效的提高。

严格地讲,培训与开发是一个系统化的行为改变过程,这个行为改变过程的最终目的就是通过工作能力、知识水平的提高,以及个人潜能的发挥,明显地提高员工的工作绩效。

(二)培训与开发的主要方法

在实践中进行培训与开发时有多种方法可供选择,方法选择恰当与否对于培训与开发的实施以及效果具有重要的影响。企业在进行培训与开发时应当根据培训的目的、培训的对象、培训的内容以及培训的费用等因素来选择合适的方法。

培训的方法,按照不同的标准可以划分为不同的类别,这里主要是按照培训的实施方式将培训的方法分为两大类:一是在岗培训;二是脱产培训。

1. 在岗培训

在岗培训就是在工作现场,上司和技能熟练的老员工对下属、普通员工和新员工们通过日常的工作,对必要的工作方法、知识、技能等进行教育的一种培训方法。这种方法最大的好处在于:员工可以立即将培训的内容运用到实际工作中去,培训的实用性也比较好,并且可以得到及时的反馈;培训的费用比较低。缺点是员工的培训过程容易受到外界因素的干扰,还可能会影响到正常的工作,导致工作效率降低。

在岗培训的方法主要有以下几种:

(1)学徒培训

学徒培训又称"艺徒培训",是指由用工单位招收学徒工,在师傅的直接教导下通过生产实践活动,学习并掌握业务技巧或生产技艺从而成为专业人员或新技术工人的一种培训方式。这种培训方法适用于需要一定技能的行业,如理发师、木匠、机械师和印刷工等。这种"导师制"的培训方法优点是培训成本较低,而且有利于员工迅速掌握工作技能。缺点是培训的效果受师傅的因素影响比较大;容易形成固定的工作思路,不利于创新;还会影响到师傅的正常工作,降低工作效率。

(2)工作实践体验

工作实践体验是指让员工实际体验不同岗位工作中会遇到的各种问题、任务、需求等,来对员工进行培训与开发的方法。由于不同工作岗位的工作职责和要求不同,那么,对员工来说,能够胜任现有的岗位并不代表同样能够胜任其他岗位,所以有必要拓展员工新的技能,从而帮助其适应新的工作岗位。工作实践法所包括的途径主要有工作轮换、临时派遣等方法。

工作轮换是指让员工在特定时期内变换职位,以获得不同职位工作经验的培训方法。通过工作轮换,可以使员工了解其他职位的工作内容和要求,能够胜任多方面的工作,从而丰富员工的工作经验。但是工作轮换并不利于员工提升某一领域的专业性,因此工作轮换常用于培训管理人员,而较少用于培训职能专家。

临时派遣主要有两种情况:组织允许员工利用休假等时机,离开公司去更新或开发新的技能;或企业允许员工到别的企业中去从事一段时间的全日制工作。

2. 脱产培训

脱产培训就是指员工离开自己的工作岗位,专门参加的培训,这种培训方法的优、缺点与在岗培训恰恰相反。脱产培训的方法主要有以下几种:

(1)授课法

授课法是通过培训者讲授或演讲的方式来对受训人员进行培训,这是最为普遍也最为基本的一种培训方法。这种方法的优点在于:培训者能够对培训过程进行有效的控制;由于可以同时对一大批受训人员进行培训,因此培训成本也比较低。同时,它的缺点也非常明显:由于讲课的内容往往比较一般和概括,因此要求受训人员同质程度比较高,比如工作性质和文化程度要比较相似,以便使培训者讲解得更有针对性和实用性;这种方法主要是一种单向沟通的方式,较少有提问和讨论的机会,缺乏互动和反馈,因此受训人员比较被动;没有练习的机会,不适用于技能的培训。这种方法大多用于一般性的知识培训。

(2)角色扮演法

角色扮演法就是通常所说的“换位思考”,通过给受训人员提供一个真实的情景,让他们在其中扮演不同的角色,并做出他们认为适合于每一种角色的行为,在扮演过程中培训者随时给予指导,结束后再组织大家讨论,受训者对各自扮演角色的看法发表意见,分享心得。

通过角色扮演,受训人员可以体会到与自己工作有关的其他角色的心理活动,从而有助于改正过去工作中的不良行为,从而建立良好的人际关系,例如,让一个销售扮演顾客角色,让其体会到顾客的购物感受,从而更好地为顾客服务。这种方法的缺点在于操作起来比较麻烦,更多地用于态度改变的培训,对知识和技能的培训往往不太适用。

(3)讨论法

这种方法就是指由培训者和受训者围绕某一问题进行深度的讨论并解决问题的一种培训方法。操作中,首先由培训者系统地介绍一些基本的原理和概念,然后再围绕某一主题展开讨论,这也是应用比较广泛的一种方法。讨论法的优点在于:受训人员中的每位成员都能参与到培训活动中,可以提高学习的兴趣;在讨论中成员之间可以相互学习,分享经验和知识;有利于受训人员积极思考,加深对学习内容的理解和运用;此外,还可以同时锻炼受训者的口头表达能力。这种方法的缺点是:不利于对基本知识和技能的系统掌握;为了保证效果,参与讨论的人数不能太多;讨论过程中容易偏离主题,因此对主持人的要求比较高。

(4)案例分析法

案例分析法是指给受训者提供一个现实的案例,首先让他们自己独立进行分析,然后再与其他受训者一起讨论,从而最终确定解决问题的办法。案例分析法的好处是:案例大多来自现实,通过对案例的分析探讨,有助于解决今后工作中出现的类似问题;案例分析对培训者的依赖程度比较低，因为它更强调个人的独立思考，所以有助于培养受训人员独立发现问题、分析问题从而解决问题的能力；它的最终目的不是给出一个确定性的答案，而是通过分析讨论，教会受训人员如何分析问题和解决问题。这种方法的缺点是：案例要经过一定的加工和提炼才能使用，这个过程比较困难；这种方法对培训者的要求比较高，要求能够给受训者以启发。

第三节 绩效管理与员工薪酬及福利

一、绩效管理

（一）绩效管理的概念

绩效是指对应职位的工作职责所达到的阶段性结果及其过程中可评价的行为表现。所谓绩效管理，是指管理者与员工之间在工作目标与如何实现目标之间达成共识的基础上，通过激励和帮助员工取得优异绩效，从而实现组织目标的管理方法。绩效管理的目的在于通过激发员工的工作热情和提高员工的能力和素质，以达到改善公司绩效的效果。

（二）绩效评价的方法

实践中，进行绩效评价的考核方法有很多，主要归结为三类：比较法、量表法和描述法。各种方法都有自己的优、缺点，企业在进行考核时应当根据自身具体的情况选择合适的考核办法。

1. 比较法

比较法是通过员工之间两两配对比较从而得出考核结果，这是一种相对考核的方法。这类方法比较简单而且容易操作，可以避免宽大化、中心化倾向的误区，适用于作为奖惩的依据。但是，由于这类方法不是对员工的具体业绩、能力和态度进行考核，只是靠一种整体的印象来得出考核结果，因此这种方法不能提供有效的反馈信息，对实现绩效管理的目的、发挥绩效管理的作用帮助不大；还有就是无法对不同部门的员工做出比较。比较法主要有个体排序法、配对比较法和人物比较法。

2. 量表法

量表法就是将绩效考核的指标制作成量表，以此来对员工的绩效进行考核。这是最为常用的一类方法，它的好处是：由于有了具体的考核指标，就可以明确员工在哪些方面存在着不足，有助于改进员工的绩效，为人力资源管理的其他职能提供科学的指导。因为有了客观的标准，所以可以在不同的部门之间进行考核结果的横向比较。这种方法的问题是，需要制定出合理的指标和标准，才能保证考核的有效性，因此开发量表的成本比较高。量表法主要有评级量表法、行为锚定评价法和行为观察量表法三种。

3. 描述法

描述法是指考核主体用叙述性的文字来描述员工在工作业绩、工作态度、工作能力方面的优缺点、需要加以指导的事项和关键事件等，由此得到对员工的综合考核。由于它提供了对员工进行考核和反馈的事实依据，因此通常情况下这种方法是作为其他考核方法的辅助方法来使用的。根据记录事实的不同，描述法可以分为综合记录法、业绩记录法、态度记录法和能力记录法。其中，最具有代表性的方法是综合记录法中的关键事件记录法。

二、员工薪酬及福利

(一)薪酬的含义

说到"薪酬"这个词,大家都很容易理解。但是不同的学者对薪酬有不同的定义,要准确定义什么是薪酬并不是一件容易的事情。目前,被大多数学者所能接受与认可的一种定义是,薪酬是指企业为认可员工的工作与服务而支付给员工的各种直接的和间接的经济收入。一般来说,在企业中,员工的薪酬由三部分组成:基本薪酬、可变薪酬、间接薪酬。

1. 基本薪酬

基本薪酬指企业根据员工所承担或完成的工作,或者根据员工所具备的工作需要的技能而支付给他们的较为稳定的经济报酬。基本薪酬根据其确定的基础不同,可以分为能力薪酬体系与职位薪酬体系。能力薪酬体系是以"人"为中心的薪酬体系,是根据对员工能力的评价来确定其基本薪酬;职位薪酬体系则是以"职位"为中心的薪酬体系,是根据对每一职位价值的评价来确定其基本薪酬。

2. 可变薪酬

可变薪酬是指企业根据员工个人、部门或团队、企业自身的绩效而支付给他们的具有变动性质的经济报酬。根据支付的依据,可变薪酬可以分为个人可变薪酬与群体可变薪酬。个人可变薪酬是指根据个人的绩效来确定其可变薪酬;群体可变薪酬是根据部门或团队、组织的绩效来确定其可变薪酬。

3. 间接薪酬

与基本薪酬和可变薪酬不同,间接薪酬就是给员工提供的各种福利,具有普遍性,它的支付与员工个人的工作和绩效并没有直接的关系,通俗地讲就是"人人都有份"。福利可以分为企业自主福利和国家法定福利。企业自主福利是指企业自主确定给员工提供的福利;国家法定福利是国家法律法规规定的福利,在我国目前一般指"五险一金"(包括养老保险、医疗保险、失业保险、工伤保险、生育保险和住房公积金)。

(二)薪酬管理的含义与意义

1. 薪酬管理的含义

薪酬管理指的是企业在经营战略和发展规划的指导下,综合考虑企业内外部各种因素的影响,确定薪酬水平、薪酬结构、薪酬形式、薪酬构成、薪酬体系,明确员工所应得的薪酬,并进行薪酬控制和薪酬调整的过程。薪酬控制是指为了避免给企业带来过重的财务负担,企业对支付的薪酬总额进行测算和监控,以维持正常的薪酬成本开支。薪酬调整是指企业根据内外部各种因素的变化,对薪酬水平、薪酬结构和薪酬形式进行相应的变动。

2. 薪酬管理的意义

作为人力资源管理的一项主要职能活动,薪酬管理具有非常重要的意义,主要表现在以下几个方面:

(1)有效的薪酬管理有助于吸引和保留优秀的员工

据一项调查的结果显示,在企业各类人员所关注的问题中,薪酬问题排在最重要或次要的位置。企业支付的薪酬,是员工最主要的经济来源,是他们生存的重要保证。薪酬管理的有效实施,能够给员工提供可靠的经济保障,从而有助于吸引和保留优秀的员工,这是薪酬管理最为基本的作用。

(2)有效的薪酬管理有助于实现对员工的激励

按照心理学的解释，人的行为都是在需要的基础上产生的，对员工进行激励的重点就是要满足他们没有实现的需要。马斯洛需求层次理论指出，人们存在着五种层次的需求，有效的薪酬管理能够通过不同程度地满足这些需求，从而实现对员工的激励。员工获得的薪酬，是他们满足生理需求的重要来源；没有一定的经济收入，员工就不可能有与他人进行交往的物质基础，就不可能有安全感和归属感。此外，薪酬水平的高低也反映了员工的绩效水平，较高的薪酬表明员工具有良好的绩效，这在一定程度上又可以满足员工尊重和自我实现的需求。

(3)有效的薪酬管理有助于改善企业的绩效

由第二点的分析可以看出，薪酬管理的有效实施能够对员工产生较强的激励作用，提高他们的工作绩效，而每个员工个人绩效的改善将使企业整体的绩效得到提升。此外，对于任何企业来说，薪酬都是一项非常重要的成本开支。在通常情况下，薪酬总额在企业总成本中要占到40％～90％的比重，通过有效的薪酬管理，企业能够将自己的总成本降低4％～60％，这就可以提高产品和服务的利润空间，从而改善企业的经营绩效。

(4)有效的薪酬管理有助于塑造良好的企业文化

良好的企业文化对于企业的正常运转具有重要的作用，而有效的薪酬管理则有助于企业文化的塑造。首先，进行企业文化建设的物质基础是薪酬，员工的生活如果不能得到保障，企业文化建设就是空谈。其次，企业的薪酬政策能够对员工的行为和态度产生引导作用，从而有助于企业文化的建设，例如，企业实行以个人为基础的计件工资制，就会强化个人主义的企业文化；相反，如果企业的可变薪酬以团队为基础来计发，就有助于建立集体主义的企业文化。最后，企业的薪酬政策本身就是企业文化的一部分，例如公平的观念、奖励的导向等。

需要注意的是，薪酬管理的意义很大部分体现为对员工的吸引、维持和激励作用，但如果把握不好的话，薪酬可能并不会产生激励作用，甚至会出现负效应。薪酬管理并不是万能的，企业中存在的很多问题是薪酬管理所不能解决的，而必须依靠人力资源管理的其他职能来解决。

(三)福利的含义和功能

1. 福利的含义

福利是指企业不考虑员工的劳动表现，只是以组织成员身份为依据，支付给员工的间接薪酬。福利又被称为小额优惠，是组织为了提高员工的满意度和企业的归属感，向员工及其家属提供的旨在提高其生活质量的措施和活动的总称。根据这一定义，我们可从以下几方面来理解福利：第一，福利旨在提高员工的满意度和对企业的归属感；第二，福利是整个薪酬系统中的重要组成部分，是除了基本薪酬和可变薪酬之外的那部分酬劳；第三，福利可以采取多种形式发放，货币、实物和服务都可以是福利的支付形式。

2. 福利的功能

福利作为员工薪酬的重要组成部分，一直发挥着十分重要的作用。具体而言，福利的功能和作用可以分为两种：一种是对员工的，一种是对企业的。

(1)就员工来说

福利待遇不仅构成了总薪酬的一个部分，更可以满足员工的多种需求，因此许多员工在选择工作的时候都比较重视企业所能提供的福利待遇。具体来说，福利对员工的作用可以体现在以下4个方面：

①增加员工的收入。据统计，2008年，美国企业为员工所提供的福利成本占员工所获得的货币薪酬的43.4％左右。在员工的总薪酬中，福利占到30.3％左右。福利作为一种准固定

成本的支出不仅可以增加员工的收入，而且对于员工而言是一种保障性的收入，不会因为自身的工作绩效不理想而减少。

②满足员工多样化的需求。员工福利的形式多种多样，既可以是实物也可以是服务，甚至集体旅游。多样化的福利形式能够满足员工多样化的需求。

③保障员工家庭生活及退休后的生活质量。企业提供的福利很多是为了给员工的家庭生活和家人提供实物或服务，这就有助于员工家庭生活质量的提高。另外，员工退休后的收入较在职时相比会有较大幅度的缩减，国家法定的养老保险等福利待遇就能够保障退休人员的生活维持在一定的水平。

④满足员工的平等和归属需要。根据马斯洛需求层次理论，员工在生理需求获得满足后，会希望能满足安全、尊重、归属等需求，而福利正好能够满足员工这方面的需求。福利具有均等性，让员工感受到公平和企业对他们的重视，从而获得安全感、归属感和尊重感。

(2)就企业来说

站在企业的角度来看福利，有利有弊。对于企业而言，福利不能直接激励员工提高工作效率，而且还要承担一定的成本，但是，如果能合理利用，科学设计，福利还是利大于弊的。福利对企业的作用主要体现在以下 3 个方面：

①吸引和保留员工。从经济学角度来讲，大多数劳动者是规避风险型的，他们更倾向于追求收入的稳定性。而福利的稳定性较直接薪酬来说，无疑更强。如果企业的福利待遇比较丰厚，就能够增加企业对人才的吸引力，同时也可以更好地降低员工流动率。

②享受国家的税收优惠政策，提高企业成本支出的有效性。对企业而言，同等金额的福利与基本薪酬、可变薪酬相比，前者将有可能产生更大的潜在价值。这是因为在许多市场经济国家，员工福利计划所受到的税收待遇要比基本薪酬、可变薪酬的税收待遇更优惠，因此可以提高企业成本支出的有效性。

③树立良好的企业形象，营造和谐的企业文化。企业通过福利为员工提供各种形式的实惠和照顾，可以让员工感受到企业的关怀和重视，有助于提高员工的满意度和凝聚力，从而树立起良好的企业形象，营造以人为本的和谐的企业文化。

第四节　互联网思维与人力资源管理

员工的内在潜能激发与有效激励，是人力资源效能提升的动力源泉。随着新生代员工日益成为人力资源主体，传统的薪酬激励方式难以满足员工的期望要求，难以激发员工的内在潜能及价值创造能量。

一、个性化、粉丝思维：自主与开放

通过支持员工根据自己的想法采取行动，管理人员们力争培养员工的责任感、主动性和忠诚度。通过为员工提供开放的工作环境，企业员工能将企业的品牌宣传到世界的每一个角落。管理人员应不断提升组织内部的开放性，发展一种协作环境，并在其中鼓励员工畅所欲言，发挥个人的主观能动性，与同事开展协作并积极创新。在开放的组织中，员工的自主权增大，满意度更强。

在互联网思维下，人力资源管理部门需要通过企业微博、个人微信及微信公众平台、电子邮箱等方式，让员工参与人力资源管理，让员工成为人力资源管理部门的“粉丝”，时刻为人力

资源管理工作建言献策，与人力资源管理部门一起“工作”，共同打造以实际需求为基础的人力资源管理体系。粉丝效应的最大好处是，粉丝之间互相展开讨论，人力资源管理部门做好方向性指导，总结得出大家认可的结论。这其实是一种最原始的立法过程，也是最有效和最容易实现员工自我管理的方法。

[微故事]

“无需听从他人的指令”

在全球最大的番茄加工商“晨星公司”那里，所有人员“都是自我管理的专业人士，他们主动与同事、用户、供应商和业内同行进行沟通并协调彼此的活动，无需听从他人的指令”。在晨星，通过制定个人使命宣言、全员监督、员工内部调解委员会、员工薪酬委员会等方式，明确员工协商职责范围。谁都可以使用公司的资金，获取所需工具，其薪酬水平则取决于同事评价。该公司 400 多名全职员工，每年创收均在 7 亿美元以上。

资料来源：解析人力资源的互联网思维，http://www.chinahrd.net/article/2014/08-2//99635-1.html。

二、平台思维：企业价值认同与个人价值实现

互联网时代的企业人力资源管理应树立开放理念，打造成一个共建、共享、共赢的平台，既促进企业绩效提高，又促进员工个人发展。

首先，是价值认同，培养对企业与团队的忠诚度。从员工招聘到使用、培训、考核，必须注重价值观教育，这是企业人力资源管理平台构建的灵魂与精神基础。

其次，在对人的使用过程中，通过人力资源管理平台，充分实现员工的个人价值。互联网时代，对于特别是有创意和技术生产力的员工而言，公司只是个平台；此外，互联网时代公司扁平化管理模式明显，公司层级从过去的四到五级变成一到二级，等级和秩序思维弱化，这些变化使得员工希望在工作中不仅获得一份体面的工资，更为重要的是收获乐趣和价值感，这是当前员工特质最明显的改变。互联网时代的企业，管理人员不再是发号施令的角色，而是逐步转变为服务的角色，不断激发员工的创造力和积极性。

三、众包思维：人才的虚拟化管理

众包协同是重要的互联网思维。自己的事，别人干；企业的事，社会干，通过众包协同模式，低成本、高效率，由合作者、消费者，甚至竞争对手共同干过去自己干不成的事，这是互联网创造的一个奇迹。在人力资源管理中，要突破传统的企业组织边界，打破企业编制框架，充分利用互联网优势，跨越时空限制，以虚拟组织的方式，不受任何限制地招揽与使用人才，建立各种形式的“人力资源”虚拟联盟，是互联网时代人力资源管理的重要渠道，并正在获得广泛认可与大力推广。

[互动话题]

怎样利用外部资源为企业服务

34 岁的乔治亚是意大利阿布鲁佐区小镇上一家杀虫剂工厂的质量经理。每晚收拾好餐桌，照顾女儿和丈夫睡下后，乔治亚便会换上皱巴巴的旧工作服，小心地把从阁楼上取下的烧瓶、试管和小天平，一件件摆在桌子上。在这个家庭实验室里，乔治亚研究的是那些令世界顶尖科学家头疼的问题，如研制一种新型的洗涤剂配方。这些问题，都张贴在一个名为InnoCentive(创新中心)的网站上。

乔治亚这样的业余科学家，在InnoCentive网站上有一个特别的名字，叫作“难题解决者”。而发布这些技术难题并悬赏征集解决方案的，经常是宝洁、杜邦这样的世界500强公司。为何这些拥有几乎无限资源的强大跨国企业，会需要乔治亚这样毫无关系的普通人来帮助他们解决核心技术难题呢？

互联网技术日新月异的背景下，来自行业内外的竞争压力让企业不得不谋求更开阔的视野、更独特的创意，以及更高效的生产。企业创新能力的激发，需要尽可能打破企业创意来源的局限。互联网的伟大之处就在于其与生俱来的开放性。通过网络，企业内部的创新机制能够迅速、快捷地扩展到外部，在全球范围内寻求创意支持。

资料来源：肖震．掘金微时代：移动互联网下的生存与制胜指南[M]．北京：科学出版社，2013：223－224。

四、大数据思维：人力资源管理的数据化

人力资源管理部门的数据数量，其实不比财务部门少，如简历数据、考勤数据、奖惩数据、绩效数据、培训数据、员工档案数据等，然而，这些数据因为人力资源管理部门的人员更迭、公司政策的变化等，失去了再次发挥价值的机会。

互联网思维告诉我们，每一个数据都有价值。通过建立模型，可对大数据进行分析，可从作废甚至尘封的数据里找到人力资源工作开展的轨迹和规律，可为我们当下工作提升找到科学依据。

到底什么样的人适合什么样的岗位？什么样的人可以在什么样的岗位上更有发展潜力？什么样的管理方法可以促进人员稳定性的提升？员工为什么会选择留在公司或离开公司？企业管理过程中有可能忽略了员工的哪些潜在诉求？

这些人力资源数据的价值，不仅仅是人力资源的价值，而是企业全部管理的数据库之一，其可作为企业选、育、用、留人的理性参考。

[微故事]

全球客服呼叫中心Transcom公司，由于公司人员的流动率过高，在2012年下半年，公司开始使用大数据模型进行员工行为分析，最终发现那些在“诚实”方面得分高的员工，稳定性会比其他员工高20%～30%。因此，Transcom改变了招聘策略，优先雇用有着同类型“特质”的员工，这样会使团队的稳定性更高，同时也降低了培训成本。

资料来源：解析人力资源的互联网思维，http://www.chinahrd.net/article/2014/08-26/199635-1.html。

五、分布式思维：培训与工作渗透的泛在式学习

分布式认知理论更适宜揭示网络化学习的内在规律性。分布式认知理论研究视野超越了个体大脑的范围，转向日常工作情境中的认知现象研究，认为人的认知是由认知主体内部、主体之间、认知工具、所处情境、社会与文化环境等诸要素综合作用的过程，并特别重视要素间的交互作用。这一理论更吻合网络发达、海量数据、高速传播、分布存储、普适计算等大数据时代

的认知与学习的规律性，较准确地揭示了经营者社会能力网络化培养的本质与特征。

网络化学习将普遍采用一种泛在学习方式。在网络与各种媒体、普适计算技术等“人工制品”无时无处不在的、最优化的智能整合认知环境中，管理人员与员工的学习将是一种泛在学习。任何人在任何时间、任何地点、基于任何计算机设备获取任何所需的学习资源，享受无处不在的学习服务。

坚持工作导向，实现学习与工作渗透。企业管理人员与员工如何协调工作与学习的矛盾是最突出的问题。唯一的解决路径就是以工作目标、难题、任务为中心，研究理论，学习知识，训练技能，实现学习与工作的高度渗透与融合。

[互动话题]

宝洁公司的培训制度

在宝洁，最核心的培训不是课堂上的培训，而大多数是明确指定的直接经理对下属一对一的培养与帮助。宝洁认为，职业只是员工个人发展中一个比较核心的部分，不是全部，辅导员工的个人发展是最重要的。辅导要实现的，也不仅仅只是员工与上司之间的协助或者师徒关系，“我们的价值观要求充分尊重每一位员工，既可以与上司分享自己的成果，也可以无所顾忌地向上司倾诉自己的困惑。”宝洁中国公司 HR 经理 Cissy Zhou 说。

“全程”是宝洁培训的特点之一，员工从迈进宝洁大门的那一天开始，培训的项目将会贯穿职业发展的整个过程。这种全程式的培训将帮助员工在适应工作需要的同时不断稳步提高自身的素质和能力。宝洁的内部网站上总是提前六个月到一年就挂上了若干培训预告，从最基础的 office 文件使用、语言培训到如何精进你的业务水平，只要提前和上司打好招呼，安排好手头的工作，就可以连续脱岗数天；而他的上司和同事不会有任何异议，因为“他去培训了”。在宝洁公司，参加培训也是工作的一部分。

在培训方面的支出，宝洁公司一直是“不吝惜成本”的。宝洁培训的终极目标是——“员工具备良好的态度，掌握必需和足够的知识、技能，并实现优秀的业务结果。”每年宝洁都会根据业务需求，对比员工现在的技能，了解员工存在的主要技能或者能力差距，根据这些差距联系相应的资源，提供相应的培训，最终减少或消除这些差距，实现业务目标。

在培训方式上，宝洁采用混合式培训，包括在职培训、课堂式培训、网上培训、远程培训等。宝洁认为，每天的经营活动都是学习和培训的源泉，在职训练就是最好的培训。员工解决问题、设定顺序、采取行动、追踪质量以及领导、合作的能力都能通过在职培训得到提高。

作为一家国际性的大公司，宝洁有足够的空间来让雇员描绘自己的未来职业发展蓝图。无论是一个技术型人才还是一个管理型人才，其未来的发展空间都会足够大。在宝洁，除了律师、医生等职务，几乎所有的高级经理都是从新人做起的。宝洁管理层 95%以上的员工都是由应届大学毕业生培养起来的。

宝洁的历任 CEO 都是从初进公司时的一级经理开始做起的，他们熟悉宝洁的产品，也熟悉宝洁的经营机制，更重要的是，他们对宝洁的文化有百分之百的忠诚。他们是随着宝洁公司的成长而一道成长的，这种自豪感和主人翁意识可以很好地保持公司的凝聚力。宝洁的现任 CEO 雷夫利也是内部提升的一个典型，他自 1977 年哈佛大学 MBA 毕业之后就加入宝洁，从品牌助理、品牌经理、分公司总经理一直做到现在的职位。

资料来源：宝洁公司管理——培训和提拔制度．经营界，http://www.bblook.com/lbusiness/ease/class/200705/2606-2.html。

思考与领悟：

1. 保洁公司在哪些方面突破了传统的培训方式？
2. 他们培养与选拔内部员工有何激励作用？
3. 从中你可以领悟出互联网时代的培训有何特点？

[复习思考题]

1. 如何理解人力资源的内涵？
2. 外部招聘和内部招聘的优势和局限性表现在哪些方面？
3. 员工培训的主要方法有哪些？
4. 薪酬管理的意义是什么？
5. 如何理解福利的功能？

[案例分析]

华为致新员工书

导读：这篇《致新员工书》最早发表于1994年12月25日第11期《华为人》报，多年来任总亲自修订更新数次。这是2014年12月19日任总再次对此文做的最新修订。本文摘自《华为人》报第293期，来源：心声社区。

以下为正文：

您有幸加入了华为公司，我们也有幸获得了与您合作的机会。我们将在相互尊重、相互理解和共同信任的基础上，与您一起度过在公司工作的岁月。这种尊重、理解和信任是愉快地进行共同奋斗的桥梁与纽带。

华为公司共同的价值体系，就是要建立一个共同为世界、为社会、为祖国作出贡献的企业文化。这个文化是开放的、包容的，是不断吸纳世界上优良的文化和管理的。如果把这个文化封闭起来，以狭隘的自尊心、狭隘的自豪感为主导，排斥别的先进文化，那么华为一定会失败的。这个企业文化黏合全体员工团结合作，走群体奋斗的道路。有了这个平台，您的聪明才智方能很好发挥，并有所成就。没有责任心、缺乏自我批判精神、不善于合作、不能群体奋斗的人，等于丧失了在华为进步的机会，那样您会空耗宝贵的光阴。

公司管理是一个矩阵系统，运作起来就是一个求助网。希望你们成为这个大系统中一个开放的子系统，积极、有效地既求助于他人，同时又给予他人支援，这样您就能充分地利用公司资源，借助别人提供的基础，吸取别人的经验，很快进入角色，很快进步。求助没有什么不光彩的，做不好事才不光彩，求助是参与群体奋斗的最好形式。

实践是您水平提高的基础，它充分地检验了您的不足，只有暴露出来，您才会有进步。实践再实践，尤其对青年学生十分重要。只有实践后善于用理论去归纳总结，才会有飞跃的提高。要摆正自己的位置，不怕做小角色，才有可能做大角色。

我们呼唤英雄，不让雷锋吃亏，本身就是创造让各路英雄脱颖而出的条件。雷锋精神与英雄行为的核心本质就是奋斗和奉献。雷锋和英雄都不是超纯的人，也没有固定的标准，其标准是随时代变化的。在华为，一丝不苟地做好本职工作就是奉献，就是英雄行为，就是雷锋精神。

实践改造了，也造就了一代华为人。“您想做专家吗？一律从基层做起”，已经在公司深入人心。一切凭实际能力与责任心定位，对您个人的评价以及应得到的回报主要取决于您的贡献度。在华为，您给公司添上一块砖，公司给您提供走向成功的阶梯。希望您接受命运的挑战，不屈不挠地前进，您也许会碰得头破血流，但不经磨难，何以成才？在华为改变自己命运的方法，只有两个：一、努力奋斗；二、做出良好的贡献。

公司要求每一个员工，要热爱自己的祖国，热爱我们这个刚刚开始振兴的民族。只有背负着民族的希望，才能进行艰苦的搏击，而无怨无悔。我们总有一天，会在世界舞台上占据一席之地。但无论任何时候、无论任何地点都不要做对不起祖国、对不起民族的事情。不要做对不起家人、对不起同事、对不起您奋斗的事业的人。要模范遵守所在国家的法规和社会公德，要严格遵守公司的各项制度与管理规范。对不合理的制度，只有修改以后才可以遵守。任何人不能超越法律与制度，不贪污、不盗窃、不腐化。严于律己，帮助别人。

您有时会感到公司没有您想象的公平。真正绝对的公平是没有的，您不能对这方面期望太高。但在努力者面前，机会总是均等的，要承受得起做好事反受委屈。"烧不死的鸟就是凤凰"，这是华为人对待委屈和挫折的态度与挑选干部的准则。没有一定的承受能力，今后如何能做大梁？其实一个人的命运，就掌握在自己手上。生活的评价，是会有误差的，但决不至于黑白颠倒，差之千里。要深信，是太阳总会升起，哪怕暂时还在地平线下。您有可能不理解公司而暂时离开，我们欢迎您回来。

世上有许多"欲速则不达"的案例，希望您丢掉速成的幻想，学习日本人踏踏实实、德国人一丝不苟的敬业精神。现实生活中能把某一项业务精通是十分难的，您不必面面俱到地去努力，那样更难。干一行，爱一行，行行出状元。您想提高效益、待遇，只有把精力集中在一个有限的工作面上，不然就很难熟能生巧。您什么都想会、什么都想做，就意味着什么都不精通，做任何一件事对您都是一个学习和提高的机会，都不是多余的，努力钻进去，兴趣自然在。我们要造就一批业精于勤、行成于思、有真正动手能力和管理能力的干部。机遇偏爱踏踏实实的工作者。

公司永远不会提拔一个没有基层经验的人做高层管理者。遵循循序渐进的原则，每一个环节对您的人生都有巨大的意义，您要十分认真地去对待现在手中的任何一件工作，十分认真地走好职业生涯的每一个台阶。您要尊重您的直接领导，尽管您也有能力，甚至更强，否则将来您的部下也不会尊重您。长江后浪总在推前浪。要有系统、有分析地提出您的建议，您是一个有文化者，草率的提议，对您是不负责任，也浪费了别人的时间。特别是新来者，不要下车伊始，动不动就哇啦哇啦。要深入、透彻地分析，找出一个环节的问题，找到解决的办法，踏踏实实地一点一点地去做，不要哗众取宠。

为帮助员工不断超越自我，公司建立了各种培训中心。培训很重要，它是贯彻公司战略意图、推动管理进步和培训干部的重要手段，是华为公司通向未来、通向明天的重要阶梯。你们要充分利用这个"大平台"，努力学习先进的科学技术、管理技能、科学的思维方法和工作方法，培训也是你们走向成功的阶梯。当然您想获得培训，并不是没有条件的。

物质资源终会枯竭，唯有文化才能生生不息。一个高新技术企业，不能没有文化，只有文化才能支撑它持续发展，华为的文化就是奋斗文化，它的所有文化的内涵，都来自世界的、各民族的、伙伴的……甚至竞争对手的先进、合理的部分。若说华为有没有自己的核心文化，那就剩下奋斗与牺牲精神算我们自己的吧！其实奋斗与牺牲也是从别人那里抄来的。有人问我，您形象地描述一下华为文化是什么。我也不能形象地描述什么叫华为文化，我看了《可可西里》的电影，以及残疾人表演的"千手观音"后，我想他们的精神就叫华为文化吧！对于一个新员工来说，要融入华为文化需要一个艰苦过程，每一位员工都要积极主动、脚踏实地地在做事的过程中不断去领悟华为文化的核心价值，从而认同直至消化接纳华为的价值观，使自己成为一个既认同华为文化，又能创造价值的华为人；只有每一批新员工都能尽早地接纳和弘扬华为的文化，才能使华为文化生生不息。

华为文化的特征就是服务文化，谁为谁服务的问题一定要解决。服务的含义是很广的，总的是为用户服务，但具体来讲，下一道工序就是用户，就是您的“上帝”。您必须认真地对待每一道工序和每一个用户。任何时间、任何地点，华为都意味着高品质。希望您时刻牢记。

华为多年来铸就的成就只有两个字——诚信。诚信是生存之本、发展之源。诚信文化是公司最重要的无形资产。诚信也是每一个员工最宝贵的财富。

业余时间可安排一些休闲，但还是要有计划地读些书，不要搞不正当的娱乐活动，为了您成为一个高尚的人，望您自律。

我们不赞成您去指点江山，激扬文字。目前，在中国共产党领导下，国家政治稳定、经济繁荣，这就为企业的发展提供了良好的社会环境，我们要十分珍惜。21世纪是历史给予中华民族一次难得的振兴机会，机不可失，时不再来。“21世纪究竟属于谁”，这个问题的实质是国力的较量，国家间的竞争归根到底是在大企业和大企业之间进行。国家综合国力的增强需要无数大企业组成的产业群去支撑。一个企业要长期保持在国际竞争中的优势，唯一的办法便是拥有自己的竞争力。如何提高企业的竞争力，文章就等你们来做了。

希望您加速磨炼，茁壮成长，我们将一起去托起明天的太阳。

任正非

2014年12月19日

思考题：

1. 任正非通过这篇文章向华为公司的新员工传递了哪些方面的信息？
2. 这篇文章对于想在华为取得职业成功的新员工有何意义？

第九章　领　导

一只绵羊带领的一群狮子，敌不过一只狮子带领的一群绵羊。

——拿破仑

[学习目标]

知识点：

1. 掌握领导的含义；
2. 认识领导者必须具备的素质；
3. 理解领导与管理的区别；
4. 掌握领导的理论；
5. 了解领导者修养与领导艺术。

技能点：

1. 掌握领导权力的来源；
2. 有效运用领导理论，并结合互联网思维，从特质、行为方面加强和提高个人修养。

[案例导入]

鹦鹉价格与领导

一个人去买鹦鹉，看到一只鹦鹉前标道：此鹦鹉会两门语言，售价二百元。另一只鹦鹉前则标道：此鹦鹉会四门语言，售价四百元。该买哪只呢？两只都毛色光鲜，非常灵活可爱。这人转啊转，拿不定主意。结果突然发现一只老掉了牙的鹦鹉，毛色暗淡散乱，标价八百元。这人赶紧将老板叫来："这只鹦鹉是不是会说八门语言？"店主说："不。"这人奇怪了："那为什么又老又丑，又没有能力，会值这个数呢？"店主回答："因为另外两只鹦鹉叫这只鹦鹉老板。"

人们是为了实现各自的个人目标而加入组织的，尽管管理者在组织中拥有指挥下属的特权，但是下属并不一定会自动服从命令。在各种组织中，成员不仅希望能够通过对组织的贡献，获得个人需求的满足，而且会希望在工作过程中得到充分尊重和公平对待。所以，要使组织正常运作，并且充分调动组织成员的积极性，管理者就应当掌握有效领导这项基本技能。

第一节 领导概述

一、领导的含义

关于领导的含义，不同的著作有不同的解释。

孔茨给领导下的定义是："领导是一种影响力；是引导人们的行为，从而使人们情愿地、热心地实现组织目标的过程。"这个定义包括三层含义：首先，领导者必须有追随者，没有追随者的领导者谈不上是一个领导者；其次，领导者拥有影响追随者的能力，这些能力包括由组织赋予领导者的职位或权利；最后，领导的目的，是通过影响力来影响人们心甘情愿地努力达到企业的目标。

法约尔认为："领导就是寻求从企业所拥有资源中获得尽可能大的利益，引导企业达到他的目标，就是保证六项基本职能(即六组活动)的顺利完成。管理只是这六项职能中的一项，由领导保证其进行。"法约尔定义领导的含义更为广泛，对高层管理者而言，领导等同于管理。

德鲁克认为："领导者的唯一定义就是其与后面的追随者的关系。"也就是说，对领导者的理解要理解追随者以及两者之间的关系。

霍根提出："领导实质上是去劝服其他人在一定时期内放弃个人目标，而去追求对群体责任和利益至关重要的组织目标。"这种说法实质在于为实现目标而令其成员努力进步的动力。

稻盛和夫指出：领导者是一个部门的代表，也是企业的代表。领导者的一个重要职责就是必须率先垂范，向全体组织成员展示自身勤奋的工作姿态，并以此带领员工，统率整个团队集体。

我们比较了上述的各种解释，赞同"领导"就是在社会活动中具有影响力的个人或集体，带领和鼓励下属为实现组织目标而努力的过程。在理解领导含义时要注意：其一，"领导"作为名词属性，可作为"领导者"的简称，是指人；其二，"领导"作为动词属性，指的是"领导者"所从事的行为、活动过程。

二、领导与管理的联系和区别

从表面上看，管理者与领导者之间没有什么区别，在日常工作中人们经常将两者混为一谈，但实际上两者是有着本质区别的。好的领导和薄弱的管理不能产生好的效果，有效的管理但领导不力也不能达到组织的目标。

(一)领导与管理的联系

从行为方式上看，领导和管理都是一种在组织内部通过影响他人的协调活动，实现组织目标的过程。从权力的构成情况来看，两者也都是组织层级的岗位设置的结果。

(二)领导与管理的区别

领导者不一定是管理者，但管理者应当成为领导者。从本质上说，管理是建立在合法的、有报酬的和强制性权力基础之上的对下属命令的行为，下属必须遵循管理者的命令。另外，管理是维持组织运行的既定规则和制度，它使组织得以正常地运转，没有行之有效的管理，企业将在千头万绪中一片混乱，管理恰恰是给企业带来秩序和效率。而领导则不同，领导作为一种影响别人的能力，既是来自职位赋予领导者的合法权利，但更多的是建立在个人的影响权和专长权的基础上，两者所担负的工作内容不同，具体区别如表 9－1 所示：

表 9—1　　领导与管理的区别

比较项目	管　理	领　导
从职能上看	管理的范围大	领导行为是属于管理的范围
制订计划	为达成目标,制定出详细的步骤和计划进度,进行资源分配	展现未来的前景与目标,指明达到远景目标的战略
组织和人员配备思路	组建所需组织结构及配备人员,规定权责关系,制定具体政策和规程,建立一系列的制度监管下属的工作状况	重在指导人员;同协作者沟通,指明方向、路线;帮助人们更好地理解目标、战略及实现目标后的效益;引导人们根据需要组建工作组、建立合作伙伴关系
执行	在执行中强调采用控制的方式来解决问题;通过具体的、详细的计划监督进程和结果	一般采取鼓励和激励的方式,在思想上动员和鼓励人们克服工作中的障碍与困难,推动各项工作顺利开展
效果	一般只能发挥组织成员的现有能力	可充分挖掘组织成员的潜在能力

[小阅读]

领导者与管理者的区别在哪里?

以往,企业要求优秀的管理者(manager)具备卓越的业务能力,能够制定目标和计划,并带领团队实现目标。然而,随着近些年市场竞争日益激励、业务环境纷繁复杂,传统的管理者职能和素养已不能满足企业长期发展的需求。现如今,企业迫切地需要管理者们迅速向领导者(leader) 转变,从而提高企业竞争力,以应对市场挑战。那么,领导者(leader)与管理者(manager)之间究竟区别何在?

为了寻求其中的答案,全球最大的商业软技能培训供应商之一 AchieveGlobal 公司进行了一项全球范围的深入调查,试图了解领导者在当今商业环境中的成功要素。该调查覆盖美国、中国、新加坡、英国、德国、印度和墨西哥,采用文献研究、小组访谈和在线问卷调查的调研方式,对领导者行为进行了深入研究。调查结果发现,42 个领导者行为是塑造一位合格"领导者"的核心所在,也是界定领导者和管理者的关键。这些行为特别能够帮助领导者战胜目前全球领导力所面临的七大挑战:成本压力、竞争对手、客户满意度的提升、技术挑战、促进销售增长的压力、员工生产力和产品/服务创新。

AchieveGlobal 公司将这 42 项领导者行为归为六大类(模块)—— 反思、社交、多样化、创新力、员工关系、业务能力,从而形成了完整的 21 世纪领导者模型,系统地展示一位"领导者"所具备的特质。这六大模块之间的相互联系具体如下:

模块一:反思

领导者应当不断评估其工作动机、态度、行动及目标,不时反思"怎样才能避免由于自身局限性所造成的工作失误"。想要在此领域取得成功,领导者必须:

- 承担由于自身错误所造成的后果;
- 不断追寻获得更高视野的必备知识;
- 清楚理解在面对挑战时自身所承担的角色,将失败视作学习和成长的机会;
- 经常反思自身行为是否符合一名合格的领导者;
- 认真考虑他人的异议;
- 诚以待人,虚心学习并相互建立信任。

模块二:社交

领导者应熟练掌控各项社交原则，如公平与尊重，有效地平衡个人与团队之间的利益。想要在此领域取得成功，领导者必须：

- 不墨守成规，站在多数人的立场上思考问题；
- 鼓励他人进行社交行为；
- 勇于公开挑战有违道德的决策或行动；
- 不仅为自己，更愿意为他人争取利益；
- 根据绩效，给予他人认可和奖励，而不拘泥于公司的规定；
- 公平决策，即使该决策会给自己带来负面影响；
- 采取措施，以减少对环境的危害。

模块三：多样化

领导者应该尊重并利用某些基本的差异性，如性别、民族、年龄、国籍及信仰。想要在此领域取得成功，领导者必须：

- 尽力满足来自不同文化背景的客户需求；
- 鼓励不同团队成员间的相互协作；
- 展现管理不同地区团队的能力；
- 同有别于自身的伙伴开展紧密协作；
- 有效领导由不同成员组成的团队；
- 学习其他文化背景下的业务方式；
- 在明确的目标下，以相同的标准管理不同地区的团队。

模块四：创新力

领导者应能为自身和他人提供切中实际的指导，并予以执行，以营造益于创新的环境。想要在此领域取得成功，领导者必须：

- 帮助他人迅速调整，以应对变革；
- 帮助团队制定共同目标，描绘光明未来；
- 为自身设定目标，提升团队整体能力；
- 思路清晰，同成员一起解决实际问题；
- 激励他人共同为战略目标而努力；
- 营造益于创新的工作环境；
- 探寻提升工作效率、灵活性和创新的方法。

模块五：员工关系

领导者应该平等地对待每个员工，对他们进行激励，加深交流。想要在此领域取得成功，领导者必须：

- 了解每位员工的感受，并做出合适的回应；
- 适应不同团队对于领导力的不同需求；
- 帮助他人平衡工作与生活；
- 每日不懈努力，以赢得客户和同事的信任；
- 将决策和行动中的人为负面影响降至最低；
- 建立并维护不同部门间的协作网络；
- 与各级别的客户和同事沟通融洽。

模块六：业务能力

领导者应能制定战略，执行方案与决策，向他人分派任务，带领团队向着既定目标前进。想要在此领域取得成功，领导者必须：

• 根据业务情况的变化做出迅速调整；
• 管理运营成本；
• 不断探寻提升业务竞争力的新方法；
• 制订并实施有效的业务计划；
• 分析并利用数据，以提升业务成果；
• 发展并维护客户，并对客户生命周期价值进行管理；
• 明确公司的愿景及价值观。

通过 AchieveGlobal 公司的领导力模型，我们不难发现，领导者和管理者的区别就如同葡萄和葡萄干——管理者只保留了完成工作的最基本能力，即业务能力，管理者能够制定并执行业务计划，向他人分派工作，并带领团队共同向目标迈进；而领导者除了业务之一——基本能力外，还具备反思、社交、多样化、创新力、员工这五大能力，这些恰恰满足了 21 世纪复杂商业环境的挑战：

• 更为复杂的问题需要更好的反思；
• 长期的战略协作需要稳固的社交影响力；
• 大型的团队协作需要一切形式的多样性；
• 创新力铸就创新，将为竞争力添砖加瓦；
• 激励员工的同时需要考虑其情感及思想因素。

AchieveGlobal 的领导力模型为管理者提供了一个清晰的领导者成长之路。管理者可以进行适当的培训，并结合实际的工作状况，平稳完成向领导者的转变，从而帮助企业实现可持续的长期绩效发展。

资料来源：http://www.ceconline.com/。

三、领导者必须具备的要素

综观国内外，早期的人们认为领导者的素质是一种与生俱来的天赋，是天生的"伟人"，甚至神话了这种天赋。我国古代，孔子提出管理者应当具备"恭、宽、信、敏、惠"等品格；军事家孙子认为："将者，智、信、仁、勇、严也。"20 世纪初，一些学者开始重点研究识别伟大的社会领袖、政治领袖和军事领袖身上与生俱来的品质和性格，比如伊利诺伊大学(University of Illinois)的专家们，研究发现领导者的素质是后天培养的而不是天生的，并且形成和遵循特定的发展历程，证实这一宝贵特质可以后天习得，这种理论也被称为"伟人"理论。

杰克·韦尔奇在《赢的答案》中对领导者的五种特质作了论述。他说，优秀的领导者具有五种必不可少的重要特征。这些素质不包括诚实和才智。因为诚实是对所有领导者的要求，才智是全球化背景下参与竞争的"敲门砖"。同时，这五种特征中也不包括心理成熟，因为这也是参与国际竞争的一种必备素质。这三个特征是基础。

既然研究认为素质主要来自后天的学习和实践积累，那么我们应当理解各层次领导者的工作特点不同，其所要求的素质也有差别；同时，素质形成于一定的环境，又随环境而变化，可以通过不断地学习和经验积累得到提高。总起来说，领导者的素质，是指领导者所具有的在领导活动中经常起作用的基本条件或内在因素。

我国对管理者的素质要求有自己的标准，同时，一些专家、学者也对领导的特质理论进行了一系列的研究。概括起来看，我国优秀的领导者应具备的素质包括四个方面，即良好的政治思想素质、知识素质、身体素质和心理素质。

(一)政治思想素质

政治思想素质包括政治方向、政治立场、政治辨别力、政治敏锐力等。现代的领导者，必定要有一定的理想和志向。领导者的人生理想和政治目标是一个十分重要的内容，他是领导人自我完善的内在动力。如今，不管是党和国家的领导人还是企业中的高层管理者都要有正确的政治方向、坚定的政治立场、鲜明的政治观、高度的政治觉悟。同时，领导者还应当具有八种现代意识：商品经济意识、市场竞争意识、效率效益意识、开拓创新意识、风险意识、服务意识、诚信意识、法制意识。当丁说过："道德常常能填补智慧的缺陷，而智慧永远填补不了道德的缺陷。"司马光的德才论中提到："才德全尽谓之圣人，才德兼亡谓之愚人，德胜才谓之君子，才胜德谓之小人。"管理者是领袖人物，是"上行下效"的对象，因此，管理者高尚的道德情操和修养对组织成员影响巨大。近年来，国有企业管理者的贪腐问题以及民营企业职业经理人的人品问题，很有力地说明了道德风险是企业最大的风险。

[小阅读]

互动话题：俗话说"无奸不商"，"小老板靠勤、中老板靠智、大老板靠德"，你是如何看待上述说法的？

(二)知识素质

1. 扎实的基础知识

基础知识包括自然科学知识、人文社会知识、科学技术知识。领导者最起码的知识基础，包括语文、数学、物理、化学、生物、历史、地理等中学范围内的基础知识。人文社会知识包括哲学、政治、文化、道德、法律和历史方面的知识。现代社会中，任何组织都是社会的细胞，在社会的大环境中生存和发展，与社会发生千丝万缕的联系。因此，领导者自身应丰富这方面的知识，以确保作出正确的决策，并有效地加以实施。

2. 完善的知识结构

这就要求领导者不仅拥有较为精深的专业知识，同时还要有较为广博的相关学科知识，才能更好地发挥影响力，有效领导下属。

3. 专业的管理知识

管理是一门综合性和实践性很强的学问，领导者要认真钻研和不断更新管理知识，比如，对计划、组织、协调、控制等基本的管理知识要有较深刻的认知。对于产品研发、物料采购、产品生产、全面质量管理、财务指标、人力资源管理、大数据分析、物联网等业务管理知识要能有的放矢地把控。领导者的观察能力和思维能力体现在，对复杂环境和管理问题的观察、分析，对全局性、战略性问题的处理和决断，对突发紧急处境的应变能力。因此，领导者必须清醒地认识到国民经济中各产业、各行业的地位、作用、分工、特点，在新知识日新月异的今天，高度重视，与时俱进，时刻把握产业和行业的发展和变化。

[小阅读]

2014年春节放假期间，全国移动短信发送量同比下降42%，与此同时，更多的消费者开始使用微信直接发送拜年祝福，正是这种大背景下，2015年中国移动推出融合通信业务，这其实意味着其宣告放弃短信市场。打车软件鼻祖 Uber 事实上已经是美国最大的出租车公司，尽管它没有一辆出租车，也没有一个专职司机。国内的滴滴和快的也会成为中国事实上最大的出租车公司，同样，他们既不会购买一辆出租车，也不会雇佣一个专职司机。这就是分享经济思维下的崭新商业模式。

(三)身体素质

健康的身体、敏捷的思维、旺盛的精力，是做好领导工作的基础，是"革命"工作的本钱。面对繁重的工作，只有保证良好的身体状况和精神状态，才能保证良好的工作质量。因为领导者的工作是艰巨和繁重的，如果没有良好的身体素质，就会心有余而力不足，就无法胜任繁重的工作。所以，领导者要坚持锻炼身体，合理安排工作时间和休息时间，尽量使生活有规律、有节奏。

(四)心理素质

心理素质是形成独特的领导风格的决定性因素，也是选择领导者的重要标准。人的性格、气质、心智能力等都是心理素质的内容。它影响着领导者的行为方式，制约着领导能力的发挥。领导者既要清醒地认识自己的内在需要，又要正确地评估外部条件，能够从动态中追求心理平衡，自觉地把自己的行为调整和控制在适当的限度之内。

四、领导的作用

领导活动对组织绩效具有决定性影响。领导者在组织或群体中充当着重要角色，影响组织成员更积极、主动地为实现共同目标而努力。因此，领导有着不可替代的作用，具体体现在以下几个方面：

(一)指挥

一个单独的提琴手是自己指挥自己，一个乐队就需要一个乐队指挥。可见，在人们的集体活动中，需要有头脑清晰、胸怀全局，能高瞻远瞩、运筹帷幄的领导者，帮助人们认清所处的环境和形势，指明活动的目标和达到目标的途径。

(二)协调

组织的目标是通过分工与协作来实现的。由于组织中各成员对目标的理解、对技术的掌握和对客观情况的认识，因各自的知识、能力、信念等各方面的差异，发生各种矛盾和冲突以及行动上出现偏离目标的情况是不可避免的。因此，领导者要协调各方面的关系和活动，保证各方面能朝着既定目标前进。

(三)沟通

领导者是组织的各级首脑和联络者，在信息传递方面发挥着重要的作用，是信息的传播者、监听者、发言人和谈判者，在管理的各层次中起到上沟下通、联系左右的作用，以保证管理决策和管理活动顺利进行。

(四)激励

一般情况下，个体目标与组织目标是不完全一致的，领导者的责任就是将组织目标的实现与满足个人需要统一起来，创造一种组织环境，使组织成员加强对组织目标的认同感，从而提高成员接受和执行目标的自觉程度。作为组织的领导者，要根据每个成员的具体情况，采用适当的激励方式，使成员始终保持旺盛的工作热情，最大限度地调动他们的工作积极性，努力实现组织目标。这就需要领导者了解被领导者的需要结构层次，不断有计划地确定不同时期的激励目标,不断发掘和激励员工积极进取的动力。

五、领导权力的来源

所谓权力,是指一个人主动影响他人行为的内在能力。一般来说,管理者的领导影响力主要来自两个方面:一是来自职位的权力,即伴随管理岗位的正常权力,也可称为职权或正式的权力。在职就有权,不在职就无权,组织成员往往出于压力和习惯不得不服从这种职位权力。二是来自个人的影响力,即威信或者非正式的权力。这种权力不是由于领导者在组织中的位置,而是由于自身的某些特殊条件,例如高尚的品德、丰富的经验、卓越的能力、优秀的业绩、良好的人际关系等才具有的。职权与威信是实施领导的基础,管理者用自己所拥有的职权和威信来影响和指挥别人。

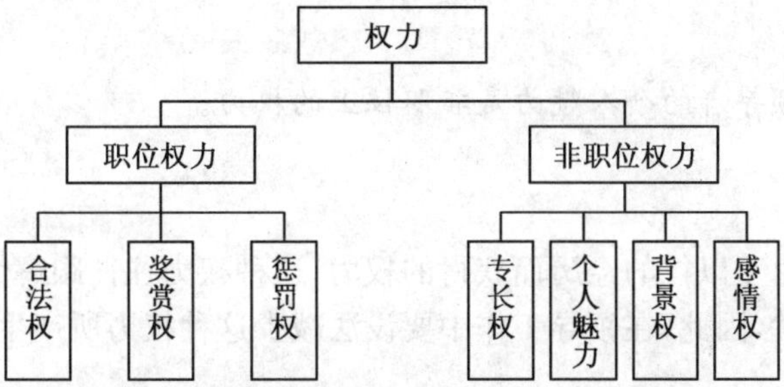

图 9—1 权力的类型

(一)职位权力

1. 合法权

合法权也称为法定权,即组织内各领导职位所固有的、合法的、正式的权力。通常由组织按照一定的程序和形式授予领导者,凡是处于某一职位上的领导者都拥有一定的法定权力。这种权力来自领导者在组织中担任的职务,来自下级传统的习惯观念。

2. 奖赏权

奖赏权是指提供奖金、提薪、升值、赞扬、理想的工作安排等物质和精神奖励的权力。下级认识到,如果按照上级的指示办事,上级会给予一定的奖励,满足自己的某些需要。奖赏权来自被领导者能感觉到领导者有能力奖赏他,这也是领导者巩固和维系权力的重要手段之一。

[互动话题]

如何看待"重赏之下必有勇夫"这句话?领导者手中的奖赏权越大,是否影响力也越大?

3. 惩罚权

惩罚权也称为强制权,即指给予扣发工资、奖金、降职、批评、分配较差的工作、解聘甚至开除等惩罚性措施的权力。下级认识到如果不按照上级的指示办事,就会受到上级的惩罚。

[互动话题]

团委、学生会或社团等各种组织中的学生干部是否拥有合法权、奖赏权、强制权?具体是指哪些?如果要成为优秀的学生干部,需要依靠哪些权力?

(二)非职位权力

1. 专长权

专长权也称为专家权,是指领导者具有各种专门知识和特殊技能或者学识渊博而获得的权力,这种权力以尊重、敬佩和理性崇拜为基础。专长权的大小取决于领导者的受教育程度、掌握运用知识的能力以及实践经验的丰富程度。领导者拥有的专长权越丰富,越容易获得下属的尊敬和主动服从。

2. 个人魅力

这是一种无形的、很难用语言来描述或概括的权力。这种魅力是领导者的道德、品行、智慧、资历、背景、性格、气质、社交能力、感染力等因素的集中体现,这些因素可以引起拥戴心理,激起人们的忠诚和热忱,引发人们竞相模仿,因此,这种权力具有巨大而神奇的影响力。

[互动话题]

举一些例子说明领导者的个人魅力是非职位上的权力。

3. 背景权

背景权是指个体由于以往的经历而获得的权力,这种权力往往跟辉煌的经历、特殊的人际关系以及血缘关系有关,因此,在领导工作中要设法减少这种权力所产生的负面影响。

4. 感情权

感情权是指个体由于和被影响者感情较融洽而获得的权力。

[小阅读]

杜鲁门的担责力

2004 年,德鲁克发表了一篇谈论领导力的文章,这位几乎走过整个世纪的老人,在回忆美国总统的时候,他说:我最喜欢的总统是杜鲁门。德鲁克甚至说:如果可能,我会一直把选票投给杜鲁门。在美国历任总统中,我们通常会忽视杜鲁门,甚至年轻人都不知道还有过这么一位美国总统。德鲁克对他这位欣赏的杜鲁门总统评价说:他看上去没有什么独特的地方,他的性格,平淡得像一条死鱼。可是德鲁克就是欣赏杜鲁门,这究竟是为什么呢?在《杜鲁门传》中,有这样一个故事:1945 年,杜鲁门接手美国总统的位置。他面对的最大问题,就是该怎么结束第二次世界大战。在什么时间?用什么方式?这都是重要的问题。最后,美国人选择在长崎和广岛扔了两颗原子弹,为此,日本死了几十万平民。现在很多人都知道日本死了很多人,但你不知道的是,如果没有那两颗原子弹,美国可能会因此死掉几十万军人。听到死了这么多人这件事之后,原子弹的设计者奥本海默觉得自己手上沾满了鲜血,于是,他求见杜鲁门。按照《杜鲁门传》的描述,在见到杜鲁门之后,奥本海默"自怜自艾,牢骚满腹",令杜鲁门十分讨厌。杜鲁门非常坚定地告诉奥本海默:不是你的手上沾满鲜血,而是我的手上沾满鲜血,所以,这件事,你就不用再提了,交给我吧。送走了奥本海默,杜鲁门告诉身边的人,他一辈子都不想再见到这个人了。杀死了几十万人,杜鲁门的内心难道可以平静吗?但是,在历史关头,在各种利弊权衡之后,他必须做出决断:向日本投放原子弹,尽快结束战争。据说,蘑菇云的阴影也一直萦绕在他的心头。但是他必须冷静面对,并没有像奥本海默那样自怜自艾,在白宫的椭圆形办公室里写下了一句座右铭:责任在此,把责任推到这里,到此为止。这不仅是对待第二次世界大战,对待原子弹,他后来当总统,一直都具有这样一种担责的风格。

从这件事里面我们可以看到杜鲁门最重要的领导特质，其实就是勇于担责。奥本海默是大科学家，顶级科学家可以造出原子弹来，但是，真正能够使用原子弹的是杜鲁门。所以，我们总是在重要关头，才发现领导者可以表现出那种独特的气质，这是他人没有的。即使像德鲁克说的平淡得像一条死鱼一样的杜鲁门，关键时刻也在平淡中表现出担责的历史感。

资料来源：《得到》宁向东的清华管理学课。

第二节 领导理论

所谓领导理论，就是关于领导有效性的理论。在管理思想发展史上，学者们提出了多种不同的理论模式。领导理论的演进历史概括起来分成三个部分，分别是：领导特质理论、领导行为理论和领导权变理论。领导特质理论的观点是研究领导者和非领导者相比具备哪些人格特质，进而说明领导者应当具备的素质。领导行为理论的观点是研究领导者的行为和领导风格对组织成员的影响，找出所谓最佳的领导行为和风格，其主要是根据个体所采取的行为解释领导。领导权变理论的观点是运用权变模型研究领导行为和领导有效性的环境因素，目的是为了说明在什么情况下哪一种领导方式最好。

一、领导特质理论

现实生活中我们常常会听到人们对一些优秀领导的夸赞，说他们是“天生的领导者”、“极具领导天赋”，比如像玛格丽特·撒切尔、罗德尔·里根、纳尔逊·曼德拉、泰德·特纳、杰西·杰克逊等人。同时我们也常常发现另一种状况，有些领导并非是人们心中具有超凡魅力的一类人。那么，领导者的品质到底是天生的呢，还是“王侯将相，宁有种乎？”

（一）传统的领导特质理论

20 世纪初期，传统的领导特质理论研究重点在于找出杰出领导所具备的某些共同的特性或品质，因此，传统的领导理论也称为领导品质理论。传统的特质理论认为，领导工作效能的高低与领导者的素养、人品或个人特征密切相关，领导者的个人特质是决定领导效能的关键因素。通过对领导效果好坏的分析，找出好的领导者与差的领导者在个人品质或特性方面的差异，由此确定优秀的领导者应具备的特点。

传统的领导特质理论中主要代表人物及其理论主要有：

1. 斯托格蒂尔的领导个人因素理论

1948 年在其所写论文《与领导者有关的个人因素：文献调查》和 1974 年《领导手册》中，指出关于有效领导者应具备的素质，总结了关于领导个人方面的六类特质，并且指出，领导者和非领导者在特质方面的差异，并非在所有场合都固定不变。

表 9—2 斯托格蒂尔的领导特质理论

六 类	特 质
5 种身体特性	精力、外貌、身高、年龄、体重
2 种社会背景特性	社会经济地位、学历
4 种智力特征	果断、说话流利、知识广博、判断分析能力
16 种个性特征	适应性、进取心、热心、自信、独立性、外向、机警、支配、有主见、急性、慢性、见解独到、情绪稳定、作风民主、不随波逐流、智慧

续表

六　类	特　质
6种与工作有关的特性	责任感、事业心、毅力、创造性、坚持、对人关心
9种社交特性	能力、合作、声誉、人际关系、老练程度、正直、诚实、权力的需要、与人共事的技巧

2. 亨利的领导者品质理论

亨利的领导者品质理论提出了一个成功者应具备的11种品质，主要包括：成就需要强烈，把工作成就看成最大的乐趣；干劲大，工作积极努力，希望承担富有挑战性的工作；用积极的态度对待上级，尊重上级，与上级关系较好；组织能力强，有较强的预测能力；决断力强；自信心强；思维敏捷，富有进取心；竭力避免失败，不断接受新的任务，驱使自己前进；讲求实际，重视现在；对上级亲近而对下级较疏远；对父母没有感情上的牵绊；效力于组织，忠于职守。

3. 吉赛利的领导特质理论

对于有效领导者的特质，研究表明，首先，一个有效的领导者需要具有才智和对自我实现的需求，以及对事业成就的需求；其次，一个有效的领导者的监察能力和判断能力也十分重要；最后，男性和女性的差别与事业成功与否的关系不大。他的理论概括了八种个性特征和五种激励特征。

表9—3　　吉赛利的领导特质理论

八种个性特征	五种激励特征
才智：语言与文字方面的才能	对工作稳定的需求（冒险）
创新精神：开拓创新的愿望和能力	对金钱奖励的需求（不慕财富）
监察能力：指导和监督别人的能力	对指挥别人权力的需求
自信心：自我评价高，自我感觉好	对自我实现的需求（自立）
决断力：决策判断能力较强，处事果断	对事业成就的需求
适应性：善于与下属沟通信息、交流情感	
性别：男性与女性有一定的区别	
成熟程度：经验、工作阅历较为丰富	

[互动话题]

领导和领袖有什么区别？

(二)现代的领导特质理论

现代的领导特质理论认为，领导者的特性和品质并非全都是与生俱来的，领导是一个动态过程，领导者的品质特征是在实践中逐步形成的，可以通过教育和训练造就的。

1. 皮奥特威斯基和罗克的领导特质理论

皮奥特威斯基和罗克两位管理学家于1963年对成功经理人的个性特征做了总结，列举出包括能与各种人士就广泛的题目进行交谈的能力；在工作中既能敏捷地行动，又能冷静地思考问题；关心世界局势，对周围生活中发生的事情也感兴趣；在处于孤立环境和困难局势时充满自信；待人处事灵巧、机敏，而在必要时也能强迫人们拼命工作；在不同的情况下根据需要，有时幽默灵活，有时庄重权威；既能处理具体问题，也能处理抽象问题；既有创造力，又愿意遵循惯例；能顺应形势，知道什么时候该冒险，什么时候谋求安全；做决策时有信心，征求意见时谦虚等特征。

2. 包莫尔的研究结论

美国普林斯顿大学教授威廉·包莫尔（William Baumol）针对美国企业界的实际情况，提出了企业领导者应具备的十项条件：合作精神、决策能力、组织能力、精于授权、善于应变、勇于负责、敢于求新、敢于奉献、尊重他人、品德高尚。

3. 杜拉克的“五项主要习惯”

美国管理学家杜拉克在《有效的管理》一书中指出了五种有效领导者的特性，并指出它们是可以通过学习掌握的。

(1) 善于利用有限时间。

(2)注重贡献和工作效率。

(3)善于发挥人之所长。

(4) 集中精力于少数主要领域，建立有效的工作秩序。

(5)有效的决策。

4. 伟人理论或称天才论

这种理论认为领导者是天生的，不是后天培养的，他们具有一种超凡的神授能力与魅力。不仅对历史人物详加研究，还把重点放在一些大企业的领导者身上，介绍他们的身世、事业、个性，辨析他们在身体与精神上的先天内在品质。

5. 罗宾斯的领导者特质理论

斯蒂芬·P. 罗宾斯发现领导者有六项特质不同于非领导者，即进取心、领导愿望、正直与诚实、自信、智慧和工作相关知识。表 9—4 简要地描述了这些特质。

表 9—4　　区分领导者与非领导者的六项特质

进取心	领导者表现出高努力水平，拥有较高的成就渴望。他们的进取心强，精力充沛，对自己所从事的活动坚持不懈，并有高度的主动精神
领导愿望	领导者有强烈的愿望去影响和领导别人，他们表现为乐于承担责任
正直与诚实	领导者通过真诚与无欺以及言行高度一致而在他们与下属之间建立相互信赖的关系
自信	下属觉得领导者从没缺乏过自信。领导者为了使下属相信他的目标和决策的正确性，必须表现出高度的自信
智慧	领导者需要具备足够的智慧来收集、整理和解释大量的信息，并能够确立目标、解决问题和作出正确的决策
工作相关知识	有效的领导者对于公司、行业和技术事项拥有较高的知识水平。广博的知识能够使他们作出富有远见的决策，并能理解这种决策的意义

总之，并非所有成功的领导者都具备上述特质理论所描述的品质，许多非领导者可能具备上述的大部分甚至全部品质，而且几乎没有一种品质是所有领导者所共有的。因此，单纯的特质对解释领导者来说并不充分，完全以特质为基础的解释忽视了所在团队以及外部环境的约束。具备合适的特质只能使个人更有可能成为有效的领导者。20 世纪 40 年代至 60 年代中期，这一阶段对领导者特质的研究主要集中在对领导者偏好行为风格的研究上。

二、领导行为理论

领导行为理论又称为领导方式理论。由于领导理论的局限性，在解释领导行为有效性问题上出现困难，因此，学者们开始把目光转向具体的领导者表现出的行为身上，希望了解有效领导者的行为是否有什么独特之处，从而产生了领导行为理论。行为理论研究是要找出领导者的关键行为因素，以此作为参照，培养出更多的领导者。在管理思想发展史上，较为典型的领导行为理论有以下几个：

（一）勒温理论亦称为领导作风理论

领导作风也可以解释为领导风格，是领导在实施其职能进程中所表现出来的特点和倾向。理论创始人是心理学家勒温，他以权力定位为基本变量，通过各种试验，把领导者在领导过程中表现出来的极端的领导作风分成3种类型：专制型领导作风、民主型领导作风、放任型领导作风。

1. 专制型领导作风

领导者倾向于集中职权、使用命令、单方决策且限制员工参与的领导行为。主要特点表现为：独断专行，不考虑别人的意见，所有决策自己做，对工作任务的分配和人事安排等，主要依靠强权迫使下属被动执行，下属没有主动选择的权利和自由；主要依靠行政命令、训斥、惩罚等方式，很少夸奖或表扬下属，跟下属没有情感上的沟通和交流。

2. 民主型领导作风

领导者倾向于参与制定决策，主张授权，鼓励员工参与制定工作方法和工作目标。主要特点表现为：决策前与下属民主协商，广泛采纳各方意见，在分配工作任务时多半以商量、建议的口吻说话，给下属充分的自由空间，能最大限度地调动下属的积极性和主动性，上下级关系融洽。

3. 放任型领导作风

领导者完全放任员工，对下属既没有指导，又没有约束，一切悉听尊便。这种领导只是个摆设，或者能力不强，或者不愿意当领导，没有权威也没有责任心。

勒温和他的助手们发现，在实际工作中，放任型领导作风是工作效率最低的，也是最无效的领导行为；民主型领导风格和专制型领导风格所产生的效果有的时候是不相上下的，但在工作完成的质量和员工满意度方面，民主风格略胜一筹。民主领导风格有的时候会有更高的绩效水平，但有的时候又会产生较低的团队绩效水平，因此，很少有领导完全表现出某一种风格特征。

[互动话题]

在家庭管理中，父母对小孩子的教养过程中是否存在三种典型的领导作风？你觉得哪种教养方式好？为什么？

（二）四分图理论

1945年起，在美国俄亥俄州立大学多迪尔和沙特尔两位教授的领导下，通过1000多种描述领导行为的因素，设计出领导行为描述调查表，确定领导行为的独立维度，而后对大型组织的领导行为做了深度的调查研究，最后，归纳出“以工作为重”和“以人为重”两个领导行为类型的维度。

1. 以工作为重

以工作为重是指领导者把重点放在完成组织绩效的领导行为上，会明确规定任务，组织结构清晰、明确，组织成员职责清晰，会严格要求下属，确保任务完成。

2. 以人为重

以人为重是指领导者信任，尊重下属，关爱下属，满足下属的需求，会考虑下属的意见和感情，通过沟通对话和鼓励下属积极参与组织工作。

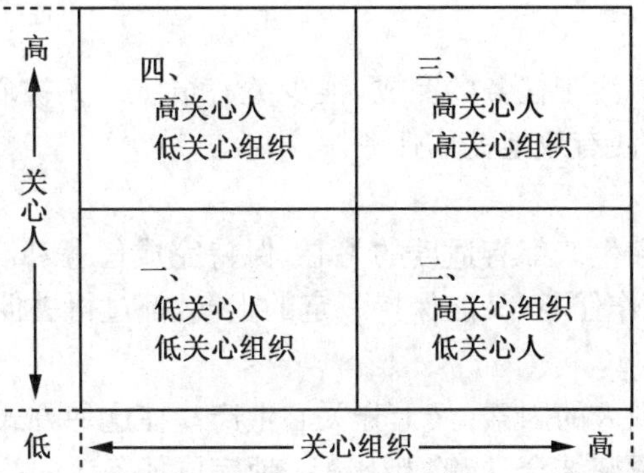

图 9—2 领导行为四分图

研究者们发现以工作为重和以人为重的领导方式是相互联系的，同时兼具高度重视工作和高度重视人的领导者能使员工产生较好的绩效表现和较高的满意度。然而，这种类型的领导并不全是有利的。比如，以工作为重的领导方式会导致下属的抱怨、缺勤和离职。

(三)管理方格理论

在四分图理论的基础上，美国心理学家罗伯特·布莱克和莫顿于 1964 年在《新管理方格》一书中提出了管理方格理论。他们将四分图中以工作为重改为对工作的关心程度，以人为重改为对人的关心程度，用一张九等分的方格图组成一个二维矩阵，将关心度各划分为 9 等分，形成 81 个方格，从而将领导者的领导行为分成许多不同的类型，如图 9—3 所示。在评价管理人员的领导行为时，就按他们这两方面的行为寻找交叉点，这个交叉点就是领导行为类型。纵轴上的积分越高，表示他越重视人的因素；横轴上的积分越高，表示他越重视生产。

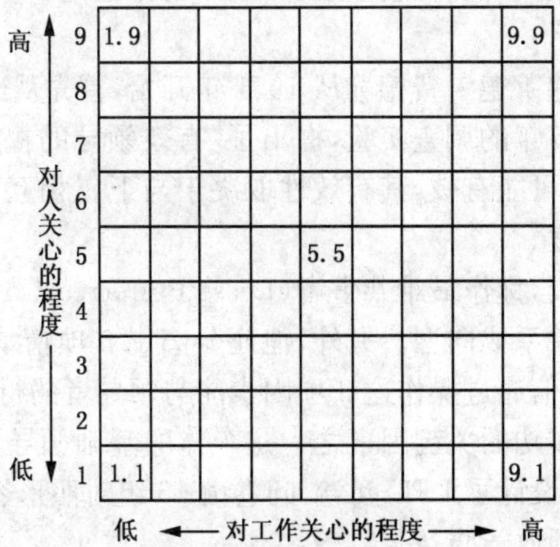

图 9—3 管理方格

布莱克和莫顿在管理方格图中列出了5种典型的领导行为。

1. 1-1型

贫乏型，采取这种领导方式的管理者希望以最低限度的努力来完成组织的目标，对员工和生产均不关心，实质上是一种不称职的管理，无疑会导致组织失败。

2. 1-9型

俱乐部型，管理者对员工特别关心，努力创造一个舒适的、友好的组织氛围和工作环境，而不太注重工作效率，对他们来说，友好的组织氛围比完成任务更重要。

3. 9-1型

任务型，管理者全神贯注于任务的完成，很少关心员工。人被看做完成任务的工具，领导者要求严格和全面控制以便有效地完成任务。

4. 5-5型

中庸型，管理者对人和生产都有适度的关心，保持完成任务和满足人们需要之间的平衡，既能按正常的效率完成工作任务，又能保持一定的士气，都过得去但不突出。

5. 9-9型

团队型，管理者既重视人的因素，又十分关心生产。在这种方式下，职工关系协调、士气旺盛，组织目标与职工利益紧密结合，能够上下一心地完成任务。

到底哪一种领导方式最好：布莱克和莫顿组织了很多场研讨会，绝大多数参加者认为9-9型最佳，也有不少人认为9-1型好，其次是5-5型。管理方格图理论的贡献在于对现实工作具有指导意义，它是领导者改进其领导行为的目标模型，无论处于哪一个管理方格中，都可以通过专门的管理方格法培训和学习，使领导者向理想的领导模式转变。

三、领导权变理论

领导权变理论是在领导特质理论、领导方式理论、领导行为理论的基础上发展起来的。领导权变理论又称为领导情景理论，主要探讨各种环境因素怎样影响领导者行为及其有效性，认为在不同的情况下需要不同的素质和行为，才能达到有效的领导，即

$$S=f(L,F,E)$$

其中，S 代表领导有效性，L 代表领导者特征，F 代表被领导者特征，E 代表环境。有效的领导是关于领导者特征、被领导者特征和环境的函数。

典型的领导权变理论主要有费德勒模型、路径－目标理论和生命周期领导理论三种。

(一)费德勒模型

伊利诺伊大学的教授弗莱德·费德勒从1951年开始，首先从组织绩效与领导态度之间的关系着手研究，经过长达15年的调查实验，提出了“有效领导的权变模式”，简称费德勒模型。他认为，任何领导方式均有可能有效，其有效性取决于与下属相互作用的领导者的风格；情景对领导者的控制和影响程度。

费德勒开发了一种工具，称作最难共事者(Least Preferred Co-worker，LPC)问卷，用于测量个体是任务取向型还是关系取向型。另外，他还分离出3项情境因素：领导者－成员关系、任务结构和职位权力，他相信通过操作这3项因素能与领导者的行为取向进行恰当搭配。

费德勒相信影响领导成功的关键因素之一是个体的基础领导风格，因此他首先试图发现这种基础风格是什么，然后设计了LPC问卷，问卷由16组对照形容词构成(如快乐－不快乐、疏远－亲密、助人－敌意、开放－防备)。

表 9—5 费德勒的 LPC 问卷量表

快乐	8	7	6	5	4	3	2	1	不快乐
友善	8	7	6	5	4	3	2	1	不友善
拒绝	8	7	6	5	4	3	2	1	接纳
有益	8	7	6	5	4	3	2	1	无益
热情	8	7	6	5	4	3	2	1	不热情
紧张	8	7	6	5	4	3	2	1	轻松
疏远	8	7	6	5	4	3	2	1	亲密
冷漠	8	7	6	5	4	3	2	1	热心
合作	8	7	6	5	4	3	2	1	不合作
助人	8	7	6	5	4	3	2	1	敌意
无聊	8	7	6	5	4	3	2	1	有趣
好争	8	7	6	5	4	3	2	1	融洽
自信	8	7	6	5	4	3	2	1	犹豫
高效	8	7	6	5	4	3	2	1	低效
郁闷	8	7	6	5	4	3	2	1	开朗
开放	8	7	6	5	4	3	2	1	防备

以上问卷让回答者回想一下自己共事过的所有同事者，并找出一个最难共事者，在 16 组形容词中按 1～8 等级进行评估。如果 LPC 大于或等于 64 分，该领导趋向于以人为重的领导方式(高 LPC)型；如果 LPC 大于或者等于 58 分，小于或者等于 63 分时，该领导的领导风格还需要根据具体情况来分析；如果 LPC 小于 58 分，该领导趋向于以工作为主的领导方式(低 LPC)型。

用 LPC 问卷对个体的基础领导风格进行评估之后，费德勒将三种主要的环境因素加以组合，得出八种不同环境类型，并对 1 200 个团体进行抽样调查，收集了把领导风格与工作环境关联起来的数据，得出了在各种环境下使领导有效的领导方式。

1. 上下级关系

指领导者对下属的信任、信赖、尊重程度。领导者与下属之间相互信任、相互喜欢的程度越高，领导者的权力和影响力就越大；反之，其影响力就越小。评价指标为：好或差。

2. 职位权力

领导者拥有的权力变量(如聘用、解雇、训导、晋升、加薪)的影响程度。领导者对其下属的雇佣、工作分配、报酬、提升等的直接决定权越大，其对下属的影响力也就越大。评价指标为：强或弱。

3. 任务结构

任务结构是指下属所从事工作或任务的规范化程度。如果所领导的群体要完成的任务是清楚的，组织纪律明确，成员有章可循，则工作质量比较容易控制，领导也可有的放矢；反之，工作规定不明确，成员不知道如何去做，领导者就会处于被动地位。评价指标为：高或低。

费德勒由此得出结论：(1)在不同的环境下，各种领导方式的有效性不同。在环境对领导

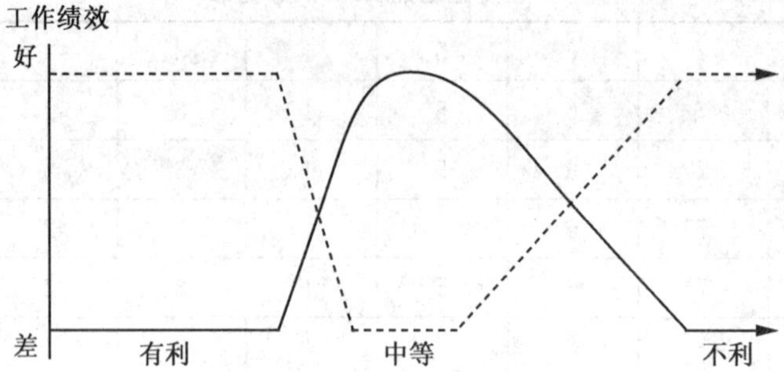

类型	I	II	III	IV	V	VI	VII	VIII
领导者-成员关系	好	好	好	好	差	差	差	差
任务结构	高	高	低	低	高	高	低	低
职位权力	强	弱	强	弱	强	弱	强	弱

------- 任务取向　　——— 关系取向

图 9—4　费德勒模型

者是否有利处于中间状态时，以人际关系为中心的领导方式比较有效；在对领导者非常有利或不利的环境中，则以工作为中心的领导方式比较有效。因此不能说哪种方式一定好、哪种方式一定不好，要有权变观点，要视环境状况而定。(2)由于领导的有效性取决于两个方面的因素，所以提高领导有效性需要从两个方面努力：一是改变环境状况，如改善上下级关系、健全责任制等；二是改变领导方式。这正是研究领导方式的目的所在。

(二)路径一目标理论

路径—目标理论 (Path-goal Theory) 是加拿大多伦多大学的组织行为学教授罗伯特·豪斯和米切尔等人提出的一种领导权变模型。该理论的核心是，领导者的工作是帮助下属达到他们的目标，并提供必要的指导和支持，以确保他们各自的目标与群体或组织的总体目标相一致。路径一目标理论认为：有效的领导者通过明确指明实现工作目标的途径来帮助下属，并帮助下属清理路程中的各种路障和危险，从而使下属执行任务更加顺利。

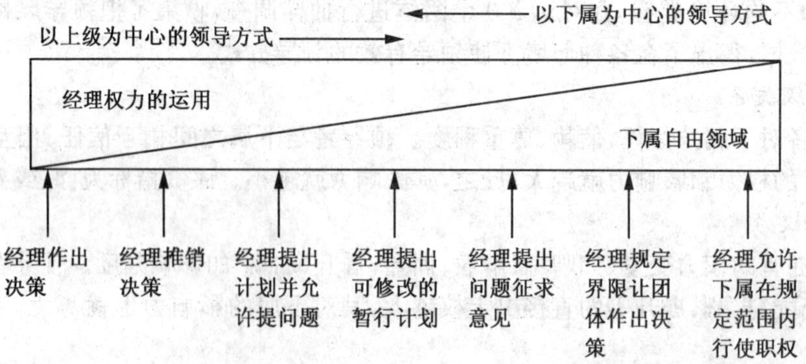

图 9—5　路径一目标理论

1. 领导者行为

按照路径一目标理论，领导者的行为被下属接受的程度取决于下属将这种行为视为获得满足的即时源泉还是作为未来获得满足的手段。领导者行为的激励作用在于：第一，它使下属的需要满足与有效的工作绩效联系在一起；第二，它提供了有效的工作绩效所必需的辅导、指导、支持和奖励。为了考察这些方面，豪斯确定了 4 种领导行为。

(1)指导型领导：让下属知道上级对他们的期望是什么，以及完成工作的时间安排，并对如何完成任务给予具体指导 。

(2)支持型领导：十分友善，并表现出对下属需求的关怀。

(3)参与型领导：与下属共同磋商，并在决策之前充分考虑下属的建议。

(4)成就取向型领导：设置有挑战性的目标，并期望下属实现自己的最佳水平。

2. 情境因素

与费德勒的领导行为观点相反，豪斯认为领导者是弹性灵活的，同一领导者可以根据不同的情境表现出任何一种领导风格。他提出了两类情境或权变变量作为领导行为与结果之间关系的中间变量。

(1)下属的权变因素：控制点、经验和感知能力。即下属对于自身行为结果的原因的解释(内因或者外因)以及员工对于自身完成任务努力的评价。

(2)下属控制范围之外的环境权变因素：任务结构、正式权力系统以及工作群体。环境因素中更关键的是环境权变因素，这些环境形成领导者所面临的不确定性，从而影响了员工的工作动机。

3. 结论

这一理论指出，当情境因素与领导者行为相比，重复多余或领导者行为与下属特点不一致时，效果均不佳。由此该理论得出以下结论：

(1)与具有高度结构化和安排完好的任务相比，当任务不明或压力过大时，指导型领导会带来更高的满意度。

(2)当任务结构不清时，成就取向型领导将会提高下属的期待水平，使他们坚信努力必会带来成功的工作绩效。

(3)当下属执行结构化任务时，支持型领导会带来员工的高绩效和高满意度。

(4)组织中的正式权力关系越明确、越官僚化，领导者越应表现出支持型行为，从而减少指导型行为。

(5)当工作群体内部存在激烈的冲突时，指导型领导会带来更高的员工满意度。

(6)对于能力强或经验丰富的下属，指导型的领导可能被视为累赘多余 。

(7)内控型下属(即相信自己可以掌握命运)对参与型领导更为满意。

(8)外控型下属对指导型领导更为满意。

西方一些管理学家认为，路径－目标理论虽然在一些地方还不够完备，如对确定领导方式时应考虑的多种因素及其相互关系尚待进一步研究，但它指出了领导行为在管理领域中今后的发展趋向，并强调对员工进行激励的关键作用，所以具有重要意义。

(三)生命周期领导理论

情境领导理论是于 1976 年由赫塞和布兰查德提出的，他们将俄亥俄州立大学心理学家 A. 卡曼(A Korman)于 1966 年提出的生命周期领导理论和克里斯·阿吉里斯(Chirs Argirs)的成熟－不成熟的理论结合起来，发展创造了该模式，这是一个重视下属成熟度的权变理论。

赫塞和布兰查德将成熟度定义为个体对自己的直接行为负责任的能力和意愿，它取决于任务成熟度和心理成熟度。任务成熟度即胜任度，包括一个人的知识和技能，胜任度高的人拥有足够的知识、能力和经验，完成他们的工作任务而不需要他人的指导。心理成熟度即认同度，指的是一个人做某事的意愿和动机。如果下属无需领导者的直接控制和监管，具有自我激励和完成高质量工作的渴望，能自觉地去做，则认为他具有较高的心理成熟度。

情境领导理论把下属的成熟度由低到高设定为不成熟、初步成熟、比较成熟、成熟四个阶段，分别用 M1、M2、M3、M4 表示。第一阶段(M1)：下属不成熟，他们对于工作任务既无能力胜任又不情愿；第二阶段(M2)：下属初步成熟，他们有积极性，愿意承担任务，但目前尚缺乏足够的能力；第三阶段（M3）：下属比较成熟，他们具有完成工作任务的能力，但不愿意去做领导者希望他们做的工作；第四阶段（M4）：下属成熟，他们既有能力又愿意去做让他们做的工作。

情境领导理论使用的两个领导维度与菲德勒的相似，即任务行为和关系行为。不过，赫塞和布兰查德认为每一维度应有低有高，从而组合成以下四种具体的领导模式：命令式、说服式、参与式和授权式。

1. 命令式

命令式又称指示式，表现为高任务、低关系型领导方式，领导者对下属进行分工并具体告知下属应当做什么，如何做，何时以及何地去完成不同的任务。它强调指导性行为，通常采用单向沟通方式直接指挥。

2. 说服式

说服式表现为高任务、高关系型领导方式，领导者既给下属以一定的指导，又提供支持性行为，注意保护和鼓励下属的积极性。除向下属布置任务外，领导者还与下属共同商讨工作如何进行，比较重视双向沟通。

3. 参与式

参与式表现为低任务、高关系型领导方式，领导者极少发号施令，而是与下属共同参与决策，领导者的主要作用是给下属以支持基础性工作的进行和协调沟通。

4. 授权式

授权式表现为低任务、低关系型领导方式，领导者几乎不提供指导或支持，通过授权鼓励下属自主做好工作，由下属自己独立地开展工作，完成任务。

当下属成熟度为 M1(不成熟)时，缺乏接受和承担任务的能力和愿望，领导者要采取高任务、低关系的命令式领导方式，给予下属明确而细致的指导和严格的控制；当下属成熟度为 M2（初步成熟)时，愿意承担任务，但缺乏足够的能力，领导者既要保护下属的积极性，交给其一定的任务，又要及时加以具体的指导以帮助其较好地完成任务，因此，应选择高任务、高关系的说服型领导方式；当下属处于 M3（比较成熟)阶段时，具有完成领导者所交给任务的能力，但没有足够的积极性，领导者主要解决其动机问题，可通过及时的肯定和表扬以及一定的帮助鼓励树立下属的信心，采用低任务、高关系的参与式领导方式为佳；当下属处于 M4（成熟)阶段时，愿意并且有能力去做领导者要他们做的事，领导者可采用低任务、低关系的授权式领导方式，只给下属明确目标和工作要求，具体做法由下属自己掌控。

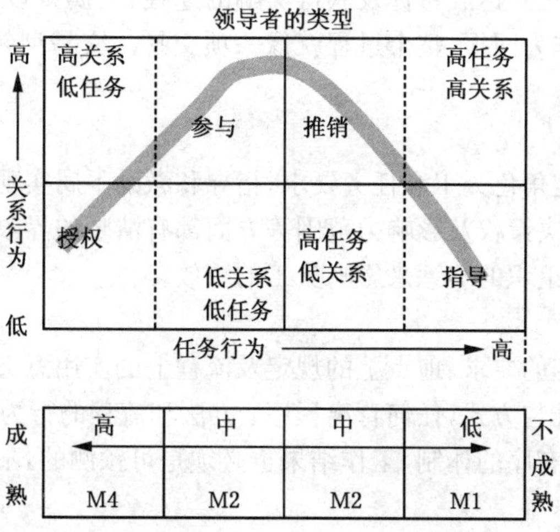

图 9—6 赫塞和布兰查德领导理论模型

[互动话题]

女性和男性在领导方面有差异吗?

(四)领导理论的新观点

1. 交易型领导理论

1975 年,乔治·格瑞恩(George Graen)等人提出了领导者—成员交换理论,认为在领导者与下属之间存在一种契约式的交易,领导者为下属提供报酬、奖励、晋升、荣誉等,以满足下属的需要;下属则以服从领导者的指挥、完成任务作为回报。

1978 年,詹姆斯·麦格雷戈·伯恩斯(James MacGregor Burns)首次提出了交易型领导的概念。伯恩斯认为,交易型领导是建立在对他人的理解和尊重的基础上的,成员与领导者之间的关系是互惠的,基于经济的、政治的及心理的价值互换。领导者用奖励与下属工作进行交换,以鼓励下属,这是一种短期的交换结果。这种领导的效果视领导者与下属之间的内隐契约(心理契约)的状况而定。

同年,赫兰德(Hollander)也对交易型领导的概念进行了阐述。他认为,在特定情境下,领导行为是领导者和被领导者相互满足的交易过程,工作勤奋、尽职尽责的领导会确定下属完成目标需要做什么,明晰组织角色和任务,建立组织结构,奖赏绩效,满足下属的社会性需要。

1985 年,巴思(Bass)在领导—成员交换理论和路径—目标理论的基础上于《领导与超越期望的绩效》一书中正式提出了交易型领导理论。巴思指出,交易型领导着重于绩效标准、任务导向的目标,交易型领导行为可分为权变奖励领导行为和例外管理领导行为。权变奖励领导行为是指领导者与下属之间积极、主动地交换,当下属完成领导者所分派的工作时,领导者认可下属完成了预期的任务,并给予适当的奖励,以提高员工的工作积极性。例外管理是指领导者对下属工作中发生的例外问题所持的态度和所采取的管理方式,领导者借助关注下属的失误、延期决策、差错发生前避免介入等,与下属进行交换。

综上所述,交易型领导认为,领导者与下属之间的关系是以两者之间一系列的交换和隐含的契约为基础的,领导者的任务是设定员工达成组织目标时所能获得的奖酬,界定员工的角色，提供资源并帮助员工找到达成目标及获得奖酬的途径；下属则以服从领导的命令指挥，完成领导者所交给的任务作为回报，整个过程就像一项交易。交易型领导的主要特征有以下几个方面：

(1)强调分工与绩效

领导者通过明确规定角色分工和任务要求，指导和激励下属实现既定的目标，在角色和功能、技术流程、控制幅度、决策权及影响力范围等方面都有清晰的界限，以组织管理的权威性和合法性为基础，完全依赖组织的奖惩来影响员工的绩效。

(2)注重秩序和规则

任何事情都有时间上的要求、地点上的规定及流程上的实用意义，对业务经营的每一层面都设定了具体的操作标准与方式，任何背离程序、方法和流程的行为都被视为问题，要加以解决和清除，必须维系高度有序的体制，工作结果也必须是可预测的，不允许意外发生。

(3)严格的控制

交易型领导厌恶混乱的和不可控的环境，他们力图使企业获得有序的结构，倾向于重视任务的完成和员工的遵从。

在管理实践中，大多数管理者都会不同程度地存在交易型的领导行为，但仅靠交易型领导来影响下属也会带来一些问题，如交易型领导可能成为牟取个人私利的操纵工具；可能导致短期行为，只顾追求效益和利润最大化而忽视远期效益；强大的压力或过分的奖惩可能使下属不能明确工作的意义，无法发挥其主观能动性，甚至堕入不道德和非理性的误区 。

2. 变革型领导理论

变革型领导理论是由美国政治社会学家伯恩斯于 20 世纪 80 年代在他的经典著作领袖论中提出的。伯恩斯认为，变革型领导是领导者与成员相互将道德及动机提升到较高层次的过程，领导者通过改变下属的价值与信念，提升其需求层次，使下属能意识到工作目标的价值，或者为组织规划出愿景、使命以激励属下，从而优化组织内部的互动，在组织内营造变革的氛围，在高效率地完成组织目标的过程中推动组织的适应性变革。这种领导方式可以使下属产生更强的归属感，满足下属高层次的需求，获得较高的生产率和较低的离职率。

1993 年，阿沃利奥(Avolio) 将变革型领导行为的方式概括为理想化影响力、鼓舞性激励、智力激发、个性化关怀四个方面。具备这些因素的领导者通常具有强烈的价值观和理想，能成功地激励下属超越个人利益，为团队的目标相互合作、共同奋斗。

(1)理想化影响力

理想化影响力是指能使他人产生信任、崇拜和跟随的一些行为，包括领导者承担风险、考虑下属的需求等。领导者了解对于未来什么是重要的，能够提出吸引人的愿景以增强组织的凝聚力，能提出达成愿景的策略并得到下属的支持。因为这些领导者一般具有较高的道德标准和很强的个人魅力，深受下属的爱戴、信任和尊重，所以大家认同、支持他所倡导的远景规划，并对其成就一番事业寄予厚望。

(2)鼓舞性激励

鼓舞性激励是指领导者把富有意义和挑战性的工作交给下属，并明确描述在整个组织目标约束下的预期目标，同时以积极、乐观的态度表明对下属的高期望值，以提高下属的工作期望，相信自己能表现得比预期的标准更好。在实践中，领导者运用团队精神和情感诉求来凝聚下属的努力，以实现团队目标，从而使所获得的工作绩效远高于下属为自我利益奋斗时所产生的绩效。

(3)智力激发

智力激发是指领导者鼓励下属创新，挑战自我，包括向下属灌输新观念，启发下属发表新见解，鼓励下属从新的视角寻找解决问题的方法与途径，用不同于以往的方式来完成工作任务。通过智力激发，领导者可以使下属在意识、信念以及价值观的形成上产生激发作用并使之发生变化。

(4)个性化关怀

个性化关怀是指领导者仔细倾听并关注每一个下属的个人需要、能力和愿望。发现下属的潜能，根据每个下属的独特性格、不同情况和需要提供不同的支持，有区别地培养和指导每一个下属，辅导他们达成目标。这时变革型领导者就像教练和顾问，帮助下属在应对挑战的过程中成长。

变革型领导理论主要来自对西方大型企业高层领导者的研究，它超越了交换的诱因，强调从多种不同的角度去解决问题，引导员工不仅为了他人的发展，而且为了自身的发展承担更多的责任 。尽管有实证研究证明它能提高员工满意度和工作绩效，但变革型领导能不能复制、是否适用于和如何适用于低层领导者，以及它对不同文化环境的适用性等，还有待于更多的实践验证。

3. 魅力型领导理论

魅力型领导理论是指领导者利用其自身的魅力鼓励追随者并作出重大组织变革的一种领导理论。1977 年，豪斯提出了魅力型领导者的三种个人特征——高度自信、支配他人的倾向和对自己的信念坚定不移，并用支配性的、强烈感染的、充满自信的、具有强烈的个人道德观感这四个关键词来定义魅力型领导。

随后，沃伦·本尼斯(Warren G.Bennis)在研究了 90 名美国最有成就的领导者之后，发现魅力型领导者有以下七种能力：有远大目标和理想；有令人折服的远见和目标意识；能清晰地表述这一目标，使下属明确理解；明确地向下级阐释目标和理想，并使之认同；对理想的贯彻始终和执著追求；对目标的追求表现出一致性和全身心的投入；知道自己的力量并善于利用这种力量。

从 20 世纪 80 年代起，魅力型领导理论日益受到研究者的重视。1987 年，杰伊·康格(Jay Gonger) 等对魅力型领导者进行了系统的研究，概括出魅力型领导者区别于无魅力领导者的下列特征：他们反对现状并努力改变现状；设置与现状距离很远的目标前景；对自己的判断力和能力充满自信；能深入浅出、言简意赅地向下属说明自己的理想和远大目标，并使之认同；采取一些新奇的、违反常规的做法，当他们成功时，会引起下属的惊讶和赞叹；对环境的变化非常敏感，并采取果断的措施改变现状；经常依靠专长权力和参照权力，而不仅只用合法的权力；经常突破现有秩序的框架，采用异乎寻常的手段达到远大的目标；被认为是改革创新的代表人物。1989 年，康格尔提出了魅力型领导四阶段模型：对环境作持续评估，形成愿景；运用动听的、说服性的语言与组织成员进行愿景沟通；构建组织成员的信任和忠诚；实现愿景。1998 年，康格尔等提出了魅力型领导的五个行为属性：远见卓识、环境敏感、成员需求敏感、敢于冒险、反传统。

魅力型领导适用于诸如组织突变这样的困难时期或危险情境，如果领导者的愿景正确，其领导力无疑极为高效。随着经济全球化的发展，市场竞争日趋激烈，各类组织(尤其是企业组织)迫切需要魅力型领导者的改革和创新精神，以应对环境的挑战。当然，如果魅力型领导者过分强调个人的需要高于一切，要求下属绝对服从，或利用其高超的说服能力误导或操纵下属，则可能产生不良结果。

4. 愿景领导

愿景领导的概念是美国管理理论学家伯特·纳努斯(Burt Nanus)于1992年在《愿景领导》一书中正式提出的。他认为，愿景领导是指组织可靠的、真实的、具有吸引力的未来，它提供行动的目标，帮助领导者超越目前的情境，使组织更成功、更美好。他强调在所有领导功能中，领导者对愿景的影响最深远。愿景领导者常会提出真知灼见，并驱使成员采用新的行动，去完成新的目标，因此也常被视为革新者或理想的楷模。

1995年，迈克尔·霍伊尔(Michael Hoyle)提出了达成愿景的三个基本要素，即愿景陈述、任务陈述、目的陈述。愿景陈述是指具有激励性质的理想陈述，它通常是由组织成员共同创造的，目的在于激励成员不断努力；任务陈述是指组织对外的工作陈述，目的是告诉外界本组织的工作目标和过程，因而任务陈述往往比愿景陈述更详细、明确；目的陈述是指组织任务的具体陈述，旨在引导组织成员完成组织目标。在一个组织环境中，愿景领导能够为所有员工提供一个共同的目标，引导人们的行动，使所有员工凝聚成一个"共同体"。同时，愿景领导也是一项非常有效的激励因素，能激励、吸引和保留与组织目标一致的员工。

在愿景建立的过程中，领导者与下属要充分沟通，鼓励员工积极参与。只有每个员工都被激活了，迸发出很多的智慧，领导者才能整合大家的思路，凝聚公司的共同愿景。这样的共同愿景一旦构建完成，则能体现出持久的领导力。

[互动话题]

作为领导者，要形成一个相对稳定的领导风格，争取能够通过自己的领导行为影响到绝大多数的下属。但是，如果你的下属情况特别复杂(例如：物质激励效果不佳、不太愿意接受提供的支持协助、不愿意共同面对问题、工作表现不稳定等)，作为领导者，应该如何变通？

第三节 领导者的修养与领导艺术

[小阅读]

松下集团的管理秘笈中，有一条是"终极管理"(即企业随时可能会倒闭)的秘诀，要求每一位领导者都要有"终极管理"的危机感，有这样几个含义："终极管理"首先让领导者保持一种危机感，从而保有一颗突破、开拓的心。其次，"终极管理"哲学可以杜绝领导者左右为难、不敢做决定的行为发生，"终极管理"能让领导产生破釜沉舟的勇气与决心，不至于贻误商机。再次，"终极管理"时时警示领导者在考量一件事时，要做最坏的心理准备，才能有更好的心理承受能力，预先做好防范，并保证尽快恢复可能发生的创伤。

——领导者要有终极管理的危机感，才能有破釜沉舟的勇气与决心；

——做决定都要有最坏的心理准备。

一、领导者的修养

一个领导者要做好领导工作，完成自己的工作职责，除了掌握领导理论、沟通与激励的方法外，还要强调领导者应具有的素养。所谓素养，一是指素质，二是指修养。素质主要侧重于先天的禀赋、资质；修养主要侧重于后天的学习、锻炼。这里主要讨论修养的问题。

一个有修养的领导者，能极大地改善领导者与被领导者之间的关系。领导者的修养甚至比单纯的知识更重要，因为某些行为方式是可学到的，是可以熟练地被运用的。领导者的修养内容如下：

(一) 知识是领导者的工作基础

21 世纪是一个创新知识、创造思想的新世纪。知识是人们思想、思考、思维的基础，是人们创新的非常重要的智力因素。领导者应是永远的学习者和思想者。今天，各种新知识不断涌现，各种新思想层出不穷，领导者需要学习、思索的东西很多，但重要的是怎么学和怎么想。领导者必须学会学习，学会思考，学会创新，进而才能学会生存，学会发展。

任何创造都离不开知识，任何知识也离不开创造，领导过程同样离不开创新的知识、创新的思想。领导者只有从实际出发，创造性地学习、创造性地思考、创造性地应用，才能真正取得和掌握领导者所需要的知识，才能在领导实践中发挥应有的功效。

在目前的市场竞争中，仅靠过去的资本、传统的知识、传统的经验来领导组织，已经远远不够了。因此说，仅有经验是不够的，因为经验已经被时代不断淘汰，所以每一个领导者都应该不断地从当今时代获得知识来丰富思考，不断从思考中发现规律，认识事物的本质，从而指导组织的正确发展。

(二)思想是领导者的最大资本

思想是每个领导者的最大财富，也是组织的最宝贵资产。未来社会的财富与资源，毫无疑问，会掌握在那些有创造价值的、有头脑的人手中。在以智力为支撑的知识经济时代，财富和权力再分配完全取决于人们所拥有的知识、信息和智力。作为现代企业的领导者，不仅要具备一般领导者的才干与能力，更要有一个富有思想、知识、信息的智慧头脑。他们不仅要有管理者和战略家的胆识和眼光，还要有思想者和艺术家的创新思维和创新行为。

一个领导者，尤其是新上任的领导，与下属之间的关系是非常微妙的。假如一上任就以自己独特的思想魅力"镇"住了下属，那么在以后的领导过程中，下属必定心服口服，唯领导者马首是瞻；反之，如果下属看不出你在思想上有什么高明的地方，便不会服从领导者，导致领导者的领导过程困难重重。

在知识经济时代的市场竞争中，企业靠什么去竞争？靠什么去夺取和掌握主动权和优势？首先要靠领导者的思想。在知识经济时代，两军相逢，智者胜。"智"就是谋略，就是思想。思路决定出路，思想决定发展。一个领导者拥有新思路才能使组织有新出路；有新思想，才能使组织有新发展。当组织完成由低级到高级、由传统到现代的转变之后，领导者首先应当做的就是：以思想制胜，以思想夺取发展空间，求得发展。因此，领导者的头脑就是今天的企业生存与发展最重要的资本 。

(三) 热忱是领导者力量的源泉

一个热忱的企业领导者，无论从事什么工作，不论是处于顺境还是逆境，他都会认为自己的工作是一项神圣的天职，并怀着浓厚的兴趣努力工作。对自己的工作充满热忱的领导者，不论工作有多么困难，始终会用不急不躁的态度去进行。只要抱着这种态度，任何领导者都一定会成功，一定会达到预定的目标。爱默生说过："有史以来，任何一件伟大的事业都是因为热忱而成功的。" 事实上，这不是一段单纯而美丽的话语，而是迈向成功之路的指标。

热忱是一种意识状态，能够鼓舞及激励一个领导者对手中的工作采取行动。不仅如此，而且它还具有感染性，不只对其他热心人士产生重大影响，所有和他有过接触的人也将受到影响。热忱和人类的关系，就好像内燃机和火车头的关系，它是行动的主要推动力。比较完美的领导者就是那些知道怎样鼓舞他的追随者并使其产生热忱和激情的人。

一个领导者充满了热忱，下属就可以从他的眼神里，从他的勤快、感动人心而受人喜爱的为人中看得出来，从他的步伐中看得出来，还可以从他全身的活力中看得出来。充满热忱是成功的领导者共有的美德和魅力基因。

(四)魅力是领导者的个性体现

现代领导者是美好生活的组织者、引导者、感受者和创造者，作为领导者首先应该是美的化身。以貌取人固然不可取，但美的风度有利于提高组织领导者的威望则不容置疑。领导者的威望来源于他崇高的理想、高尚的情操、博大的胸怀、坚强的意志和卓越的领导才能，而这些内在素质如果通过某些外在形式如仪表形象反映出来，便成为领导者的特有风度，使之有相对独立的意义。

领导者的形象除了展示个人的气质、风度，对所从事的事业也有很大的帮助。领导者的形象具有双重性，一方面是他本人形象的体现；另一方面又是他所领导的组织的象征。领导者形象不同，给人留下的他所领导的组织的形象自然也不同。领导者在与社会公众打交道，参加各种社交活动时展现出来的端庄整洁、彬彬有礼的形象，会使人们感到其所在组织的整体形象，而这种整体形象又有助于该组织事业的发展。

二、领导艺术

现代社会中的组织，常常是由一个多种因素组成的比较复杂的社会性组织。它不可能脱离整个社会。因此，在组织中对领导者的领导方法提出了更高的要求，同时也决定了领导者的工作在很大程度上是具有创造性的。领导艺术就是富有创造性的领导方法的体现。在履行领导职能的过程中，科学是与艺术相互结合、彼此交织在一起的。领导者要具备灵活运用各种领导方法和原则的能力与技巧，才能率领和引导广大员工克服前进道路上的障碍，顺利实现预定的目标。

领导艺术的内容，目前尚无统一的看法，归纳起来，大体上有三种：一是把其视为履行职能的艺术，主要包括沟通、激励和具体指导的艺术；二是决策艺术、授权艺术、用人艺术；三是把它视为提高领导工作有效性的艺术。除了上述内容外，还包括正确安排自己的工作和时间，处理好各方面的关系以及吸引员工参与管理等。

(一)授权艺术

领导者在进行授权时，要选择合理的授权方式；依据授权留责、视能授权、明确责权任务的目标、适度授权、适度的监督控制、防止放任自流或过细的工作检查、逐级授权及防止反向授权等原则。

具体来讲就是要根据实现组织目标的整体要求及各个部门、各人员的职能、任务，科学、合理地分配权力，使各个层次都拥有完成任务或目标所必需的足够的权力；上级不要越级指挥，不要干预下级职权范围内的工作，不能运用最终控制权来剥夺下级的职权；要通过科学、明确的制度规范体系来保证权力的配置；建立明确的权责制度，将权限明晰化，真正落到实处。下级拥有了完成任务的权力，就能按照自己的意图独立自主地进行工作，就会得到一种信任感和满意感，从而充分调动和发挥下级人员的积极性、主动性和创造性，并有利于培养和锻炼下级，不断地提高下级的管理能力和综合素质。同时使领导者从日常事务中超脱出来，集中处理重要的决策问题，最终促进组织目标的更好实现。

(二)决策艺术

在非程序化（或非常规化）的决策过程中，领导者的主观决策技能起着重要的作用。领导者在一定的经验基础上，对未来事件的判断具有远见和洞察力，主要表现在及早察觉组织发展中的有利及不利条件，依靠自己的周密考虑和集中群众的正确意见，做出既有事实根据又先于别人想到的不寻常的战略决策，促使组织取得重大的成就与改进。

（三）用人艺术

在充分了解和发挥员工长处的基础上，把工作的需要和个人的能力、兴趣和爱好等很好地结合起来，使每个员工在各自的工作岗位上兢兢业业，积极进取；把发挥每个人的长处与组织的目标很好地结合起来；使每个员工的长处同集体和别人的长处相得益彰；使每个人的短处同集体和别人的长处结合起来而不至于有损于组织；在组织中创造一种气氛，凡能做出显著成绩的人，都会受到应有的尊重和提拔；能顺利履行职责，依靠和运用平凡人的聪明才智做出不平凡的业绩，促使组织的目标实现。这些就是用人艺术的具体体现。领导者在用人时应遵循的基本原则是：合理选择，知人善任；扬长避短，宽容待人；合理使用，积极培养；要正面激励人才。

（四）指挥和激励的艺术

这主要是指在实践中树立和维护必要的权威，使员工自觉地团结在领导者的周围，并接受其指挥；在管理过程中尤其在本职能中，善于运用各种通信手段进行沟通，认真听取下属和他们实践的信息，及时对所属人员进行必要的教育或发布必要的指令；指令的内容力求切合实际，详略深浅适度，方法和形式能为有关人员所理解和乐于接受；根据加强思想政治工作教育和物质利益原则的精神，使组织中的工作和奖励制度、方法能适应广大职工多种多样的、经常变化的需要，进而起到维护纪律、鼓舞士气、充分挖掘潜力、克服各种困难的作用。

（五）集中精力抓主要环节的艺术

在组织各项生产、工作的任务中，找出对实现组织目标具有重要作用的某项工作或某个环节；在突出重点的基础上统筹全局，正确决定每个时期及阶段的工作秩序，科学地分配自己的时间和组织资源，并把这种决定坚持贯彻下去。

（六）领导变革的艺术

组织在发展过程中不断革新技术，改进管理，必然引起人们的思想认识和组织行为的变革。要求领导者因势利导，正确处理变革过程中革新与守旧的矛盾，达到既促进变革又稳定局面的目的。领导艺术建立在领导者个人的经验、素质和洞察力的基础上。认真研究领导艺术，有助于提高工作的有效性；有助于密切领导者和员工的关系。在这样的环境中，将能够造成一个既有集中又有民主、既有纪律又有自由、既有统一意志又有个人心情舒畅及生动活泼且崭新的局面。对任何国家、任何组织来说，领导艺术对办好一个组织都起着决定性的作用。

（七）合理安排时间的艺术

"时间就是金钱，效率就是生命"，这句话是妇孺皆知的一句经典语言，时间对很多人来讲都是非常宝贵的，对引领着一个团队的企业领导者来讲就更加重要。然而，在实际工作中，许多领导者经常抱怨自己的时间不够用，甚至有些领导者利用自己90%的时间来解决公司内部的混乱与矛盾，仅用10%的时间来思考公司的发展思路和企业的核心竞争力，这显然是不够的。一个卓越的领导者需要科学、合理地安排自己的时间，而时间的管理效率基本上决定了领导者的事业理想能否实现。所以，领导者必须在研究本国以及全球发展趋势、调整企业核心竞争力和企业战略、充电学习、了解市场信息、与战略伙伴交流、与客户沟通、与企业的核心团队和人才沟通、传播企业文化、处理内部事务和危机等各个方面进行合理的时间分配，这样才能使企业的各项工作有条不紊地进行，最终实现企业的目标。

[互动话题]

结合领导章节的内容，试述如何理解“道德领导”这个概念。

第四节 互联网思维下的领导方式创新

[小阅读]

互联网时代的领导思维

2014年11月19日到21日，以“互联互通、共享共治”为主题的首届世界互联网大会在浙江乌镇召开。习近平总书记在贺词中指出，当今时代，以信息技术为核心的新一轮科技革命正在孕育兴起，互联网日益成为创新驱动发展的先导力量，深刻改变着人们的生产生活，有力推动着社会发展。互联网真正让世界变成了地球村，让国际社会越来越成为你中有我、我中有你的命运共同体。同时，互联网发展对国家主权、安全、发展利益提出了新的挑战，迫切需要国际社会认真应对、谋求共治、实现共赢。面对新形势、新挑战，迫切需要领导干部真正把握互联网的技术本质，树立起互联网思维，提升互联网领导力。

树立“众包”思维，群策群力，构建聚变创新的智慧社会。就像工业革命的技术发明克服并延展了肌肉力量一样，信息革命的技术发明克服并提升了大脑理解和塑造环境的能力。工业革命形成的是以机械制造、钢铁生产以及铁路运输为代表的金属力量，信息革命正在经历从IT(Information Technology)到数字技术(Data Technology)的转型升级，正在激发和凝聚网民群众的智慧力量。网民群众在掌握了信息网络技术之后，就会变得更加活跃、更加智慧，成为专家，成为创客。因此，领导干部要树立“众包”思维，激发和凝聚网民群众的智慧和活力。领导干部要发挥网民群众力量，推动移动互联网、物联网、云计算、大数据、3D打印、智能机器等信息技术以指数速度聚变与融合，推动人类进入智慧社会。

树立“免费”思维，共建共享，构建公平、正义的幸福社会。与“传统经济”不同，“互联网经济”则是开放的、多元的、个性的，新经济主体更加注重分享的力量和免费的意义。互联网越是开放，发展就越是迅速，服务质量就越好；互联网服务企业的投入成本越低，网民的进入门槛和使用成本越低；使用互联网的人越多，互联网的价值越大，互联网产生的效益越多。大型网络平台无不免费开放，吸引更多的网民，产生更好的效益。从领导角度来看，领导就是引导追随者共享美好生活的过程。

资料来源：http://opinion.people.com.cn/。

一、互联网时代领导的风格

互联网的发展为全球政治、经济和社会带来了深刻变化，在宏观上，互联网深刻改变着经济社会的发展面貌，从微观角度上看互联网的发展深刻影响着企业管理的方方面面。互联网就不再仅仅是一种技术和工具，而是逐渐演变成为一种思维方式。互联网思维是一种嵌入互联网特征的新的思维方式，就是在互联网、移动互联网、物联网、云计算、大数据等科技不断发展的背景下，对市场、对用户、对产品、对企业价值链乃至对整个商业生态进行重新全面审视、系统化的一种思考方式。

伴随着互联网时代出现的领导艺术理论不再重视像“以员工为中心”以及“以任务为导向”的这些概念，取而代之的是用“敢说敢为”、“有领袖魅力”以及“充满激情”等词语来描述成功的领导者。思科集团的网站上有一段该集团主席和CEO约翰·钱伯斯的传记：钱伯斯先生富有远见的策略、驱动企业文化的能力以及充满热情且直言不讳的风格已经在世界范围内得到政府领导和无数出版物的赞许。钱伯斯先生福音传道式的风格得到了广泛的认可，他是当今世界最具有创新精神、激情和活力的商业领袖之一。

英国谢尔菲德商学院(Sheffield Business School)的戈帕尔·坎吉(Copal Kanji)和帕特丽·夏·莫拉(Patricia Moura Sa)描述了在互联网时代引人注目的若干新型领导风格，尽管目前还很少有研究对这些领导风格的有效性进行考察。他们指出，现代企业是复杂的适应性系统，面临着各种不可预测且迅速变化的挑战。传统静态的领导艺术模型无法预测哪些性格和行为将促进有效的领导风格，这部分是因为企业环境变化迅速且难以预料。关于什么是成功的领导艺术，出现了一些新的、更加模糊不清的观点，但这些观点似乎指出了在这个过渡的混乱时期，商业环境最为明显的特征是在动荡多变且变幻莫测的情形下，要带领企业继续生存并谋求发展，领导应具备哪些条件。

(一)转换型领导者

在企业中是吸引所有人眼球的焦点，这种领导很有影响力，能调动起企业所有员工的力量，并为大家提供行为表率。这种领导者通常对某个单一的目标充满激情，能够通过自己的表率作用激发手下员工做到最好。尽管转换型领导者也许并非在公司实际管理中发挥主要作用，但在媒体上他们会发表最为大胆并富有远见的言论。在某种意义上，转换型领导者也成为企业的精神领袖，能够号召员工团结一心，为实现共同的目标而努力。

(二)事务型领导者

能够统筹企业的奖励制度，并确定单元目标让员工完成，这种领导者会参与那些有助于实现最终目标的项目。事务型领导者能建立一些根本的机制，用以奖赏和激励那些工作表现与公司目标保持一致的员工。转换型领导与事务型领导两种风格彼此互补：转换型领导者能够提供远见的卓识并激发员工的忠诚；事务型领导者通常是公司的首席运营官(COO)，其关注点为奖励机制、合同契约以及战略目标。

(三)系统领导力

每一名员工都必须表现出领导行为，这样公司才能取得成功。系统领导力强调，公司的每个成员都需要成为完全具有责任感和自治性的个体，都需要具有判断力并且做出有助于实现公司目标的决策。在一个需要做出快速决策的时代，最有效的“领导艺术”也许是基于共同的企业价值观以及频繁的沟通，人们可以彼此信赖并做出有益于整个企业的正确决策。

在互联网时代，人们对新型的领导风格的兴趣在继续增加，特别是在商业周期不断自我重演的时候，我们看到了不少能打下江山却守不住江山的领导者纷纷出局。在互联网发展的早期，领导魅力、远见卓识、冒险精神和创新意识是领导艺术的关键元素，刚刚创业的企业家几乎只要具有任何能够利用互联网“沙漏”结构的新主意，“天使般的”风险投资者就会将大把的资金投向这些企业家。许多领导者在缺乏资金支持的艰难时期，仅仅靠着领导魅力和创新精神是不足以使企业挺过难关的。随后，企业家们关注的焦点在能维系企业生存的根本即利润方面。

例如，Mutual. com 的企业家克里·萨皮欧，他的公司作为中间商，利用网络向投资者提供关于基金分析与建议的收费服务，创业最初的 6 年里，公司收入增长超过 100%。他在自己办公室的门上贴出一条标语：“理论等于收入除以支出。”这也反映了他当时对支出而并非收入的强烈关注。萨皮欧说：“最开始我们并不打算做出一家能够盈利的公司，因此精力没有放在支出上，我们看中的只有收入。”因为他没有关注根本性问题，即利润，所以，公司的利润率达到了15%，虽然无法与商业网站的全盛时期相比，但也是可观的。萨皮欧每天与自己的管理团队碰面，细致核查各种数据，公司会详细检查各项支出票据，如果员工在事先未经允许的情况下支出超标，必须自掏腰包。

二、互联网时代领导方式的新趋势

随着互联网和信息化时代的到来，传统的企业和组织面临着行业和产业变革。管理者用传统的方法来应对这些变革，已经不能满足组织战略发展的要求。管理者需要适应组织发展的专业化复合产业链、品牌驱动与信息分享以及柔性管理，管理者的领导力特质与能力，以及心智模式都需要不断地变化与调整，以面对领导力内涵的转变和领导力发展方法的转变。

(一)国际化与本土化结合

随着全球化的进一步加深及互联网的蓬勃发展，企业之间关于领导力培养和发展的交流越来越多。将国际先进的理念、模式、方法和工具与中国企业的实际相结合，将国际化视野与本土化落地相融合，是我们应对互联网时代挑战的第一个方式。领导力发展需要积极加强国际交流和寻求国际合作，"走出去，引进来"，特别是在近些年大力推进与国际化接轨，参加美国、英国、新加坡等国家的学术交流，快速引进国际化行动学习技术和引导技术，并研究转化成最新工具，行动学习快速建模、行动学习在研思坊中的应用、引导技术在领导力发展项目中的运用、翻转式课堂等各种中西结合、基于互联网的创新模式，在国内实践中打下了较好的基础，在越来越多的本土企业中得到很好的推广。

(二)注重团队领导

聚焦团队领导力发展，而不仅仅是领导者个人，是我们应对"互联网+"时代挑战的第二个方面。个体领导力与团队领导力的区别，类似于普通火车和高铁动车的区别。普通火车的动力完全来自火车头，即领导者个人，而高铁动车则是由车厢与车头协同提供动力。现代社会强调团队协同，人们越来越意识到团队协作的重要性。中国已经进入了高铁动车时代，企业的领导者和管理者也从关注个体领导力的发展逐渐转变为关注团队领导力的提升。我们认为团队领导力是指团队领导者运用有效的领导方式与团队成员之间产生良好的互动，使得团队成员加强协作、突破创新、激活能量，从而产生团队绩效的过程。

(三)运用新技术和新方法

随着"互联网+"时代和智慧经济时代的到来，人们获得知识的方式和方法更加灵活，因此，领导方式的培养和发展从传统的关注知识导入、内容设计为主，逐渐转变为关注方法论、工具的使用和学习技术的创新、发展与运用为主。引导技术、行动学习技术、团队教练技术、翻转式课堂等最新的方法、工具和技术，正越来越多地运用到企业的领导方式培养与发展工作中，强有力地促进了参与者之间的相互交流与经验分享，从而将学习成果更好地转化为参与者能力的提升。而在这些新方法和新技术中，我们经过研究和实践发现，引导技术是发展领导力最有效的技术和方法之一。引导技术强调交流分享、发挥个体及团队智慧。

(四)引导线上线下混合学习

在互联网特别是移动互联网技术蓬勃发展的今天，传统的培训模式发生了翻天覆地的变化。在线学习、碎片化学习的模式产生并迅速发展。特别是最近几年，以大规模的开放式在线课程为特点的慕课(MOOC)方式的兴起和发展，极大地促进了知识的传播与分享。这种新型的在线教育模式，也为"90后"、"95后"等具有强烈求知欲的新一代年轻人提供了广阔的学习机会。同时，慕课模式有力地推动了从知识主导向智慧主导的学习模式变革。此外，在领导力培养与发展过程中,微课堂、虚拟学习社区、线上线下结合的学习方式也得到了越来越多的运用。在以快速传播与分享知识、碎片化与及时性等为特点的互联网时代学习的基础上,企业也越来越注重学习成果的迁移、转化和落地,更加体现出以解决问题为导向。

[小阅读]

互联网时代领导者们面临的新挑战

(一)高收入和高期望

在互联网时代,领导们在管理企业时会面临全新的挑战,这在本质上与之前的挑战不同,因为一些挑战在互联网时代变得更为巨大了。例如,技术专业人员和管理人员所承受的压力很大,而且他们非常愿意承担异常繁重的工作任务,保持紧张而忙碌的工作状态。互联网时代,对于CEO和管理团队而言,高层管理人员获得的酬劳非常高,但同时,他们被寄予的期望也非常高。在互联网时代,公司制定一条通往成功的康庄大道要比以往更加困难许多,人们对于领导者的期望却未曾降低。事实上,对领导者的期望升高了,特别是CEO,将承受难以想象的压力。例如,一家大型公司聘用或任命一名新的CEO,常常会是全国性的新闻,媒体会把这位新的商业领袖描绘成超级巨星,公司股东们期望新任命的CEO能给他们带来巨大的利益。

高层领导肩负重任,因而获得了高额薪酬,并且往往高得离谱。收入最高的管理者和普通员工之间的差距巨大,这在给CEO们提供补偿上表现得尤为明显。斯坦福大学曾经针对CEO的薪酬水平进行了市场调查,受访的1 202个人表示他们认为CEO的收入应该在100万美元上下。然而根据2015年的调查来看,真实数字为调查结果的十倍,大约为1 030万美元。排在第一的是Mitch Garber,相当于2 259个普通员工的薪酬。根据美国最大工会AFL-CIO去年公布的报告,S&P 500公司中美国CEO平均薪酬是美国普通文职人员的335倍,比2014年的373倍要好一点。不过不只是考虑大公司,就全美国的公司来说,CEO的平均工资大约是普通员工的5倍。CEO们的薪酬不只是工资,还包括奖金、津贴、期权、限制性股票(需要达成一定条件才会完全转移到被授予者的账户中)等以各种形式存在的物质奖励。

(二)吸引粉丝,提升自身的影响力

在互联网思维的大潮下,各个公司企业老总纷纷为自己的品牌代言,明星也开公司为自己的产品代言。例如,聚美的陈欧,2012年陈欧为公司拍摄的"我为自己代言"系列广告大片引起"80后"、"90后"强烈的共鸣,在新浪微博上掀起"陈欧体"模仿热潮。在2014年5月16日,聚美优品正式在美国纽约证券交易所挂牌上市,市值超过35亿美元。陈欧一跃成为纽交所220余年历史上最年轻的上市公司CEO,其所持股份市值超过11亿美元。聚美渐渐出现在人们的视野内,吸引了众多粉丝。通过对领导人自身形象的塑造,提升影响力,这何尝不是一种无形的财富。尽管聚美产品被无数人诟病,但是这种思维却值得领导人借鉴。

(三)以用户为中心的互联网思维

领导者的互联网思维,一切以用户为中心,站在用户的角度不断完善自己的产品。最有力的代表就是雷军的小米公司。"用户是驱动力,坚持为发烧而生"的产品理念,小米手机一推出,就迅速圈了一群粉丝。精致的产品,吸引了众多的消费者;完善的售后体系,减少了客户对产品的后顾之忧。

(四)匠人的精神,追求极致的思维

《福布斯》曾评价:"小米用300美元的小米5,发动了对苹果和三星的突袭。"小米的品质可以媲美三星和苹果的旗舰机型。《瘾科技》曾评价:"小米最让人惊艳的地方不在于价钱,而在于其所达到的极致品质。”小米除了手机，还对电脑、电视、路由器、空气净化器等各个领域试水。就拿一个插线板来说，发现很多家庭用的插线板外观很难看，就开始研发插线板。研发出来的产品，不仅外表精致，打开以后一样漂亮。拥有这样追求极致的精神，小米能取得今天的荣誉，自然而然可以理解。

资料来源：帕特里夏·华莱士．工作场所中的互联网[M].商务印书馆，2010。

[复习思考题]

1. 简述领导特质的优势和劣势。
2. 管理和领导有何不同？领导者的职责是什么？领导者实施领导的基础是什么？
3. 领导者的威信来自何方？如何树立威信？
4. 领导理论包括几个方面的内容？它们之间的区别是什么？

[案例分析]

海尔的互联网战略转型

海尔集团是全球大型家电第一品牌。从1984年创立至今，海尔集团经过了五个发展阶段，即名牌战略、多元化、国际化、全球化，2012年12月宣布进入第五个发展阶段，即网络化战略阶段。通过对互联网模式的探索，海尔集团实现了稳步增长。2015年，海尔全球营业额为1 887亿元，其中，线上交易达到1 577亿元，利润为180亿元。

按照海尔集团CEO张瑞敏的表述，海尔的互联网战略转型可以理解为“三个化”，即“企业平台化、员工创客化、用户个性化”。

1. 企业平台化

海尔的第一大转型就是要把传统的科层制或金字塔式的组织转变为平台型企业。为此，海尔彻底压扁了组织结构，过去几年中减少了一万多名管理人员。目前已从传统制造家电产品的企业转型为面向全社会孵化创业者的平台。这个平台型企业由三种类型的成员构成：第一类人叫做平台主，负责为创业者提供基础设施。第二类叫小微主，小微意味着微小的企业，小微主就是一个创业的项目团队。第三类是作为创客的普通员工。三类人都围着用户转。平台主从管控者变为服务者，员工从听从上级指挥的雇员变成为用户创造价值的创业者、创客，创客组成小微企业共同创造用户、市场。小微主由创客共同选举产生。如果企业内部的人不行，还可以引进外部资源。这些小微加上社会资源，就变成了一个生态圈，最终形成很多并联平台的生态圈，对应不同的市场、不同的用户。

平台要吸引各类资源，为小微团队提供共享的资源和服务；还要确立战略方向，确保平台上的小微企业发展方向是一致的；同时，平台通过公开、透明的信息化系统来支持和显示小微的活动，确保“活而不乱”。

截至2015年底，海尔平台上聚集了4 700多家外部一流资源、30亿元创投基金、1 330家风险投资机构、103家园区孵化器资源，诞生了1 160多个项目。

在海尔这个平台上，运行着3 800多个节点小微和上百万个微店，有100多个小微企业年营业收入过了亿元，有24个小微引入了风险投资，有12个小微估值过了亿元。这种平台化转型一度使海尔在册员工比最高峰时减少了45%，但据测算，海尔平台为全社会提供的就业机会（也称为海尔的在线员工）超过了130万。

2. 员工创客化

所谓员工创客化，就是把员工从传统企业中被动的受雇者、执行者，转变为创业者、合伙人。张瑞敏提出要把公司打造成从制造产品到制造创客的“创客公地”，喊出了“人人都是创客”的口号，强调“面对时代的变迁，非创客难以生存”，并正在用“人人创客”的口号把公司改变为一个创客孵化器。员工的创客化也带来了薪酬体制的改变。过去是企业付酬，做了工作，企业付薪。现在变成了用户付酬，给客户创造多大价值就可以得到多大的利益。

有一个国外学者对此表示疑问，他问张瑞敏：“怎么样让你的员工都变成创业者？因为有一些人不适合创业，怎么样把他们变成创业者呢?”张瑞敏回答说：“不是要把所有员工都变成创业者，而是要把所有创业者都变成我的员工。”这意味着，海尔的创业平台并非只是针对海尔原先的员工的，而是面向全社会的，也正是在这个意义上，张瑞敏提出了海尔要成为“创客公地”的概念。

3. 用户个性化

张瑞敏认为，顾客和用户是不一样的。顾客意味着一锤子买卖，是匿名的，付款拿货走人，关系就结束了。而作为用户，与企业之间不是简单的买卖关系，付款应该才是销售的开始，有了付款信息就可以跟他联系，甚至在付款之前他就要介入。用户不只是买你的东西，而是要参与产品的前端设计。用户与企业之间的关系不再是某个时间点上的一锤子买卖，而成为一种长久的交互关系。

为此，工厂就要改变，就要变成满足用户个性化需求的互联工厂。互联工厂是智能化的，也称为黑灯工厂。海尔现在有四个工厂可以变成黑灯工厂，没有电灯，不需要取暖设备，这意味着这样的工厂根本没有人，成为无人工厂。用户的个性化需求将通过互联工厂来实现。每一个互联工厂最后就成了自产自销的工厂，原先的大规模制造就变成了大规模定制。

海尔的互联工厂正在做到“三化”，即无缝化、透明化和可视化。无缝意味着所有环节与用户之间没有任何距离，透明就是所有的工作对用户而言都是可见的，可视则是借助于手机可以看到从研发到制造的全过程。形象而言，未来的互联工厂就是用户的“3D打印机”，或者就是那盏阿拉丁的神灯。

张瑞敏曾引用大哲学家康德“人是目的而非手段”这句话来解释自己推动这场变革的动机之一，即追求“以人为本”的初心。其实，海尔这场变革还有一个最大的背景，便是人类社会由工业经济社会向知识经济社会的转型。在工业经济社会，企业依托的是物质资源，依靠的是人的或复杂或简单的体力劳动。而在知识经济时代，占有物质资源和体力劳动将无关紧要，决定成败的将是企业驱使知识资源和人的脑力的能力。

思考题：

1. 为什么海尔要进行战略转型？
2. 试分析海尔现阶段的管理模式创新与制度创新。
3. 分析海尔战略转型带来的启示。

第十章　管理沟通

人际沟通始于聆听，终于回答。

——英国管理学家L·威尔德

[学习目标]

知识点：

1. 掌握沟通和管理沟通的定义；
2. 理解各种人际沟通的方式；
3. 理解沟通障碍产生的原因并掌握有效沟通的策略；
4. 了解冲突的类型和冲突处理的基本原则；
5. 理解创业团队不同发展阶段的沟通特点。

技能点：

1. 教会学生在实际的管理沟通过程中如何选用合适的沟通方式，灵活运用有效的沟通技巧，尽可能避免沟通障碍的产生；
2. 能运用沟通理论对冲突进行处理。

[导入案例]

邱茹萍的人格魅力

邱茹萍的同事都说她“外柔内刚”，她自己也承认这一点，说：“常常在我与下属的谈话结束很久以后，他们才开始觉察到我是在责备他们。”

邱茹萍的装束很女性化，说话温柔，语气平和，即使是在批评他人，也从不怒目圆睁。她待人和气，具有一流的倾听技巧。也许正是这种特质打动了员工，他们都很尊重她，说她温柔的外表下蕴藏着坚强的意志。

“有一件事我永远难忘，至今还历历在目。当时，我必须开除一个员工，她是我最好的朋友，有些事我没有处理好，影响了我们的关系。其实，这对她并没有坏处。后来，她进入另一个行业，做得相当出色。”

邱茹萍在工作中逐渐掌握了处理问题的技巧。她的诀窍是，在用人之前先做好准备。“当你做计划的时候，就要清楚你需要什么样的人才以及你的要求。除了必需的工作技能，我很看重品质、个性、幽默感和责任感。选人时谨慎些，用起来就轻松多了。”

员工一旦被正式录用，邱茹萍就会提供足够的锻炼机会，随时纠正他们的错误。“我不希望到我第一次考核时，对方对自己的工作还一无所知。”

她待人诚实、坦率，有争执或冲突时马上解决，她不拖泥带水。但是，她也从不态度强硬，不给对方造成压力。

做了这么多年的主管，邱茹萍总结出三类最难打交道的员工以及与他们友好相处的办法。一是满腹牢骚的员工，“我尽量开导他们，让他们往远处着想，给他们尝试的机会”。二是桀骜不驯的员工，“他们真令人头疼，我曾被他们气得浑身发抖，但我有原则，绝不纵容不讲道理的人。我会让他们知道，在我们这里，只要有道理，什么都可以商量，否则免谈”。三是能力差的员工，“我并不歧视他们，给他们创造增进技艺的机会，并给予指导，通常有半年时间。多数员工进步很快，我继续鼓励他们”。

邱茹萍说，与难打交道的员工即“问题员工”相处的诀窍是主动与他们沟通，深入了解他们。通过不断地思考和吸取教训，邱茹萍对待各类员工的技巧日渐成熟，不仅“读人”的本领大增，处理问题的能力也有所增强。“我从不排斥另类，他们虽然与我个性不同，但都有自己的优点。一个多元化的环境就应该有各类人才，创造力才能增强。只要是对公司有用的人，就要充分发挥他们的潜能。”

邱茹萍曾与9位上级共事，他们都是控制型的，但她都能与这些主管和睦相处。这是她的优势，也是她成功的基础。

资料来源：康青编著.管理沟通[M].中国人民大学出版社，2006。

第一节　沟通概述

一、沟通的定义

沟通是人们通过语言和非语言方式传递并理解信息或知识的过程，是人们了解他人思想、情感、见解和价值观的一种双向的互动过程。

沟通是人与人之间进行信息传递的一个过程。在这个过程中，信息发送者和信息接收者都是沟通的主体，信息发送者同时也是信息源。信息沟通可以语言、文字或其他形式为媒介，沟通的内容除了信息传递，也包括情感、思想和观点的交流。

在沟通过程中，心理因素无论是对信息发送者还是对信息接收者都会产生重要影响，而沟通的动机与目的也往往直接影响信息发送者与接收者的行为方式。沟通过程可能是顺畅的，也可能会遭遇障碍。这些影响沟通效果的障碍既可能产自心理因素，也可能产自不良的沟通环境。

简单地说，沟通应该涵盖以下五个方面：想说的、实际说的、听到的、理解的和反馈的（见图10－1）。

如图10－1所示，A和B分别表示信息发送者和信息接收者，而此处的“说”和“听”具有宽泛的含义，分别指“说、写、做或其他信息传递形式”，以及“听到、看到或接收到的”。事实上，你想说什么与实际说了什么是有差异的。例如，有时人们说自己的表述有些词不达意，就是这种情况。另一方面，听众听到的与其理解的意思也存在差异，听众会从其自身不同的角度出发去理解所听到的信息，然后作出反馈。这种差异会从其反馈中表现出来。理想的情况是，听众所反馈的其对该信息的理解恰好是你的初衷或你所期望的，但现实往往会不尽如人意。

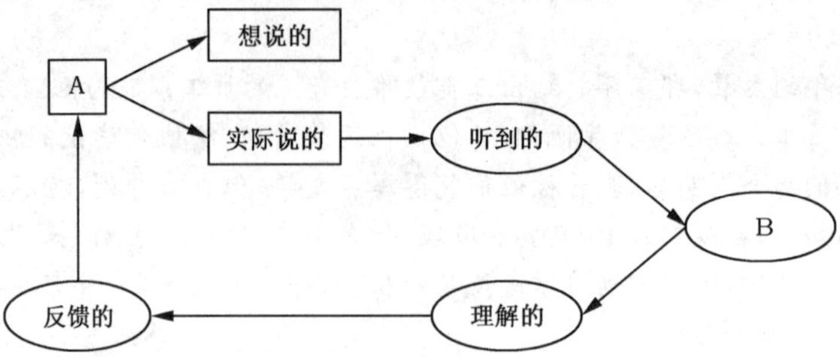

图 10—1　沟通的内涵

二、沟通的过程

从沟通的定义中可以了解到，沟通过程中涉及沟通主体（发送者和接收者）和沟通客体（信息）的关系。沟通的起点是信息的发送者，终点是信息的接收者。当终结点上的接收者作出反馈时，信息的接收者又转变为信息的发送者，最初起始点上的发送者就变成了信息的接收者。沟通就是这样一个轮回反复的过程。

如图 10—2 所示，一个完整的沟通过程包括六个环节，即信息源（发送者）、编码、媒介、接收方、解码、反馈）和一个干扰源（即噪音）。

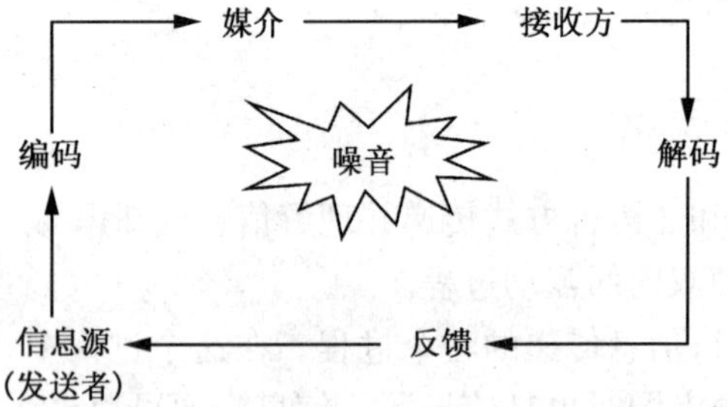

图 10—2　沟通过程模型

（一）信息源

可以提供用于交流的信息，在沟通过程中处于信息传递的主动地位，是整个沟通的起点。信息源可以是个人，也可以是群体。

（二）编码

编码就是发送方将信息以接收方能够正确接收并识别的方式表达出来的过程。由于沟通的主体是人，所以信息的表示形式可以是语言、文字、图形、动作或表情等，丰富多样。当幼儿在牙牙学语时，你会看到幼儿在表达意识的过程中常常出现努力思索的表情，其实他正在努力选择合适的词语，即编码。

（三）媒介

媒介也称为渠道，即信息的传递方式。除了最常用的通过语言进行直接交流外，随着各种通信工具的产生和发展，人们还可以通过电话、传真、电子邮件、微信等形式传递信息。

在实际沟通过程中，人们除了要选择适合的通信工具外，还要考虑恰当的时间和环境。比如重要的合同除了口头协议外，还应选择书面方式等。

（四）接收方

相对于信息源，接收方是信息送达的对象，在沟通过程中处于被动地位。人们往往借助于听觉、视觉、触觉等的活动感知信息。如果是面对面的口头交流，那么信息接收方就应该做好倾听者。掌握良好的倾听技能是有效倾听的基础。积极地倾听有助于有效地接收信息。

（五）解码

解码是接收方把送达的信息经过"翻译"，变成自身可理解信息的过程，是编码的逆过程。编码和解码过程类似于电报传输中的加密和解密过程，双方如果要进行信息的准确传递，就必须遵循一定的规则。当然，在实际的沟通中，由于信息双方不同的主观意识和经验背景，接收方解码后获得的信息不一定就是发送方的本意，因此，有必要加强沟通。

（六）反馈

反馈是接收方接收并翻译信息后，向发送方求证理解是否正确的过程。它是沟通过程的最后一个环节。反馈使沟通过程变成一个闭合循环的过程，也使得信息传递双方在发送方和接收方两个角色之间进行不断切换，是双方实现准确信息交换目的的重要环节。

（七）噪音

对信息传递过程产生干扰的一切因素都可以成为噪音。在实际沟通过程中，噪音的影响无处不在，我们无法将其彻底消除。常见的噪音源有：不同的文化背景、主体的情绪、个人的价值观、模棱两可的语言、认知水平的高低等。噪音越大，信息传递障碍越大，信息传递效率越低。所以，为了确保有效沟通，通常要有意识地避开或弱化噪音源，或者重复传递信息以增加信息强度。

三、管理沟通

（一）管理沟通的定义

管理沟通是指为实现组织目标而进行的组织内部和组织外部的知识、信息传递和交流活动。

可以看到，管理沟通不同于一般意义上的沟通，它是围绕企业经营目标所进行的信息、知识传递和理解过程，是实现管理目的的媒介，也是企业有效运作的润滑剂。

（二）管理沟通的作用

如果把组织比喻成一个完整的有机体，那么管理沟通就是保持其良性循环的生命血液。构成该有机体的要素包括个体、角色、工作群体、组织和外部环境。换言之，处于组织这个系统中的个体会扮演一个个特定的角色，然后由这些扮演相同或不同角色的个体按工作需要组成一个个工作群体，多个工作群体就形成了组织。由于组织不仅需要集聚内部力量，而且需要获得外部力量，实现组织目标，因此组织必须与外部环境建立起一种互动、协调的关系。

显然，管理沟通是任何组织有效运作所不可或缺的，其主要作用可以归纳为以下三个方面：

1. 有助于改进个人作出的决策

任何决策都会涉及干什么、怎么干、何时干等问题。每当遇到这些急需解决的问题，管理者就需要从企业内部广泛的沟通中获取大量的信息情报，然后进行决策，或建议有关人员作出决策，以迅速解决问题。下属人员也可以主动与上级管理人员沟通，提出自己的建议，供领导者作出决策时参考，或经过沟通，取得上级领导的认可，自行决策。企业内部的沟通为各个部门和人员进行决策提供了信息,增强了判断能力。

2. 促使企业员工协调有效地工作

企业中各个部门和各个职务是相互依存的,依存性越大,对协调的需要越高,而协调只有通过沟通才能实现。没有适当的沟通,管理者对下属的了解也不会充分,下属就可能对分配给他们的任务和要求有错误的理解,使工作任务不能正确圆满地完成,导致企业在效益方面的损失。

3. 能激励员工,改善工作绩效

管理沟通有利于领导者激励下属,建立良好的人际关系和组织氛围。除了技术性和协调性的信息外,企业员工还需要鼓励性的信息。它可以使领导者了解员工的需要,关心员工的疾苦,在决策中就会考虑员工的要求,以提高他们的工作热情。

第二节 人际沟通的方式

根据沟通的表现形式,人际沟通可以有不同的方式,主要分为以下四种:口头沟通、书面沟通、非语言沟通和电子媒介沟通。

一、口头沟通

口头沟通是指借助于口头语言实现的信息交流,它是日常生活中最常采用的沟通形式。出色的口头沟通能力是组织正常运作的重要保证。口头沟通是管理者在管理工作中不可或缺的部分,主要包括口头汇报、讨论、会谈、演讲、电话联系等。

口头沟通的优点是:比较灵活、速度快、反馈快、双向、有亲切感。其缺点是:对信息发送者的口头表达能力要求较高;在沟通环节较多时,信息失真的可能性较大,且事后难以准确查证;可能因沟通双方来自不同地区、不同国家和不同民族,拥有不同的风俗习惯,而导致沟通过程中产生误解、歪曲,影响沟通效果。

[小阅读]

海尔是海

——张瑞敏为企业所作的形象致辞

海尔应像海,唯有海能以博大的胸怀纳百川而不嫌其细流,容污浊且能净化为碧水。正因如此,才有滚滚长江、浊浊黄河、涓涓细流,不惜百折千回,争先恐后,投奔而来,汇成碧波浩淼、万世不竭、无与伦比的壮观!

一旦汇入海的大家庭中,每一分子便紧紧地凝聚在一起,不分彼此,形成一个团结的整体,随着海的号令执着而又坚定不移地冲向同一个目标,即使粉身碎骨也在所不辞。因此,才有了大海摧枯拉朽的神奇。

而大海最被人类称道的是年复一年默默地做着无尽的奉献,袒露无私的胸怀。正因其"生而不有,为而不恃"不求索取,其自身也得到了永恒的存在。这种存在又为海中的一切提供了生生不息赖以生存的环境和条件。

海尔应像海,因为海尔确立了海一样宏伟的目标,就应敞开海一样的胸怀,不仅要广揽五湖四海有用之才,而且应具备海那样的自净能力,使这种氛围里的每一个人的素质都得到提高和升华。海尔人都应是能者,而不应有冗者、庸者。因为,海尔的发展需要各种各样的人才来支撑和保证。

要把所有的海尔人凝聚在一起,才能迸发出海一样的力量,这就是靠一种精神、一种我们一贯倡导的"敬业报国,追求卓越"的企业精神。同心干,不论你我;比贡献,不唯文凭。把许许多多的不可思议和不可能都在我们手中变为现实和可能,那么海尔巨浪就能冲过一切障碍,滚滚向前!

我们还应像大海一样为社会、为人类做出应有的奉献。只要我们对社会和人类的爱"真诚到永远",社会也会承认我们到永远,海尔将像海一样得到永恒的存在,而生活于其间的每一个人都将在为企业创一流效益、为社会做卓越贡献的同时得到丰厚的回报。海尔将和整个社会融为一个整体。

海尔是海。

资料来源:康青编著.管理沟通[M].中国人民大学出版社,2006。

二、书面沟通

书面沟通是以文字为媒体的信息传递,形式主要包括文件、报告、信件、书面合同等。书面沟通是一种比较经济的沟通方式,沟通的时间一般不长,沟通成本也比较低。这种沟通方式一般不受场地的限制,因此被我们广泛采用。这种方式一般在解决较简单的问题或发布信息时采用。在计算机信息系统普及应用的今天,我们很少采用纸质的方式进行沟通。

书面沟通的优点是:以文字的形式固化信息,可以长期保存并核实、查询;与口头沟通相比,书面沟通显得较为正式,"口说无凭,立字为据",它更容易引起人们的注意;书面沟通避免了信息传递过程中的随意性,从而减少了辗转传递、经多次译解可能造成的错误。其缺点主要有:缺乏感情色彩、比较呆板、不易随客观情况的改变而及时修正;沟通效果受接收者文化水平的限制;在需要反馈时,沟通耗时较长。

三、非语言沟通

(一)非语言沟通的定义

非语言沟通是相对于语言沟通而言的,是指通过身体动作、体态、语气语调、空间距离等方式交流信息、进行沟通的过程。

非语言沟通涉及人们面对面沟通中的诸多方面,例如用来加强或替代所说的话。有时人们会有意识地运用非语言沟通技巧,而有时却是一种下意识的行为。例如,面部露出的微笑、眉头紧锁、开会入席的座位、办公室的大小及室内陈设,凡此种种都表达着各种信息:高兴或苦恼、权势或地位等。

非语言沟通在实际沟通活动中起着非常重要的作用,甚至比通过语言表达的信息更重要。有关研究表明,在实际沟通过程中,非语言所包含的信息远远超过语言所提供的信息,正所谓"无声胜有声"。

(二)非语言沟通的类型及其主要功能

非语言沟通有各种类型,主要包括身体动作、空间利用、副语言等(见表 10-1)。具备认识和辨析这些非语言信号的能力无疑有助于有效沟通。

表 10－1 非语言沟通的基本类型

基本类型	解析和例子
身体动作	眼神、手势、脸部表情以及身体其他部位的动作等
个人身体特征	体型、姿势、体味、气味、高度、体重、头发的颜色及肤色等
副语言	音质、音量、语速、语调、大笑或打哈欠等
空间利用	人们利用和理解空间的方式，包括座位的安排、谈话的距离等
时间安排	迟到或早到、让他人等候、文化差异对时间的不同理解等

在人际沟通的过程中，人们的内心活动变化会通过肢体语言有意或无意地流露出来。通过形体暗示透露出来的非语言信息主要有以下四种：

1. 态度信息

一方面，手势和形体姿态可以帮助我们传递或强化由语言表达的信息；另一方面，形体暗示更能生动地反映出信息传播者对他人的态度。

2. 情绪信息

表情能够非常准确地传递特定的情感信息，而形体暗示则能够显示情绪的变化和紧张程度。

3. 心理信息

研究表明，形体暗示功能可以有效地提供确切的个人心理状态的信息。它不仅能够表明我们是否自信，而且能暗示我们的自信程度。它通常能够揭示我们是否靠得住，也能够将我们消极的心理状态暴露无遗。

4. 其他信息

通过非语言沟通还能够揭示其他重要的相关信息。如果不熟悉手势和姿势所提供的相关信息，在人际沟通过程中就容易产生误解，甚至引起不必要的冲突。

[小阅读]

你的心思他永远不懂

星期五下午 3:30，宏达公司经理办公室。

经理助理李明正在起草公司上半年的营销业绩报告，这时公司销售部副主任王德全带着公司的销售统计材料走了进来。

“经理不在?”王德全问。

“经理开会去了。”李明起身让座，“请坐。”

“这是经理要的材料，公司上半年的销售统计资料全在这里。”王德全边说边把手里的资料递给李明。

“谢谢，我正等着这份材料呢。”李明拿到材料后仔细地翻阅着。

“老李，最近忙吗?”王德全点燃一支烟，问道。

“忙，忙得团团转！现在正忙着起草这份报告，今晚大概又要加夜班了。”李明指着桌上的文稿回答道。

“老李，我说你呀应该学学太极拳。”王德全从口中吐出一个烟圈说道，“人过 40，应该多多注意身体。”

李明闻到一股烟味，鼻翼微微动了一下，心里想：王大概要等这支烟抽完了才离开，可我还得赶紧写这篇报告。

“最近，我从报上看到一篇短文，说无绳跳动能治颈椎病。像我们这些长期坐办公室的人，多数都患有颈椎病。你知道什么是‘无绳跳动’吗？”王德全自问自答地往下说，“其实很简单……”

李明心里有些烦，可是碍于情面不便逐客。他瞥了一眼墙壁上的挂钟，已经4点了，他把座椅往后挪了一下，站起来伸了个懒腰说：“累死我了。”又过了一会儿，开始动手整理桌上的文稿纸。

“‘无绳跳动’与‘有绳跳动’十分相似……”王德全抽着烟，继续着自己的话题……

资料来源：康青编著.管理沟通[M].中国人民大学出版社，2006。

四、电子媒介沟通

电子媒介沟通是指运用各种电子设备进行信息的传递，包括随着通信和电子技术的发展而出现的电子邮件、传真、幻灯片、投影、视频会议、QQ、微信、微博等诸多新的沟通途径。电子媒介沟通除了具备书面沟通的优点，还具有传递快捷、信息容量大、成本低和效率高等优点。电子媒介沟通的缺点是对发送者身份的核实存在一定困难，在网络上的某些交流中甚至搞不清对方的真实身份。

综上，沟通方式有多种，各有优、缺点（见表10－2），在进行沟通的过程中，要从实际出发，选择合适的沟通方式。

表10－2　各种沟通方式的比较

沟通方式	举　例	优　点	缺　点
口头沟通	口头汇报、讨论、会谈、演讲	快速传递、快速反馈、信息量很大	传递中经过的层次越多，信息失真越严重、核实越困难
书面沟通	文件、报告、信件、书面合同	持久、有形，可以核实	效率低，缺乏反馈
非语言沟通	眼神、音量、体态、语调	信息意义十分明确、内涵丰富、内容灵活	传递距离有限，界限模糊，只可意会不可言传
电子媒介沟通	电子邮件、传真、视频会议、QQ、微信、微博	快速传递、信息容量大、远程传递、一份信息可同时传递给多人、廉价	反馈程度不如当面沟通，难以感受沟通对象的现场氛围

第三节　有效沟通和沟通障碍

一、沟通中的障碍

在实际生活和工作中，从信息发送者到信息接收者的沟通过程并非都是畅通无阻的，其结果也并非总是如人所愿。由于上述诸多沟通要素的存在，尤其是各种干扰源的存在，沟通过程中会出现各种障碍，导致沟通失败或无法实现沟通目的。沟通障碍是指信息在传递和交换过程中，由于信息意图受到干扰或误解，而导致沟通失真的现象。人们在沟通信息的过程中，常常会受到各种因素的影响和干扰，使沟通受到阻碍。

(一)源于信息发送者方面的障碍

1. 目的不明

沟通过程中遇到的第一障碍就是发送者不清楚自己要说什么，对自己将要传递的信息内容、交流的目的不明确，这将导致沟通的其他环节无法正常进行。因此，信息发送者在沟通之前必须事先明确沟通的目的，即“我要通过什么方式向谁传递什么信息并达到什么目的”。

2. 思路不清

无论是口头演讲还是书面报告，信息发送者都必须做到思路清晰、条理分明，使人一目了然、心领神会。若发送者口齿不清、语无伦次、闪烁其词或词不达意、文理不通、字迹模糊，都会产生噪音并造成传递失真，使接收者无法了解其要传递的真实信息。

3. 选择失误

对传递信息的时机把握不准，缺乏审时度势的能力，会大大降低信息交流的价值。若信息沟通对象选择错误，不是造成对牛弹琴就是造成自讨没趣的局面，直接影响信息交流的效果；若信息沟通渠道选择失误，将导致信息传递受阻，或延误传递的恰当时机。

[小阅读]

战国时代，有一个叫公明仪的音乐家，他能作曲也能演奏，七弦琴弹得非常好，弹的曲子优美动听，很多人都喜欢听他弹琴，人们很敬重他。公明仪不但在室内弹琴，遇上好天气，还喜欢带琴到郊外弹奏。

有一天，他来到郊外，春风徐徐地吹着，垂柳轻轻地动着，一头黄牛正在草地上低头吃草。公明仪一时兴致来了，摆上琴，拨动琴弦，就给这头牛弹起了最高雅乐曲——“清角之操”来。老黄牛在那里却无动于衷，仍然低头一个劲地吃草。公明仪想，这支曲子可能太高雅了，该换个曲调，弹弹小曲。老黄牛仍然毫无反应，继续悠闲地吃草。公明仪拿出自己的全部本领，弹奏最拿手的曲子。这回呢，老黄牛偶尔甩甩尾巴，赶着牛虻，仍然低头闷不吱声地吃草。最后，老黄牛慢悠悠地走了，换个地方去吃草。公明仪见老黄牛始终无动于衷，很是失望。人们对他说：“你不要生气了！不是你弹的曲子不好听，是你弹的曲子不对牛的耳朵啊！”最后，公明仪也只好叹口气，抱琴回去了。

4. 形式不当

使用语言（书面或口头）和非语言（肢体语言，如手势、表情、体态等）表达同样的信息时，一定要相互协调，否则会使人“丈二和尚摸不着头脑”。如果我们要传递一些十万火急的信息，不采用电话、传真或互联网等现代化的快速方式，而是通过邮递寄信的途径，那么接收者收到的信息往往会由于时过境迁而成为一纸空文。

(二)源于信息接收者方面的障碍

1. 过度加工

接收者在信息交流过程中，有时会按照自己的主观意愿，对信息进行“过滤”和“加工”，典型的例子就是“报喜不报忧”。传递的信息在经过层层“过滤”后或变得支离破碎，或变得完美无缺，从而导致信息模糊或失真。

[小阅读]

空姐的尴尬

在宽敞、明亮的机舱内，笑容甜美的空姐小李推着餐车缓缓走来，她一边送餐，一边询问："先生，您是吃饭还是吃面？"生性爽直的王先生回答："要米饭。"空姐接着问邻座的刘先生："先生，您是要饭还是要面？"刘先生愣了一下，面带愠色地大声回答："要饭！"话音刚落，周围的乘客便哑然失笑："我们也要饭！"见此情景，李小姐的脸颊上顿时浮现出羞涩的红晕……

2. 知觉偏差

信息接收者的个人特征，诸如个性特点、认知水平、文化修养、智商、情商、社会阶层等都将直接影响到对信息传递者的正确认识。人们在信息交流或人际沟通中，往往习惯于以自己为准则，对不利于自己的信息要么视而不见，要么熟视无睹，甚至颠倒黑白，以达到防御的目的。

[小阅读]

从前有位秀才，夜晚被蚊子咬醒，于是对睡在旁边的夫人说："尔夫被毒虫所吸也。"秀才看到夫人没有反应，又大声地说了一遍"尔夫被毒虫所吸也"，夫人还是没有反应。此时，秀才大怒："老婆子！赶快起来，你老公被蚊子咬死了。"妻子闻声，赶快起来，赶走了蚊子。

3. 心理障碍

由于信息接收者在人际沟通或信息交流过程中曾经受到过伤害或有过不快的情感体验，造成"一朝被蛇咬，十年怕井绳"的心理定式，对信息传递者怀有戒备、心存疑惑，或者由于内心恐惧、忐忑不安，会拒绝接收所传递的信息，甚至抵制参与信息交流。

[小阅读]

美国心理学家：八成癌症患者是吓死的

美国著名的心理学家马丁·加德纳，原来是医生。他竭力反对把实情告诉癌症患者。他认为，在美国630万死于癌症的病人中，80%是被吓死的，其余才是真正病死的。

他曾做过一个著名实验：让一名死囚躺在床上，告之将被执行死刑，然后用木片在他的手腕上划一下，接着把预先准备好的水龙头打开，让它向床下的一个容器滴水，伴随着由快到慢的滴水节奏，那个死囚慢慢昏了过去。他用事实告诉了世人：精神才是生命的真正脊梁，一旦从精神上摧垮一个人，那么生命也就变形了。

现在，加德纳是美国横渡大西洋——3V俱乐部的心理教练。在他的指导下，一个叫伯来奥的男子去年8月乘独木舟从法国出发，历时6个半月到达澳大利亚，创造单人独舟横渡大西洋和太平洋的吉尼斯纪录。加德纳说：从前横渡大西洋的人之所以失败或死亡，不是死于体力上的限制，而是死于精神上的崩溃。只要精神不垮，一切都不能把你击倒。

二、有效沟通的策略

沟通不仅仅是一门科学，更是一门艺术。虽然在沟通过程中存在各种各样的障碍，但在现实中仍然可以通过主观努力有效地跨越这些障碍。因此，学习和掌握有效沟通的方法和技巧就显得格外重要。

(一)明确沟通的目的

在进行沟通之前,信息发出者要明确进行沟通的目的。只有目的明确,才能在沟通时有的放矢,从而使信息接收者能很好地理解进而达到沟通的目的。但每次沟通的目的不能太多,沟通的范围集中,接收者才能注意力集中,从而使沟通顺利。

(二)恰当选择管理沟通的时机、方式和环境

组织进行管理沟通时,沟通的时机、方式和环境对沟通效果会产生重大影响。如领导在宣布某项任务时,应考虑何时、采用什么方式才能增加积极作用、减少消极作用,如人事任命,就宜采用公开的方式通过正式渠道进行传递,而有的消息则以秘密的方式通过非正式渠道传播等。管理者应根据要传递的信息,对沟通的时间、地点、条件等充分加以考虑,使沟通信息的形式与沟通的时机、方式和环境相适应,以增加沟通的效果。

(三)以行动强化语言

用语言说明意图仅仅是沟通的开始。只有将语言转化为行动,才能真正提高沟通的效果,达到沟通的目的。中国人历来倡导"言行一致"。如果言行不一致,说的是一套,做的又是一套,则这种沟通的结果是可怕的。在企业中,传达政策、命令、规范之前,管理者最好先确定自己能否身体力行。唯有如此,才能在公司内部营造一种良好的、相互信任的文化氛围,并使公司的愿景、价值观、使命、战略目标付诸实施。

(四)避免一味说教

有效沟通是彼此之间的人际交往与心灵交流。信息传递者一味地为传递信息而传递信息,全然不顾信息接收者的感受和反响,试图用说教的方式与人交往就违背了这个原则。信息传递者越投入,越专注于自己要表达的意思,越会忽略信息接收者暗示的动作或情绪、情感方面的反应,其结果必然是引发信息接收者对其产生反感,进而产生抵触情绪。

(五)充分利用反馈机制

在沟通时要避免出现"只传递而没有反馈"的状况。一个完整的沟通过程必须包括信息接收者对信息所作出的反应,信息传递者可采用提问、倾听、观察、感受等方式来获得信息接收者的反馈。信息传递者只有通过获得接收者的反馈,才能检验沟通是否达到目标。

第四节 冲突及冲突管理

一、冲突概述

(一)冲突的含义

关于冲突有许多解释。比如,冲突的双方或多方之间存在一种相互依赖关系,如果这种关系不存在,就不可能发生冲突;冲突必须被各方感知到,它是一个知觉问题;冲突是意见对立或不一致的双方相互作用的过程。在本书中,我们认为,冲突涵盖了从相互作用变成相互冲突时所进行的各种活动,如目标不一致、对事物的认知存在分歧,以及对行为预期的不一致等。

(二)冲突的类型

无论冲突表现为何种形式,都可以简单地归纳为内心冲突、人际冲突和组织内冲突三种(见图10—3)。

1. 内心冲突

内心冲突发生在个体本身,而且常常涉及目标和认识冲突。当个体的行为导致积极或消

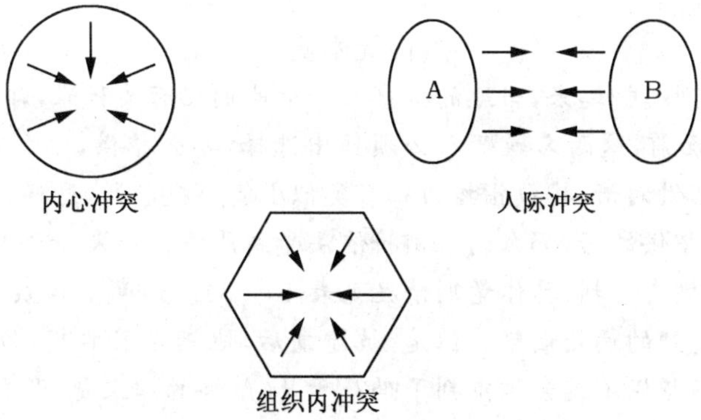

图 10－3　冲突类型

极的影响，或个体的行为与所产生的结果互不相容时，就产生了目标冲突，如有的工作收入比较高，但危险性比较大，或个人利益与公司利益不一致等。内心冲突主要有两种：

(1)目标冲突

目标冲突指的是积极的和消极的两种结果间的相互作用，它包括三种基本类型。

①双趋冲突。两件事物都有吸引力，都想趋之，但二者不可兼得，难以抉择。这是一种难以取舍的心理困境。两个动机促使个体在行为上追求两个目标，两个目标无法同时兼得(购房子就不能买汽车)时，二者取其一而又不愿割舍其他的心态，即属双趋冲突。

②双避冲突。两件事都有排斥力，都力求避免，但必须择取其一，难以决定。当个体发现两个目标可能同时具有威胁性(患病者既不愿吃药，又不愿开刀)，但迫于形势，两难之中必须接受其一时，即将形成双避冲突。

③双重趋避冲突。这是双避冲突与双趋冲突的复合形式，即两个目标或情境对个体同时有利和有弊，面对这种情况，当事人往往陷入左右为难的痛苦取舍中，即双重趋避冲突。例如：在挑选工作时，一个机会物质待遇优厚而社会地位却不高，另一个机会是社会地位高而物质待遇菲薄。

(2)认识冲突

认识冲突是指不同群体或个人在对待某些问题上由于认识、看法、观念之间的差异而引发的冲突。当人们意识到他们的想法、态度、价值观以及行为与现实存在分歧时，就出现了个人内部的认识冲突。这种不一致会使人感到心理上的不安。

要想实现和谐一致，有两种基本途径可供选择：改变人们的态度；更多地了解造成失调的问题所在。也就是说，可以通过改变自己原有的想法、态度、价值或者设法获得更多的有关引起冲突的信息以便解决这种冲突。

2. 人际冲突

一般而言，人际冲突可以描述为个体在达到目标的过程中察觉或经历挫折的情形。个人之间的冲突之所以发生，主要是由于生活背景、教育、年龄和文化等的差异，而导致对价值观、知识及沟通等方面的影响，因而增加了彼此相互合作的难度。我们可以通过管理学上一个经典的例子——“囚徒困境”来解释这种冲突。

[小阅读]

囚徒困境

两名嫌疑人被分别关押起来,当地的检察官知道他们犯有某种罪,却没有足够的证据判定他们有罪。在检察官面前,这两名嫌疑人必须作出选择:要么招供,要么不招供。现在的情况是:如果他俩谁都不招供的话,将被指控为犯有类似小偷小摸等罪,这样,两人所受的惩处都不会太重。如果他俩都招供的话,那么两人都将依法受到严惩。如果一个人招供,另一个人不招供,招供者轻判,不招供者重判(具体量刑情况见表10—3)。这两名嫌疑人作案前曾商定都守口如瓶,这样他们所受到的惩处最轻。但是,被逮捕后,他俩左思右想,越想心里越不踏实:万一对方招供了,自己不招供不就会被重判了吗?于是,最终的结果是:两人都招供了,并都被判6年监禁。

表10—3 嫌疑人的选择与结局

甲的选择	乙的选择	甲的结局	乙的结局
招供	招供	判6年监禁	判6年监禁
招供	不招供	判1年监禁	判10年监禁
不招供	招供	判10年监禁	判1年监禁
不招供	不招供	判3年监禁	判3年监禁

这种情形具有人际冲突的许多特征。首先,每个人的结果取决于他人做什么;其次,这一困境强调了个人行为和联合行为的差异。要想得到最好的结局,最佳的选择是两人都不招供,而对每个人来说,对自己最有利的方式是招供。这一困境隐含了人际沟通中一个很重要的问题,即相互间的信任。

3. 组织内冲突

(1)纵向冲突

纵向冲突指的是组织内不同级别之间的冲突。这类冲突常常是由于上级控制过于严格导致下属不服而产生的,下属之所以反抗,是因为他们认为上级控制太多而侵犯了自己的工作主动权。纵向冲突也可能是因为缺乏沟通、观念不一致或目标不一致而产生的。

(2)横向冲突

横向冲突指的是组织内相同级别的部门之间的冲突。这种冲突产生的主要原因是各部门只考虑自己部门的利益而不顾及其他部门的利益。在这些部门间,目标不一致可能导致目标冲突。另外,各部门中员工与员工之间的态度差异也会导致冲突。

组织内冲突不仅存在于人与人之间,也存在于同一组织中的各部门之间,例如在报酬公平性和福利计划等方面由于不平衡而产生冲突。

除了上述3种,组织在发展过程中,与其竞争对手、社区、媒体、政府部门、利益相关者等外部社会之间往往会存在更为错综复杂的冲突。

二、冲突的管理

(一)管理者与冲突管理

虽说冲突的发生在任何组织中都是不可避免的,但冲突是可以管理的。如何解决冲突,是管理者必须面对的问题。冲突的出现可能使组织内潜伏的问题及早得到重视,将冲突引向积极、正面的结果。因此,称职的管理者应该以更积极的态度来疏导冲突,最终提升组织绩效。

由于文化背景不同,存在对冲突的认知差异,因此中西方对待冲突管理的理念也存在一定的差异。依照中国传统文化的儒家思想,常以贵和、持中为处理冲突的原则;依照西方人的观点,倡导建设性冲突,并控制在适度水平。

管理者应该正确地认识到,冲突可能激发组织成员的创新能力,达到个体成长和自我实现的理想目标。这是因为,优秀的管理者能理性地剖析冲突发生的原因并正确地判断冲突的性质和类型,采取恰当的冲突管理策略和技巧,公正地对待冲突双方,从而避免陷入情绪对立状态,并可能提升生产力。而且,因为及时修正了不适宜的状况,所以组织活力被激发,工作关系得到改善,组织绩效也会得以提升。

(二)冲突处理的基本原则

艾森哈等人通过对组织内功能性冲突的深入研究,提出了将冲突导向积极效能的六个基本原则:

原则一:确立共同追求的目标。如果组织成员能确立共同努力的目标,就可以以大局为重而相互包容。但若缺乏共同目标,就容易相互对立,出现各自为政的现象,为维护自己的利益而产生冲突。

原则二:将冲突引导到具体事实上。要贯彻此项原则,说起来容易,做起来难。首先必须以耐心、诚意和善意来推倒彼此间的"无形之墙",然后准备大量有助于讨论具体事实的客观资料,这样在开会讨论、交流意见或协商谈判时,即使双方意见不同,也不至于将时间浪费在各种无谓的争辩上,特别是避免产生情感冲突。

原则三:多运用幽默方式。幽默可以减小压力,缓和气氛。在冲突情境出现时,卷入冲突的各方都会感到烦躁、紧张等,如果这些情绪得不到有效缓解,常常容易造成对立。但要注意,有些人常自以为幽默,听者感觉的却是夹枪带棒的嘲讽,这不仅不能化解冲突,反而有激化情绪的危险。

原则四:平衡彼此的权利结构。平衡权利结构的重点在于强者从态度上谦让弱者,使冲突在一定范围内得以解决。当冲突情境出现明显的强势与弱势之分时,弱势一方常存在"受迫害妄想症",如果强势一方没有察觉到这个事实,在态度上谦让弱势一方,就会使弱势一方感到沟通无用,转而采取攻击等两败俱伤的做法。

原则五:准备多种解决方案 。沟通中没有全输或全赢,如果各方都认识到这一点,参与寻找解决方案的过程,就能建立起彼此合作的共识。设计出几种方案以供选择,也可以降低彼此的让步成本,还顾及各方的面子,避免因过度坚持立场而搞僵了关系。

原则六:不要强迫达成共识。有的团队为了达成共识,迟迟不做出决策,反而延误了商机。俗话讲,"一种米养百种人",每个人有不同的"习惯领域",所以很难达成完全共识。在冲突处理方面,应提倡求同存异,只要出现彼此可以接受的妥协结果,就可以付诸实施 。

第五节 创业团队沟通

一、创业团队沟通的定义

团队方式已在组织中频繁运用。实践证明,团队是一种有效的组织形式。传统的组织模式效率低下,而且对快速变化的市场缺乏敏感性。以团队为单位的运作形式,灵活机动,适应能力强，员工参与度高的管理团队或自主式管理的团队已经开始取代传统的层级组织。

创业团队沟通是指创业队伍中两名或两名以上的能够共同承担领导职能的成员为了完成预先设定的共同目标，在特定的环境中相互交流、相互促进的过程。

二、创业团队沟通的要素

创业团队沟通的要素包括规范的制定、成员的角色和领导者的素质。

(一)规范的制定

在创业团队中需要制定规范以约束成员的个体行为。沟通与法则是一对相互约束的关系，法则为创业团队确立了一定的秩序，在创业团队沟通中，许多秩序来自规范。

规范是在团队中发展起来的，包括行为、思想和感觉。在创业团队内部，规范的形成与延续需要团队成员的默契与相互认同。

[小阅读]

在小组的每月例会上，老王向组长汇报了3月份的项目执行情况。老王的话音刚落，刚加入团队的大学生小李就接上话茬说："这个月的项目执行情况本应更好，如果……"小李说完后，会场一片寂静，平时热烈的气氛不见了。这是怎么回事？跟他坐在一起的小刘悄悄地对他说："这里发言要一个个轮着来，主任讲完了，该轮到副主任，不要抢先……"

(二)成员的角色

每个创业团队均由若干成员组成，这些成员从创业团队成立之后到创业团队解体之前都扮演着不同的角色。根据创业团队成员扮演的角色能否对团队工作起到积极的作用，可将角色分成两大类：积极的角色和消极的角色。

1. 积极的角色

(1)领导者——善于拟定创业团队的目标，并通过适当的手段激励下属完成任务的成员。

(2)谋略者——善于为创业团队工作出谋划策的成员。他们在团队遇到问题时提出改进和处理的方法。

(3)协调员——善于协调创业团队活动的成员。他们通过积极、有效的沟通活动妥善解决团队成员之间的矛盾和冲突，缓解创业团队成员的工作压力。

(4)激励者——善于增强创业团队的凝聚力、提高团队成员士气的成员。

(5)追随者——善于认真、负责地实施创业团队计划的成员。

(6)旁观者——善于以局外人的眼光对创业团队工作作出评价，并提出建设性意见和建议的成员。

2. 消极的角色

(1)绊脚石——固执己见、唱对台戏的成员。

(2)自我标榜者——好自吹自擂、夸大其词的成员。

(3)支配者——试图操纵创业团队、干扰他人工作以提高自己地位的成员。

(4)逃避者——与他人保持距离、对工作消极应付的成员。

值得注意的是，在创业团队中，可能一名成员扮演多个角色，也可能数名成员扮演一个角色。另外，这种角色是动态的，往往会因团队领导的风格不同，团队工作的目的、性质、结果以及工作环境的不同而发生变化。

3. 领导者的素质

沟通能力能够充分反映一个人是否具备领导潜质。领导者的素质包括胜任能力、值得他人信赖的能力、适应环境的能力、把握方向的能力以及敬业精神。

(1)胜任能力。在创业团队中,技术卓越超群者不一定具备领导能力,只有那些具有超前意识、善于在任务前做好充分准备而成功完成任务的人,才真正具备领导者的素质。

(2)值得他人信赖的能力。一般而言,可信度是通过以下各个方面来体现的:一个人自身的能力、令人信赖的品质、客观公正的态度、充沛的精力等。此外,人们往往还会依据地位、影响力、级别、年龄、性别等因素来判断一个人的可信度。

(3)把握方向的能力。坚持道德标准的领导者能够在团队中营造一种平等、公正的沟通氛围,不会将自己的意志凌驾于他人之上,同时还可以积极地影响创业团队成员,从而确保团队沿着正确、健康的方向前进。

(4)适应环境的能力。一位成功的创业团队领导者必须随时调整其行为来适应创业团队的目标、价值观、特有的风格以及在具体情形下团队成员的需求,只有具备适应环境能力的领导者才是称职的。

三、创业团队不同发展阶段的沟通特点

创业团队的形成和发展大致可分为四个阶段:初创阶段、初见成效阶段、持续发展阶段和成熟阶段。

(一)初创阶段

由于团队刚形成,缺乏稳定性,这样的团队尚未确立统一的愿景,缺乏运作规范,领导职责不明确。从本质上讲,新形成的团队缺少组织文化,所以成员缺乏对团队的认同。这一时期的创业团队沟通表现为谨慎相处型。

这个阶段的团队成员习惯通过评价其他成员的态度和能力来决定自己该怎样做,谨小慎微。他们对团队的归属感是暂时性的;或者表现出很强的个人主义意识。由于成员之间需要时间相互适应和熟悉,因此这个阶段团队工作的效率很低。

(二)初见成效阶段

这一阶段处于初创阶段与持续发展阶段之间,相对于上一阶段,团队成员间多了一些活力与协调。尽管团队成员提出了有关团队使命、目标、运作规范等问题,但由于此时团队本身只是名义上的,创业成员还是没有明确的团队意识。这一时期的创业团队沟通表现为相互竞争型。一旦确立了统一愿景,团队便开始完成组织所分派的任务。团队成员或者为了其在组织中的地位或影响力而相互竞争,或者对组织中的事情更加漠不关心。

(三)持续发展阶段

团队度过竞争阶段之后,成员之间的合作显得比竞争更重要了,也建立起了大家认可的正式或非正式的团队运作规则和工作程序,他们能够像一个整体一样发挥作用。尽管成员在某些问题上仍会存在分歧,但是这一阶段的团队成员对不一致持开放的态度,认为团队中的每个成员都可以提出不同的意见、发表不同的观点。因此,此时的创业团队沟通表现为和谐融洽型。

(四)成熟阶段

进入成熟期的团队能够紧密协调地合作,因为团队成员已将团队文化完全消化吸收,进而融为自我意识的一部分。团队成员会因自己是团队的一员而自豪,也以自己能为团队的成功

作出贡献而感到骄傲。这一时期的创业团队沟通表现为协作进取型。

处在成熟阶段的团队，一方面更具协调感，另一方面也存在变得僵滞的危险。由于团队成员都了解各自的观点和办事方式，因此会变得自以为是，做事很容易想当然而不是深思熟虑。集体的意见代替了团队讨论中有建设性的观点，这样就会轻易地抹杀掉个体的特性和建设性意见。如果团队进入这一阶段，就再也不会去寻找或接受新的观点和思维方式，容易形成团队的官僚主义。团队中成员的关系既是一种协调性极强的沟通渠道，又是团队自身健康运作的束缚绳索，使其无法为组织创新和提高组织效率发挥应有的作用。

创业团队的出现对管理者提出了更高的要求，他们需要摒弃原有的管理风格，去适应新的管理模式。团队的管理者必须扮演好自己的角色，提升沟通技巧，重视、理解、创造一种良好的沟通氛围。

[复习思考题]

1. 请简述沟通在管理中的重要作用。
2. 如何正确运用各种沟通方式达到最佳的沟通效果？
3. 什么是沟通障碍？克服沟通中的障碍有哪些方法？
4. 管理者应该如何进行冲突管理？
5. 如何理解创业团队不同发展阶段的沟通特点？

[案例分析]

小B为什么沟通失败

小B是一个典型的北方姑娘，在她身上可以明显地感受到北方人的热情和直率，她喜欢坦诚，有什么说什么，总是愿意把自己的想法说出来和大家一起讨论，正是因为这个特点，她在上学期间很受老师和同学的欢迎。

今年，小B从西安某大学的人力资源管理专业毕业。她认为，经过四年的学习，自己不但掌握了扎实的人力资源管理专业知识，而且具备了较强的人际沟通技能，因此她对自己的未来期望很高。为了实现自己的梦想，她毅然只身去S市求职。

经过将近一个月的反复投简历和面试，在权衡了多种因素的情况下，小B最终选定了S市的一家金融企业。她之所以选择这份工作，是因为目前该公司规模适中，发展速度较快，最重要的是该公司的人力资源管理工作还处于尝试阶段，如果小B加入，则她将是公司专门负责人力资源的第一个人，因此她认为自己施展能力的空间比较大。

但是到公司实习一个星期后，小B就陷入了困境。原来该公司是一家典型的中小型企业，充满了各种裙带关系，缺乏必要的管理理念，更不用说人力资源管理理念，在老板的眼里，只有业绩最重要，公司只要能赚钱，其他的一切都无所谓。但是，小B认为越是这样就越有自己发挥能力的空间，因此在到公司的第五天，小B拿着自己的建议书走向了直属上级的办公室。“王经理，我到公司已经快一个星期了，我有一些想法想和您谈谈，您有时间吗？”小B走到经理办公桌前说：“来来来，小B，本来早就应该和你谈谈了，只是最近一直在见客户就把这件事忘了。”

“王经理，对于一个企业尤其是处于上升阶段的企业来说，要持续发展必须在管理上狠下功夫。我来公司已经快一个星期了，据我目前对公司的了解，我认为公司主要的问题在于职责界定不清；雇员的自主权力太小致使员工觉得公司对他们缺乏信任；员工薪酬结构和水平的制定随意性较强，缺乏科学、合理的基础，因此薪酬的公平性和激励性都较低。”小 B 按照自己事先所列的提纲开始逐条向王经理叙述。

王经理微微皱了一下眉头说：“你说的这些问题我们公司也确实存在，但是你必须承认一个事实——我们公司在赢利，这就说明我们公司目前实行的体制有它的合理性。”

“可是，眼前的发展并不等于将来也可以发展，许多中小企业都是败在管理上。”

“好了，那你有具体方案吗?”

“目前还没有，这些还只是我的一点想法而已，但是如果得到了您的支持，我想方案只是时间问题。”

“那你先回去做方案，把你的材料放这儿，我先看看然后给你答复。”说完，王经理的注意力又回到了业绩报告上。

小 B 此时真切地感受到不被认可的失落，她似乎已经预测到自己第一次提建议的结局。果然，小 B 的建议书石沉大海，王经理好像完全不记得建议书的事。小 B 陷入了困惑之中，她不知道自己是应该继续和上级沟通还是干脆放弃这份工作，另找一个发展空间。

资料来源：http://3y.uu456.com/bp_7j9816durk6i8st1cmr5_1.html。

思考题：

1. 在本案例中，什么原因导致了上下级沟通失败?

2. 如果你是小 B，将会怎么做？为什么？

第十一章　管理激励

以爱为凝聚力的公司比靠畏惧维系的公司要稳固得多。

——美国西南航空公司总裁赫伯·凯莱赫

[学习目标]

知识点：

1. 理解激励的含义及过程，了解激励的因素；
2. 掌握与激励有关的方法和原则；
3. 理解马斯洛需求层次理论；
4. 了解赫茨伯格双因素理论、弗鲁姆的期望理论；
5. 理解斯金纳的强化理论；
6. 理解团队建设在管理中的重要性。

技能点：

1. 掌握亚当斯的公平理论；
2. 学会在团队中创造一种支持的氛围，通过影响团队成员来改善成员的行为和绩效。

[案例导入]

猎狗的故事

一条猎狗将兔子赶出了窝，一直追赶它，追了很久仍没有捉到。牧羊人看到此情景，讥笑猎狗说："你们两个之间小的反而跑得快得多。"猎狗回答说："你不知道我们两个跑的原因是完全不同的。我仅仅为了一顿饭而跑，他却是为了性命而跑呀！"

这话被猎人听到了，猎人想：猎狗说的对啊，那我要想得到更多的猎物，得想个好法子。于是，猎人又买来几条猎狗，凡是能够在打猎中捉到兔子的，就可以得到几根骨头，捉不到的就没有饭吃。这一招果然有用，猎狗们纷纷努力去追兔子，因为谁都不愿意看着别人有骨头吃，自己没得吃。

就这样过了一段时间，问题出现了。大兔子非常难捉到，小兔子好捉，但捉到大兔子得到的奖赏和捉到小兔子得到的奖赏差不多，猎狗们发现了这个窍门后，就专门去捉小兔子。慢慢地，大家都发现了这个窍门。猎人对猎狗说："最近你们捉的兔子越来越小了，为什么？"猎狗们说："反正没有什么大的区别，为什么费那么大的劲去捉那些大的呢？"

猎人经过思考后，决定不将分得骨头的数量与是否捉到兔子挂钩，而是采用每过一段时间，就统计一次猎狗捉到兔子的总重量。按照重量来评价猎狗，决定一段时间内的待遇。于是猎狗们捉到兔子的数量和重量都增加了。猎人很开心。但是过了一段时间,猎人发现,猎狗们捉兔子的数量又少了,而且越有经验的猎狗,捉兔子的数量下降得就越利害。于是猎人又去问猎狗。猎狗说:"我们把最好的时间都奉献给了您,主人,但是随着时间的推移我们会老,当我们捉不到兔子的时候,您还会给我们骨头吃吗?"

于是,猎人分析与汇总了所有猎狗捉到兔子的数量与重量,规定如果捉到的兔子超过了一定的数量后,即使捉不到兔子,每顿饭也可以得到一定数量的骨头。猎狗们都很高兴,大家都努力去达到猎人规定的数量。一段时间过后,终于有一些猎狗达到了猎人规定的数量。这时,其中有一只猎狗说:"我们这么努力,只得到几根骨头,而我们捉的猎物远远超过了这几根骨头。我们为什么不能给自己捉兔子呢?"于是,有些猎狗离开了猎人,自己捉兔子去了。

资料来源:根据 http://www.360doc.com 改编。

激励是领导工作的有机组成部分。激励是激发和鼓励人们朝着所期望的目标采取行动的过程。组织的生命来自组织中每一个成员的热忱。有效的领导必须能充分地调动员工的积极性,使其潜能最大限度地发挥出来。因此,管理者如何对员工进行激励,以激发他们的创造性和积极性,需要了解激励的理论和掌握激励的方法。

第一节 激励概述

一、激励的定义

美国哈佛大学威廉·詹姆士的研究表明:没有激励措施时,下属一般仅能发挥工作能力的20%～30%,而当他们受到激励后,其工作能力可以提到80%～90%,所发挥的作用相当于激励前的3～4倍。因此,管理者的首要任务就是激励员工把他们的能力发挥到最好水平。

"激励"一词来源于心理学。心理学家认为,人的一切行动都是由某种动机引起的。动机是人类的一种精神状态,对人的行动起激发、推动和加强的作用,因此称之为激励。心理学认为,激励就是持续激发人的行为动机的心理过程。

斯蒂芬·P. 罗宾斯认为,激励是通过高水平的努力实现组织目标的意愿,而这种努力以能够满足个体的某些需要为条件。孔茨认为,激励包括激发和约束两个方面的含义,奖励和惩罚是两种最基本的激励措施。

激励的两方面含义是对立统一的,激发导致一种行为的发生,约束则是对所激发的行为加以规范,使其符合一定的方向,并限制在一定的时空范围内。美国得州农工大学 Lowry Mays 学院和商学研究生院的管理学教授加雷斯·琼斯(Gareth Jones)指出,激励是一个基本的心理过程,它决定组织中个人行为方向、个人努力程度和个人在困难面前的毅力。美国管理员加贝雷尔森(Berelson)和斯坦尼尔(Steiner)给激励下这样的定义:"一切内心要争取的条件、希望、愿望、动力等都构成了对人的激励,是人类活动的一种内心状态。"

如前所述,激励是激发人的行为动机的心理过程,是一个不断朝着期望的目标前进的循环的动态过程。简而言之,激励是在组织中,激发和鼓励人们朝着所期望的目标采取行动的过程。激励的目的就是使人们通过活动来达到组织目标,提高个人和组织绩效。可见,激励的关键,就是将组织的目标和人们的需要有机地结合起来,使人们体验到实现组织目标的过程其实也是满足自身需要的过程。

[小阅读]

员工被激励的程度与其工作绩效密切相关。实践证明,经过激励的工作行为与未经激励的行为,其工作效果大不相同,激励能够使员工充分发挥其能力,实现工作的高质量和高效率。美国哈佛大学心理学家威廉·詹姆士通过对员工激励的研究发现,在计时工资制下,一个人若没有受到激励,仅能发挥其能力的20%~30%;如果受到正确而充分的激励,其能力就能发挥到80%~90%,甚至更高。由此他得出一个公式:工作绩效=能力×动机激发。这就是说,在个体能力不变的条件下,工作成绩的大小取决于激励程度的高低。激励程度越高,工作绩效越多;反之,激励程度越低,工作绩效就越少。

二、激励过程与行为

(一)激励过程

激励是“需要一行为一满足”的一个连锁过程,人的激励过程就是一个人有需要直到产生动机,是一个心理过程。激励和动机紧密相连。所谓的动机,就是个体通过高水平的努力而实现组织目标的愿望,而这种努力又能满足个体的某些需要。心理学家揭示,人的动机是由他所体验到的某种未满足的需要和未达到的目标所引起的。这种需要或目标可以是生理上的、物质上的、心理上的或者精神上的。

在现实中,人的需要往往不止一种,多半会同时存在多种需要。这些需要的强弱程度也会发生变化。在任何时候,一个人的行为动机总是由其全部需要中最重要、最强烈的需要所支配、决定的,这种最重要、最强烈的需要就是主导需要。人的一切行为都是其当时的优势需要引发,朝着满足这种优势需要的目标努力的。这种努力的结果又作为新的刺激反馈回来调整人的需要结构,指导人的下一个新的行为,这就是所谓的激励过程,也称动机一行为过程。

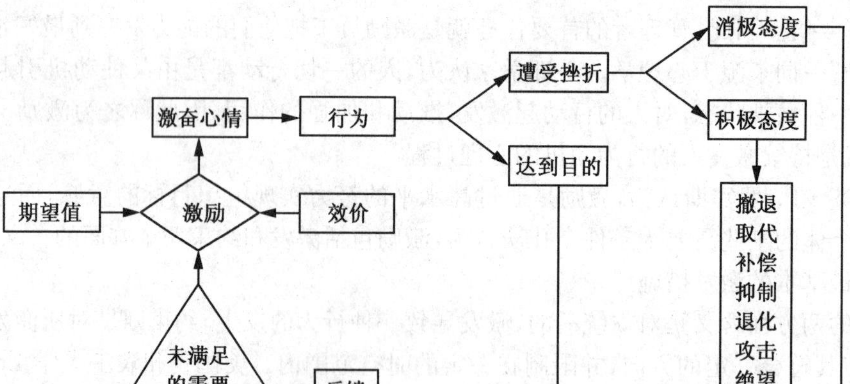

图11—1 激励过程模型

(二)激励行为

对激励对象的讨论说明,人们各种各样的、有目的的行为都是出于对某种需要的追求。需要是指人们对某种目标的渴求和欲望。人在一定的刺激下会产生某种需要,未得到的需要是产生激励的起点,当需要未得到满足时,他会努力追求他所需要的东西,进而产生某种行为。行为的结果可能是需要得到满足之后再产生对新需要的追求;也可能是遭受挫折,追求的需要未得到满足,由此产生消极或积极的行为。需要指出的是,并不是所有需要都能转化为动机,只有当人的需要达到一定程度时,动机才会产生。当人的需要还处于萌芽状态时,这种需要只是一种模糊的意向;当某种需要被明确地意识到并渴望被实现时,意向就会转化为愿望;只有当愿望能激发人的活动,并转化为具体的行为目标时,这种需要才能转化为动机。

这样就进一步说明,在组织中管理者要通过不断激励,促使员工不断产生新的需要,从而产生组织希望的实现组织目标的行为。

[互动话题]

举例说明需求、动机、行为之间有什么关系。

第二节 激励的方式与原则

一、激励的方式

(一)物质利益激励

物质利益激励就是以物质利益(如工资、奖金、福利、晋级和各种实物等)为诱因对员工进行激励的方法。最常见的物质利益激励有奖励激励和惩罚激励两种方法。奖励激励是指组织以奖励作为诱因,驱使员工采取最有效、最合理的行为。物质奖励激励通常是从正面对员工进行引导。组织首先根据工作的需要,规定员工的行为,如果符合一定的行为规范,员工可以获得一定的奖励。员工对奖励追求的欲望,促使他的行为必须符合规范,同时给企业带来有益的成果。物质惩罚激励,是指组织利用惩罚手段,诱导员工采取符合组织需要的行动的一种激励。在惩罚激励中,组织要制定一系列的员工行为规范,并规定逾越了行为规范的不同的惩罚标准。物质惩罚手段包括扣发工资、奖金、罚款、赔偿等。人们避免惩罚的需求和愿望促使其行为符合特定的规范。

实施物质激励要注意保持组织成员的公平感,充分体现"多劳多得,少劳少得"的分配原则。虽然这种激励是直接满足组织成员的低级需要的,但也能间接地满足组织成员的高级需要,因为物质利益可以当成自己受到尊重,或自己的成就为组织所赏识的标志。

(二)目标激励

管理中常说的目标管理,不仅是一种管理活动,也是一种有效的目标激励方法。所谓目标激励方法,就是给员工确定一定的目标,以目标为诱因使员工去努力工作,以实现自己的目标。任何组织的发展都需要有自己的目标,任何个人在自己需要的驱使下也会具有个人目标。目标激励必须以组织的目标为基础,要求把组织的目标与员工的个人目标结合起来,使组织目标和员工目标相一致。

目标管理通过广泛的参与来制定组织目标,并将其系统地分解为每一个人的具体目标,然后用这些目标来引导和评价每个人的工作。在目标管理中目标是最重要的,组织目标是组织前进的目的地,个人目标则是个人奋斗所实现的愿望。目标管理的特点之一是把组织的目标分解为各个行动者的目标,而分解过程又充分吸引了行动者参与。按照这一特点,只要使个人的目标及奖酬与个人的需要一致,就提高了目标的效价。而实现目标的信心增加也就是实现目标的期望提高。目标管理充分发挥每个人的最大能力,实行自我控制,更容易发挥每个人的潜能和创造力,增加激励力量。

(三)榜样激励

榜样激励是指通过组织树立的榜样使组织的目标形象化,号召组织内成员向榜样学习,从而提高激励力量和绩效的方法。

运用榜样激励,首先要树立榜样,榜样不能人为地拔高培养,要自然形成,但不排除必要的引导。选择榜样时要注意榜样的行为确实是组织中的佼佼者,这样才能使人信服。其次,要对榜样的事迹广为宣传,使组织成员都能知晓,这就是使组织成员知道有什么样的行为才能荣登榜样的地位,学习的目标更明确,还要给榜样明显的使人羡慕的奖酬,这些奖酬中当然包括物质奖励,但更重要的是无形的受人尊敬的奖励和待遇,这样才能提高榜样的效价,使组织成员学习榜样的动力增加。

使用榜样激励时还需要注意两点:(1)要纠正打击榜样的歪风,否则不但没有多少人愿当榜样,也没有多少人敢于向榜样学习;(2)不要搞榜样终身制,因为榜样的终身制会压制其他想成为榜样的人,并且使榜样的行为过于单调,有些事迹多次重复之后可能不复具有激励作用,而原榜样又没有新的更能激励他人的事迹,就应该物色新的榜样。

(四)内在激励

日本著名企业家道山嘉宽在回答“工作的报酬是什么”时指出“工作的报酬就是工作本身”,这句话深刻地指出了内在激励的重要性。尤其在今天,当企业解决了员工基本的温饱问题之后,员工就更加关注工作本身是否具有乐趣和吸引力,在工作中是否会感受到生活的意义;工作是否具有挑战性和创新性;工作内容是否丰富多彩,引人入胜;在工作中能否取得成就,获得自尊,实现价值等。要满足员工的这些深层次需要,就必须通过分配恰当的工作来激发员工内在的工作热情,加强内在激励。

(五)形象与荣耀激励

一个人通过视觉感受到的信息,占全部信息量的80%。因此,充分利用视觉形象的作用,激发员工的荣誉感、成就感、自豪感,也是一种行之有效的激励方法。常用的方法是照片、资料张榜公布,借以表彰企业的标兵、模范。在有条件的企业,还可以通过网络系统传播企业的经营信息,宣传企业内部涌现的新人、新事、优秀员工、劳动模范、技术能手、爱厂标兵、模范家庭等。这样可以达到内容丰富、形式多样、喜闻乐见的效果。

(六)信任关怀激励

信任关怀激励是指组织的管理者充分信任员工的能力和忠诚,放手、放权,并在下属遇到困难时,给予帮助、关怀的一种激励方法。这种激励方法没有什么固定的程序,总的思路是为下属创造一个宽松的工作环境,给员工以充分的信任,使其充分发挥自己的聪明才智;时时关心员工的疾苦,了解员工的具体困难,并帮助其解决,使其产生很强的归属感。这种激励法是通过在工作中满足组织成员的信任感、责任感等需要达到激励作用的。

(七)兴趣激励

兴趣对人的工作态度、钻研程度、创新精神的影响是巨大的,往往与求知、求美、自我实现密切联系。在管理中只要能重视员工的兴趣因素,就能实现预期的精神激励效果。国内外都有一些企业允许甚至鼓励员工在企业内部双向选择,合理流动,包括员工找到自己最感兴趣的工作。兴趣可以导致专注,甚至于入迷,而这正是员工获得突出成就的重要动力。兴趣可以使工作丰富化:在决定工作方法、工作秩序和速度等方面给员工更大的自由权,鼓励下属参与管理和鼓励他们之间相互交往,使员工对自己的工作有责任感,使员工能看到自己的工作对公司或部门所作出的贡献。

业余文化活动是员工兴趣得以施展的另一个舞台。许多企业组织并形成了摄影、戏曲、舞蹈、书画、体育等兴趣小组，使员工的业余爱好得到满足，增进了员工之间的感情交流，让员工感受到企业的温暖和生活的丰富多彩，大大增强了员工的归属感，满足了社交的需要，有效地提高了企业的凝聚力。

(八)培训教育激励

通过思想文化教育和技术知识培训，提高职工素质，来增强其进取精神。

上述各种激励方法，各有其特点和适用性，领导者要根据不同的目的、不同的被激励对象、不同的环境，灵活选择和变换，才能收到应有的激励效果。

二、激励的原则

(一)激励的基本原则

1. 目标原则

在激励机制中，设置目标是一个关键环节。目标设置必须同时体现组织目标和员工的要求。

2. 物质和精神激励相结合的原则

物质激励是基础，精神激励是根本。在两者结合的基础上，逐步过渡到以精神激励为主，例如股权激励。

3. 引导性原则

外在激励措施只有转化为被激励者的自觉意愿，才能取得激励效果。因此，引导性原则是激励过程的内在要求。

4. 合理性原则

激励的合理性原则包括两层含义：其一，激励的措施要适度，要根据所实现目标本身的价值大小确定适当的激励量；其二，奖惩要公平。

5. 明确性原则

激励的明确性原则包括三层含义：其一，明确。激励的目的是需要做什么和必须怎么做。其二，公开。特别是分配奖金等员工关注的问题，更为重要。其三，直观。实施物质奖励和精神奖励时都需要直观地表达它们的指标，总结和授予奖励和惩罚的方式。直观性与激励影响的心理效应成正比。

6. 时效性原则

要把握激励的时机，“雪中送炭”和“雨后送伞”的效果是不一样的。激励越及时，越有利于将人们的激情推向高潮，使其创造力连续有效地发挥出来。

7. 正、负激励相结合的原则

正激励就是对员工的符合组织目标的期望行为进行奖励，负激励就是对员工违背组织目的的非期望行为进行惩罚。正负激励都是必要而有效的，不仅作用于当事人，而且会间接地影响周围其他人。

8. 按需激励原则

激励的起点是满足员工的需要，但员工的需要因人而异、因时而异，并且只有满足最迫切需要(主导需要)的措施，其效价才高，其激励强度才大。因此，领导者必须深入地进行调查研究，不断地了解员工需要层次和需要结构的变化趋势，有针对性地采取激励措施，才能收到实效。

(二)激励原则的运用

正确地运用激励原则,可以提高激励的效果,达到人力资源管理中预先设定的目标。激励原则的运用应注意到以下因素:

1. 准确地把握激励时机

从某种角度来看,激励原则如同化学实验中的催化剂,要根据具体情况决定采用。人力资源管理过程中,并不存在一种绝对有效的、时时适宜的激励时机,激励时机的选择是随机制定的。从事人力资源管理,应根据具体的客观条件,灵活地选择激励的时机或采用综合激励的形式,以有效地发挥激励的作用。激励原则在不同时间进行,其作用与效果有很大的区别。根据时间上的快慢差异,激励时机分为及时激励和延时激励;根据时间间隔,可分为规则激励与不规则激励;根据工作周期可分为期前激励、期中激励和期末激励。

2. 相应地采取激励频率

激励频率是指在一定的时间内进行激励的次数,一般以一个工作学习周期为其时间单位。激励频率与激励效果之间并不是简单的正比关系,在某些特殊条件下,两者可能呈反比关系。因此,只有区分不同情况,采取相应的激励频率,才能有效发挥激励的作用。激励频率的选择受到多种客观因素的制约,包括工作的内容和性质,任务和目标的明确程度,激励对象的自身素质、工作学习状况及人际关系等。对于目标和任务比较明确、短期见效的工作,激励效率应当高;反之,则相反。

3. 恰当地运用激励程度

激励程度是激励机制的重要因素之一,与激励效果有极为密切的联系。所谓激励程度,是激励量的大小,即奖赏或惩罚标准的高低。能否恰当地掌握激励程度,直接影响激励作用的发挥,过量激励和不足量激励不但起不到激励的真正作用,有时甚至会起反作用,造成对工作积极性的挫伤。在人力资源管理过程中,如果设定的激励程度偏低,就会使被激励者产生不满足感、失落感,从而丧失继续前进的动力;如果设定的激励程度偏高,又会使被激励者容易产生满足感,使其感到轻而易举,从而丧失上升的动力。所以,要求人力资源管理者从量上把握激励要做到恰如其分,激励程度要适中,超过了一定的限度或达不到一定的程度,激励的作用就不能得到充分的发挥。

4. 正确地确定激励方向

所谓激励方向,是指激励的针对性,即针对什么样的内容来实施激励。它对激励的效果具有显著的影响作用。根据美国心理学家马斯洛的需要层次理论,当某一层次的优势需要基本得到满足时,激励的作用就难以继续保持,只有把激励方向转移到满足更高层次的优势需要,才能更有效地达到激励的目的。需要指出的是,激励方向的选择是以优势需要的发现为其前提条件的。因此,管理者在管理实践中要努力发现不同阶段的优势需要,正确区分个体优势需要与群体优势需要,以提高激励的效果。

三、激励的一般方法

(一)薪酬福利激励

薪酬在这里主要指货币薪酬,包括基本工资、奖金、员工持股和股票期权等,它是员工获得生存和发展的基本物质保证。如果员工通过努力能够得到丰厚的物质保障,也直观地体现了其个人价值。薪酬要起到激励作用,首先,要做到坚持以岗定薪,实行同岗同酬,建立员工工资公平分配的框架;其次,要制定适应各种人员需要的工资制度,如高级经理人员实行年薪制,一般管理人员实行晋级制,销售人员实行佣金制,生产一线人员实行岗位技能工资制等;再次,要实行员工持股计划,把员工利益与组织利益紧密联系在一起。此外,还要建立与劳动力市场价位相适应的薪酬调节机制,保证薪酬有一定的竞争力。

[小阅读]

华为薪酬设置

华为从成立之时就奉行高薪政策,一方面与当时通信行业的高利润相关,也与任正非高瞻远瞩、大方分钱、敢于投入有关。华为的薪酬主要包括三个部分:工资、奖金和分红。当然,若外派国外,则还有外派补助+艰苦补助。

工资薪酬简介

尽管华为是任正非创办的企业,但其仅持有1.4%的股份,其他98.6%的股份均由员工持有。配"股票"的政策逐步培养员工"主人翁"意识:因为每年的利润基本都分给全体员工(即时分红或股票升值),员工分享到公司发展的利益,无疑都把公司的事情当作自己的事情,在困难的时候能迎难而上并和公司同舟共济。

据华为前副总裁刘平回忆,1993年初刚进入华为时工资为1 500元,而之前在上海交通大学工作8年工资只有400元,第二个月工作涨至2 600元,之后每个月工资都会上涨;1993年底他的工资已经涨到6 000元,工作一年内工资翻两番。前上海研究所所长、现华为中央研究院硬件院长周红,在中科大演讲的《我的通讯十年》中提到:其1997年博士毕业入职工资是4 000多元,当时保姆工资为500~600元。2001年是IT泡沫最疯狂的一年,据说华为狂招了将近6 000人。2001年华为应届毕业生工资达到阶段性新高:硕士应届生7 000元,本科应届生5 500元。2002~2003年,华为经历了两年困难期,招聘也是凤毛麟角。2004年应届生薪酬达到新低:本科3 500元,硕士5 000元。随着华为业绩逐步回暖,应届毕业生的工资继续水涨船高。2015年应届生工资在9 000~17 000元之间,其中博士特招可以根据能力单独谈工资,彻底打破工资一刀切的规定。华为董事、高级副总裁陈黎芳,2015年底在北京大学宣讲会上给应届生开出的薪酬是:每年14万到17万元起薪,最高到35万元。

华为不仅"舍得花钱",更重要的是"懂得分钱",设计了一套"定岗定薪,易岗易薪"方案,意思就是工资薪酬是根据岗位来设定的。

应届本科硕士入职13级,博士14级,内部公开查阅只显示至22级,超过22级,总裁级别不公开显示。据多位华为员工透露,在2014~2015年大幅度提升工资基线后,每级工资差距大概为4 000元。13级为9 000~13 000元,14级为13 000~17 000元,15级为17 000~21 000元,16级为21 000~25 000元,17级为25 000~29 000元,越往上,工资薪酬差距越大。从一份华为律师函件中显示:某地区某销售副总裁岗位为22级,工资税前为82 500元。

工资只是零花钱:高额的奖金和分红,百万年薪超万人

华为有句俗语很好地描述了收入情况:三年一小坎,五年一大坎。意思是入职华为三年内大部分靠工资,三年后奖金逐步可观,五年后分红逐步可观。

恐怖的分红+升值

按华为《2015年虚拟受限股分红预通知》,每股分红1.95元,升值0.91元,合计2.86元。工作五年基本可达十五级,饱和配股(包括TUP)9万股,分红+升值达2.86×9万=25.74万元,即使不饱和配股,基本分红也可以达到税前20万元。工作十年,17级配股普遍超过20万元,税前分红+升值超过50万元;而23级虚拟股票超过200万股,税前分红+升值超500

万元。

可观的奖金

奖金在华为实施"分灶吃饭"后,不同BG,不同体系差别很大,且奖金与当年绩效强相关,所以奖金是千差万别的。例如,2015年终端BG一年发了两次奖金,让其他BG羡慕、嫉妒、恨!但是因为奖金扣税太厉害,所以高层和中层的奖金反而差距没有那么大。例如,同为15级,同为绩效B+,无线研发可能税前为15万元,业软研发可能为5万元,终端研发可能为20万元,GTS服务可能为18万元,海外销售业绩好的代表处销售经理为30万元,差的可能只有10万元。

一般入职5年,绩效中等以上,职级15级,年薪税前为30万~50万元;入职10年,绩效中等以上,职级为16~17级,年薪税前为50万~100万元。职级18级以上,考评中等以上,年薪税前都超百万元,估计数目数千人,加上海外常驻人员外派补助,年薪税前超百万人数估计超万人。

前面是令人眩晕的"胡萝卜",但是后面是"大棒"

所有的加薪、配股和奖金,都跟所在的团队、代表处的组织绩效以及个人绩效挂钩。组织绩效取决于年初设定的目标完成情况,以及横向与纵向部门的比较。而个人绩效评比更残酷:10%~15%考评为A,不超过45%的为B+,40%~50%考评为B,5%~10%考评为C或D,三年不能涨工资、配股,奖金当年为零,号称"一C毁三年"。在一手"萝卜"一手"大棒"的驱动下,华为的员工级别越高,责任心一般也越强,因为公司的业绩和团队的绩效与个人的收入强相关,这支军队以超强的战斗力不断地攻城略地。

资料来源:http://news.mydrivers.com。

福利激励主要指健康、保险、员工帮助计划、储蓄、休假等。随着经济的发展,组织间竞争的加剧,深得人心的福利待遇比高薪更能有效地激励员工。高薪只是短期内人才资源市场供求关系的体现,而福利则反映了组织对员工的长期承诺。正是由于福利的这一独特作用,使许多在各种各样组织中追求长期发展的员工更认同福利待遇而非仅仅是高薪。近年来,员工福利的内涵也日趋个性化与多元化。在这种形势下,弹性福利制度作为一种新的福利制度形式,注重员工的选择偏好,让员工依照自己的需求从企业所提供的福利项目中来选择属于自己的一套福利组合,强调对员工福利愿望的最大满足,不仅对于提高员工的工作满意度有着重要的积极意义,也有利于企业福利成本的控制,提升企业形象和竞争力。

(二)目标激励

目标作为一种诱因,具有引发、导向和激励的作用。工作目标激励就是通过目标的设置来激发人的动机、引导人的行为,使被管理者的个人目标与组织目标紧密地联系在一起,以激励被管理者的积极性、主动性和创造性。在目标激励的过程中,目标设定一定要合理,既要有先进性和挑战性,又要切实可行;要对员工提出略高于其实际能力的工作要求与目标,只要员工在工作中愿意思考与努力,这项工作就有可能完成,目标就有可能实现。这样,才能真正激发员工奋发向上的精神,较好地发挥自己的潜能,而且能使员工获得一种成就感,增添内在的工作热情。

(三)奖惩激励

奖励是对人的某种行为给予肯定和表彰,使其保持和发扬这种行为。奖励的形式主要有金钱、肯定、放特别假、参与决策、升迁、自由安排自己的工作时间、学习深造、管理训练等。为了提高奖励效果，进行奖励时，应该注意掌握奖励的差别性、社会性、现实性、结合性和层次性等奖励艺术，处理好物质奖励和精神激励的关系，以及奖励的典型性与普遍性之间的关系。惩罚则是对人的某种行为给予否定和批评，使其消除这种行为。惩罚要合理，要做到惩罚与帮助相结合，在实施处罚过程中一看性质，二看损失，三看影响，四看态度，以教育本人和他人为出发点，坚持教育从严、处罚从宽的原则，真正使受惩罚者从中得到启发和教育。

（四）尊重与信任激励

一位员工之所以愿意积极地去从事某项工作，除了能获得物质回报外，很大程度上源于工作本身给员工带来了自我的价值和得到了社会的承认等。人因期许而努力，因信任而忠诚，尊重与信任能够使员工产生亲密感、荣誉感和责任感，能使人们将自己的前途和利益同团体和社会的前途命运紧紧联系在一起，从而产生为团体、为社会努力工作的积极性，最终形成激励－努力－绩效提高－满意－再激励"的良性循环。以尊重、信任自己的员工的方式来激励他们，其效果远比物质上的激励要来得更持久、更有效。为此，管理者要学会平等待人，尊重下属的人格，尊重下属的个人爱好和兴趣，尊重下属的劳动、职权和意见。在设计和分配工作时，要在条件允许的情况下尽可能地把个人所从事的工作与其兴趣、爱好结合起来，这样才能使员工产生被尊重感，激发其创造性。同时，还要"用人不疑，疑人不用"，通过有效的授权，让下属产生自信，提升其工作能力。

（五）环境激励

人的行为发生在环境中，并受到环境的影响。环境主要是指工作与生活环境，包括组织中的行为规范、人际关系、工作与生活条件等方面的内容。环境宽松，氛围温馨，生活安定，心情愉悦，人的潜能就能得到充分发挥。在组织中，职工遵守规章制度和行为规范的情况与自我肯定、社会舆论等精神需要相联系，其激励作用是综合的；上级主管以开诚布公的态度对待下属，经常与下属保持沟通，有助于构建良好的人际关系，激发员工的工作热情与创造性；同时，良好的工作条件、清洁美化的工作环境，能使员工安心工作，心情舒畅，也是一项十分重要的激励手段。此外，人都有争强好胜的心理，在具有竞争性的环境中，组织成员会受到外来的压力，这种压力将转变为员工努力工作的动力。科学的激励制度包含有一种竞争精神，它的运行能够创造良性的竞争环境，进而形成良性的竞争机制，对员工形成一种积极的、健康的、向上的引导和激励。

（六）赏识激励

赏识是比表扬、赞美更进一步的精神鼓励，赏识激励能较好地满足这种精神需要，强化其团队意识。赏识激励是激励的最高层次，是领导激励优势的集中体现。社会心理学原理表明，社会的群体成员都有一种归属心理，希望能得到领导的承认和赏识，成为群体中不可缺少的一员。适时地对下属的工作予以赏识，能起到"催化剂"的作用，激发下属的工作热情和积极性。因此，管理者应知人善任，对有才干的下属应及时地给任务、压担子，为其实现自我价值创造尽可能好的条件；对下属的智力贡献，如提建议、批评等，要及时地给予肯定的评价。

（七）培训教育激励

培训教育激励是指通过对员工思想、文化、专业技能等方面知识的培训，提高员工的素质，增强其进取精神，激发其工作热情。员工的工作热情和工作积极性通常与他们的素质高低有极大的关系。一般而言，自身素质好的人，自信心和进取心就强，比较注重高层次的追求，相对来说，比较容易自我激励，在工作中表现出高昂的士气和工作热情。所以，通过教育和培训，增强员工的工作能力，提高员工的思想觉悟，是管理者激励和引导下属行为的一种重要手段。教育培训的内容主要包括思想教育和业务知识与能力的培训。思想教育涉及国内外形势、党和政府的方针政策、组织文化理念、厂纪厂规、职业道德、先进模范人物事迹介绍等；专业技能培训旨在提高员工的工作能力，需要从业务理论和实际操作技能两个方面根据员工的工作特点去组织培训工作，才能收到较好的效果。

第三节 激励理论

20 世纪 30 年代以来，国外许多管理学家、心理学家和社会学家从不同角度对怎样激励人的问题进行了大量的研究，并提出了许多激励理论。对这些理论从不同角度进行归纳和分类，主要包括内容型激励理论、过程型激励理论、行为改造型激励理论等。这些理论从不同侧面研究了人的行为动因，是各种激励方法的理论基础。

一、内容型激励理论

内容型激励理论以西方人本主义心理学的动机说为理论基础，重点研究激发动因的诱因，将需要与激励联系起来，阐释需要是产生行为动机的根源，提出了一系列激励因素。主要理论有马斯洛的需求层次论、赫茨伯格的双因素理论、阿德弗的 ERG 理论、麦克利兰的成就激励论、麦格雷戈的 X 理论和 Y 理论等。

(一)马斯洛的需求层次理论

美国心理学家马斯洛在 1943 年所著的《人的动机理论》一书中，提出了需求层次理论。他把人的需求归结为五个层次，由低到高依次为生理需要、安定或安全需要、社交或爱情需要、尊重或受人尊重的需要和自我实现需要。

1. 生理需要

生理需要是一个人对生存所需的衣、食、住等基本生活条件的追求。在一切需求中，生理需要是最优先的，当一个人什么也没有时，首先要求满足的就是生理需要。

2. 安定或安全需要

安定或安全需要是指对人身安全、就业保障、工作和生活环境安全、经济上的保障等的追求。人对于不确定的东西怀有恐惧感，因此，在满足一定的生理需求后会致力于消除不安。

3. 社交或爱情需要

社交或爱情需要是指人希望获得友谊和爱情、得到关心与爱护。人是社会的人，他需要与社会交往，希望成为“社会的一员”，否则就会郁郁寡欢。

4. 尊重与受人尊重需要

尊重与受人尊重需要是指希望自己有稳固的地位、得到别人高度的评价或为他人所尊重。每个人都有一定的自尊心，若得不到满足，就会产生自卑感，从而失去自信心。

5. 自我实现需要

自我实现需要是促使其潜在能力得以实现的愿望，即希望成为自己所期望的人，完成与自己的能力相称的一切事情。当人的其他需要得到基本满足之后，就会产生自我实现的需要。这种需要通常可以通过成就感来获得满足。

马斯洛认为，人的需要是分层的，呈阶梯式逐级上升。其中，生理需要、安定或安全需要等通过外部条件使人得到满足，如借助工资收入满足生理需要，借助法律制度满足安定或安全需要等；自尊与受人尊重需要、自我实现需要则是从内部使人得到满足。一般来说，人只有低层

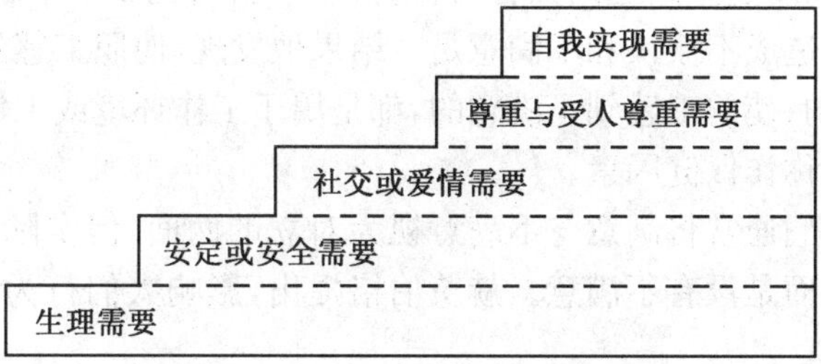

图 11－2 马斯洛的需要层次理论

次的需要得到满足以后，才会进一步追求较高层次的需要；而且低层次需要的满足程度越高，对高层次需要的追求就越强烈。他断定，需要的存在是促使人产生某种行为的基础。当一个人无所求时，也就没有什么动力与活力；反之，若一个人有所需要，就必然存在可以被激励的因素。不同的人或同一个人在不同的发展阶段，其需求结构是不同的，所以要调动人的积极性，就必须采用差异化的方式满足不同的需求，以达到最满意的效果。

表 11－1 需要层次与管理对策

需要层次	诱因（追求的目标）	管理制度与措施
生理需要	薪水、健康的工作环境、各种福利	身体保健（医疗设备）、工作时间（休息）、福利设备
安定或安全需要	职位的保障、意外的防止	雇用保证、退休金制度、保险制度
社交或爱情需要	友谊（良好的人际关系）、团体的接纳、与组织的一致性	交流制度、利润分配制度、团体活动制度、培训制度、娱乐制度
尊重与受人尊重需要	尊严、独立、自信、地位、名气、权力、责任、公平	人事考核制度、晋升制度、表彰制度、奖金制度、选拔进修制度、参与制度
自我实现需要	挑战、个人能力、才能的实现	有效授权、破格提拔、把个人兴趣与工作相结合

马斯洛的需要层次理论提出后得到了普遍的重视。该理论简单明了，易于理解，也符合人类动机形成的基本规律。但是，需要层次理论也受到了很多的质疑，不少人进行了补充和修正。基本上认为：(1)对需要 5 个层次的划分过于机械；(2)需要并不一定遵循等级层次递增；(3)很多行为后果可能满足一种以上的需要；(4)一个人的个人观感对个人的需要和动机有重要影响，有人满足低层次需要后并不一定对高层次需要有所渴求；(5)5 个层次的需要都是本我的需要，人还有超我的需要，为信仰、国家、民族等奉献或献身的需要层次。无论如何，需要层次理论是值得学习与参照的理论。

(二)赫茨伯格的双因素理论

双因素理论（Two Factor Theory）又称激励保健理论（Motivator-Hygiene Theory），是美国的行为科学家弗雷德里克·赫茨伯格（Fredrick Herzberg）提出来的，也称“双因素激励理论”。

20 世纪 50 年代末期，赫茨伯格和他的助手们在美国匹兹堡地区对 200 名工程师、会计师进行了调查访问。访问主要围绕两个问题：在工作中，哪些事项是让他们感到满意的，并估计这种积极情绪持续多长时间；又有哪些事项是让他们感到不满意的，并估计这种消极情绪持续多长时间。赫茨伯格以对这些问题的回答为材料，着手去研究哪些事情使人们在工作中得到快乐和满足，哪些事情造成不愉快和不满意足。结果他发现，使职工感到满意的都是属于工作本身或工作内容方面的；使职工感到不满意的，都是属于工作环境或工作关系方面的。他把前者称作激励因素，后者称作保健因素。

赫茨伯格分析，人们通常将满意与不满意视为对立的两面，但实际上，满意的对立面是没有满意，不满意的对立面是没有不满意。赫茨伯格提出，影响人们行为的因素主要有两类：保健因素和激励因素。

1. 保健因素

所谓保健因素，是指那些与人们的不满情绪有关的因素。保健因素处理得不好会引发人们产生不满情绪，处理得好可以消除这种不满情绪。保健因素只能起到维持的作用，不能起到激励的作用。所以，保健因素又称为“维持因素”，只是为了消除不满，达到没有不满意。

(1)组织政策与行政管理；

(2)员工与管理者的关系、地位；

(3)工作环境和条件、劳动保护、安全；

(4)工资水平、个人生活；

(5)工作中的人际关系。

2. 激励因素

所谓激励因素，是指与人们的满意情绪有关的因素。与激励因素有关的工作处理得当，能够使人产生满意情绪；如果处理不当，其不利效果也顶多只是没有满意情绪，而不会导致不满。激励因素主要有以下内容：

(1)工作表现的机会和工作带来的快乐；

(2)工作上的成就感；

(3)由于良好的工作成绩而得到奖励；

(4)对未来发展的期望；

(5)职务上的责任感。

双因素理论对我们的启示：要调动和维持员工的积极性，首先得注意保健因素，做好与之相关的工作，以防止产生不满情绪，并且要利用激励因素去激发员工的工作热情，努力工作。

3. 双因素理论的缺点

双因素理论虽然被广大管理者所接受，但也受到一些批评，主要有以下几点：

(1)调查取样的数量和对象缺乏代表性。

(2)赫茨伯格在调查时，问卷的方法和题目有缺陷，人们的回答也带有很大的主观性。

(3)赫茨伯格认为工作绩效与满意有必然联系，实际上，工作满意与否不一定与工作绩效有直接的联系。

(4)将保健因素和激励因素截然分开是不妥的。该理论基本上将马斯洛需要层次理论中较低层次需要看成保健因素，较高层次需要看成激励因素，对于不发达地区来说就显得适用性不足。

无论如何评价双因素理论，该理论对管理人员的影响还是很大的，它使管理者认识到在工作场所激励的重要性。

(三)奥尔德弗的ERG理论

美国耶鲁大学的克雷顿·奥尔德弗(Clayton Alderfer)在马斯洛提出的需要层次理论的

基础上进行了更接近实际经验的研究，提出了一种新的人本主义需要理论。奥尔德弗认为，人们共存在 3 种核心的需要，即生存(Existence)需要、相互关系(Relatedness)需要和成长发展(Growth)需要，称为“ERG”理论。其主要观点如下所述：

1. 人的需要可归结为三种：生存需要、相互关系需要、成长发展需要

生存需要大体上类似于马斯洛的生理需要与安定或安全需要，它是人最基本的需要；相互关系需要相当于马斯洛理论中的社交或爱情需要和尊重与受人尊重需要，当一个人的收入已满足其基本的生存需要后，就希望能与人相处得更好；成长发展需要是指个人在事业、前途方面发展的需要，相当于马斯洛提出的自我实现需要。

2. 三种需要并不都是生来就有的，有的是通过后天培养产生的

一个人想当科学家、政治家的念头不可能是生来就有的，管理者可以在一定程度上通过教育影响员工价值观的形成，从而主动地引导员工产生需要。在同一时刻，人存在着程度不同的各种需要，且哪一层次的需要得到的满足程度越低，对这一层次需要的追求就越强烈。例如，当一个人高薪的需要没有被满足时，他就会设法努力通过其他途径增加自己的收入。

3. 三种需要之间存在着多样化关系

一般而言，低层次的需要得到的满足越多，对高层次的需要就越渴望。例如，当一个人各方面的生活条件都比较好时，对于社会的承认、事业的发展就非常在意。这三种需要一般来说是由低到高逐步发展的，但也可以越级，当低层次的需要得不到满足时，人们会转而寻求高层次需要的满足。例如，有的学者尽管生活比较清贫，却孜孜不倦地从事学术研究。当上一层次的需要难以得到满足，追求遇到挫折时，人们也会对下一层次的需要提出更高更多的要求，以此作为追求高层次需要受到挫折的补偿。

奥尔德弗的观点并没有超出马斯洛的需要层次理论的范畴，可以说，马斯洛所论述的是带有普遍意义的一般规律，而奥尔德弗则侧重于带有特殊性的个体差异，正因为如此，不少人认为“ERG”理论比需要层次理论更切合实际。

(四)麦克利兰的成就激励论

美国哈佛大学教授戴维·麦克利兰(David C.McClelland)主要研究在人的生理需要基本得到满足的情况下，人还有哪些需要。麦克利兰认为，人还有成就需要、权力需要和友谊需要这三种。

1. 成就需要

成就需要是指追求卓越、实现目标、争取成功的内驱力。具有挑战性的成就会引发人的快感，增加奋斗的精神，对行为起主要的影响作用。

2. 权力需要

权力需要是指使他人的行为发生改变的需要。具有高权力需要的人喜欢承担责任，努力影响他人，喜欢竞争性强、重视地位的环境。与绩效相比，他们更关心威望和获得对其他人的影响力。权力是管理成功的基本要素之一，个人的权力在不同阶段的表现不同，它有一个发展过程。一般的变化过程是：依赖别人－相信自己－控制别人－自我隐退，而为全社会追求权力。权力有个人权力和社会权力之分。

3. 友谊需要

友谊需要是指建立友好和亲密人际关系的欲望。这样的人喜欢合作性而非竞争性的环境，渴望有高度相互理解的关系。负有全局责任的管理者把友谊看得比权力更重要。

主要论点有以下方面：

(1)不同的人对这三种基本需要的排列层次和所占比重是不同的,个人行为主要取决于其中被环境激活的那些需要。

(2)具有高成就需要的人的特点是:事业心强,比较实际,敢冒一定风险;这种人把个人成就看得比金钱更重要,从成就中得到的鼓励超过物质鼓励的作用,把报酬看作是衡量成就大小的工具;当从事的工作能为其提供个人的责任、反馈、适度的冒险性时,他的激励水平最高;在创造性活动中更容易获得成功,如经营自己的公司,管理一个独立部门。

(3)具有高成就需要的人对企业和国家有重要作用。一个企业拥有这种人越多,它的发展越快,获利越多;一个国家拥有这种人越多,就会越兴旺发达。

(4)高成就需要者不一定是优秀的管理者,尤其在一个大组织中。他更感兴趣自己如何做好,而不是如何影响他人做好。大组织中的总经理不一定是高成就需要的人。

(5)合群和权力需要与管理者的成功有密切关系。最优秀的管理者有高的权力需要和低的合群需要。

(6)通过教育和培训可以造就出具有高成就需要的人才,可举办学习班,宣传高成就需要人物的形象,交流经验等。

(五)麦格雷戈的X理论和Y理论

该理论是由美国心理学家道格拉斯·麦格雷戈(Douglas McGregor)1960年在其所著的《企业中人的方面》一书中提出来的。X—Y理论(Theory X-Theory Y)主要是对人性的根本性理解,这是一对基于两种完全相反假设的理论。一个是性本恶——X理论,一个是性本善——Y理论。

1. X理论

X理论的主要内容是:管理者对人性作了一个假定——人性丑恶,人们基本上厌恶工作,对工作没有热忱,若非必要就会加以逃避。人类只喜欢享乐,凡事得过且过,尽量逃避责任,所以要使之就范,雇主必须用严密的控制、强迫、惩罚和威逼利诱的手段来对付之。

(1)大多数人是懒惰的,他们尽可能地逃避工作。工作对他们而言是一种负担,工作毫无享受可言。只要有机会,他们就尽可能地偷懒,逃避工作。

(2)大多数人都没有什么雄心壮志,也不喜欢负什么责任,而宁可让别人领导。他们缺乏自信心,把个人的安全看得很重要。

(3)大多数人的个人目标与组织目标都是自相矛盾的,为了达到组织目标,必须靠外力严加管制;必须用强迫、指挥、控制并用处罚、威胁等手段,使他们做出适当的努力去实现组织的目标。

(4)大多数人都是缺乏理智的,不能克制自己,很容易受别人影响,而且容易安于现状。

(5)大多数人都是为了满足基本的生理需要和安全需要,所以他们将选择那些在经济上获利最大的事去做,而且他们只能看到眼前的利益,看不到长远的利益。

(6)人群大致分为两类,多数人符合上述假设,少数人能克制自己,这部分人应当负起管理的责任。

X理论假设人对于工作的基本评价是负面的,即从本质上来说,人都是不喜欢工作的,并且一有可能就逃避工作;一般人都愿意被人指挥并且希望逃避责任。基于上述假设,X理论得出这样一个结论,管理人员的职责和相应的管理方式是:

(1)管理人员关心的是如何提高劳动生产率、完成任务,他的主要职能是计划、组织、经营、指引、监督。

(2)管理人员主要是应用职权,发号施令,使对方服从,让人适应工作和组织的要求,而不考虑在情感上和道义上如何给人以尊重。

(3)强调严密的组织与制定具体的规范和工作制度,如工时定额、技术规程等。

(4)应以金钱报酬来收买员工的效力和服从。

2. Y 理论

与 X 理论消极的人性观点相对照,麦格雷戈提出了 Y 理论。Y 理论对于人性假设是正面的,假定人性本善,假设一般人在本质上并不厌恶工作,只要循循善诱,雇员便会热忱工作,在没有严密监管的情况下,也会努力完成生产任务。而且在适当的条件下,一般人不仅愿意承担责任而且会主动寻求责任感。其主要内容是:

(1)一般人并不是天性就不喜欢工作的,工作中体力和脑力的消耗就像游戏和休息一样自然。工作可能是一种满足,因而自愿去执行;也可能是一种处罚,因而只要有可能就想逃避。到底怎样,要看环境而定。

(2)外来的控制和惩罚,并不是促使人们为实现组织的目标而努力的唯一方法。它甚至对人是一种威胁和阻碍,并放慢了人成熟的脚步。人们愿意实行自我管理和自我控制来完成应当完成的目标。

(3)人的自我实现的要求和组织要求的行为之间是没有矛盾的。如果给人提供适当的机会,就能将个人目标和组织目标统一起来。

(4)一般人在适当条件下不仅学会了接受职责,而且还学会了谋求职责。逃避责任、缺乏抱负以及强调安全感,通常是经验的结果,而不是人的本性。

(5)大多数人,而不是少数人,在解决组织的困难问题时,都能发挥较高的想象力、聪明才智和创造性。

(6)在现代工业生活条件下,一般人的智慧潜能只是部分地得到了发挥。

根据以上假设,相应的管理措施为:

(1)管理职能的重点。在 Y 理论的假设下,管理者的重要任务是创造一个使人得以发挥才能的工作环境,发挥职工的潜力,并使职工在为实现组织的目标贡献力量时,也能达到自己的目标。此时的管理者已不是指挥者、调节者或监督者,而是起辅助者的作用,从而给职工以支持和帮助。

(2)激励方式。根据 Y 理论,对人的激励主要是给予来自工作本身的内在激励,让他担当具有挑战性的工作,担负更多的责任,促使其做出工作成绩,满足其自我实现需要。

(3)在管理制度上给予工人更多的自主权,实行自我控制,让工人参与管理和决策,并共同分享权力。

二、过程型激励理论

过程型激励理论是在内容型激励理论的基础上发展起来的。该理论研究从人的动机的产生到行为反应这一过程中,有哪些重要因素对人的动机与行为发生作用,即有哪些因素激励人的积极性。该理论是从动态分析的角度来研究激励问题的。了解从对行为起决定作用的某些关键问题出发,掌握这些因素之间的相互关系,以达到预测或控制人的行为的目的。过程型激励理论主要包括期望理论和公平理论等。

(一)期望理论

期望理论是美国心理学家弗鲁姆 1964 年在《工作与激励》一书中提出的。弗鲁姆认为,人们在预期的行为（行动）会给个人带来既定的成果，且该成果对个人具有吸引力时，才会受到激励做某件事情，以达到组织设定的目标。人们从事某项工作并达到组织目标，是因为他们相信这些工作和组织目标会帮助他们达到自己的目标，即满足个人某方面的需要。因此，在一项工作上人们受到激励的程度，就取决于经其努力后取得的成果的价值(即效价)与他们对实现目标的可能性的看法(期望值或称期望率)的乘积。用公式表示为：

$$激励水平(M)=期望值(E)\times效价(V)$$

式中：M 为激励力量，指调动人的积极性，激发人内部潜力的强度；V 为效价(目标价值)，指达到目标后对于满足个人需要的价值大小；E 为期望值(期望概率)，指一个人对某个目标能够实现的可能性大小(概率)的估计。

期望理论说明，促使人们去做某件事的激励力大小同时取决于效价和期望值这两个因素，且只有在效价和期望值都较高的情况下，员工的激励力才会高。因此，激励实质上是体现浓厚的个人色彩和认知判断的过程。

(二)公平理论

公平理论是美国心理学家亚当斯(J. Stacy Adams)在其 1965 年出版的《社会交换中的不公平》一书中提出的。公平理论的主要观点是：人是社会的人，一个人的工作动机不仅受其所得报酬绝对值的影响，而且受到相对报酬多少的影响。每个人都会把自己所得的报酬与付出的劳动之间的比率同其他人的比率进行社会比较，也会把自己现在的投入产出比率同过去的投入产出比率进行历史比较，并且根据比较的结果决定今后的行为。

员工评价自己是否得到了公正的评价，在一般情况下是以同事、同行、亲友、邻居或自己以前的情况等作为参考依据的。当他们把自己的投入产出比与别人的或自己以前的投入产出比进行比较时，若发现比率相等，心里就比较平静，认为自己得到了公平的待遇；当发现比率不相等时，内心就会感到紧张不安，从而会被激励去采取行动，以消除或减少引起这种紧张不安的差异。

公平理论指出，管理者必须对员工的贡献(投入)给予恰如其分的承认，否则员工就会产生不公平的感觉。当员工觉得自己受到了不公平对待时，为了消除由此而产生的紧张不安，他们往往会采取下列种种办法：

(1)采取一定的行动，改变自己的收支情况。如以罢工、辞职等相威胁要求增加工资报酬，或者以消极怠工、请病假、推卸工作来减少自己的劳动投入。

(2)采取一定的行动，改变别人的收支情况。如通过要求请客等手段减少他人的实际收入，“自己拿不到，干脆谁也甭拿”；或增加他人的支出，“谁拿得多，谁去干”，由此消除认知失调。

(3)通过某种方式进行自我安慰，比如换一个比较对象，求得主观安慰。

(4)采取不正当的发泄方式，如发牢骚、制造人际矛盾、放弃工作等行为。

公平理论有着重要的启示：首先，影响激励效果的不仅有报酬的绝对值，还有报酬的相对值；其次，激励时应力求公平，使等式在客观上成立，尽管有主观判断的误差，也不致造成严重的不公平感；再次，在激励过程中应注意对被激励者公平心理的引导，使其树立正确的公平观，一要认识到绝对的公平是不存在的，二不要盲目攀比，三不要按酬付劳，按酬付劳是在公平问题上造成恶性循环的主要杀手。

三、行为改造型激励理论

行为改造型激励理论主要着眼于如何引导和改造人的行为，使组织期望的行为成为习惯反复出现。这类研究的代表性理论有斯金纳的强化理论、菲里茨·海德(Fritz Heider)的归因理论等。

(一)强化理论

强化理论由美国心理学家斯金纳提出,是通过对动物做实验得出来的。斯金纳认为,无论是动物还是人,为了达到某种目的,都会采取一定的行为,当行为的结果对他或它有利时,这种行为会反复出现;当行为的结果对他或它不利时,这种行为就会减弱或消失。因此,管理人员就可以通过强化的手段,营造一种有利于组织目标实现的环境和氛围,以使组织成员的行为符合组织的目标。强化的具体方式有四种:正强化、惩罚、负强化、自然消退或不强化。

1. 正强化

正强化就是奖励那些符合组织目标的行为,以便使这些行为得以进一步加强,重复地出现。正强化的手段包括经济方面的,如提薪、奖金等,以及非经济方面的,如晋升、表扬、进修等。强化不仅要注意选择合适的强化物,还要注意强化的方式。强化理论认为,科学、有效的正强化方法应该是保持强化的间断性,强化的时间、数量也尽量不固定,而由管理人员根据组织的需要和职工的行为状况,不定期、不定量地实施强化。

2. 惩罚

惩罚是对不良行为给予批评或处分。惩罚可以减少不良行为的重复出现,弱化行为。但惩罚一方面可能会引起怨恨和敌意,另一方面随着时间的推移,惩罚的效果会减弱。因此,在采用惩罚策略时,要因人而异,注意方式和方法。

3. 负强化

负强化指预先告知某种不符合要求的行为或者不良绩效可能引起的后果,允许员工按照所要求的方式修正行为或避免不符合要求的行为来回避令人不愉快的后果。负强化的方法包括批评、处分、降级等,有时不给予奖励或少给奖励也是一种负强化。

4. 自然消退或不强化

自然消退或不强化是指对产生的某种行为不采取任何措施,既不奖励,也不惩罚。这是一种消除不合理行为的策略,因为如果一种行为得不到强化,那么这种行为的重复率就会下降。研究表明,一种行为得不到正强化,会逐渐消失。

强化理论是影响和引导员工行为的一种重要方法,表扬和奖励可以起着正面引导的作用,使动机得到加强、行为得到鼓励;通过批评、惩罚等则起着劝阻和警告的作用,使不好的行为越来越少。奖与惩就好像一条航道上的左右两个航标,是保证船只正确航行所必需的。在运用强化理论进行奖惩时,应秉承以正强化为主、公平公正、及时准确以及因人而异的原则。

[互动话题]

假设你是一个部门负责人,你会怎样用强化理论纠正一名员工经常迟到的行为?

(二)归因理论

迈克尔·罗斯(Michael Rose)于 1985 年在《社会心理学手册》中对归因理论做了这样的解释:个人会观察行为,并随之对该行为归结产生的原因。近年来,归因理论在管理中日益受到重视,并成为工作激励问题的重要依据。

归因理论的主要特点在于强调一个人的知觉与其行为间的关系。人们产生的动机和行为,尽管有许多起因是无法被直接观察到的,但人们的行动是与他的认知,尤其是与知觉密切相关的。归因理论通过分析人们的认识过程来说明内在力量和外在力量(内因与外因)与人们所产生的行为之间的关系,这也是归因理论主要解决的问题。

归因理论提出,个人的知觉是可以改变的。由于它们可能会导致意外或不想要的变化,所以管理者应懂得其效应。一个靠内在激励的人,如果分派给他的工作报酬和奖励是外部的,将可能使他更多地依靠外部激励,而内在激励将减少。例如,有人因为喜欢某工作而自愿从事某项任务,如果你付给其工资报酬,那么也许以后他自觉工作的意愿就会降低,特别是当你因种种原因而没有再给其支付报酬时,更是如此。在激励过程中,归因过程是起很大作用的,这种作用可能会导致出乎意料的和负面的影响。

第四节 打造激情创业团队

比尔·盖茨为什么能创建如此辉煌、强大的微软帝国?杰克·韦尔奇为什么能成为人人争相效仿的世界第一CEO?松下幸之助为什么能成功创办世界著名的松下电器?李嘉诚为什么能连续多年成为华人首富?他们有一个共同的特点就是对工作充满无与伦比的激情,并能把这种激情传递给自己的企业、自己的团队。让激情成为员工内心熊熊燃烧的烈火,激励着员工为共同的梦想而努力奋斗。企业中的很多团队为何没有激情?因为人心涣散。企业为何人心涣散?因为员工认为这不是自己的公司,看不到自己发展的希望。那么,究竟如何才能打造一支充满激情的团队呢?建立一支充满激情的团队需要注意什么呢?

[小阅读]

有一位神父天天传教布道,教人一心向善。有一天,一个人向神父唱反调:"神父,你天天说天堂地狱一念间,你去过吗?你说天堂好过地狱,我认为地狱好过天堂。你说呢?反正你没有去过!"神父确实没有去过天堂地狱,不知道怎么回答。只好向上帝祈祷:"上帝,请您告诉我天堂和地狱有什么不同,不然弟子没有办法帮您传教啊!"

上帝看到自己的业务员(神父)遇到困难,竟然显灵说:"天堂和地狱的区别是天机不能泄露的,这样吧,我带你去看看,你自己去感悟吧。""哗"的一声到了地狱,只见个个面黄肌瘦、愁眉苦脸,原来他们围着一口大锅要喝汤,但是勺子太长了,自己怎么喝也喝不到。又"哗"的一声到了天堂,只见个个红光满面、有说有笑,原来他们也围着一口大锅喝汤,虽然同样是长勺,但是你勺给我喝、我勺给你喝,不亦乐乎。神父恍然大悟:原来天堂和地狱的区别就在于能不能、会不会、愿不愿意去付出,去帮助别人,形成一个团队。

一、激情创业团队的定义

当前,越来越多的学者开始关注情感过程对促进创业成功的重要作用。情感是业务决策和组织行为的重要驱动力。作为一种情感状态的特定类型,创业激情是个体在参与创业活动中体现的强烈的、积极主动的态度,与个体自我认同的身份有关。根据社会心理学,身份体现了个体的社会角色特征和行为内在要求,角色内化到个体自我概念,个体就会对自身行为进行相应的界定。对于创业者,主要有三种不同的自我认同身份:(1)发明者的身份,其具有参与发现、发明和探索新的机会的活动的激情;(2)创始者的身份,其具有利用机会参与建立一个企业的商业化活动的激情;(3)发展者的身份,其具有从事培育成长壮大的企业的活动的激情。

[小阅读]

当新闻记者采访杰克·韦尔奇时,他说了这样一句话:“我的成功,百分之十是靠我个人旺盛无比的进取心,而百分之九十,全仗着我拥有的那支强有力的团队。”《逆领导思考》一书的作者罗伯特·凯利也说过类似的话:“说到追随与领导,大多数组织的成功,领导人的贡献平均不超过两成。”

在大多数情况下,创业激情被认为是驱动创业者的思想、行为的一个强大的激励资源,使创业者有强烈的动机去努力、去奉献或渴望有所作为,愿意长时间工作和做出个人牺牲,体现的是高水平的主动性和持久性。实验研究表明,有激情的创业者更适应环境的刺激,因而能够创造出更不寻常的机会,更有可能去追求创造性地解决问题的策略。创业激情能使创业者提高与工作相关的知觉加工处理,促进更高效的决策,这有利于创业者在高度动态的环境中工作。此外,创业激情还能提高创业者耐受压力的水平,使其经受住长时间枯燥的工作、连续的挫折与失败,从而改善其健康水平。

二、激情创业团队的类型和差异

创业团队是一群参与新企业的创建和管理的人,团队成员知识、经验、思维方式、社交网络的多样性有利于特定任务的完成或企业的发展。创业团队在创业激情方面存在的差异程度能影响它们的工作绩效,如对有效的决策、创造力和凝聚力都能产生影响。根据团队存在创业激情的差异性,我们提出了三种不同的团队组成:一是平衡激情的团队,每个团队成员都是发明者、创始人、发展者三个关键角色中的某一个角色;二是专注激情的团队,所有的团队成员都有相同的角色身份;三是混合激情的团队,其中部分团队成员在创业过程中存在对某一角色的创业激情,另有一部分人不会有对任何角色的创业激情。从团队的凝聚力、认知冲突和情感冲突三个维度对这三种团队进行考察。

表 11－2 不同创业激情类型的团队组织绩效的三个维度

团队类型	团队凝聚力	认知冲突	情感冲突
平衡激情的团队	中	中	中
专注激情的团队	高	高	低
混合激情的团队	低	中	高

(一)团队的凝聚力

团队的凝聚力是指团队成员之间为实现群体活动目标而实施团结协作的程度。较高的团队凝聚力可以大大提高团队的绩效,给团队成员带来更高的满意度,提高完成任务的效率。团队激情的不同类型可以表现出不同程度的团队凝聚力。

1. 专注激情的团队

团队成员都自我认同于同一个角色而使他们的价值观相契合,具有相同的创业激情感受,团队将具有最高的凝聚力。

2. 温和激情的团队

凝聚力是最低的,一部分成员热衷于创业的某个角色,另一部分成员从事与创业相关的活动,没有创业激情。由于存在高度的组织价值观的分歧,这将导致较低的团队凝聚力。

(二)认知冲突

认知冲突集中于冲突的工作内容或任务,这通常是用理性的争论和讨论解决。当认知冲突发生时,通常缺乏情感。在一般情况下,认知冲突被认为是有利于提高团队绩效的。认知冲突有助于团队的决策,因为它允许团队成员从不同的角度思考问题,从而引致更好的决策结果。

(三)情感冲突

情感冲突是指个人可以产生强烈的负面情结,如愤怒或敌意情结。当情感冲突发生时,通常是基于情感而发。在一般情况下,情感冲突是具有破坏性的。情感冲突对团队流程和绩效具有强大的破坏性。情感冲突的团队中其成员有很大的焦虑和心理压力,不会乐于接受其他成员的想法,缺乏倾听,不能公正地评估新的信息。分歧的意见通常会被视为人身攻击,这会很大程度上降低团队的绩效,在情感冲突中,团队是花费精力解决冲突,而不是完成手头的任务。

一般而言,不同成员的性格、价值观的差异,都可以导致团队中更大的冲突。例如,与工作有关的教育与工作经验的多样性直接影响到认知冲突,而组织价值观的多样性直接影响到情感冲突。综合以上,会发现专注激情的团队将具有最大的认知冲突,因为他们彼此相互信任,对于工作中的问题和决策总是畅所欲言。

(四)团队类型

平衡和混合激情的团队有一定程度的认知冲突,因为人际信任较低,因此,比不上专注激情的团队;专注激情的团队会表现出最低的情感冲突,团队成员会扮演同一类型的创业者的角色,具有情感相似性。情感的相似性和较高团队的凝聚力有可能降低团队成员之间情感冲突的可能性。混合激情的团队将具有较高的情感冲突,团队成员认为自己是独特的,彼此由于缺乏信任、理解和共同的归属感,在工作任务的分歧上更容易被误解为人身攻击,于是认知冲突很可能演变成情感冲突。而平衡激情的团队将具有中等水平的情感冲突,由于创业激情相似,但体验的角色相异,这样的团队将比混合激情的团队更有凝聚力,成员之间具有更高的信任度,因而有较少的情感冲突。

[小阅读]

马云非常重视保持团队的激情。他曾经说:“创业者的激情很重要,但是短暂的激情是没有用的,长久的激情才是有用的。一个人的激情也没有用,很多人的激情非常有用。如果你自己有激情,但是你的团队没有激情,那一点用都没有,怎么让你的团队跟你一样充满激情,面对未来、面对挑战,是极其关键的事情。”

三、领导者对激情团队的管理

激情的团队具有高水平的认知冲突和低水平的情感冲突,更高的团队凝聚力、情感的相似性、价值的一致性等,使团队成员之间相互信任,允许有不同的意见可以建设性地提出而不会影响成员之间的人际关系。由于高水平的团队凝聚力和认知冲突,团队的领导者都可能误认为团队运作良好,不存在潜在的问题。但是,由于所有的团队成员都认同同一个角色的身份,所以有可能忽略其他两个角色的任务和挑战。专注激情的团队成员是不太可能希望从事与他们认同的身份之外的相关活动。团队的领导者需要从团队中腾出一些资源并专注于团队所缺的业务或技术等。有些工作该在团队成员之间公平分配并落实到个人以确保其顺利完成,使团队的每个成员各有不同的业务责任。

在一个平衡激情的团队，团队的凝聚力、认知冲突和关系冲突是温和的。每个成员承担角色的方向不同，长此以往可能会缺少人际互动，从而导致较低的凝聚力。个体感到孤独、缺少信任，从而会加剧情感冲突。领导者必须积极努力，通过参与团队建设活动，打破认知冲突向情感冲突转化的倾向，要努力防止小分歧转变为大的争议，必须发展共享的价值观，帮助团队更多地优化有关目标，使团队任务更加明确。

在混合激情的团队中，团队的低凝聚力和高情感冲突使它有可能导致很多的人际冲突，而这些冲突往往被认为是人身攻击。缺乏沟通、缺乏重点任务，认知冲突中表现出来的多样性思维，将推动成员之间的不信任和相互猜忌，领导者要设立适当的制度确保为团队成员提供一个安全的决策环境。要让团队成员了解整个创业团队的目标，明白在团队中彼此的贡献是至关重要的。领导者可以就创业团队的结构和团队成员的价值观进行沟通，并确保团队的所有成员了解整个团队成功的承诺。对于温和激情的团队，领导者往往面临着紧张的人际关系和团队成员之间潜在的技能差距的双重挑战。

创业领导者不仅要认识到创业团队的激情类型，还必须管理团队的激情以提高组织绩效。在专注激情的团队中有较强的团队凝聚力和认知冲突、较少的情感冲突，因为所有团队成员体验的是相同的角色身份。在平衡激情的团队，团队凝聚力、认知冲突和情感冲突都是适当的。最后，在混合激情的团队中存在着较低的团队凝聚力、适中的认知冲突和严重的情感冲突。创业领导者应要准确意识到创业团队中的团队激情类型会影响团队绩效，充分分析不同激情对团队的认知和行动的影响，采用适当的策略管理团队激情，推动团队向创业目标前进。

[复习思考题]

1. 管理中激励的含义是什么？
2. 需求、动机、行为之间有什么关系？根据动机理论，怎样才能使人产生某种特定的行为？
3. 简述本章节的激励理论的主要观点。
4. 激励的基本原则是什么？
5. 激情团队的特点是什么？

[案例分析]

打造激情团队，创业者“永远是年轻的”

创业初期曾访问过阿里巴巴的《亚洲华尔街日报》的总编这样写道：“没日没夜的工作，屋子的地上有一个睡袋，谁累了就钻进去睡一会儿。”数月后，《福布斯》杂志的资深记者贾斯汀·杜布勒参观了阿里巴巴创业时的房子：“20 个客户服务人员挤在客厅里办公，马云和财务及市场人员在其中一间卧室，25 个网站维护及其他人员在另一间卧室……像所有好的创业家一样，马云知道怎样用有限的种子资金坚持更长的时间。”其实记者们看到的只是一些片段。

阿里巴巴初创时，马云知道加班会是常态，于是要求大家住在离办公室步行 5 分钟就能到的地方，大家租的都是附近最便宜的民房。

马云早就有话在先：“我许诺的是没有工资，没有房子，只有地铺，只有一天 12 个小时的苦活。”湖畔时代的作息时间是早 9 点到晚 9 点，每天 12 个小时，这是正常作息时间。每天都会有一个人早来一些，早走一些。加班时，每天要干 16 个小时甚至更多，而加班又很经常。每遇新版发布，加班是不可避免的。

湖畔时期，写程序的工程师们很辛苦，做客服的编辑们也很辛苦。做客服的每人都有一个个人邮箱，每人都有一个化名，所有给客户的邮件都是通过个人邮箱发出的。阿里巴巴一开始就坚持与客户一对一的在线沟通，用人沟通而不是用机器沟通。后来任阿里巴巴的副总裁彭蕾说："那时的客服都是即时的。大家做客服做到了痴迷的程度，工作到半夜一两点，客户的信没有处理完就不回去。有时客户半夜两点收到邮件，很吃惊，问我们："是不是时间有问题?"我们说："没有啊，我们都在线啊，客户非常感动。"可以看出阿里巴巴一开始就坚持客户第一，强调服务第一。那时，全靠人性化的服务争取客户，而很多新客户都是朋友推荐来的。

湖畔时代工作艰苦，生活也艰苦。每人每月 500 元工资，其实还是自己给自己发工资，因为发工资的钱是大家凑的，其艰苦程度可想而知。

阿里巴巴副总裁、"十八罗汉"之一的金建杭说："条件艰苦一点没什么不好，会让机会主义者走开。"若要用一个词来描述阿里巴巴创业者的工作状态，那就是"疯狂"。那时，没人计较投入产出，没人计较个人时间，甚至没人感到苦，反而觉得那段日子很开心、很幸福。那会儿的阿里巴巴不像个公司，更像个家庭。马云不像老板，更像老师；大家不像员工，更像学生，更像兄弟姐妹。

尽管阿里巴巴成立之初，马云也很严肃地告诫大家："虽然你是 Founder，是股东，但公司也可以不聘请你；如果你业绩不佳，也不一定能在管理岗位上做下去。当然你可以享受投资回报。"但大家不是因为担心不被聘用而玩命工作的。

艰难时刻，马云的话总是激动人心："就是往前冲，一直往前冲。我说团队精神非常非常重要。往前冲的时候，失败了还有这个团队，还有一拨人互相支撑着，你有什么可恐惧的？今天，要你一个人出去闯，你是有点慌。你这个年龄现在在杭州找份工作，一个月三四千块钱你拿得到，但你就不会有今天这种干劲、这种闯劲，三五年后，你还会再找新工作。我觉得黑暗中大家一起摸索一起喊叫着往前冲，就什么都不慌了。十几个人手里拿着大刀，啊！啊！啊！向前冲，有什么好慌的，对不对?"听了这样的话，创始者们的精神怎能不为之一振？接下来马云开始兜售真正的期货，兜售黄金的未来："在未来三五年内，阿里巴巴一旦成为上市公司，我们每一个人所付出的代价都会得到回报，那时候我们得到的不仅是这套房子，而是 30 套这样的房子。"当时对于这些只能掏出 1 万～2 万的人来说，30 套房子的价值就是个天文数字，湖畔花园是个遥不可及的梦。

精神的力量是巨大的。因为马云用来激励团队的不仅是财富，还有事业：做一个中国人办的全世界最好的公司！上市是当时所有网络公司的梦想和目标，也是阿里巴巴的梦想和目标。上市曾经是激励阿里巴巴创业者的动力之一，但不是全部。后来，许多人是奔着上市，奔着阿里巴巴的原始股票来的；再后来加盟阿里巴巴的国外高管，跨国公司英才中这样的人更多些。在市场经济中，为上市为股票而来，无可非议。但事实证明，仅仅为此而来的人，很难与阿里巴巴共患难。当阿里巴巴遭遇寒冬，遭遇盈利无望、上市无期时，这些人中的多数就会选择离开。那真是一段激情燃烧的岁月！激情来自何方？疯狂工作的动力又来自哪里？也许是马云点燃了他们的青春激情，也许是事业和梦想给了他们动力。做一个成功的网站，做一个伟大的公司！

马云永远是团队中信念最坚定的一个，初创的艰难时期如此，后来遭遇寒冬时也是如此。

马云说："我们一定能成功。就算阿里巴巴失败了，只要这帮人在，想做什么一定能成功！""我们可以输掉一个产品、一个项目，但不会输掉一个团队！"马云认为："判断网络公司好坏的依据有三个:第一是团队;第二是技术;第三是观念。一个公司是不是优秀,不要看它里面有多少名牌大学毕业生,而要看这帮人干活是不是发疯一样,看他们每天下班是不是笑眯眯地回家。”在整整半年的时间里,湖畔花园那套普通的住宅变得神秘莫测。那里彻夜灯火通明,那里总是有人进进出出,那里总是人声鼎沸。

与那些有着光鲜背景的互联网神话制造者不一样,马云太普通了。他没有多少钱,创办公司的时候甚至只能把家当办公室,但他最大的特点是喜欢梦想、富有激情,经常沉浸在构筑童话的梦想中,并为自己的梦想激动不已、激情四射。他也善于把自己的梦想传递给他的团队,通过不断奋斗把梦想一步一步变成现实。

2002 年底,互联网冬天刚过,马云提出,阿里巴巴 2003 年将实现盈利 1 亿元,这在当时几乎是不可思议的。但事实上阿里巴巴实现了这个看似完全不可能的目标。

在 2003 年年终会议上,马云又开始梦想。他提出:2004 年我们要实现每天赢利 100 万元;2005 年,我们要每天缴税 100 万元……

2007 年 11 月 6 日,阿里巴巴 B2B 公司在香港上市,一举成为中国最高市值的互联网公司,这还不包括它旗下的淘宝、支付宝、阿里软件、中国雅虎、阿里妈妈和口碑网。

除此之外,这次上市还破了多项港股纪录。例如,近年来香港联交所上市融资额的最高纪录、香港历史上 IPO(Inital Public Offerings,首次公开发行股票)认购冻结资金额的最高纪录、香港历史上首日上市飙升幅度的最高纪录……

阿里巴巴还是全球范围内自 2004 年 Google 上市以来 IPO 融资额最高的科技股,实际融资额达到 16.9 亿美元,超过了当年 Google 的融资额 16.5 亿美元。

阿里巴巴 B2B 公司上市无疑是中国互联网 2007 年度最重要和最有影响力的事件。而这一事件也不过是当初马云激励他的团队时提到的其中一个梦想。

“心有多大,舞台就有多大。”激情总与梦想相伴。马云把激情写进了阿里巴巴的价值观。他说,年轻人都有激情,但年轻人的激情来得快,去得更快,持续不断的激情才是真正值钱的激情。你可以失去一个项目,丢掉一个客户,但你不能失去做人的追求。这就是激情。失败了再来,这就是激情。“电子商务是一个新的领域,我们最重要的是永远为你所激情的事情激情下去。”

资料来源:海华.马云教典:成就阿里巴巴帝国的 36 个法则[M].华中科技大学出版社,2009。

思考:请结合激励理论及激情团队的相关内容,对案例进行评价,同时思考马云是如何对团队进行激励的。

第十二章　控　制

有效的管理者应该始终督促他人，以保证应该采取的行动事实上已经在进行，保证他人应该达到的目标事实上已经达到。

——罗宾斯

[学习目标]

知识点：

1. 理解控制的定义；
2. 掌握控制的过程；
3. 掌握控制的分类；
4. 掌握控制的方法。

技能点：

1. 掌握初步具有构建控制系统的能力；
2. 掌握具有分析管理控制系统的能力。

[案例导入]

联想的管理秘诀：复盘“四步法”

复盘原本是一个围棋术语，指下完棋，棋手重新摆一遍下棋的过程，以探讨得失，总结当时有无更好的应对招数。而这个词在联想内部却有着管理学上的意义。

作为全球最大的PC生产和销售厂商，联想这几十年来积淀的管理经验已经成为中国企业的最好借鉴。而柳传志和杨元庆总结出的管理经验中，“复盘”无疑是联想方法论中最重要的组成部分之一。

什么是联想式“复盘”？

在联想，“复盘”是企业文化中的重要方法论之一，是指工作做完了再回顾一遍，目的是不断检验和校正目标，不断分析过程中的得失，便于改进，不断深化认识和总结规律。这种工作方法从柳传志时代一直延续至今，已经成为联想内部的一个标志性方法。

复盘“四步法”

在联想，复盘分为四步：回顾目标、评估结果、分析原因、总结经验。

接下来，让我们通过联想的实例，看看复盘如何进行。

Step1：回顾目标

回顾目标其实就是要你回想一下当初做这件事情的目的或期望的结果是什么。

联想创立于1984年,在2000年之前一直在IT领域发展。这个阶段,公司业务有两次较大的转型:第一次转型,是以科技成果“联想式汉卡”的研发和销售积累资金,后来聚焦为IBM、HP、AST等国际PC品牌做代理商,不断了解市场,学习经验;第二次转型,是一边做PC代理商,一边逐步形成自有品牌的PC业务。

用“四步法”复盘这段经历,我们可以发现:从销售汉卡到做PC代理商,从做PC代理商进而形成联想自有品牌的PC制造业务,两次关键的转型都始终围绕着最初的目标:在公司初创期不断发现机会,探索业务模式,以保证企业生存。

目标与目的不同,目的是为什么要做这件事,目标是要做成什么样的结果。从此例子中,我们可以看到设定“不断探索业务模式,保证企业生存”是当期目标,而最终目的是致力于推动企业的长远发展。

Step2:评估结果

评估结果要对照原来设定的目标,看完成情况如何。

在评估联想这两次转型时,柳传志发现结果都超过了预期。第一次,因为技术进步,以硬件为依托的汉字系统将很快被淘汰,当时联想及时从做汉卡聚焦于做PC代理,避免了因技术换代而“猝死”;第二次,联想在做PC代理的基础上进一步开展了自有品牌PC业务,虽然在1994年,外国电脑巨头大举进入中国,对联想等国有品牌产生了严重冲击,但柳传志仍决心坚守自有品牌PC,背水一战后一举胜出。到2000年,联想的自有品牌电脑业务占中国市场的27%,稳居第一,远远超过最初的预期。

为何能转型成功?有没有值得总结的经验?这就是第三、四步要回答的问题。

Step3:分析原因

分析原因是要仔细分析事情成功或失败的关键原因。

前面提到的联想两次转型为什么都超过了预期?

第一次从汉卡转型PC代理的成功,是因为高度重视技术发展的趋势,并能够积极应对。当时芯片发展速度已越来越快,随机存取存储器价格不断下降,汉字系统软件淘汰汉卡将成为趋势,而联想选择的是一边做汉卡,一边做PC代理商的模式,这不但使企业拥有了新的业务增长点,还在实战中不断地了解市场,积累了丰富的行业经验。

第二次成功战胜国际竞争对手的原因主要有以下三点:

第一,对大环境有足够判断。中国PC行业在20世纪90年代飞速发展,当时的环境给了联想广阔的发展空间。

第二,对所处的行业和业务做深刻、系统的研究后,才能有创新的做法。当时联想除了对中国市场有足够的了解外,还深入研究了供应链管理、库存压缩以及成本控制等,这些都为超过国外厂商增添了砝码。

第三,与国际竞争对手相差很远的时候,不要被吓住,要更多地去想自身有哪些地方没有做到极致,以及如何做到极致。

其中,对于PC行业规律的认识和对于企业管理规律的研究、总结,又是诸多原因中最为根本的原因。

Step4:总结经验

总结经验,包括得失的体会以及是否有规律性的东西值得思考,还包括下一步的行动计划。

前文提到的公司由汉卡的研发销售聚焦为PC代理业务为例,柳传志得出三点重要启发:

第一,企业处于上升期时,也是最适合开展下一步布局的时候。公司的一把手与核心管理人员,一定要吃着碗里的饭,看着锅里的饭,再种着地里的田。如果等到没有饭的时候才去做锅里的饭,那时就会来不及,动作也会变形。

第二,主观努力很重要。20世纪80年代,当时还是计划经济,像联想这么小的公司,没有办法拿到PC生产许可证,只能“曲线救国”,转战香港,当时既没钱给人家,又要让人家相信你有能力,没有别的办法,只能努力地用各种办法证明自己。这些例子在联想的发展过程中有很多,都是通过主观努力,在很多人认为根本不可能的情况下做成的。

第三,领导人一定要“退出画面看画”,退出来看全局、看大局。当我们在做一件事情时,完全沉迷在具体的工作步骤中,往往会忘了根本目的和全局。

最后,在总结经验、规律时,不要轻易下结论,否则就会不客观,或者容易“自己骗自己”。一两次的复盘,未必就真的能摸索到规律,只有通过若干次复盘,才能逐渐总结出一个有规律的趋向。如果把不是规律的东西当成规律,把并不了解的情况当成非常了解的情况去指挥企业作战,那么结果会比不知道规律还要惨得多。

资料来源:Huyan.联想的管理秘诀:复盘“四步法”[OL].经理人分享,2014-11-18。

第一节 控制概述

一、控制的定义

(一)为什么需要控制

企业开展生产经营活动时,由于受外部环境和内部条件变化的影响,实际执行结果与预期目标不完全一致的情况时常发生。对管理者来讲,重要的问题不是工作有无偏差,而是能否及时发现已出现的偏差或预见到潜在的偏差,采取措施予以预防和纠正,以确保组织的各项活动能正常进行,从而实现组织预定的目标。

控制是管理过程中一项不可缺少的职能。虽然管理者可以制订周密的计划,将组织结构设计得非常有效,通过领导工作充分地调动员工的积极性,但是这些往往并不足以保证所有行动都能按计划执行,不能保证管理者追求的目标都一定能够达到。控制通过监视或监测组织各方面的活动和组织环境的变化,保证组织实际运行状况与组织计划要求保持动态适应。

(二)控制的概念

关于控制的概念有很多表述,“控制”一词最初来源于希腊语“掌舵术”,意指领航者通过发号施令将偏离航线的船只拉回到正确的轨道上。由此说明,维持朝向目的地的航向,或者说维持达成目标的正确行动路线,是控制的核心含义。

通常认为,控制是指管理人员监控组织各项活动以保证它们按计划进行,发现偏差,分析原因,纠正偏差采取行动,保证组织目标实现的过程。

控制的定义,一般包含三个方面的含义:第一,控制的目的是保证组织中的各项活动按原定计划和标准进行,最终保证组织目标实现的过程;第二,控制是一个过程,通过监控和纠正偏差实现计划的过程;第三,计划是控制的基础,控制是实现计划的保证,控制与计划相辅相成,缺一不可。

二、控制的重要性

计划靠人执行,而每个管理者的能力不同,未必能顺利达成目标,或者计划本身存在问题也需要修正。所以控制就非常重要，当工作出现偏差或预见到潜在的偏差，应采取措施予以预防和纠正，以确保组织的各项活动能够正常进行，组织预定的目标能够顺利实现。

(一)控制的重要性体现在任何组织、任何活动都需要进行控制

这是因为即便是在制订计划时进行了全面的、细致的预测，考虑到各种实现目标的有利条件和影响实现的因素，但由于环境条件是变化的，管理人员受到其本身的素质、知识、经验、技巧的限制，预测不可能完全准确，制订出的计划在执行过程中可能会出现偏差，还会发生未曾预料到的情况。这时控制工作就起了执行和完成计划的保障作用以及在管理控制中产生新的计划、新的目标和新的控制标准的作用。通过控制工作，能够为管理人员提供有用的信息，使之了解计划的执行进度和执行中出现的偏差及偏差的大小，并据此分析偏差产生的原因；对于那些可以控制的偏差，通过组织机构，查究责任，予以纠正；而对于那些不可控制的偏差，则应立即修正计划，使之符合实际。

(二)控制的重要性表现在它在管理的五个职能中所处的地位及其相互关系上

控制工作通过纠正偏差的行动与其他四个职能紧密地结合在一起，使管理过程形成了一个相对封闭的系统。在这个系统中，计划职能选择和确定了组织的目标、战略、政策和方案以及实现它们的程序。然后，通过组织工作、人员配备、指导与领导工作等职能去实现这些计划。为了保证计划的目标能够实现，就必须在计划实施的不同阶段，根据由计划产生的控制标准，检查计划的执行情况。这就是说，虽然计划工作必须先于控制活动，但其目标是不会自动实现的。一旦计划付诸实施，控制工作就必须穿插其中进行。它对于衡量计划的执行进度，揭示计划执行中的偏差以及指明纠正措施等都是非常必要的。同时，要进行有效的控制，还必须制订计划，必须要有组织保证，必须要配备合适的人员，必须给予正确的指导和领导。所以说，控制工作存在于管理活动的全过程中，它不仅可以维持其他职能的正常活动，而且在必要时还可以通过采取纠正偏差的行动来改变其他管理职能的活动。虽然有时这种改变可能是很简单的，例如在指导中稍微作些变动即可，但在许多情况下，正确的控制工作可能导致确立新的目标，提出新的计划，改变组织机构，改变人员配备以及在指导和领导方法上作出重大的改革。

(三)控制的重要性还表现在它是提高组织效率的重要手段

组织效率是组织管理工作投入的劳动量与劳动效果之间的比率。导致组织效率产生差距的因素主要有两个方面：一方面是来自组织外部的环境因素，如政治与法律环境、经济环境、技术环境、社会文化环境等，另一方面是来自组织内部的管理因素，如组织规模、资金实力、技术能力、人力资源、企业文化等。通过对经营活动进行控制，可以使组织的经营活动与环境相适应，这样可以提高组织效率。

三、控制的内容

(一)人员控制

组织的目标是由人来完成的，为了使人们都能按照计划去做，就必须对人员加以控制。人员控制的主要内容包括甄选、目标、职务设计、定向、直接监督、培训、传授、绩效评估等。

(二)财务控制

财务控制是企业获得利润的保障，主要内容包括流动性检验(流动比率、速动比率)、财务杠杆(负债比率)、运营检验(周转率)、营利性(销售利润率、投资收益)考察等。

(三)作业控制

作业是指劳动力、原材料等资源到最终产品的转换过程，包括生产控制、质量控制、库存控制等。

(四)信息控制

当今社会是信息社会,信息对于组织的地位越来越重要,信息控制就是要建立一个管理信息系统。

(五)组织绩效控制

组织绩效是上层管理者的控制对象。组织绩效控制内容包括组织目标、目标与手段、战略伙伴等。

四、控制的前提

(一)要有明确的计划

控制的基本目的是防止工作出现偏差,需要将实际工作的进展与预先设定的标准进行比较,因此控制之前要制订一套科学的、切实可行的计划。计划不仅为实际工作提供了行动路线,也为后续的控制工作奠定了基础。在制订计划时不仅要考虑其实施问题,还要考虑后续控制工作的需要。

(二)要有相应的组织机构

要有实施控制职能的机构。在开展控制工作之前应明确界定负责评价和纠正偏差工作的机构、岗位和个人,这样不仅能明确职责,也可以清楚相互之间的监督关系。

(三)要有畅通的信息反馈渠道

控制工作本身是一个信息交流的过程,控制者需要建立起相对完善的信息沟通系统,不断地收集相关信息,以便及时判断实际工作的进展。

五、控制的类型

为了保证组织系统按预定的目标和要求运作,控制工作必须自始至终贯穿于整个经营管理过程。控制的实质是通过信息反馈,发现偏差,分析原因,采取措施予以纠正的过程。但在实际的管理过程中,管理人员经常得到的是“时滞信息”,即时间滞后的信息。所以,在信息反馈和采取纠正措施之间经常会出现时间延迟,以至于纠正措施往往作用在执行计划过程中的不同环节上。根据纠正措施的时机、对象和目的的不同,控制可以分为前馈控制、现场控制和反馈控制。

(一)前馈控制

前馈控制,又称面向未来的控制或事前控制,指通过观察情况、收集和整理信息、掌握规律、预测趋势,正确预计未来可能出现的问题,提前采取措施,将可能发生的偏差消除在萌芽状态,为避免在未来不同发展阶段可能出现的问题而事先采取的措施。

前馈控制发生在工作之前,有效的前馈控制有利于缩小将来的实际结果与计划标准的差距。

前馈控制的具体做法是对输入系统的各种要素进行控制,把输入系统的各种要素与预先确定的标准进行比较。如果输入系统的各种要素与预先确定的标准相符,则让其输入系统;如果不符合,则调整输入的要素。前馈控制的中心问题是防止组织中所使用的资源在质和量上产生偏差。

前馈控制也有局限性,它需要准确、及时、全面和完整的信息,充分了解组织情况和发展动态,从实际情况来看,要做到这些是十分困难的。所以,任何组织都不能完全依赖前馈控制,还需要另外两种控制手段加以辅助。

(二)现场控制

现场控制,也称过程控制或实时控制,指在计划实施过程中,在现场及时发现存在的偏差或潜在的偏差,即时提供改进措施以纠正偏差的控制方式。管理人员深入现场亲自监督检查,指导和控制下属员工的活动,例如,工人操作发生错误的时候,工长亲自指出并做出正确的示范动作帮助他改正。

现场控制有很重要的意义。首先,现场控制可以指导下属以正确的方法进行工作,可以使上级有机会当面解释工作的要领和技巧,纠正下属错误的作业方法和过程,从而可以提高他们的工作能力。其次,可以保证计划的执行和计划目标的实现。通过同期检查,可以使管理人员随时发现下属活动中与计划要求相偏离的现象,或者避免已经产生的问题对组织带来不利影响的扩散。

现场控制对控制人员的素质要求比较高,需要控制人员有敏锐的观察能力和快速的反应能力。同时,现场控制的一个关键是需要领导授权。

(三)反馈控制

反馈控制也称事后控制,指在计划实施后,管理人员对结果与控制标准进行分析和比较,采取纠正措施的活动。反馈控制是对产出,也就是对输出的结果进行控制,虽然损失已经形成,但可以消除偏差对后续活动过程的影响,例如,不合格产品的检查、财务报表分析、工作人员成绩评定等。反馈控制对于本次所完成的活动已不再具有纠偏的作用,但它可以防止将来的行为再出现类似的偏差。

反馈控制的特点是把注意力集中在工作结果上,从已经发生的事件中获得信息,运用这种信息来矫正今后的活动,能给后面的工作提供重要信息和借鉴。从一个比较长的时期看,采用反馈控制的方法,能通过不断地调整使组织运行中的目标差异不断地缩小。反馈控制的最大缺点是滞后性,因此反馈控制要求信息反馈快,并且行动调节也快。

三种控制方式各有利弊,管理人员应根据实际情况,将三种控制方式有机结合起来,实行有效控制,以实现满意的组织绩效。

[管理智慧]

长兄最好

魏文王问名医扁鹊:“你们家兄弟三人都精通医术,到底哪一位最好呢?”

扁鹊答:“长兄最好,仲兄次之,我最差。”

文王再问:“那么为什么你最出名呢?”

扁鹊答:“我长兄治病,是治病于病情发作之前。由于一般人不知道事先就能铲除病因,所以他的名气无法传播出去,只有我们家的人才知道。”

“我仲兄治病,是治病于病情初起之时。一般人以为他只能治疗轻微的小病,所以他的名气只及于本乡里。”

“而我扁鹊治病,是治病于病情严重之时。一般人都看到我在经脉上穿针管放血、在皮肤上敷药等大手术,以为我医术高明,名气因此响遍全国。”

资料来源:秦志华.管理学[M].东北财经大学出版社,2011。

第二节 控制过程

控制是管理工作过程中一项不可缺少的职能。管理只有按照计划标准来衡量所取得的成果并纠正所发生的偏差，才能确保计划目标得以实现。计划为控制工作提供标准，没有计划，控制也就没有依据。但如果只编制计划，不对其执行情况进行控制，计划目标就很难得到圆满实现。控制由以下四个步骤组成：

一、确立标准

确立标准是管理人员检查和衡量工作及其结果的规范。制定标准是进行控制的基础和依据。因此，只有制定明确的、科学的标准，控制过程才有正确的依据。没有一套完整的标准，衡量绩效或纠正偏差就失去客观依据。

控制的目的是为了保证计划和组织目标的实现，因此，往往用计划目标作为控制的标准。确立标准一般可以分为数量标准和质量标准两部分。

（一）确定控制对象

标准的具体内容涉及需要控制的对象。那么，企业经营与管理中哪些事或物需要控制呢？这是在建立标准之前首先要加以分析的。

一般来说，影响企业经营成果的因素就是需要控制的对象。影响企业在一定时期经营成果的主要因素有以下几个方面：

1. 企业资源投入

企业经营成果是基于一定的资源投入的。企业投入的资源，在成本、数量、质量上都影响到企业的生产经营活动，从而影响最终产品，影响企业的盈利水平。因此，企业必须对资源进行有效控制，使成本、数量、质量等都符合预期经营成果的要求。

2. 组织的活动

输入到生产经营中的各种资源不可能自然形成产品。企业经营成果是通过全体员工在不同时期和空间上，利用一定的技术和设备对不同资源进行内容的加工劳动才最终得到的。企业员工的工作质量和数量是决定经营成果的重要因素，因此，必须使企业员工的活动符合计划和预期结果的要求。为此，必须建立：(1)员工的工作规范；(2)部门和各员工在各个时期的阶段成果的标准，以便对他们的活动进行控制。

（二）选择控制的重点

企业无力也无必要对所有员工的所有活动进行控制，而必须在影响经营成果的众多因素中选择若干关键环节作为重点控制对象。美国通用电气公司在分析影响和反映企业经营绩效的众多因素的基础上，选择了对企业经营成败起决定性作用的八个方面，并为它们建立了相应的控制标准。这八个方面是：

1. 获利能力

获利能力又称企业的收益力，要对企业的收益力进行分析先要对企业内部各个部门的收益力进行分析。所以，对收益力既要有纵向比较，又有横向比较。获利能力是任何企业从事经营活动的直接动因之一，也是衡量企业经营成败的综合标志。

2. 市场地位

这是要分析企业在市场的哪一部分、哪种产品上、哪种服务项目上、哪种价值上所处的地位。小企业要注意自己的市场占有率不要低得接近于边缘地位，否则，在经济状况稍有挫折的时候，邻近边缘地位的企业就很难继续存在下去。大企业不要使自己的市场占有率超过最高的限额。这是因为在市场上占统治地位，会使企业没有忧患意识，在企业内部会对创新产生巨大的反抗，并引起购买者不愿受垄断性供应者摆布的反抗；还会因为本企业缺少了一个能够与自己抗衡的竞争对手，削弱了发展动力，限制了在产品用途和开拓新市场方面的动力和想象力，而使自己发展缓慢。

3. 生产率

生产率是投入与产出之比。产出包括产品或服务的数量、销售额、企业的利润等。投入就是人力资源、物资资源和资金资源三大基本资源的投入。净产值反映了企业创造的价值，因此，可以把三种资源的净产值率作为企业整体的生产率。影响企业生产率高低的因素是多种多样的，如知识的应用、时间的利用、产品的组合、程序的组合、组织结构、企业的各种活动的平衡等外部因素。

4. 产品领导力

产品领导力不是指产品现有的市场地位，而是指为了发展新产品与改善现有产品的品质时，公司在技术、制造及市场领域里是否具有创造及采用最新科学技术知识的能力。

5. 人的能力的开发

企业的任何阶层都应该具有合适的人才。对于人的能力的开发要有计划。开发计划的指标时，需要的时候是否能找到合适的人才，应备有人才储备表，列出有能力升迁的人员比例。

6. 员工态度

企业应该把它作为在各领域内最基本的项目，因为员工态度可以反映主管人员对员工个人的基本欲求与目标的满足是否负起了责任。测定员工态度的方法有：员工的离职率、缺勤率、考勤、安全记录以及有关改善工作的提案数量等。管理人员应直接与员工交谈，询问以了解其态度。

7. 社会责任

企业应该对社会负责，检验企业的社会责任，可以考察如下一些内容，如对员工的工作和家眷的保障、工资、工作环境及生活水平的评价；对生产、销售协作厂商的评价和调查；对工厂所在地的工资水平、谋职申请率、采用数量、向慈善机构的捐献等情况进行计量。

8. 短期目标与长期目标的平衡

只顾近期需要而不顾长期发展，企业很快就会因为环境变化而不能继续存在下去；相反，只顾远期，不顾近期，远期的目标也难以实现。所以，公司要着眼于短期目标与企业的成长发展相结合，保证长期计划和短期目标融为一体。而且，公司要检讨长期计划与短期目标是否具体、完善和相互呼应，甚至要测算以何种成本期待取得何种成果等。

(三)制定标准的方法

控制的对象不同，为它们建立标志正常水平的标准的方法也不一样。一般来说，企业可以使用的建立标准的方法有三种：

1. 统计性标准

统计性标准是以分析反映企业经营在历史上的各个时期状况的数据为基础来为未来活动建立的标准。这些数据可能来自企业历史上的统计数据，也可能来自其他企业的经验，据此建立的标准，可能是历史数据的平均数，也可能是高于或者低于中位数的某个数。

这种方法较好地反映了过去的平均水平或状态，为预期未来行为打下一个良好的基础。

但是统计法也存在一定的局限性,比如忽视了新的情况,因此,企业根据历史性统计数据来制定未来工作标准时,应充分考虑到行业的平均水平、考虑到未来可能出现的变化。

2. 根据评估建立标准

事实上,并不是所有工作的质量和成果都能用统计数据来表示,也不是所有的企业活动都保存着历史统计数据。对于新从事的工作,或对于统计资料缺乏的工作,可以根据管理人员的经验、判断和评估来为之建立标准。利用这种方法来建立工作标准时,要注意利用各方面的管理人员的知识和经验,综合大家的判断,给出一个相对先进、合理的标准。

3. 工程标准

工程标准也是一种用统计方法制定的控制标准,不过它不是对历史性统计资料的分析,而是通过对工作情况进行客观的定量分析来进行的。比如,机器的产出标准是其设计者计算出来的机器在正常情况下被使用的最大产出量;工人操作标准是劳动研究人员在对构成作业的各项动作和要素进行客观描述和分析的基础上,经过消除、改进和合并而确定的标准作业方法;劳动时间定额是利用秒表测定的、受过训练的普通工人以正常速度按照标准的操作方法对产品或零部件进行某个或某些工序的加工所需的平均必要时间。

二、衡量绩效与标准进行比较

在这一步骤中,企业要将实际绩效与原定标准进行比较,寻找两者之间的差距。绩效是企业或个人在一定时期内投入和产出之间的对比。投入指的是企业投入的财务资产、实物资产、人力资源和组织资产等,产出指的是工作任务在数量、质量及效率方面的完成情况。实际绩效是组织运营的结果,是计划的执行结果,包括个人绩效和组织绩效。

控制的标准类型有很多,可以是定量的,也可以是定性的。定量标准便于衡量和比较,是控制标准的主要表现形式。定量标准主要分为:(1)实物标准,普遍适用于原材料、雇佣劳动力、提供劳务或产品等操作层,如每单位产出工时数、产品的产量、产品的质量等。(2)价值标准,用货币计量的标准,如人工费、投资报酬率、流动比率、资产负债率、销售收入、利润等。(3)时间标准,指完成一定工作所需花费的时间,如工时定额、生产周期、交货时间等。对于难以定量表达的控制对象,如服务质量、企业形象等采用定性的标准。

对照标准衡量实际工作成绩是控制过程的第二步,它分为两个步骤:一是测定或预测实际工作成绩;二是将实际绩效与标准进行比较。控制既然是为了纠正实际工作结果与标准要求之间的偏差,就必须首先掌握工作实际情况。掌握实绩可以通过两种方式:一种是测定已产生的工作结果,另一种是预测即将产生的工作结果。无论哪种方式,都要以通过一定的方法(如亲自观察、口头与书面报告、抽样调查等)搜集到大量的有关信息作为基础。通过差距或偏差的确定,就可以发现计划执行中的问题。但并非所有偏离标准的情况均需作为"问题"来处理,这里有个容限的幅度。所谓容限,就是准许偏差存在的上限与下限范围,在这个界限范围内即便实际结果与标准之间存在差距,也被认为是正常的。

管理人员在衡量绩效的过程中应该注意以下几个问题:

(一)通过衡量绩效,检验标准的客观性和有效性

衡量工作绩效是以预定的标准为依据的,但利用预先制定的标准去检查各部门在各个阶段的工作,这本身也是对标准的客观性和有效性进行检验的过程。

检验标准的客观性和有效性,是要分析通过对标准执行情况的测量能否取得符合控制需要的信息。在为控制对象确定标准的时候,人们可能只考虑了一些次要因素,或只重视了一些

表面因素，因此，衡量职工出勤率是否达到了正常水平不足以评价劳动者的工作热情、劳动效率或劳动贡献；分析产品数量是否达到计划目标，不足以判定企业的盈利程度；计算销售人员给顾客打电话的次数和花费在推销上的时间，不足以判定销售人员的工作绩效。在衡量过程中对标准本身进行检验，就是指出能够反映被控制对象的本质特征，从而得出最适宜的标准。要评价员工的工作热情，可以考核他们提供有关经营或技术改造合理化建议的次数；评价他们的工作效率，可以计量他们提供的产品数量和质量；分析企业的盈利程度，可以统计和分析企业的利润额和其资金、成本或销售额的相对百分比；衡量推销人员的工作绩效，可以检查他们的销售额是否比上年或平均水平高出一定数量；等等。

衡量过程中的检验就是要辨别并剔除这些不能为了有效控制提供必要信息、容易产生误导作用的不适宜标准。

(二)确定事宜的衡量频度

控制过多或不足都会影响控制的有效性。这种"过多"或"不足"，不仅体现在控制对象、需要衡量的标准数目的选择上，而且表现在对同一标准的衡量次数或频度上。对影响结果的某种要素或活动过于频繁的衡量，不仅会增加控制费用，而且可能引起有关人员的不满，从而影响他们的工作态度，而检查和衡量的次数过少，则可能使许多重大的偏差不能及时被发现，从而不能及时采取有效措施。

以什么样的频度，在什么时候对某种活动的绩效进行衡量，这取决于被控制活动的性质。例如，对产品的质量进行控制常常需要以小时或日为单位；而对新产品开发的控制则可能只需以月为单位就可以了。需要控制的对象可能发生重大变化的时间间隔是确定适宜的衡量频度所需要考虑的主要因素。

(三)建立信息反馈系统

负有控制责任的管理人员只有及时掌握了反映实际工作与预期工作绩效之间偏差的信息，才能迅速采取有效的纠正措施。然而，并不是所有的衡量绩效的工作都是由主管直接进行的，有时需要借助专职的检测人员。因此，应该建立有效的信息反馈网络，使反映实际工作的信息适时地传递给适当的管理人员，使之能与预定标准相比较，及时发现问题。这个网络还应能及时将偏差信息传递给与被控制活动有关的部门或个人。建立这样的信息反馈系统，不仅更有利于保证预定计划的实施，而且能防止基层工作人员把衡量和控制视作上级检查工作、进行惩罚的手段，从而避免产生抵触情绪。

三、分析偏差产生的原因

衡量实际绩效的结果如果发现了偏差，就要分析产生偏差的原因。在现实中，即使是同一偏差也有可能是由于不同的原因造成的，所以有关人员要认真了解偏差的信息并对影响因素进行深入、透彻的分析，真正找到产生偏差的原因，做到对症下药。

(一)标准本身有问题

由于计划目标本身存在问题而导致的偏差，例如，2015 年企业市场占有率是 5%，而 2016 年市场占有率定为 50%。显然目标制定过高，不切合实际，以企业的实力根本不可能实现，应根据企业的具体情况确定目标，使之在合理的水平上。也有在制定目标时，过于保守，低估自己的力量，把目标定得太低，这时也要调整目标，使之合理。

(二)执行过程有问题

在计划执行过程中，由于各种因素的影响，导致偏差，例如，指令不明确，没有清晰地将战略和目标传递给执行层，沟通不畅，资源分配不合理，组织结构没有及时调整等。

四、根据偏差采取纠正行动

要搞清楚偏差是如何产生的，为什么会产生，对偏差原因作了彻底的分析后，管理人员就要采取纠偏行动。标准有问题，就修改标准；计划执行有问题，就针对具体的部门进行调整。例如，应收账款周转缓慢，造成资金回收困难，财务部门应该建立严格的赊销政策，防止应收账款不能兑现，形成呆账，进行有效的财务控制；信息来源渠道不畅，信息收集滞后，信息管理部门就应该从管理、人、软硬件三方面提高信息化建设；原材料有问题，生产部门应该严格选择供应商，完善采购检验工作，进行有效的生产控制。总之，企业应针对具体问题进行有效的财务控制、人力资源管理控制、经营控制、生产控制等。

(一)负偏差

负偏差，即实际运行结果低于预定的标准。产生负偏差的一个原因是企业预先确定的标准太高，企业系统运作结果不可能实现预定的目标。在这种情况下，企业采取的控制措施就是重新调整计划，使计划能符合实际的要求。另一个原因是系统在运转过程中出现了偏差，即由于企业的管理不善造成预定的目标不能实现。这时就要重新调整企业的各个输入要素，并对这些要素进行合理的组织与管理，以消除所出现的偏差。

(二)正偏差

偏差的另一种情况是正偏差，即实际的结果大大高于预定的计划目标。出现这种情况应该说是一件好的事情，但是也需要弄清楚究竟是因为预定的标准太低，还是因为企业在运转过程中管理上的出色表现所引起的。通过对偏差的分析，若发现原来制定的计划标准偏低，则应当对原来的计划标准进行调整和修正。如果发现是管理出色引起的，那么应该予以奖励，并且将其经验推广。

[管理智慧]

A公司是一家生产皮鞋的民营企业。老总曾是市委副书记，弃官从商，可能出于对权力的依恋，对营销人员办事总是不太放心，并且再三叮嘱：遇事多汇报，否则，出了问题，后果自负。于是，驻扎在外省的营销人员一个个总是循规蹈矩，谨言慎行。有一天，一个营销人员打电话询问："李总，1 000元/月的住房找不到，租一套1 200元/月的住房可以吗?"事无巨细，一律请示回报，未经老总点头，凡事不敢擅自做主。结果，有能力的营销人员感到束手束脚，有能力也发挥不出来，很多纷纷跳槽，另谋高就；留下来的营销人员倒是循规蹈矩，毫无主动性和创新能力，销售业绩极不理想。而这位老总也整天忙得焦头烂额，100多万元的广告费像天女散花似的不见踪影，好端端的一个企业处于风雨飘摇之中。

B公司是一家生产电磁炉颇有影响的民营企业。总裁是一位科技精英，他把民营企业的灵活机制运用到极致，让营销人员承包每一个区域市场。公司与每一个营销人员签订承包协议，产品按出厂价下浮20%提供给营销人员，营销人员保证一年内完成多少销售任务，至于聘请什么人、如何促销、怎样操作市场等一律由承包者负责，公司不加干预。这一招确实极大地调动了营销人员的积极性。大家纷纷使出浑身解数，短短几年，企业在创造了上亿元的销售业绩的同时，也造就了好几个百万富翁。可惜好景不长，面对激烈的市场竞争，富裕起来的营销人员无心恋战，换个地方自己当老板，由于他们控制着市场、控制着营销渠道；有的营销人员甚至私设地下工厂，制造假冒产品，鱼龙混杂，等到公司发觉时，他们早已携款逃之夭夭。结果，一家很有发展前途的企业被折腾得千疮百孔。由此可见，在营销管理体制中，“一放就乱，一统就死”是极容易发生的现象。

问题：到底应该怎样控制？怎样才能做到“放而不乱，统而不死”呢？

第三节　控制的基本原则与方法

一、有效控制的原则

控制作为一项重要的管理职能，为确保工作取得更好的成效，实现有效控制，要遵循以下原则：

（一）控制与计划和组织相适应原则

管理的各项职能相互关联、相互制约。既然控制的目的是保证计划得到顺利实现，它就需要依靠组织中的各单位、各部门及全体成员来实施。所以，控制系统和控制方法应当与计划和组织的特点相适应。不同的计划具有不同的特点，因而控制所需的信息也各不相同。控制工作越是考虑到各种计划的特点，就越能更好地发挥作用。

同样，控制还应当反映组织结构的类型和特征。组织结构明确规定了企业内每个人所担任的职务和相应的职责权限，因此，它也就可以成为确定计划执行职权所在和产生偏差职责所在的依据。由此也说明了有效的管理控制必须能够反映一个组织的结构状况并通过健全的组织结构予以保证，否则只能是空谈。健全的组织结构有两个方面的含义：一方面，要能在组织中将反映实际情况和工作状态的信息迅速地上传下达，保证联络渠道畅通；另一方面，要做到权责分明，使组织结构中的每个部门、每个人都能够切实担负起自己的责任，否则，偏差一旦出现就难以纠正，控制也就不可能得以实现。

（二）适时和适度控制原则

适时控制要求企业的控制有时效性，企业在实施过程中对产生的偏差只有及时采取措施加以纠正，才能避免偏差的扩大，或防止偏差对企业产生不利影响的扩散。及时纠偏，要求管理人员及时掌握信息。如果等到偏差已经非常明显，对企业造成了不可挽回的影响后，反映偏差的信息才姗姗来迟，那么，即使这种信息是非常系统、绝对客观、完全正确的，也不可能对纠正偏差带来任何指导作用。纠正偏差的最理想时机是在偏差未产生以前，就注意到偏差产生的可能性，从而预先采取必要的防范措施，防止偏差的产生。预测偏差的产生，虽然在实践中有许多困难，但在理论上是可行的，即可以通过建立企业预警系统来实现。我们可以为需要控制的对象建立一条警报线，反映战略实施状况的数据一旦超过这个警戒线，预警系统就会发出警报，提醒人们采取必要的措施防止偏差的产生和扩大。

适度控制是指控制的范围、程度和频度要恰到好处。避免控制过多或控制不足，因为控制过度或不足均会带来负面影响。控制常给被控制者带来某种不愉快，控制过多会影响被控制者的情绪，但是如果缺乏控制，则可能导致组织活动的混乱，因此既要能满足对组织活动监督和检查的需要，又要防止与组织成员发生强烈的冲突。适度的控制应能同时体现这两个方面的要求：一方面，应认识到，对组织成员行为的过多限制，会扼杀他们的积极性、主动性和创造性，抑制他们的创新精神，从而影响个人能力的发展和工作热情的提高，最终影响企业的效率；另一方面，也要认识到，过少的控制，将不能使组织活动有序地进行，不能保证各部门的活动进度和比例协调，造成资源的浪费。此外，过少的控制还可能使组织中的个人无视组织要求，我行我素，不提供组织所需的贡献，甚至利用在组织中的地位谋求个人利益，最终导致组织涣散和崩溃。

(三)突出重点和强调例外原则

在一个完整的计划执行过程中，组织通常需要选出若干的关键点，把处于关键点的工作的预期结果及其影响因素作为控制的重点。按照“次要的多数、关键的少数”的原理，管理人员不必完全了解计划执行中的全部具体细节，就可能达到对组织活动的有效控制。而且，由于控制对象减少，控制工作的成本也相应降低。因此，控制要突出重点，抓住关键。管理人员要针对重要的、关键的少数因素实施重点控制。作为一位负责的管理人员，都希望自己对所管理的领域有全面的了解和把握，但明智的管理人员需要认识到，组织中的工作活动往往是错综复杂、涉及面很广的，谁也无法对每一方面、每一件事均予以控制。全面控制并不见得是一种最经济、最有效的控制。管理人员需要从实际出发，因地制宜地找出和确定最能反映或体现其所管辖单位工作成果的关键因素，对之加以严密控制，其他的方面则相对放松控制，这样可以做到有的放矢，收到事半功倍的效果。

控制也应当强调例外原则。管理人员将控制工作的重点放在计划实施中出现的特别好或特别差的“例外”情况上，可以把有限的精力集中于真正需要引起注意和重视的问题方面。当然，例外并不能仅仅依据偏差数值的大小来确定，而要考虑客观的实际情况。在同一个组织中，对于不同类别的工作，一定额度的偏差所反映的事态严重程度并不一样。有时，管理费用比预算高 5%可能无关紧要，而产品合格率下降 1 个百分点却可能出现产品严重滞销问题。所以，在实际工作中，例外原则必须与控制关键问题的原则相结合，注意关键问题上的例外情况。

(四)效益控制原则

效益是指有效产出与投入之间的一种比率关系。管理者的综合目标是对效益的追求，管理者必须通过科学而有效的运作，实现效益最大化。

管理者在进行控制工作时希望尽量控制全面，对组织进行事前控制、实时控制和事后控制，尽力实现组织目标，却往往忽视了控制工作本身的运作与实施都是要花费成本的。例如，衡量工作成绩、分析偏差产生的原因以及为了纠正偏差而采取的措施，都需对此支付一定的费用；同时，由于纠正了组织活动中存在的偏差，又会带来一定的收益。如果控制所支出的费用大于控制所带来的经济收益，这种控制就是无效的。一项控制，当控制收益大于控制费用，也就是说，当它带来的收益超出其所需成本时，才是值得的。例如，管理信息系统可以提高组织的效率，这对大公司是经济的，但是对于有的小公司未必经济。现在如财务管理信息系统、工程项目成本管理信息系统等对于很多小公司就未必合适，因为引进的成本远远大于所取得的收入，这样不符合效益原则。

(五)弹性控制原则

弹性控制原则是指组织控制应能根据实施过程中的变化做出相应的调整，即灵活性或弹性。有效的控制系统应该能够在各种突发情况下发挥作用。企业在生产经营过程中经常可能遇到某种突发的、无法抗拒的变化，导致企业战略与现实条件严重背离。有效的控制系统应该能发挥作用，弹性控制要求制定合理的控制标准。例如，有效的预算控制应能反映经营规模的变化，考虑到未来的企业经营可能呈现出不同的水平，从而为代表经营规模的不同参数值相应规定不同的经营额度，使预算在一定范围内是可以变化的。由于控制系统的存在，部分员工和管理者会采取一些措施避免受到指责或使业绩看起来不错，从而直接影响一个特定控制阶段内信息系统所采集到的数据。例如，如果控制系统仅仅以产量作为衡量依据，则员工就会忽略质量；如果衡量的是财务指标，那么员工就不会在生产指标上花费更多时间。通常组织的目标是多重目标的组合，因此采取多重标准可以防止工作中出现做表面文章的现象，同时也能够更加准确地衡量实际工作和反映组织目标。

二、控制过程中的注意事项

（一）具有明确的控制目的

控制工作的目的性，可以表现为使实际成绩与计划标准、目标相吻合，或者使计划标准、目标获得适时的调整。有效的控制系统不仅要能使执行偏差得到及时纠正，还应该能够促使管理者在现实情况（内外环境条件）发生较大变化时对原定目标或标准作出正确的修正和改变。

（二）具有及时、可靠、适用的信息

信息是控制的基础。只有掌握了有关执行偏差或环境变化的足够信息，管理者才有可能做出有针对性的决策。

（三）具有行之有效的行动措施

管理者应能够通过落实所拟定的措施方案，使执行中的偏差得到尽快矫正，或者形成新的控制标准和目标。

总之，控制系统是由控制的标准和目标、偏差或变化的信息，以及纠正偏差或调整标准和目标的行动措施三部分要素构成的。这三个构成要素共同决定了控制系统的效率和效能。

三、控制的方法

（一）财务控制

财务控制是指在组织财务管理过程中，利用有关信息，按照一定的程序、方法和手段，对企业的资金投入及收益过程和结果进行衡量与校正，目的是确保企业目标以及为达到此目标所制订的财务计划得以实现。财务控制致力于资金的积累，它是维持一个企业所必需的，着重于资金的妥善支配，以确保企业的生存与发展。财务控制是管理控制的一个重要组成部分，是管理控制的核心，是管理控制在资金和价值方面的体现。

财务控制是衡量组织财务管理水平高低的关键，很多企业实践经验得出如下结论：得控则强、失控则弱、无控则乱。良好的财务控制不仅能够合理配置企业的资源，提高企业的劳动生产率，还能预防及发现企业内、外部的财务违法行为。在目前已经发现的大多数操纵会计信息进行欺诈的案件中，很重要的原因就是企业的财务控制环节薄弱。所以，企业要加强融资控制、投资控制、费用控制、盈利控制、资金控制、分配控制、风险控制等。

1. 预算控制

预算即事先的谋虑和计算，指事先合理配置企业资源，促进企业经营活动进行，进而影响企业的经营成果。预算是一种涵盖未来一定期间内所有运营活动过程的计划，它是企业最高管理者为整个企业及其各部门所预先设定的目标、策略及方案的正式表达。

预算控制是管理控制中使用最广泛的一种控制方法。预算包括营业预算、资本支出预算和财务预算等内容。预算控制清楚地表明了计划与控制的紧密联系。预算指标为企业控制提供了标准，哪些钱是可以花的，哪些钱是不可以花的。有的企业对预算的态度非常随意，超过预算就改，最后预算表被改得面目全非。预算没有发挥应有的协调、控制作用，事先的预算制定工作也就白干，浪费企业的资源。管理者应严格按照预算指标进行企业的内部控制，当执行

情况与预算情况出现偏差时，管理人员应随时注意一切经营活动，对于偏离企业目标的行为及时进行纠偏，以利于原定目标的实现。通过信息反馈，了解执行的困难点。通过绩效评估及信息的有效反馈，了解差异发生的原因，根据问题所在，对症下药，采取纠正行动，以利于目标的达成。

因此，合理的预算控制可以使资源浪费或经营不力降到最低程度，作为将来计划的依据。过去的偏差是将来改正的依据。管理者可以通过对预算控制与实际经营结果的差异分析，定期检讨过去，策划未来。

财务部门除了进行预算控制，财务控制为企业的资本结构设立目标及其标准：以长期借贷、短期债务或者以产权资财价值来筹措资金的限度。财务部门也为公司的财务操作设置目标与标准，并加以控制。这种主要的追加反馈控制主要有以下三种财务报告，它们至关重要。

(1)资产负债表

资产负债表是企业在某一特定日期企业的财务状况，表明企业全部资产、负债和所有者权益情况的会计报表，是企业经营活动的静态体现。根据"资产＝负债＋所有者权益"这一平衡公式，依照一定的分类标准和一定的次序，将某一特定日期的资产、负债、所有者权益的具体项目予以适当的排列编制而成。它表明权益在某一特定日期所拥有或控制的经济资源、所承担的现有义务和所有者对净资产的要求权。

资产负债表可以很清晰地展现企业的经营状况，定期审核一个企业在特定时刻的财务结构，它必须特别指明企业的资产、负债与业主权益。从资产负债表中，派生出几个众所周知的控制"比率"，比如债务－资产比率、流动比率和速动比率。

(2)利润表

它报告了一家公司在一个时期内的业务成绩，表明它在这个时期内的收入、开支，以及两者之间的差额(是盈利还是亏损)。从利润表中或者把它和资产负债表结合在一起派生出几个十分有用的控制比率，其中包括销售利润率、投资回收率、资产周转率和存货周转率等。

(3)现金流量表(或称资金流量)

现金流量表是财务报表的三个基本报告之一，所表达的是在一固定期间(通常是每月或每季)内，一家机构的现金(包含银行存款)的增减变动情形，反映企业的现金流量，评价企业未来产生现金净流量的能力。它使得管理人员对实际进出一个企业的现金能够进行计划与控制，在一个时期内现金从哪里来、往哪里去。另外，现金流量表可以用来评价企业偿还债务、支付投资利润的能力，谨慎判断企业的财务状况，通过分析净收益与现金流量间的差异，并解释差异产生的原因，企业可以采取相应的措施，通过对现金投资与融资、非现金投资与融资的分析，全面了解企业的财务状况。

密切关注企业的现金流量表可以及时、清楚地了解该企业的发展情况。如果现金流量大，那么资金周转能力就强，公司利润就大；反之，公司前景不景气，仅有微薄利润，就要进行信息分析，根据偏差，是否采取行动。

2. 审计控制

审计是审计机关依法独立检查被审计单位的会计凭证、会计账簿、会计报表以及其他与财政收支、财务收支有关的资料和资产，监督财政收支、财务收支是否真实、合法和符合效益的行为。审计控制是管理控制的重要方法之一，指的是根据预定的审计目标和既定的环境条件，按照一定的依据审查、监督被审计单位的经济运行状态，并调整偏差，排除干扰，使被审计单位的经济活动运行在预定范围内，朝着期望的方向发展，以达到提高经济效益的目的。

根据审计的主体不同，审计控制可以分为内部审计控制和外部审计控制；根据审计对象不同，审计控制分为财务审计控制和管理审计控制。

外部审计控制是指由组织以外的审计机构对企业经营活动进行的审计，常见的外部审计机构有国家的有关审计部门、独立的审计师事务所等。外部审计人员和组织没有利益关系，因而可以公正、客观地进行审计，缺点是外部审计人员对企业的情况不太熟悉，有可能遇到一些难以预期的困难。

内部审计控制是指由企业内部的审计机构或人员进行的审计。内部审计人员对本企业比较熟悉，能有针对性地对企业情况进行审计，并根据审计结果进行相应的监督和管理。缺点是内部审计人员和企业有着千丝万缕的关系，很可能会影响审计的公正性和客观性。

财务审计控制是指以财务活动为中心所开展的审计，针对企业的财务活动，对企业的财务账目、凭证、财物、债务等进行检查，判断财务报表中所列出的综合会计事项是否准确无误、报表本身是否可以信赖，以规范组织的财务行为。

管理审计则是对一个企业管理工作进行审计，检查一个组织的管理工作的好坏，其目的在于通过改进管理工作来提高效率和效益，包括生产管理、财务管理、人力资源管理、销售管理等部门的审计。

审计控制要求组织建立、健全组织内部会计监督制度，建立和完善符合现代管理要求的内部组织结构，形成科学的决策机制、执行机制和监督机制，从而确保组织管理目标的实现。

（二）经营控制

经营控制是为了保证企业经营计划与实际经营成果动态适应的一种管理职能，是企业经营管理人员的重要工作，是在经营过程中通过对下属的经营活动进行标准确定、经营状况衡量和及时纠正偏差以保证企业经营目标实现的控制活动。经营控制的重点为预算、原料、工作进度与质量，经营控制监控企业中一切转化活动的进程及其结果。转化过程是投入资源和产出成果之间的中间阶段。在生产运营中，储备原材料、采购来的部件与完工了的产品对总成本来说具有显著的意义。

1. 经济订货批量（EOQ）

存货总成本＝取得成本＋仓储成本＋缺货成本

其中，

仓储成本＝仓储固定成本＋仓储变动成本

为了降低企业存货总成本，就要通过平衡采购进货成本和保管仓储成本核算，以实现总库存成本最低的最佳订货量。经济订货批量是固定订货批量模型的一种，可以用来确定企业一次订货（外购或自制）的数量。当企业按照经济订货批量来订货时，可实现订货成本和储存成本之和最小化。企业若想控制原料成本，就得选择最佳订货量。

2. 持续盘存控制

为了避免损失或备货过多，几乎所有的公司都定期地盘点它们的存货，通常是一年一次。然而，随着计算机的出现，越来越多的公司采用持续盘存控制。这就是说，它们的控制系统自动地随时记录一切存货的进进出出，现在存货有多少，在任何时候都一目了然。

3. 材料需要量计划（MRP）

这种计划手段是把采购材料与安排生产进度结合起来，并加以优化。它首先是把公司的销售预测化成逐项产品的生产进度表，然后把这些生产进度表化成何时需要投入材料，以此来完善整个生产进度。

4. 准时化生产方式(JIT)

JIT是日本丰田汽车公司在20世纪60年代实行的一种生产方式。1973年以后,这种方式对丰田公司渡过第一次能源危机起到了突出的作用,后引起其他国家或地区生产企业的重视,并逐渐在欧洲和美国的日资企业及当地企业中推行开来。JIT生产方式的基本思想是“只在需要的时候,按需要的量,生产所需的产品”,也就是追求一种无库存,或库存达到最小的生产系统。为了控制库存成本,必要的零件以必要的数量在必要的时间送到生产线,从而降低库存成本。

(三)质量控制

质量控制是通过专业技术和管理技术对产品形成的各个过程实施控制,以达到产品的固有特性满足顾客、法律、法规等方面所提出的质量要求(如适用性、安全性等)。质量控制贯穿在产品形成和体系运行的全过程中。任何企业间的竞争都离不开“产品质量”的竞争,没有过硬的产品质量,企业终将在市场竞争的浪潮中消失。而由于产品质量是最难以控制和最容易发生的问题,因此,如何有效进行质量控制是促使企业发展、赢得市场、获得利润的关键所在。

在企业领域,质量控制主要是企业内部的生产现场管理,质量检验从属于质量控制,是质量控制过程中的重要活动。在国际上,质量控制对象根据它们的重要程度和监督控制要求不同,可以设置“见证点”或“停止点”。“见证点”和“停止点”都是质量控制点,由于它们的重要性或其质量后果影响程度有所不同,因而它们的运作程序和监督要求也不同。

在实践中,我们需要运用一些重要的质量控制手段。例如,统计质量控制(SQC),这种方法是建立在对产生种种可能性的统计之上的。一个人观测了统计质量控制图,便能事先预测哪一项具体操作在什么时候也许会失控。对原材料的供应、操作中的情况,或者正在生产的产品,进行随机的、有间隔的抽样调查,一个操作工就能控制自己的工作,在不合格的产品冒头之前,就把一切调整到正常状态。与此相同,一个从事服务性行业的人也可以这么做。这类控制事先就设立了自己的上限与下限,人们称之为容限。当情况在容限之内,就是可以接受的;一旦超出容限,就是出差错,就是废品。统计质量控制系统是用来事先向机器、操作工或管理人员发出信号(向他们反馈),以便采取调整措施,把一切保持在可以控制的范围之内。

(四)人力资源控制

人力资源管理是指为了达成组织目标,对人力资源的获取、开发、保持和使用等环节进行有效管理的过程。人力资源控制包括人力资源规划控制、人力资源招聘控制、人力资源甄选控制、员工培训控制、绩效管理控制、人员考核控制等。人力资源管理控制中经常运用到的衡量与控制手段有工资率、上班迟到与缺勤率、工作考核表等。

1. 工资率

工资率是指单位时间内的劳动价格、单位时间的报酬。根据单位时间的不同,可以分为小时工资率、日工资率等。市场工资率制约并调节着企业的分配行为和劳动者的择业行为。劳动者的劳动供给量取决于工资率的高低,工资率较低时,工资率提高对于劳动者的收入影响不大,工资率提高的收入效应小于替代效应,因而劳动供给曲线向右上方倾斜。但是,当工资率上升到一定程度后,工作较少的时间就可以维持较好的生活水平。人力资源管理应该保持一个合理的工资率水平。

2. 缺勤率

缺勤率是指一定周期内员工缺勤时间占制度规定工作时间的比例,反映了劳动时间没被利用的情况。计算方法通常有工日缺勤率和工时缺勤率两种。

工日缺勤率＝缺勤工日数÷规定工日数×100％

工时缺勤率＝ 缺勤工时数÷规定工时数×100％

员工缺勤率过高，不但影响员工个人的经济收入，而且会打乱组织的正常运作。人力资源管理应进行缺勤提醒设置，合理控制缺勤率，实行奖勤罚懒、奖优罚劣，对员工进行公正的考核。

3. 工作考核表

对员工的思想品德、工作态度、工作能力、工作业绩等进行考核，是对员工进行有效控制非常重要的方面。员工考核是指组织按照一定的标准，采用科学的方法，衡量与评定员工完成岗位职责任务的能力与效果的管理方法。工作考核的方法有员工自我鉴定法、360°考核、技术测定法、直接评估法、民主测评法等。对员工的工作表现定出标准，并且定期鉴定，是最重要的控制手段，它直接影响每个人的劳动生产率以及组织的发展。

[复习思考题]

1. 什么是管理控制？
2. 控制的基本过程是什么？
3. 什么是审计控制？审计控制有哪些类型？
4. 你能举出一个没有使用任何控制的组织吗？结果会怎样？

[案例分析]

为什么好领导往往都是“坏人”？

（原标题为《为什么往往“好人”做了个坏公司，“坏人”做了个好公司？》）

2016 年 12 月份，朋友入职一家刚刚融完 A 轮的公司，制度比较健全，文化理念先进，好多同事都是“海归”。春节后回来公司就倒闭了。

听我讲完，你也会觉得公司不破产才怪。

他们公司有很多 bug，比如公款报销吃喝是公开的秘密，领导也知道，但解决方法就是无休止地开会提醒。

与很多公司一样，这家公司并非死于产品业务，而是掉进管理大坑。人都有惰性，比如好吃懒做、欺软怕硬，大多数人或多或少都是。

而管理是什么呢？说简单一点，管理就是“纠错”，以便员工更符合规范、更高效地做事。这需要纠正他人的过失，去批评甚至处罚错误的行为，这就是“做坏人”——不怕得罪人；否则对方就不会把制度放在心上。

这是很现实、很明显的道理。但是真正敢于、善于做“坏人”的人很少，大家都希望自己是好人。这就是面临的最大困境：既想管理有效率，又不想得罪人。

中层不“坏”，累死三军。

之前听在传统企业工作的朋友讲，他们公司每次进行安全检查时都发现各种各样的问题，诸如记录不规范、劳保穿戴不合格、现场监护不到位等。尽管已经整改无数次，却依然存在。

老板非常头痛，大会小会都在强调大胆管理、严格考核、分析原因、抓住根源，但都没有明显的效果。

究竟是哪里出错了？

原因只有一个，就是中层管理者不愿做“坏人”。

尽管有明确的处罚规定，但在实际执行时，多数问题只是在会议上说说、喊喊口号、做做样子，根本不会进行处罚。中层管理者都不愿意当第一个坏人，希望别人先开始。

在员工要求不合理时，这家公司的管理层依然会迁就、退让，最多是好言相劝；在员工违反制度强词夺理、找各种理由为自己开脱时，管理层依然束手无策。

后果是什么呢？

实际情况是，当犯错必定会受到处罚时，一个人就会在执行中避免犯错误；而受到处罚变成随机事件时，他会觉得"犯错误不一定受到惩罚"、"原来我犯错误是可以的"，就更容易抱侥幸心理、不按照规章制度做事。

在传统企业中，很多行为规范都是用鲜血换来的教训。不用我多说，你也能猜到这家公司的后续走向。

基层员工既不受制度约束，也不受中层管理者的约束。这样的企业会好吗？

高层不狠，中层不坏。中层不坏，累死三军。但中层坏不坏，还要看高层狠不狠。很多时候，不是中层不够坏，而是高层不够狠，不能发挥中层管理者的势能。

有家创业公司面临着百亿级的市场，创立几个月之初就拿到了两家知名 VC 的天使投资。两年后，这家公司进行了破产清算。

核心团队成员说："曾经靠着自己爬到半山腰，却只能跟随夕阳落回山脚。因为我们走的那条路，注定攀不上山峰。"

正如他所说，这家公司的 APP 产品开发简直是一场噩梦。最开始规划的是 2 个月上线第一版，然后 2 个月推迟到 4 个月、4 个月推迟到 6 个月、6 个月推迟到 1 年……直到 2 年后，项目宣告失败，产品仍未正式投入使用。

主要问题都在 CEO 和核心团队。

首先，核心团队里没人懂产品和技术。CEO 也没有要求人力总监必须找到 CTO，而是退而求其次，选择了找与利益无关的技术大牛评估难度和节奏、找到经验丰富的开发人员主导产品，让一个主管级程序员去对接。

这样做的时候，刚开始也挺好，事情也在朝着靠谱的方向发展，但是，在执行过程中暴露出各种各样的问题。

首先，技术大牛对公司实力非常不了解，完全是从个人角度做出的评估。比如腾讯架构师和工程师说项目非常 easy，这是建立在鹅厂程序员非常优秀的基础之上的。而作为一个初创公司，只能找到很普通的程序员。执行起来比预想的困难十倍不止。

然后，这个公司把产品交到了看起来很靠谱的传统开发商手上。找到这人时，大家都无比欣慰：

这个人由核心成员的亲戚站台推荐。

这个人是暖男一枚，聊起项目来真是如沐浴春风。

这个人有十年开发经验，金融系统完成无数，还怕移动开发不成。

但事实很惨痛：CEO 觉得事情急不得，也不能得罪核心成员，只是催了一遍又一遍，他也知道没什么进展。CEO 态度如此，对接的主管级程序员更不愿意当坏人，姿态放得很低。开发商见有机可乘，就开启了忽悠模式，各种打太极耍嘴皮，至少耽误了产品半年的进度。

实际上，许多企业家并非不心善，但在业务需要时，也能够义无反顾地唱白脸。比如任正非、董明珠、乔布斯都对下属要求非常严格。

沃尔特·艾萨克森的《史蒂芬·乔布斯传》是这样讲述的——

“礼貌圆滑，会不小心去伤害别人的领导者，在推动变革时一般都没那么有效。数十名被乔布斯辱骂得最厉害的同事在讲述他们冗长的悲惨故事时，最后都会说，他使他们做到了做梦都没想到的事情。”

一个好的领导者，绝不是让你感觉舒服、安逸，每天皆大欢喜，这是对员工不负责；相反，总让你“不舒服”的领导，事实上是在帮助你成长。

甚至在政界，这条法则也通用。

美国原国务卿鲍威尔喜欢这样的干将——“我总是选那种比我狠、恶的人。遇到事情，我扮好人、唱红脸，他做恶人、唱白脸”。

尼克松总统这样定义办公厅主任霍尔德曼的工作——

“要保证其他人远离总统办公室；

要替总统做他不喜欢做的事情：当面对质、批评指责、纪律约束；

要充当解雇职员的角色；

……

霍尔德曼承担着白宫最恶劣的工作。他就是替我收拾烂摊子的。”

作为高层，要想带领组织达成一个目标、管好一个企业，就要能够狠下心来，别怕得罪中层管理者。

当出现问题时，不要追究基层员工的责任，而要追究中层管理者的责任。只要这样做，中层管理者自然而然会理直气壮地提出要求。一级抓一级就是这样形成的。

对于不愿得罪人的中层管理者，当你需要他扮演“坏人”角色，他却缩手缩脚、无动于衷时，要狠下心来撤换他；否则，最后出来收拾乱局的必然是你，而不是你的下属。

只有经历过，你才会明白这句话的真正含义。

资料来源：公众号“小饭桌”；作者折耳根。

思考题：

根据控制理论分析为什么好领导往往都是“坏人”。

第十三章　管理创新

创新应当是企业家的主要特征，企业家不是投机商，也不是只知道赚钱、存钱的守财奴，而应该是一个大胆创新、敢于冒险、善于开拓的创造型人才。

——熊彼特

[学习目标]

知识点：

1. 管理创新的定义；
2. 管理创新的基本类型；
3. 管理创新的过程及策略。

技能点：

1. 能够理解并说明创新的定义；
2. 能够有意识地培养自身的创新思维。

[案例导入]

"王麻子"破产败在哪里

2003 年 1 月 23 日，中国著名品牌、始创于清朝顺治八年（1651 年）的老字号、在中国刀剪市场一直占据半壁江山的北京王麻子剪刀厂，向法院申请破产。

根据相关审计资料，截至 2002 年 5 月 31 日，北京王麻子剪刀厂资产总额为 1 283.66 万元，负债总额为 2 779.98 万元，资产负债率为 216.6%。王麻子剪刀厂无奈之余被迫申请破产以求还债。在毛主席语录中有这样一段话："手工业中许多好东西，不要搞掉了。王麻子、张小泉的刀剪一万年也不要搞掉。"但正是这样一块凝聚国人数百年的心血，并在现今的国际化竞争浪潮中被国人寄予厚望的老字号招牌，说倒下怎么就倒下了呢？

一、历史亮点

（一）品质

王麻子创牌伊始就将品质作为立身之本。为了保证质量，掌柜的（相当于总经理）要亲自选货，并形成了自己的一套质量监测体系——"三看"、"两试"，坚持执行验收。OEM 贴牌"王麻子"，自身不参与生产流程，而是大量收购普通匠人制出的剪刀，精选出质量上好的、打上"王麻子"的钢印出售，淘汰的产品全数退回。直到 1959 年，随着需求和规模的扩大，王麻子剪刀逐渐由"贴牌"向制售一体过渡，正式成立北京王麻子剪刀厂。

（二）分销

王麻子的产品不仅仅在门市柜台上出售，为了扩大销量，王麻子经常派伙计采用走街串巷担卖、赴庙会开设售点、下农村挨户售卖等方式拓展销路。

王麻子剪刀传播时，还未有广告传播一说，但王麻子做宣传、闯牌子的手法别具一格。王麻子剪刀铺卖出的剪刀，都装在一个印有“王麻子”字样的纸袋里。这已经十分接近现代的品牌购物袋了，其品牌传播在当时可想而知。

（三）服务

王麻子的服务承诺：如在一年之内，发生某种损坏情况，包换包退。王麻子说到做到，即使有超过一年损坏而要求退换的，也照样受理。

二、败在哪里

北京王麻子由鼎盛时期的每月生产7万把，到破产时全年还不到10万把，到底是何种因素使然？在王麻子品牌依然响亮的光环中，品牌拥有者竟然宣布破产还债，其深层的问题何在？

（一）品牌维护乏术

从民国开始，北京就有很多地方出现了“王麻子”、“旺麻子”等“借光”的招牌，企图用以假乱真的手段争取顾客。由于当时市场竞争不甚激烈，加之王麻子剪刀在质量上的精品口碑，这些“假冒王麻子”都没有能够立足。步入市场经济后，造假者的乘虚而入造成大量的假货充斥市场，致使“王麻子”品牌形象严重受损，其培育年轻消费市场的努力极大受挫，而王麻子没有在打假这一品牌维护重点环节上投入力量。

在品牌继承这一点上，北京王麻子剪刀厂也犯下了不可原谅的错误。在2002年4月4日，北京市工商局公布的重新认定的173件北京市著名商标中，老字号王麻子令人惊愕地不见了。在得知“王麻子”因没有申报而未能入选的消息后，北京王麻子剪刀厂厂长白锡乾竟感到非常震惊地说：“什么时候申报的？我一点消息都不知道……”

（二）缺乏品牌创新

1959年，北京市人民政府正式命名成立王麻子剪刀厂后，产品一度曾远销港澳及东南亚各国。但随着市场经济的到来，品牌缺乏创新意识，坐吃老本，显露出新产品开发速度过慢，难以跟上市场步伐的弊端，日趋衰退。

（三）机制老化陈旧

作为一家老牌国有企业，“王麻子”在继承老字号深厚文化遗产的同时，也背上了沉重的机制包袱。有关资料显示，1997年，该厂在岗职工697人，退休职工却已达500多人。企业机制、管理方式、产品开发及外部环境等几方面的不足与制约，导致“王麻子”处境日趋艰难。2001年，“王麻子”经历了停产、改制等过程，但销售情况依然非常不景气并降到了新中国成立后的最低点，平均每月仅销售1万把菜刀，十几万把剪刀，总销售额仅仅是1 500万元，亏损达200多万元。

（四）品牌延伸失误

1995年，王麻子剪刀厂与北京市文教器材厂等毫不相干的十几个厂合并成立王麻子工贸集团公司，并重新注册了“王麻子”商标，应视作“王麻子”品牌延伸和盲目扩张的一大败笔。

“王麻子”的品牌联想在于剪刀产品，而合并后的“王麻子”新老商标紊乱，市场上“王麻子”的产品混乱无章，造成品牌资产的严重分流和破坏，削弱了消费者对“王麻子”品牌的忠诚维系，直接导致产品滞销，仅合并当年就亏损100多万元。此后“王麻子”便一蹶不振，平均每年损失近300万元。

1999年，王麻子工贸集团中的王麻子剪刀厂及另外三家厂又被合并划归为北京昌平区的区属企业，因为王麻子工贸集团注册在先，王麻子真正的传人竟只能重新注册“栎昌王麻子”商标。这一通分分合合，使“王麻子”内部不仅乱作一团，品牌更是支离破碎，“王麻子”便这样一直挣扎于混乱之中，亏损也流年渐长。

（五）品牌传播乏力

由于经营不善，近几年来，“王麻子”的品牌宣传少得可怜，总共投入也不过是区区几万元。单纯仰仗百年品牌积淀的福祉，无疑无济于“王麻子”扩大品牌的影响力和知名度，仅凭一些老人的口碑传播，知名度已呈降低的迹象。如文中提到的商标认定，“王麻子”主要失职于品牌的维护，但从其后效看，同样对“王麻子”的品牌传播造成掣肘之过。

本案中北京王麻子剪刀厂已宣布破产，但“王麻子”三个字作为品牌或商标本身并未倒下，而是由“国企”又变回到“民营”。据悉，现在的王麻子剪刀厂改换了门庭，新的工厂名叫北京万顺号剪刀有限责任公司，继续经营“王麻子”品牌。尽管中华老字号的民族市场依然广大，但忌讳“倚老卖老”，需要不断地推陈出新。“王麻子”事件不仅仅是对中国老字号品牌经营的一声断喝，也应为处于新兴成长中的本土品牌带来沉重的遐思。

资料来源：《财经界》，2006年第6期。

思考题：

1.“王麻子”申请破产的原因有哪些？

2. 根据创新的相关知识，“王麻子”破产给我们的启示有哪些？

第一节 管理创新概述

组织、领导与控制是保证计划目标的实现所不可缺少的。从某种意义上来说，它们同属于管理的“维持职能”，其任务是保证企业按照预定的方向和规则运行。但是，管理在动态环境中生存与发展的企业，仅有维持是不够的，还必须不断地调整企业活动的内容和目标，以适应环境变化的要求，它属于管理的“创新职能”。

一、管理创新的概念

著名经济学家约瑟夫·熊彼特认为，经济增长最重要的动力和最根本的源泉在于企业的创新活动。他在《经济发展概论》中指出创新的五种情况：

(1)采用一种新的产品；

(2)采用一种新的生产方法；

(3)开辟一个新的市场；

(4)掠取或控制原材料或半成品的一种新的供应来源；

(5)实现任何一种工业的新组织或打破一种垄断地位。

熊彼特认为，所谓创新，就是要“建立一种新的生产函数”，就是要把一种从来没有的关于生产要素和生产条件的“新组合”引进生产体系中去，以实现对生产要素或生产条件的“新组合”。

本书中，管理创新是指创造一种新的、更有效的资源整合范式，这种范式既可以是新的有效整合资源，以达到组织目标和责任的全过程管理，也可以是新的具体资源整合及目标制定等方面的细节管理。

管理创新贯穿于企业创新运行过程的始终。它通过创造新的资源整合范式，实现对技术创新、文化创新、制度创新、市场创新的整体优化，从而提高企业创新成功的可能性，减少创新风险。因为创新要受到市场需求、竞争对手、信息不对称等外部环境因素与内部的文化观念、制度层面、技术发展的影响和制约，因而这些创新不仅仅是自身的创新问题，也涉及对创新的整个过程的组织管理问题。可以说，无论是技术、文化，还是市场、制度等都离不开管理，管理贯穿于它们的始终。

二、管理创新对企业发展的作用

在知识经济时代，创新是核心，没有创新，企业也就失去了核心竞争力，必须不断地创新企业管理理念，强化企业管理方面的意识，为企业不断提高自身的国际竞争力提供理论指导，使企业在激烈的市场竞争中能够立于不败之地。管理创新在企业发展中的作用可归纳为以下几个方面：

(一)提高企业的生存能力

企业首先要生存。知识经济下竞争日趋激烈，生存是一个很大的问题。研究表明，一个时期内新建立的企业5年后可能只剩一半，10年后剩10%，20年后所剩无几，50年后就更少。美国著名管理学大师彼得·德鲁克说过："不创新就死亡。"企业只有不断地进行创新才能够有实力面对竞争，跟上时代发展的步伐；如果不进行创新很可能会遭到淘汰。

(二)提高企业的经济效益

管理创新的目标是提高企业有限资源配置效率。这一效率虽然可以在众多指标上得到反映，如资金周转速度加快、资源消耗系数减小、劳动生产率提高等，但最终还要在经济效益指标上有所体现，即提高了企业的经济效益。提高企业经济效益分为两个方面：一是提高目前的效益；二是提高未来的效益即企业的长远发展。管理诸多方面的创新，有的是提高前者，如生产组织优化创新；有的是提高后者，如战略创新与安排。无论是提高当前的效益还是未来的效益，都是在增强企业实力和竞争力，从而有助于企业下一轮的发展。

(三)降低交易成本

钱德勒曾认为："在一个企业内把许多营业单位活动内部化所带来的利益，要等到建立起管理层级制以后才能实现。"即管理层级制的创新，使得现代企业可以将原本在企业之外的一些营业单位活动内部化，从而节约企业的交易费用。交易费用的节约表现在"由于生产单位和采购及分配单位的管理联结在一起，获得市场和供应来源信息的成本也降低。最重要的是，多单位的内部化使商品自一单位至他单位的流量得以在管理上进行协调。对商品流量的有效安排，可使生产和分配过程中使用的设备和人员得到更好的利用，从而得以提高生产率并降低成本。此外，管理上的协调可使现金的流动更为可靠、稳定，付款更为迅速。

(四)提高企业的发展能力

常有人说管理与技术是企业发展的两个轮子，倘若管理是如此的话，那么管理创新自然更是如此，因为管理创新的结果是为企业提供更有效的管理方式、方法和手段。管理创新为企业不断注入新的活力，使企业不断焕发勃勃生机。总之，管理创新是企业发展的动力。

(五)提高企业的环境适应能力

当今社会，各种力量纵横交错，组织与外界的联系更加密切，组织每时每刻都受到外界各种力量的制衡。企业唯有在生存过程中不断创新与外界交互作用的方式，才能寻找到一个有利于自己的均衡点，以赢得一个良好的外部环境。

(六)提高企业的竞争力

管理创新若在市场营销方面进行,则将帮助企业有力地拓展市场、展开竞争。企业在进行市场竞争和市场拓展时,将遇到众多竞争对手,即厂商和顾客。因此,这一竞争过程实为多个博弈对象的动态博弈过程,一个企业若能在这一过程中最先获得该博弈的均衡解,即管理创新的具体方案,便能战胜对手,获得博弈的胜出。这个解无非是在能预见对手们的相应对策条件下寻找出最佳的、新的市场策略和运行方式而已,这就是一种管理的创新。许多跨国公司在瞄准中国市场后,所采取的一系列市场行为均有其战略意图,这一意图本身就是一种创新。

以上几个方面不过是管理创新对企业发展的诸多具体作用的一部分,但足以证明管理创新在企业与发展中的地位。正因为如此,研究管理创新,探讨管理创新的未来,既有理论意义,又有非常重要的现实意义。

三、创新与维持的关系及其作用

作为管理的基本内容,创新与维持对企业的生产和发展是非常重要的。

维持是保证企业顺利进行的基本手段,也是企业大部分管理人员,特别是中层和基层管理人员要花费大量精力从事的工作。管理的维持职能是要严格地按照预定的规划来监视和修正企业的运行,尽力避免企业内部不同部门和不同人员之间的摩擦,或减少因内部摩擦而产生的内耗,以保证企业运行的有序性。没有维持,企业目标就难以实现,计划就无法落实,各成员的工作就有可能偏离计划的要求,企业的各个要素就可能相互脱离,各自为政,各行其是,从而整个企业就会呈现一种混乱的状况。所以,维持对于企业的正常发展是至关重要的。

但是,仅有维持是不够的。任何企业都是由众多要素构成的,是与外部不断发生物质、信息、能量交换的。企业的外部环境是在不断地发生变化的,这些变化对企业的活动内容、活动形式和活动要素产生不同程度的影响;同时,企业内部各个要素也在不断地发生变化。企业内部某个或某些要素间的变化必然要求或引起企业内部其他要素的连锁反应,从而对企业原有的目标、活动要素间的相互关系等产生一定的影响。企业若不及时根据内外变化的要求,适时进行局部或全局调整,则可能被变化的环境所淘汰,或为改变了的内容要素所不容。这种为适应企业内外变化而进行的局部和全局的调整,便是管理创新的职能。

任何企业不论是谁创建了它,不论创建的目的是什么,一旦企业开始存在,它的首要目标就是维持其存在,延续其生命,实现其发展。但是,不论企业的主观愿望如何,绝大部分企业的寿命总是有一定期限的。我们把企业自诞生被社会承认开始到被社会淘汰结束的时期称为企业的寿命周期。一般企业在寿命周期中要经历孕育、成长、成熟、蜕变以及消亡五个阶段。

从某种意思上来说,企业的社会存在是以社会的接受为前提的,而社会之所以允许某个企业存在,又是因为企业提供了社会需要的某种贡献。孕育期、初生期的企业,限于自身的能力和对社会的了解,提供社会所需贡献的能力总是有限的;随着企业成长和成熟,它与社会的互相认识不断加深,所能提供的贡献与社会需要的贡献便倾向和谐;而一旦企业不能跟上社会的变化,其产品或服务不再被社会需要,或内部的资源转换功能退化,企业满足社会需要的贡献逐步变小,则企业就会逐步地被社会所抛弃,趋向消亡。

要提高企业的生命力、扩展企业的生命周期,就必须通过企业本身的工作,增强社会对企业贡献的需要程度。由于社会需要是在不断变化的,企业如果不能根据社会需要的变化,以新的方式提供新的需要,则可能被社会所淘汰。企业不断改变或调整取得和组合资源的方式、方向和结果,向社会提供新的产品和服务满足社会的需要,这正是创新的主要内涵和作用。

综上所述,作为管理的两个基本职能——维持与创新,对企业的生产发展都是非常重要的,它们是相互联系、不可或缺的。创新是在维持基础上的发展,而维持则是创新的逻辑延续;维持是为了实现创新的成果,而创新则是为更高层次的维持提供依托和框架。任何管理工作,都应该围绕着企业运转的维持和创新而展开。只有创新,没有维持,企业会呈现无时无刻无所不变的、无序的混乱状态,而只有维持,没有创新,企业就会缺乏活力,犹如一潭死水,适应不了任何外界变化,最终会被环境淘汰。卓越的管理是实现维持与创新最优组合的管理。

四、管理创新的动机

(一)外在原因:管理创新是现在的企业面临生存发展环境挑战的回应

当代科学技术的发展、知识经济的兴起,为组织的发展带来不可多得的机遇,也使其面临更为严峻的挑战。管理创新已成为知识经济时代组织获得长久发展的必然选择。

(二)内在原因:管理创新主体的创新动机

在管理创新行为中,创新动机是管理创新主体的内在动力,是创新行为发生和持续的主要原因。创新主体的创新动机来自多个方面,一般有以下几点:

1. 创新心理需求

创新心理需求是指管理创新主体对某种创新目标的渴求或欲望。创新主体希望自己的潜力得以充分发挥,创新能力能够在创新的过程中实现。

2. 成就感

成就感指获得成功时人们产生的一种心理满足。许多管理创新主体进行创新的直接动机就是对成就的追求。对某些人来说,创新工作取得了成功或解决难题得到的快乐远远超过了物质的激励。哈佛大学教授麦克利兰认为,一个企业拥有这种创新的人越多,企业发展越快,长远收益越多。

3. 经济性动机

管理创新主体的经济性动机分为两类:第一类是为了企业经济效益,第二类是为了自己个人利益的增加。

4. 责任心

责任心是管理创新主体的另一个重要创新动机,因为管理创新主体在其工作范围内是一个责任人,要对其所做的工作负责。只有具备高度责任心的人才会寻找当前工作的毛病和不足,希望从中找到提高的方向,并进行创新,从而使自己的工作做得更好。

第二节　管理创新的类型

管理创新的类型主要包括以下几个方面:

一、管理观念的创新

管理观念的创新即管理思想的创新。观念创新是管理创新的灵魂,没有观念的创新,就无法奢谈其他方面的创新。

管理观念是企业从事经营管理活动的指导思想,体现为企业的思维方式,是企业进行管理创新的灵魂,企业要想在复杂多变的市场竞争中生存和发展,就必须首先在管理观念上不断创新。而要更新观念,管理者必须打破现有的心智模式的束缚,有针对性地进行系统思维、逆向思维、开放式和发散式思维的训练,并通过综合现有的知识、管理技术等,改进和突破原有的管理理论和方法。管理者只有勇于创新,敢于追求新事物,乐于解决新问题,才能使管理活动成为一种乐趣,其产生的社会经济效益也是难以用价值衡量的。而这一局面的创造,其最根本的在于管理者和管理组织的观念创新。

[管理智慧]

从前,有一个人在树下卖草帽,不料被树上的一群猴子把草帽哄抢去了。这个人急中生智,想到猴子有模仿的习性,就将头上戴的草帽取下来,扔到地上。果然,树上的猴子都将草帽纷纷地扔了下来。后来,这个人的孙子也来到树下卖草帽,同样遭到树上猴子的哄抢。孙子想到爷爷的方法,也将头上戴的草帽取下来,扔到地上。但是,没有一只猴子把帽子从树上扔下来。孙子无奈地望着树上的猴子,心里纳闷:"爷爷的这一招怎么不灵了?"这时,猴群中有一只猴子下了树,对孙子说:"不是只有你才有爷爷的。"

二、目标创新

企业是在一定的社会经济环境中开展经营活动的,特定的环境,要求企业按照特定的方式,提供特定的产品。一旦环境发生变化,要求企业的生产方向、经营目标,以及企业在生产过程中同其他社会经济组织的关系进行相应的调整。企业在不同时期、不同阶段所面临的环境各不相同,因此,必须适时根据市场环境和消费需求的变化趋势,及时调整经营思路和策略,整合生产经营资源要素。而企业的每一次调整都是一种创新。目标创新是企业发展中一种根本性的、决定全局的创新。

[管理智慧]

苹果公司自成立以来一直维护自我技术和产品的独特性。但随着软件和服务成为数字时代消费者更重要的需求,苹果公司开始进行战略转型和重新定位,生产与 Windows 兼容的产品,从早期的全面对抗到现在的合作中竞争。苹果公司将像当年的索尼公司一样,试图将自己转化为一家电子消费品和服务企业。

苹果公司的战略转型始于 1999 年 10 月,并逐步展开。首先是操作系统的更新换代,推出 Mac OS X 和 iTunes 软件。苹果公司是第一个同五大唱片公司签订付费下载音乐服务合同的企业,其在线音乐商店开门第一天就卖出了 100 万首歌曲。在做好内容平台建设之后,苹果公司顺理成章地推出了其音乐播放器终端产品"iPod"及其派生出来的一系列产品;在 iPod 的热销之下,苹果公司对 iPod 不断地更新换代,提升性能,同时不断地充实 iTunes 的内容服务,从最初的音乐播放,到视频播放,到播客下载以及游戏下载。由于 iTunes 只支持 iPod 作为播放终端,所以苹果在这里形成了一个垄断的良性循环的产业链。一边是内容服务,一边是终端销售,两者互相促进。同时为了扩大销售及影响力,苹果一改以前曲高和寡的特性,将自己的服务扩展到 Wintel 平台上最早的 iTunes,iPod 都是针对 Mac 用户的,但是很快就推出支持 Windows 的产品。同时,在 2006 年苹果所有的计算机产品的芯片都采用 Intel 处理器。新的电脑既可以安装苹果的操作系统,也可以安装 Windows 操作系统,或者两者都安装,给用户提供了更多的选择。

三、产品创新

企业通过向社会提供有效的产品或服务获得利润，保证企业得以不断地生存和发展。因此，企业必须提供社会承认的产品，证明其存在的价值。而企业只有不断地创造新产品，才能更好地适应社会的需求。

产品创新包括物质产品本身的创新和产品使用价值在实现过程中的创新。物质产品创新主要包括品种和结构的创新。品种创新要求企业根据市场需要的变化，不断开发适销对路的新产品。产品结构的创新在于不改变原有产品的基本性能，对现在生产的各种产品进行改进，找出更加合理的产品结构，使其生产成本更低、性能更完善、使用更完全，从而更具有市场竞争力。

新产品、新的产品结构，往往要求企业利用新的机器设备和新的工艺方法，而新设备、新工艺的运用为产品创新提供了物质保证。

四、组织机构创新

几乎每位研究管理创新的学者都将组织创新作为管理创新的一项必不可少的内容。组织创新意味着打破原有的组织结构，并根据外部环境和内部条件的变化对组织的目标加以变革，对组织内成员的责、权、利关系加以重新构置，使组织的功能得到完善和发展，其实质是资源的重新配置。组织创新呈现三大发展趋势：扁平化、柔性化、虚拟化。

学习型组织是以共同愿景为目标基础，以团队学习为特征，对顾客负责的扁平化的横向网络系统，是一种精简、扁平、网络化、有弹性、能够不断学习、不断自我创新的组织。学习型组织和传统型组织相比具有扁平化、柔性化、虚拟化的特征。因此，学习型组织是企业为适应知识经济时代和国际化的竞争需要而进行的管理创新。

[管理智慧]

兰新集团通过组织创新，将决策运行机制从原来的以职能分工转变为以事分工，过去兰新集团所有的业务管理被归为400多个业务流程，分别由不同层次的管理人员任流程负责人。现在，决策层的副总裁按照CEO授予管理的事展开工作，是大流程的负责人，不再分管某个具体职能部门，在办事的过程中涉及的职能部门和单位都围绕着事展开工作，部门的职责由完成某一项任务变成为某一业务流程服务，同时部门的负责人变成了某类(项)流程的负责人，并承担培养和输送流程工作团队队员的任务。

为了保证该项业务流程的高效、通畅运行，集团公司决策层实行主负责和协同负责的方法，即CEO授予某副总为管理或办理某事的主要负责人时，确定另一副总为协办人，主负责人是第一责任人，对管理的事有处置权，协办人只是参与其事，当主负责人因故不能行使其职能时，协办人按CEO的授权行使职能。这样，既有交替又分工明确的管理方法，使集团公司对所有重大事务的处理能保持连续性和高效性。

五、人力资源创新

随着市场经济、知识经济、信息知识的快速发展，管理工作应当在实行以人为本的管理过程中逐步走向对人的知识、智力、技能和实践创新的管理。因此，在“以人为本”的管理过程中，正在逐步形成一种以人的知识、智力、技能和实践创新的能力为核心内容的“能本管理”。

能本管理就是建立一种“各尽其能”的运作机制。它是通过采取有效的方法，最大限度地发挥人的能力，从而实现能力价值的最大化，把能力这种最重要的人力资源作为组织发展的推动力量，并实现组织发展的目标以及组织创新。

能本管理源于人本管理，又高于人本管理。能本管理的理念是以人的能力为本，其总的目标和要求是：通过采取各种行之有效的方法，最大限度地发挥每个人的能力，从而实现能力价值的最大化，并把能力这种最重要的人力资源通过优化配置，形成推动企业和社会全面进步的巨大力量。

第三节 创新的过程及策略

[管理智慧]

雷军：小米团队管理的创新

3年时间，销售收入突破百亿；不花钱，竟打造了一个三线城市都熟知的品牌；开创了新品类“互联网手机”，刷新中国互联网公司的成长速度；通过“发烧友手机”的定位，实现去山寨化，成为“中国版苹果”，并列于一线厂商。

2012年，小米销售手机719万台，实现营业收入126.5亿元，纳税19亿元。小米模式再次引发热潮。

花80%的时间找人

小米团队是小米成功的核心原因。与一群聪明人一起共事，为了挖到聪明人，不惜一切代价。如果一个同事不够优秀，很可能不但不能有效帮助整个团队，反而有可能影响到整个团队的工作效率。当初小米决定组建超强的团队，前半年花了至少80%的时间找人，幸运地找到了7个牛人合伙，全是技术背景，平均年龄为42岁，经验极其丰富。3个本地加5个“海归”，来自金山、谷歌、摩托罗拉、微软等，土洋结合，理念一致，大多管过几百人的团队，充满创业热情。

少做事，管理扁平化

扁平化是基于小米相信优秀的人本身就有很强的驱动力和对小米管理的能力。设定管理的方式是不信任的方式，小米的员工都有想做最好的东西的冲动，公司有这样的产品信仰，管理就变得简单了。

小米的组织架构没有层级，基本上是三级：七个核心创始人、部门leader、员工。而且不会让团队太大，稍微大一点就拆分成小团队。从小米的办公布局就能看出这种组织结构：一层产品、一层营销、一层硬件、一层电商，每层由一名创始人坐镇，能一竿子插到底地执行。大家互不干涉，都希望能够在各自分管的领域给力，一起把这个事情做好。

强调责任感，不设KPI

全员6×12小时工作，小米坚持了将近3年。维系这样的工作，从来没有实行过打卡制度，而且也没有施行公司范围内的KPI考核制度。

小米强调你要把别人的事当成第一件事，强调责任感。比如，小米的代码写完了，一定要别的工程师检查一下，别的工程师再忙，也必须第一时间先检查小米的代码，然后再做你自己的事情。其他公司可能有一个晋升制度，大家都会为了晋升做事情，会导致价值的扭曲，为了创新而创新，不一定是为用户创新。其他公司对工程师强调的是把技术做好，在小米则不一样，它要求工程师把这个事情做好，工程师必须要对用户价值负责。

透明的利益分享机制

小米公司有一个理念，就是要与员工一起分享利益，尽可能多地分享利益。小米公司刚成立的时候，就推行了全员持股、全员投资的计划。小米最初的56个员工，自掏腰包总共投资了1 100万美元——均摊下来每人投资约20万美元。

小米给了足够的回报，第一是工资上小米是主流；第二是在期权上真的是有很大的上升空间，而且每年小米公司还有一些内部回购；第三是团队做事确实有时候压力很大，但他会觉得有很强的满足感，很多用户会极力追捧他，比如说某个工程师万岁。

与"米粉"交朋友

做朋友的心理就是，如果你这个问题是你的朋友来找你解决的话，你会怎么做？那当然是你能解决就给他立刻解决了，解决不了也要想办法帮他解决。

小米是向"海底捞"学习的，就是把它变成一种文化，变成一种全员行为，给一线人员赋予权力。比如，用户投诉或不爽的时候，客服有权根据自己的判断，赠送贴膜或其他小配件。又如，曾有用户打来电话说，自己买小米是为了送客户，客户拿到手机还要自己去贴膜，这太麻烦了。于是在配送之前，小米的客服在订单上加注了送贴膜一个，这位用户很快感受到了小米的贴心。

一、创新的过程

总结众多成功企业的经验，成功的变革和创新要经历"寻找机会、提出构想、迅速行动、坚持不懈"这样几个阶段的努力。

（一）寻找机会

创新是对原有秩序的破坏。原有秩序之所以要打破，是因为其内部存在着或出现了某种不协调的现象。这些不协调对企业的发展提供了有利的机会或造成了某种不利的威胁。创新活动正是从发现和利用旧秩序内部的这些不协调现象开始的。不协调为创新提供了契机。

旧秩序中的不协调既可存在于企业内部，也可产生于对企业有影响的外部。就企业的外部来说，有可能成为创新契机的变化主要有：

(1)技术的变化，从而可能影响企业资源的获取、生产设备和产品的技术水平；

(2)人口的变化，从而可能影响劳动市场的供给和产品销售市场的需求；

(3)宏观经济环境的变化，迅速增长的经济背景可能给企业带来不断扩大的市场，而整个国民经济的萧条则可能降低企业产品需求者的购买能力；

(4)文化与价值观念的转变，从而可能改变消费者的消费偏好或劳动者对工作及其报酬的态度。

从企业内部来说，引发创新的不协调现象主要有：

(1)生产经营中的"瓶颈"，可能影响了劳动生产率的提高或劳动积极性的发挥，因此，始终困扰着企业的管理人员。这种卡壳环节，既可能是某种材料的质地不够理想，且始终找不到替代品，也可能是某种工艺加工方法的不完善，或是某种分配政策的不合理。

(2)企业意外的成功或失败，如派生产品的销售额高，从而其利润贡献出人意料地超过了企业的主营产品；老产品经过精心整顿改进后，结构更加合理、性能更加完善、质量更加优异，但并未得到预期数量的订单等。这些出乎企业意料的成功和失败，往往可以把企业从原来的思维模式中驱赶出来，从而成为企业创新的一个重要源泉。

(二)提出构想

敏锐地观察到了不协调现象的产生以后,还要透过现象究其原因,并据此分析和预测不协调的未来变化趋势,估计它们可能给组织带来积极或消极的后果,并在此基础上,努力利用机会或将威胁转换成为机会,采用头脑风暴法、德尔菲、畅谈会等方法提出多种解决问题,消除不协调,使企业在更高层次实现平衡的创新构想。

(三)迅速行动

创新成功的秘密主要在于迅速行动。提出的构想可能还不完善,甚至可能很不完善,但这种并非十全十美的构想必须立即付诸行动才有意义。“没有行动的思想会自生自灭”,这句话对于创新思想的实践尤为重要,一味追求完美,以减少讥讽、被攻击的机会,这可能错失良机,把创新的机会白白地送给自己的竞争对手。创新的构想只有在不断的尝试中才能逐渐完善,企业只有迅速地行动才能有效地利用“不协调”提供的机会。

(四)坚持不懈

构想经过尝试才能成熟,而尝试是有风险的,是不可能“一打就中”的,是可能失败的。创新的过程是不断尝试、不断失败、不断提高的过程。因此,创新者在开始行动以后,为取得最终的成功,必须坚定不移地继续下去,决不能半途而废,否则便会前功尽弃。要在创新中坚持下去,创新者必须有足够的自信心、有较强的忍耐力,能正确对待尝试过程中出现的失败,既为减少失误或消除失误后的影响采取必要的预防或纠正措施,又不把一次尝试的失利看成整个局面的失败,要知道创新的成功可能在屡屡失败后才姗姗来迟。伟大的发明家爱迪生曾经说过:我的成功乃是一路失败中取得的。创新的成功在很大程度上归因于“最后五分钟”的坚持。

二、创新的策略

(一)根据创新的程度不同,可以分为首创型创新策略、改创型创新策略和仿创型创新策略

1. 首创型创新策略

首创型的创新是指观念上和结果上有根本突破的创新,通常是首次推出但对经济和社会发展产生重大影响的全新的产品、技术、管理方法和理论。这类创新本身要求全新的技术、工艺以及全新的组织结构和管理方法。首创型创新还常常引起产业结构发生变化,从而彻底改变组织的竞争环境和基础。

2. 改创型创新策略

改创型创新是指在自己现有的特色管理或在别人先进的管理思想、方式、方法上进行顺应式或逆向式的进一步改进,现在的特色管理是自己所独有但尚未系统化或完全成型的管理方式。改创型创新就是在借鉴别人的先进管理的基础上进行大胆创新,探索出新的管理思路、方式、方法,简单地说,就是在别人已有的先进成果上进行有创意的提高。日本是采用这种管理创新策略的典型国家。日本的企业管理水平在第二次世界大战后是很落后的,20 世纪 50 年代日本派了大批人去美国学习企业管理技术,邀请美国的许多专家到日本讲学,并结合日本的传统文化和国民气质,创造了全新的日本企业管理模式,最终使美国反过来向日本学习其某些管理方法。

3. 仿创型创新策略

仿创型创新策略是创新度最低的一种创新活动,其基本特征在于模仿性。在创新理论的创始人熊彼特看来,模仿不能算是创新,但是模仿是创新传播的重要方式,对于推动创新的扩散具有十分重要的意义。没有模仿的创新,传播可能十分缓慢,创新对社会经济发展和人类进

步的影响也将大大地减小。模仿可以分为创造性模仿和简单性模仿,创造性模仿就是我们上面介绍的改创型创新,而简单性模仿就是仿创型创新。

(二)根据创新的过程是量变还是质变,可分为渐进式创新策略和突变式创新策略

1. 渐进式创新策略

渐进型创新是指通过不断的、渐进的、连续的小创新,最后实现管理创新的目的。这种创新策略从小的方面入手,不至于猛烈攻击既得利益者的利益,易于被这群人所接受。由于许多大创新需要与之相关的若干小创新的辅助才能发挥作用,而且小创新的渐进积累效应常常促进创新发生连锁反应,引致大创新的出现,所以,单个小创新虽然带来的变化是小的,但它的重要性不可低估。它说明企业的管理创新是从无数的小创新开始的,当大量的小创新不断地改善着企业的经营管理,并达到一定程度时就会产生引致质变的大创新。这种创新具有渐进性、模仿性,创新的周期一般较长,而创新的效果却不错。

日本的企业多采用这种渐进式管理创新策略,日本政府在公务员改革过程中也采用了这种策略,通过有计划地每年逐渐减少公务员数量的办法,加以编制法定化的配套措施,使日本的公务员改革取得了成功,值得我国在制定机构的方案时学习借鉴。

2. 突变式管理创新

突变式管理创新是指企业的管理首先在前次管理创新的基础上运行,经过一段时间,直到创新的条件成熟或企业运行到无法再适应新情况时,就打破现状,实现管理创新质的飞跃。它具有突变性,创新的周期相对较短,而创新的效果相对较好。这种突变式管理创新的实现通常由专业管理人员、企业家来实现。

欧美的企业和政府的管理创新多采用这种策略,如 20 世纪 80 年代初英国政府实现的"私有化运动"和 20 世纪 90 年代初由美国、英国、澳大利亚、新西兰等西方国家实行的"重塑政府"行动,在短时间内,政府的管理理论和管理实践都发生了重大变化。

(三)根据创新的独立程度,可以分为独立型创新策略、联合型创新策略和引进型创新策略

1. 独立型创新策略

独立型创新的特点是依靠自己的力量自行研制并组织生产,同时独立型创新的成果往往具有首创性。国外大型企业大多拥有自己的研究开发机构,因而其研究工作特别是涉及公司特色产品的核心技术,多通过自身的力量进行,这样可以做到技术保密,使自己处于行业竞争中的领先地位。其缺点是应用此策略的企业在投入了巨资且研究项目已经或将要取得成功时,有可能会发现同样的产品或发明已经被别人领先创新出来,不但失去了占领市场的先机,而且造成人力、物力、财力的巨大损失。

2. 联合型创新策略

联合型创新策略是若干组织相互合作进行的创新活动。联合创新往往具有攻关性质,可以更好地发挥各方的优势。但是,这种创新活动涉及面广,组织协调及管理控制工作比较复杂。然而,随着科学技术的发展、高新技术的兴起,许多重大的创新项目,无论从资金、技术力量以及该创新项目内容的复杂性,都并非一个企业或组织所能承担,因此,联合创新就变得日益重要。联合不仅包括企业与企业之间的合作,企业与科研机构以及高校进行联合创新,甚至各国政府都开始采取联合创新的策略,并且这种企业和其他部门的合作以及政府的跨国合作变得越来越普通。

3. 引进型创新策略

引进型创新策略是从事创新的组织从其他组织引进先进的技术、生产设备、管理方法等,并在此基础上进行创新。这种创新的开发周期相对较短,创新的组织实施过程有一定的参照系,风险性相应降低。但是,这种创新策略需要对引进的技术进行认真的评估和消化。

[管理智慧]

在一次盛大的宴会上,中国人、俄国人、法国人、德国人、意大利人都争相夸耀自己的酒,只有美国人笑而不语。中国人首先拿出古色古香、做工精细的茅台,打开瓶盖,香气四溢,众人为之称道。紧接着,俄国人拿出伏特加,法国人拿出香槟,意大利人亮出了葡萄酒,德国人取出了威士忌,真是异彩纷呈呀！最后,大家都把目光投向了美国人,想看看他到底能拿出什么来。那美国人不慌不忙地站起来,把大家先前拿出来的各种美酒分别倒了一点在一只酒杯里,将他们兑在一起,说:"这叫鸡尾酒,它体现了我们美国民族的精神——博采众长,综合创造……"的确,这酒既有茅台的醇,又有伏特加的烈;既有葡萄酒的酸甜,又有威士忌的后劲……

[复习思考题]

1. 简述熊彼特创新理论的主要内容。
2. 管理创新的特征有哪些方面?
3. 简述现代管理创新的主要策略。

[案例分析]

美国3M公司的创新型企业文化

美国的明尼苏达采矿制造公司(3M)是一家综合经营的大公司,创建于1902年,领域涉及卫生保健、电力、运输、航空航天、通信、建筑、教育、娱乐与商业。在2007年《财富》世界500强中排名第302位,销售额为229亿美元。

在企业经营管理领域,创新——这种企业家精神的原动力,几乎成了3M公司的代名词,享誉全世界。在3M公司中国网站上,这样写道:"3M,创新精神为本——我们始终致力于不断创新、开发新技术和新产品,随时满足客户所需。"管理学之父彼得·德鲁克倍加赞赏3M:"我现在已经明白了,无论什么事情,只要带着对于一项使命的偏执狂热去干,就准能完成,而3M公司证实提倡献身精神是搞好产品开发的绝对和必要条件。"汤姆·彼德斯在《追求卓越》一书中,最为推崇3M公司:"在我所了解的10亿美元的大公司中,3M最富有进取精神,也许可以说,比大多数规模只有它1/10的公司更富有进取精神。"

1. 容忍失败才是鼓励创新

3M公司能够容忍失败,鼓励进行更多的试验和冒险。"失败一成功"的历史就是3M公司的历史。3M公司的创建者不是科学家,也不是发明家,而是一位医生、一位律师、两位铁路行政官员和一位肉制品销售经理。这5个明尼苏达人买下一块森林茂密的土地,准备设矿采掘金刚砂,结果采掘出来的根本不是金刚砂,而是一种无甚价值的矿砂,后来发现,矿砂可以制造砂纸,从此产品创新和行业拓展之路一发而不可收。

3M公司的精神之父、前董事长兼总经理威廉·麦克纳说:"我认为在发生错误时,如果管理者独断专行,过于苛责,只会扼杀人们的积极性。只有容忍错误,才能够进行革新。"这句话可以说是3M公司管理者的座右铭。

2. 不轻易扼杀一个怪想法

3M对奇思妙想的容忍和热爱是与生俱来的。1902年,3M公司主打产品从矿砂变为砂纸后,扩大销售成了问题。发明家奥克想,为什么不把砂纸当作刮胡子刀片的替代品卖给男人们，还能避免锋利刀刃划伤的风险？这个显然怪癖的想法只能出现在3M公司。公司相信无拘无束而富有创意的设想终究会有所报偿的。结果，奥克顺着这个思路研制出耐水砂纸，被汽车制造业广泛使用，成为3M公司的第一个拳头产品。

100年来，3M公司始终保持着它锐意创新的精神，比其他公司更快更多地开发出新产品，曾气度非凡地推出一份引人注目的产品目录，从不干胶贴纸到心肺治疗仪器，竟达6万多种。尽管品种繁多，却都有一个无所不在的共同主题：这家公司是由精于覆盖与黏合技术的化学工程师们主宰的，坚持主要专业而不是随波逐流地任意扩大产品门类。据统计，公司年度销售额的30%左右来自近5年内开发出的新产品。

3. 时间与资金的支持是创新的土壤

如果一个设想在3M各部门找不到归宿，那么一个职员可以利用自己的15%的工作时间来证明设想是成立的。1983年，公司为了给项目提供资金支持，帮助那些创造与开发新产品的项目顺利地从设想发展到实验阶段，每年发放90多项，每项5万美元的吉尼斯专款。"15%的规定"被3M公司的职员称为"干私活"，这一规定下最出色的成果是眼下无所不在、每个人办公都离不开的不干胶贴纸。这是弗莱忙里偷闲发明出来的，他开始时只是想找一个书签不再从他那本赞美诗集里掉出来的办法，结果却导致了这项发明。

4. 新事业开拓组是创新的组织保证

对于新事业，3M公司采用许多灵活变通的办法。例如，有人有了新点子，他可以找他的上司要求拨款资助，如果被拒绝了，3M公司的魔法就开始变化。他会找同样产品部类的另一分部，要是又被拒之门外，他还可再去找一个分部。如果这样也得不到资助的话，他就可以到新事业开拓分部去求援，这件事总能在此得以圆满解决。这种方法避免了官僚主义。

在3M公司，创新思路经过实验后，就成立一个新事业开拓组，招来一批工程技术、生产制造、市场经营、推销等方面的专职人员。3M公司的章法是：只有专职人员，才能形成对新事业的热情和献身精神。而且，所有组员都是自愿参加的。自愿原则能激发人们的义务感，更不会向新想法泼冷水。

3M公司赋予新事业开拓组高度自主权，支持它坚持到底。3M公司要求整个小组从早期开始阶段，直到投放市场，小组成员始终跟进，并从产品的增长中得到好处，只要小组达到公司的例行界限和绩效标准即可。即使没搞成，也会保证小组成员的职位和收入。

5. 独特的奖酬制度保证了发明家的忠诚

参加一项新事业的个人，他的职务和薪酬的类别会随着他发明的产品的销售额的增长而自动发生变化。从着手新产品研制时的基层工程师、产品进入市场后的产品工程师、销售额达到500万美元时的项目经理、年销售额达到2 000万美元时的部门经理、年销售额达7 500万美元时的分部经理，薪酬不断上升。对于那些不想当经理的科学家则另有奖励办法。合理的奖酬制度培育了忠诚精神，保证了管理层的稳定。

思考题：

3M公司是如何成功地进行创新型管理的？

[拓展训练]

1. 阅读《走向自主创新：寻求中国力量的源泉》（路风著，广西师范大学出版社，2006），谈一谈学习心得。

2. 班级组织一场关于管理创新的演说比赛。

第十四章　大学生创业企业管理

[学习目标]

知识点：

1. 了解创业对创业者自身的作用；
2. 了解大学生创业企业组织管理的主要方面；
3. 了解各类创业活动。

知识点：

1. 掌握大学生创业企业全程管理；
2. 掌握大学生创业存在的问题及解决对策。

[案例导入]

草创传奇

在二度上阵高考考场后，19 岁的苗族小伙子潘文伟终于证明了自己，以 647 分的高分成为县理科状元。由于家庭并不富裕，高考过后没有几天，潘文伟立即和同级几名尖子生组织了暑期补习班，并赚得了数千元的收入，以尽量减轻自己给父母带来的经济负担，毕竟一家 5 口人的生活几乎都是靠在供电局上班的父亲来承担。

“刚来大学的时候，我还不敢穿短裤、短袖在校园里闲逛，生怕被人笑太土。看到别人穿 NIKE 球鞋，自己也只能暗自羡慕不已。”潘文伟坦言，在刚进大学的时候，手中仅有 1 000 元左右的生活费，挣钱的念头在他心中迅速萌芽、成长。虽然 1 000 元对潘文伟来说已经很多，但事实上维持不了多久。开学后的第一个月，潘文伟就直接上门找到学工办辅导老师，申请勤工俭学。在学工办辅导老师的帮助下，潘文伟进入了学校勤工助学中介机构——雁行社。紧接着，潘文伟开始接触校园里的信用卡代理、文化衫制作等业务，通过代理两个院系的院服定做，在短短几个月后，他就赚了 1 万多元。自此之后，潘文伟开始奔走于珠三角地区各个城市，并曾在服装厂当过临时工。同年 12 月，潘文伟开始接触建材与智能安全监控设备行业，2008 年上半年，通过与朋友合作接手山西的一个大型智能安全监控设备项目以及山西一家房地产公司提供的一个小区外墙贴砖项目，他赚得了草创时期的第一桶金，逾 50 万元。此时，潘文伟还只是一个大一的学生。“赚到第一桶金的时候，确实是非常兴奋，从跟家里要生活费，到能够一下子给家里汇回 10 万元。”说起初创期的经历，潘文伟无意间流露出当时成功的喜悦。

然而，事情还没有结束，与朋友投资“聚点”酒吧、成立广州艾若企业管理咨询有限公司，通过一连串的组合投资，2008 年底，潘文伟的身价已经超过了 100 万元。“事实上，有时不是我们想停在某个位置就停在某个位置，环境的变化也会推动你一步步前进。”尝到投资的甜头之后，2009 年，潘文伟在生意场上开始一发不可收拾，投资茶叶、加入广州中祁凯业投资有限公司等,同样是一个在读的大二学生,当时的潘文伟却已经兼任几家公司的中高管理层职务。“不过,回过头来看,2009 年自己的精力实在太分散了。”潘文伟坦言,今年 5 月受邀加入半坡网络科技有限公司,他开始重点运作 5151 团,而此时,他身价已经逼近 500 万元,相比入学时的 1 000 元,飙涨了近 5 000 倍。

资料来源:《南方日报》,2010 年 8 月。

第一节 时代呼唤创业

“创新是一个民族的灵魂,是一个国家兴旺发达的不竭动力。”创业就是一种具有创新精神的行为。大学生在校时可以主动培养自己的创业素质,掌握一定的创业技能,进而享受创业和创新所带来的无穷乐趣。

一、创新和创业精神是民族进步的灵魂、经济发展的动力

早在二十多年前,著名的管理学家彼得·德鲁克就预言 21 世纪必将是一个创业时代,并提出了“创业经济”,指出了该经济的趋势:

第一,知识与技术的快速演进促进了高科技创业的风行;

第二,双薪家庭、青年人的后续教育、人口老龄化等趋势加速了创业企业的发展;

第三,资本市场成为创业的一种有效的融资机制。

当前世界各国的创业活动比以往任何时候更为活跃,国家与地区之间的竞争日益聚焦在它们的创业水平和创新成果上,创业者们正在创造出前所未有的巨大价值。在美国,一代新的创业者已被称为“美国的新英雄”。

创业不仅是民族富裕之源和新兴产业培育之路,而且是缓解就业困境的可靠途径。从联合国到世界各国政府都已经将创业作为本国的一项基本国策。1994 年由联合国大会一致通过的一项决议中支持并鼓励所有经济起飞的国家和发达国家把创业作为一项基本国策;1998 年联合国教科文总部召开了首次世界高等教育会议,发表了《21 世界的高等教育:展望与行动世界宣言》,明确提出:培养学生的创业技能,应成为高等教育关心的主要问题;毕业生将越来越不仅仅只是求职者,而将成为工作岗位的创造者。

中国经济已经持续了三十多年的高速发展,成为 21 世纪增长速度最快、最具创业活力的国家。全球创业观察的报告认为,通过对中国的创业活跃程度、创业环境、创业和经济增长的关系和创业政策 4 个方面的判断,中国在创业活动中指数排名世界前列,属于创业活动比较活跃的国家。在创业的群体中,主要以大学生为主,这与我国当前的高等教育特点息息相关,例如,大学生数量快速增加、办学形式多样、教学质量提高、教育经费增加、就业难等问题。因此,我国当前的高等教育应当从大学生的实际出发,完善高等教育体系,建立、健全相应的大学生培养质量体系和就业保障体系,鼓励大学生创业和创新。同时,我国持续而稳定的发展环境、巨大的市场、无数等待开发的领域,也为大学生创业提供了无限广阔的天地。

时代需要创新,时代呼唤创业。全球创业浪潮方兴未艾,创业正成为经济增长和社会发展的重要驱动力。

二、创业的定义

关于创业的定义,不同学者有不同的观点。

美国百森商学院蒂蒙斯教授认为：创业是一种思考、推理和行动的方法，它不仅要受机会的制约，还要求创业者有完整、缜密的实施方法和讲求高度平衡技巧的领导艺术。创业不仅为企业主，也为所有的参与者和利益相关者创造、提高和实现价值，或使价值再生。

哈佛大学商学院斯蒂文森教授认为：创业是一个人(不管是独立的还是在一个组织内部)追踪和捕捉商机的过程，这一过程与当时所控制的资源无关。

(一)广义的创业

个人、群体或组织以创新和独特的方式追求机会、创造价值和谋求增长，而不顾及资源限制的精神和行为。

(二)狭义的创业

发现商机并以创建企业的方式把握商机获得盈利，而不顾及资源限制的过程。

创业是指承担风险的创业者，通过寻找和把握创业机会，整合相关资源，创建新企业或新组织，提供产品和服务，为个人和社会创造价值和财富的过程。

创业是指所有具有开拓性和创新性特征、能够增进经济价值或社会价值的劳动。

(三)创业的基本要素

创业者、商业机会、组织、资源、价值和创业精神等构成了创业要素。尽管这些要素对不同类型的创业活动并不是完全必要的，在不同的创业方式中发挥的作用也是不同的，但它们构成了一般创业的基本要素。

三、创业的作用

(一)创业在社会中的作用

只要稍稍回顾三十年间社会发生的巨大变革，我们就不难想象创业者如何巨大地改变了世界的发展进程与人们的生活、工作和学习方式，诸如，个人电脑、生物医疗、电脑软件、手机服务、电子商务、虚拟现实等都是创业者创造出来的新技术。

1. 创业可以增加社会财富，促进经济的发展和社会的繁荣

创业过程是增加社会财富的过程。企业在生产经营的过程中，为社会创造了财富，增加了社会价值，并增加了国家的财政税收。企业的产品和服务拉动了国内市场需求，满足了人们的生活需要，丰富了市场，促进了社会繁荣。创业还改变了传统的创业格局，催生了许多崭新的行业，加速了经济结构的调整。在创业过程中，社会资源得到优化配置，市场体系不断得到完善，市场竞争活力得以保持。

2. 创业可以实现先进技术转化，促进生产力提高和科技创新

创新是创业的主要驱动力量。创业是新理论、新技术、新知识、新制度的孵化器，也是新理论、新知识、新制度形成现实生产力的转化器。

3. 创业可以提供就业岗位，缓解社会就业压力

中小型企业不仅解决了创业者本身的工作岗位，同时也为需要工作的人们提供了大量的岗位，扩大了就业范围，降低了失业率，大大缓解了社会的就业压力。

4. 创业可以激发整个社会的创新意识和创业精神，有利于观念的转变

近年来，如火如荼的创业大潮让无数人进入经济和社会的主流，对于形成创新、宽容、民主、公正、诚信等观念和文化具有积极的作用。

(二)创业对创业者自身的作用

1. 创业可以主宰自己,充分发挥自己的才干

创业可以摆脱上班族原有的种种束缚,摆脱在行为上受制于人的局面,充分施展自己的才华,发挥最大的潜能,使自己的人生价值得到更好的体现。

2. 创业可以帮助个人积累财富,在一定程度上满足个人对物质的追求欲望

工薪阶层的收入有高有低,但都是有限的,发展空间不大。而开创一份完全属于自己的事业,它提供的利润是没有极限的,可任你想象。根据资料统计,在美国福布斯富人榜前 400 名的富人中,有 75%是第一代的创业者;而在中国的富豪榜上,以创业起家的也不在少数。

3. 创业能使个人有机会和实力回馈社会,具有极高的成就感

创业者创造的企业一方面为社会提供了产品和服务,另一方面也为个人、社会创造了财富。企业融入社会再生产的循环中,从多个环节为国家和社会做出了贡献。这种贡献使得创业者个人能够从中获得巨大的成就感。

4. 创业使个人能够从事喜欢的事业并从中获得乐趣

创业者选择创业项目,通常会从个人感兴趣的领域着手,将其与自己的知识技能、专业特长结合起来。而做自己喜欢的事本身就是一种享受。

5. 创业使个人从挑战和风险中获得别样的享受

创业充满挑战和风险,同时也充满克服困难的无穷乐趣。在创业过程中,可以感受到无穷的变化、挑战和机遇,这是一个令人兴奋的过程。

总之,创业是实现人生理想和价值、获得自身全面发展的有效途径之一。

第二节　大学生创业企业管理

一、大学生创业企业管理概述

创业企业管理不同于成熟企业的经营管理。创业企业一般来讲不像成熟企业那样具有完善的组织结构、良好的生产规模、确定的营销战略、成熟的生产技术、稳定的对外关系以及成型的管理模式。成熟企业可以凭借上述优势进行更集中、更系统的全面优化管理,管理的目的是为了企业能够在今后更好地发展。而处于创业阶段的新企业,由于企业的组织、规模、技术等还不完善,不可能像成熟企业那样进行精细、全面的管理,管理的目的是为了使新企业能够更加顽强地活下去。但创业企业初具规模后,其管理的重心又发生了改变。创业初期阶段,更多的是让创业企业存活下去,而此时更多的是让创业企业得以茁壮成长。同时,随着各项条件的健全,企业的管理重心主要是构建完整的管理体系,为产品的生产和服务的提供给予健全的辅助。如果创业企业能够发展壮大,其重心又会发生一次变化,就不再是简单的生存和发展了,而是如何保持一种发展势头,此时更多注重战略层面的管理,体现在企业规章制度、企业文化等企业长期发展需要建立的东西,而此时的管理内容就是对于企业的长期发展所做的规划和管理。此外,还会出现的一个阶段就是当创业企业无法继续或者创业者无心继续经营下去的时候,如何选择最好的时机退出,以及创业企业的退出管理。

企业在成长的不同发展时期,由于管理重心和关键职能不同,创业企业管理体现了企业在创业各时期的管理特点和业务运作规律。大学生创业企业管理是创业企业针对运作过程中所出现的各种问题所进行的管理。

二、大学生创业企业组织管理的主要方面

(一)大学生创业企业组织管理

大学生创业企业的组织管理就是创业过程中通过建立企业组织结构,规定各创业人员的职务或职位,明确责权关系,以使创业企业组织中的各成员互相协作配合、共同劳动,从而有效实现组织目标的过程。

1. 大学生创业企业的组织管理的工作内容

大学生创业企业的组织管理的工作内容概括为以下四个方面:

(1)确定实现组织目标所需要的活动,并按专业化分工的原则进行分类,按类别设立相应的工作岗位。

(2)根据组织特点、外部环境和目标需要划分工作部门,设计组织机构和结构。

(3)规定组织结构中的各种职务或职位,明确各自的责任,并授予相应的权力。

(4)规定规章制度,建立健全组织结构中纵横各方面的相互关系。依据制度经济学,企业管理的政策制度化,才能实施可操作性的管理。

根据大学生创业企业的特点,可以从组织框架构建上谈大学生创业企业的组织管理,主要从这样几个方面入手:大学生创业组织的人员角色构建;大学生创业企业团队建设和团队整合。具体的组织机构和规章制度建设方面,需等到创业企业发展到一定程度后,具备基本的发展模式和发展方向后再构建。

总之,在组织管理中,应该使人们明确组织中有些什么工作,谁去做什么,工作者承担什么责任、具有什么权利、与组织结构中上下左右的关系如何。只有这样,才能避免由于职责不清造成的执行中的障碍,才能使组织协调运行,从而保证组织目标的实现。

2. 团队建设

(1)要理顺公司的作业流程,每一个或几个关键流程可以组建一个团队,同时要定义出团队中每一个岗位的职责和它搜集信息及输出信息的渠道及标准。即使是两个人做同一项工作,也要定义出各自的工作职责。

(2)需要建立团队信息沟通的方法和标准,并且制定出团队协调人的工作职责。在团队中,公司的高层领导属于决策团队中的成员。另外,还需要建立一个调度团队,它负责各团队间的协调和资料搜集、整理工作,并对信息进行过滤后,向决策层提出参考建议,决策层提出的决策直接向各团队发出。

(3)要在公司内部宣传团队建设的重要性,及未来团队管理时的工作方式,让员工对团队建设产生浓厚兴趣,同时,要做好部门经理的工作。因为团队建设的最大冲击是部门经理,可以将部门经理的岗位津贴划到其固定工资中去,在不影响他们待遇的情况下,取消他们的部门经理职务。

(4)可以组建团队,一般采取公司任命和员工民主组建相结合的方式。在团队的构成上,要注意成员能力和性格的互补,并将每个人放在最合适的岗位上。

(二)大学生创业企业市场管理

1. 大学生创业企业市场管理的概念

大学生创业企业市场管理就是为了实现创业企业目标,创造、建立和保持与目标市场之间的互利交换关系,而对大学生创业企业的市场设计方案的分析、计划、执行和控制。大学生创业企业市场管理的本质是对大学生创业企业所提供的产品和服务的需求管理。

2. 大学生创业企业市场管理的工作内容

结合大学生创业企业和一般企业的市场管理，在此将大学生创业企业市场管理的主要工作内容分为以下几个方面：市场机会的寻找、市场定位、市场细分、市场营销组合战略和目标市场战略等。一方面，这些是大学生创业企业在市场初期要考虑和抓紧时间处理的事情；另一方面，这也是大学生创业企业抢占市场的战略。通过对这几个方面的阐述，让大学生创业企业可以快速进入市场，同时又可以快速获得市场份额。

(1)寻找创业企业机会

创业难，发掘创业机会更难。有些人将创业点子的产生归因于机缘巧合，所谓“无心插柳柳成荫”。不过，研究创意的专家认为，创意只是冰山一角，没有平日的用心耕耘，机缘巧合也不会如此凑巧。所谓机缘巧合或第六感的直觉，主要是因为大学生创业者在平日培养出的侦测环境变化的敏锐观察力，所以能够先知先觉，形成创意构思。

发掘机会的做法，大致可归纳为以下 7 种方式：

第一，经由分析特殊事件来发掘创业机会；

第二，经由分析作业程序来发掘创业机会；

第三，经由分析矛盾现象来发掘创业机会；

第四，经由分析产业和市场结构变迁的趋势来发掘创业机会；

第五，经由分析人口统计资料的变化趋势来发掘创业机会；

第六，经由价值观与认知的变化来发掘创业机会；

第七，经由新知识的产生来发掘创业机会。

虽然大量的创业机会可以经由系统的研究来发掘，但是最好的点子还是来自大学生创业者长期的观察与生活体验。

(2)大学生创业企业市场定位

市场定位的主要任务就是在市场上比较创新企业及成品与竞争者的不同，充分突出新企业及成品在市场上的新颖性、显著性、差别化的特征。有些人认为这很难，其实并不一定很难，只要大学生创业者认真努力，就一定能成功地在市场上确定自己存在的价值，展示其特色与风采，从而受到顾客的认可和青睐。

一般而言，大学生创业者在对企业进行市场定位时应该注意以下三个方面：

首先，确立产品的特色。市场定位的出发点和根本要素就是要确定产品的特色。

其次，树立企业形象。要使产品优势在市场上显示出来，以影响顾客的购买决策，需要以产品特色为基础树立鲜明的市场形象。

最后，巩固市场形象。建立市场形象后，企业还应不断向顾客提供新的论据和观点，及时矫正与市场定位不一致的行为，从而巩固市场形象。

(3)大学生创业企业市场细分

大学生创业企业在普通市场上由于资金、实力、技术等方面的因素，相比没有什么竞争力，因此，在选择市场的过程中，一定要关注市场细分，在市场的夹缝中生存。一般影响市场划分的因素有很多，应该据此建立相应的市场策略，因此，在市场管理过程中要考虑到对于市场细分的两个方面：一方面，消费者市场细分的依据，如地理细分、人口细分、心理细分、行为细分；另一方面，产业市场细分的依据，如最终用户、顾客规模、其他变量。

(4)营销组合战略

在营销计划中，有效决策包含 4 个重要的变量：产品或服务、定价、分销和促销。这 4 个要素的总和被称为营销组合。

产品或服务:组成材料的质量、风格、特征、买卖的特许权、品牌、包装、规格、服务的可获得性、产品包装等。

定价:质量形象、定价单、数量、折扣、快速支付限额、信用条款、支付期等。

分销:批发商或零售商的使用、批发商或零售商的类型、分销渠道的数量、分销渠道的长度、地理覆盖区域、存货、交通等。

促销:媒体的选择、信息、媒体预算、个人销售的角色、销售促销(如展示、赠券等)、公众对媒体的兴趣等。

(三)大学生创业企业生产管理

大学生创业企业生产管理是对创业企业生产系统的设置和运行的各项管理工作的总和,又称大学生创业企业生产控制。一般企业的生产管理的内容包括:生产组织工作、生产计划工作和生产控制工作等。而对大学生创业企业管理来讲,更多的是关注企业的管理绩效和生产管理过程中的一些有操作性的管理模式,因此,对于大学生创业企业的生产管理主要从大学生创业企业的生产绩效、现场管理、供应链管理、质量管理等方面入手。

以下主要介绍大学生创业企业现场管理与质量管理:

1. 大学生创业企业的现场管理——5S管理

大学生创业企业由于其创业时间和创业模式的不同,应该在创业期间努力提高企业形象,提高生产效率,提高库存周转率,减少故障,加强安全管理,降低生产成本,缩短作业周期,保证交货期,从而改善企业的精神面貌,形成良好的企业文化。而现在生产管理过程中的5S管理在该方面可以发挥重要作用,而且对于大学生创业企业而言,5S管理非常易于实行。因此,在生产管理方面推荐该种管理方式,以便大学生创业企业可以快速地驶入正常轨道。

[管理智慧]

现场管理——5S管理

5S即整理(Seiri)、整顿(Seiton)、清扫(Seiso)、清洁(Seiketsu)和修身(Shitsuke)。开展以整理、整顿、清扫、清洁和修身为内容的活动,称为5S现场管理法。

5S管理起源于日本,5S的对象是现场的环境,它对生产现场环境全局进行综合考虑,并制订切实可行的计划与措施,从而达到规范化管理。它的核心和精髓是修身,如果没有职工队伍自身的相应提高,就难以开展和坚持下去。

资料来源:张忠新.中国式5S管理[M].东南大学出版社,2009。

2. 大学生创业企业的质量管理

质量的好坏不但从直接用户,而且从整个社会的角度来评价,尤其关系到生产安全、环境污染、生态平衡等问题。同时,质量不仅从某些技术指标来考虑,还从制造成本、价格、使用价值和消耗等几个方面来综合评价。在确定质量水平或目标时,不能脱离社会条件和社会需要,不能单纯追求技术上的先进性,还应该考虑使用上的经济合理性,以使质量和价格达到合理平衡。因此,进行质量管理不仅是从产品本身入手,而且从长远看,更要树立一个良好的形象,因此,对于大学生创业企业建立好的质量管理体系是必需的。从质量的发展阶段来看,全面质量管理是质量管理发展和研究的最高阶段,而且是比较成熟的阶段。大学生创业企业的质量管理包括以下内容:

(1)全面质量管理

过去一说到质量,往往是指产品质量,当然,产品质量是非常重要的。但是,产品质量再好,如果制造成本高,销售价格贵,用户也是不欢迎的。即使产品质量非常好,成本也低,还必须交货及时和服务周到,这样才能真正受到用户欢迎。因此,一个企业必须在抓好产品质量的同时,抓好成本质量、交货期质量和服务质量。这些质量的全部内容就是所谓广义的质量概念,即全面质量。可见,质量管理必须对这种广义质量的全部内容进行管理。

(2)全过程的管理

产品是怎么形成的?它是包括企业一系列活动的整个过程,这个过程包括市场调查、研究、设计、试制、工艺与工装的设计制造、原材料供应、生产制造、检验出厂和销售服务等,其中用户的意见又反馈到企业加以改进,整个过程可看做一个循环过程。可见,产品质量的提高依赖于整个过程中每个环节的工作质量的提高,因此,质量管理必须对全部过程的每个环节都进行管理。

(3)由全体人员参加的管理

产品质量管理的好坏,是企业许多环节和工作的综合反映。每个环节的每项工作都要涉及人。企业的人员,无论是前方的还是后方的,是车间的还是科室的,没有一个人不与产品质量有着直接或间接的关系。每个人都重视产品质量,都从自己的工作中去发现与产品质量有关的因素,并加以改进,这样产品质量才会不断提高。因此,质量管理,人人有责。只有人人都关心质量,都对质量高度负责,产品质量才能有真正的提高和保证。所以,质量管理必须由全体人员进行管理。

[管理智慧]

零缺点质量管理

克劳斯比的《零缺点质量管理》是对创业者非常有用的一本好书。这本书能够使创业者真正树立起产品或服务的质量观念。质量不是检测出来的,而是生产出来的。克劳斯比提出了四大质量管理定律:

质量管理定律一:质量合乎标准。

质量管理定律二:以防患未然为质量管理制度。

质量管理定律三:工作标准必须是"零缺点"。

质量管理定律四:以"产品不合格标准的代价"衡量质量。

(四)大学生创业企业人力资源管理

1. 大学生创业企业人力资源管理的含义

大学生创业企业人力资源管理是指在创业企业中对人力资源进行有效开发、合理配置、充分利用和科学管理的制度、法令、程序和方法的总和。它贯穿于创业的全过程,包括人力资源的预测与规划,工作分析和设计,人力资源的维护与成本核算,人员甄选、录用、合理配置和使用,还包括对人员的智力开发、教育培训,调动人的工作积极性,提高人的科学文化素质和思想道德觉悟等。

2. 大学生创业企业人力资源管理的基本体系

大学生创业企业由于人员自身的经验技术水平以及管理理念等离正式企业还存在很大差距。因此,大学生创业企业人力资源管理更多地关心"人的问题",其核心是如何认识人性、尊重人性,强调人力资源管理"人员组织的和谐和积极性"。在一个组织中,围绕人,主要关心人本身、人与人的关系、人与工作的关系、人与环境的关系、人与组织的关系等。通俗地说，大学生创业企业人力资源管理主要包括求才、用人、育才、激才、留才等内容和工作任务。从大学生创业企业的角度，其人力资源管理分为以下5个系统：

(1)人力资源的招聘、选拔与录用系统；

(2)人力资源的结构和使用系统；

(3)人力资源的教育培训系统；

(4)人力资源的工作绩效考核系统；

(5)人力资源的薪酬福利管理与激励系统。

为了科学、有效地实施大学生创业企业人力资源管理各大系统的职能，对于从事人力资源管理工作的人员有必要掌握三方面的知识：第一，关于人的心理、行为及其本性的一些认识；第二，心理、行为测评及其分析技术，即测什么、怎么测、效果如何等；第三，职务分析技术，即了解工作内容、责任者、工作岗位、工作时间、怎么操作、为什么做等方面的技术。这是从事人力资源管理工作的前提和基础。

具体来说，大学生创业企业人力资源管理主要包括以下一些具体内容和工作任务：

(1)制订人力资源计划；

(2)岗位分析和工作设计；

(3)人力资源招聘和发展；

(4)入企教育、培训和发展；

(5)工作绩效考核；

(6)帮助员工的职业生涯发展。

(五)大学生创业企业财务管理

1. 大学生创业企业财务管理的含义

大学生创业企业财务管理是在一定的整体目标下，关于创业企业中资产的购置(投资)、资本的融资(筹资)和经营中现金流量(营运资金)，以及利润分配的管理。它是大学生创业企业管理的一个组成部分，是根据财经法规制度，按照财务管理的原则，组织创业企业财务活动、处理财务关系的一项经济管理工作。

2. 大学生创业企业财务管理的主要内容

(1)资金管理

资金管理是创业企业对其资金来源和资金使用进行计划、控制、监督、考核等各项工作的总称。创业企业资金流量管理水平往往是决定企业存亡的关键所在。在面对日益激烈的市场竞争时，创业企业面临的生存环境复杂多变，通过提升企业现金流的管理水平，才可以合理地控制运营风险，提升企业整体资金的利用效率，从而不断地加快企业自身的发展。

资金管理的主要内容是：投资决策与计划；建立资金使用和分管的责任制；检查和监督资金的使用情况；考核资金的利用效果。资金管理的目的是组织资金供应，保证生产经营活动不间断地进行；不断提高资金利用效率，节约资金；提出合理使用资金的建议和措施，促进生产、技术、经营管理水平的提高。

资金管理的原则主要是：划清固定资金、流动资金、专项资金的使用界限，一般不能相互流用；实行计划管理，对各项资金的使用，既要适应国家计划任务的要求，又要按照企业的经营决策有效地利用资金；统一集中与分口、分级管理相结合，建立使用资金的责任制，促使企业内部各单位合理、节约地使用资金；专业管理与群众管理相结合，财务会计部门与使用资金的有关部门分工协作,共同管好用好资金。

资金管理的主要任务表现在:筹资管理;企业其他自有资金的管理;投资管理;资产管理;企业债务的管理;强化债权管理,实现资金良性循环;加强利润管理和企业的风险管理。

资金管理涉及的主要风险:筹资决策不当,引发资本结构不合理或无效融资,可能导致企业筹资成本过高或债务危机;投资决策失误,引发盲目扩张或丧失发展机遇,可能导致资金链断裂或资金使用效益低下;资金调度不合理、营运不畅,可能导致企业陷入财务困境或资金冗余;资金活动管控不严,可能导致资金被挪用、侵占、抽逃或遭受欺诈。

(2)财务计划

财务计划是企业以货币形式预计计划期内资金的取得与运用和各项经营收支及财务成果的书面文件。财务计划是在生产、销售、物资供应、劳动工资、设备维修、技术组织等计划的基础上编制的,其目的是为了确立财务管理上的奋斗目标,在企业内部实行经济责任制,使生产经营活动按计划协调进行,挖掘增产节约潜力,提高经济效益。

财务计划是依据企业的发展战略和经营计划,对未来一定期间的财务活动及结果进行的规划、布置和安排,它规定了企业计划期财务工作的任务和目标及预期的财务状况和经营成果。财务计划的内容包括现金流量计划、资本支出计划、利润计划、资产负债计划。

(3)成本管理

成本管理是指企业生产经营过程中各项成本核算、成本分析、成本决策和成本控制等一系列科学管理行为的总称。成本管理一般包括成本预测、成本决策、成本计划、成本核算、成本控制、成本分析、成本考核等职能。成本管理的目的是充分动员和组织企业全体人员,在保证产品质量的前提下,对企业生产经营过程的各个环节进行科学、合理的管理,力求以最少的生产耗费取得最大的生产成果。成本管理是由成本规划、成本计算、成本控制和业绩评价四个环节组成的。

(4)财务分析

财务分析是以会计核算和报表资料及其他相关资料为依据,采用一系列专门的分析技术和方法,对企业等经济组织过去和现在的有关筹资活动、投资活动、经营活动、分配活动的赢利能力、营运能力、偿债能力和增长能力状况等进行分析与评价的经济管理活动。

(5)财务控制

财务控制是指对企业的资金投入及收益过程和结果进行衡量与校正,目的是确保企业目标以及为达到此目标所制订的财务计划得以实现。

财务控制是内部控制的一个重要组成部分,是内部控制的核心,是内部控制在资金和价值方面的体现。财务控制必须以确保单位经营的效率性和效果性、资产的安全性、经济信息和财务报告的可靠性为目的。它的作用主要有以下三方面:一是有助于实现公司经营方针和目标,它既是工作中的实时监控手段,也是评价标准;二是保护单位各项资产的安全和完整,防止资产流失;三是保证业务经营信息和财务会计资料的真实性和完整性。

第三节　大学生创业存在的问题及误区

一、大学生创业存在的问题

(一)创业信念缺乏

创业是一笔额外的风险投资,在创业过程中必然会遇到许多矛盾和困难,因此具有好的意志品质、不懈追求的精神及平和的心态,往往可以增加创业成功的筹码。然而,通过对近几年曾涉足创业的大学毕业生的情况分析来看,不少创业者往往对创业的艰苦性心理准备不足。由于缺乏承受挫折的准备,稍遇失败就心灰意冷,怀疑自己的能力,害怕承担风险,导致在创业过程中半途而废。这就要求创业者事前就要预见到创业的艰辛、风险和可能的失败,要有坚定的信念,并做好面对的心理准备,以顽强的意志承受这一切。

(二)创业经验不足

创业是一种全面的素质挑战,大学生的活动范围有限,与社会接触少,在处理社会事务时,由于经验不足、眼光有限,难免欠考虑;大学生长期"呆"在校园里,对社会缺乏了解,对商场上的待人接物不太适应,缺乏必要的经验和技巧,在与生意合作伙伴交往方面往往会遇上意想不到的困难;创业意味着方方面面的事情都需要自己处理,如工商、税务等部门都要进行沟通、打交道,涉及面特别广,这对于缺乏创业经验的学生来说并不容易。

(三)创业教育及培训不到位

创业需要企业注册、管理、市场营销与资金融通、沟通技巧、风险管控等多方面的知识,大多数学生创业者对这方面的知识储备远远不足。据了解,大学生对创业知识的了解和学习大多来源于媒体资讯、社会宣传及同学朋友间的相互交流,而来源于学校创业教育及培训的只有不到四成,这无疑让许多学生创业者在创业遇到困难或瓶颈时感到十分迷茫而无从入手。而不管从政府层面还是社会层面,类似的正规培训不是很多,即使有,昂贵的培训费用也让许多人望而却步,仅靠学校创业中心的一些培训,远远无法满足大学生创业者的自身需求和企业发展需要。

(四)资金困难

资金是制约大学生创业的最大瓶颈。没有资金,再好的新技术、再吸引人的创意也难以转化为现实生产力。对于创业的大学生来说,资金困难是一个无法回避的问题。从起初的创业启动资金,到企业平稳发展,再到扩大规模、扩大市场都需要有充足的资金做后盾。有调查显示,四成大学生认为"资金是他们创业的最大困难"。大学生创业者在策划创业方案时很难找到融资对象,其创业资金主要来自家庭支持和自己积累两方面,而来自银行贷款和政府资助的比例较小,这就使得大学生创业者们经常捉襟见肘,无法做到扩大规模,开拓市场。

(五)优惠政策惠及实体少

总体上讲,我国出台了很多项措施来鼓励大学生创业,从放宽市场准入限制、财政扶持、税收优惠、金融支持、培训和创业补贴、社会保障优惠等几个方面不断加大政策扶持力度,大学生面临的创业环境随之不断改善。虽然鼓励措施较多,但申请优惠待遇手续复杂,这无意间提高了大学生创业的门槛。同时,大部分大学生创业者对于创业优惠政策的了解程度不够深入,致使自身没有把握住可以提高创业成功概率的机会。

二、大学生创业存在的误区

(一)大学生创业误区之一:将自己定位于学生

大学生创业仍然脱离不开校园,无论环境还是心态上都没有真正把自己植入社会中。将自己定位为学生,很难能真正意识到社会竞争的惨烈程度及市场波动的风险危机。就全社会而言,大学生无疑是素质最高的一个群体,他们的专业知识比较扎实、创新能力强、热情高。但同时也应该看到,大学生大多是从学校到学校,从学生到学生,生活环境比较单纯,角色比较简单。没有步入社会的经历,他们不可避免地存在诸多不足,如缺乏社会经验、管理能力不强、团队精神欠缺、人际关系不融洽、心理承受能力差等。没有将自己置身于社会中，创业往往会被湮没在激烈的市场竞争中。

(二)大学生创业误区之二:对企业运作认识简单

大学生创业者对公司运作认识过于简单，甚至有不少大学生创业者根本没有考虑过以后会遇到什么样的风险。创业不仅要求创业者在创业定位、战略策划、财务管理等领域具备一定的知识积累，更重要的是要求创业者具备社会阅历。由于大多在校大学生缺少工作经验，在创业准备期，决策所依据的基本上都是通过书本、老师传授等间接获得的知识与信息，把创业过于理想化。因此，对处理创业所出现的一系列问题缺乏相关的实战经验和熟练的经营管理能力；对创业中的挫折和失败缺乏足够的思想准备，使得大多数大学生创业以失败而收场。

(三)大学生创业误区之三:以高新技术项目为主导

当代大学生一提及创业，首先想到的就是技术创新，其首选的项目也是关于高新科技领域的，很少考虑第三产业中的服务业以及其他低技术产业。例如，时下越来越多的大学生创业者倾向于借力互联网来作为创业的突破口，把互联网当成创业的捷径，但事实上互联网是目前中国竞争最激烈的一块，其中创业所依赖的技术优势很难发挥，因为互联网是技术公开传播最快的领域，任何技术和新的概念在短时间内都可能被全盘复制。高新技术领域确实需要人才，技术创新也固然重要，但是从根本上说，市场的需求才是创业选择的原发动因。所以，创业项目的选择应该以市场需求为根本出发点，通过发现和激发市场需求，进而满足市场需求来实现创业目标，而不仅仅是单纯地依靠技术创新。

(四)大学生创业误区之四:只有单纯的学生参与

大学生创业往往是从学生组团开始的，然而在创业已小有成就后就难有更进一步的发展。众所周知，资金、项目、技术固然是创业必备的三个重要条件，但并不能保证创业成功，因为创业更重要的是经营和管理。为什么有不少大学生有资金、项目、技术却创业失败？其根本原因可以归结为经营或管理不善。经营和管理既是科学也是艺术，它们都有各自的理论、模式和方法，也有各自的职能、作用和内涵，而且理论必须与实践相结合才能发挥作用。相对于大学生创业者而言，职业经理人有着更为丰富的企业经营管理经验和市场经验，尝试雇用职业经理人可以为大学生创业增添有利条件。

(五)大学生创业误区之五:融资渠道单一

当提及创业的启动资金，有很多大学生都会首先想到风险投资，甚至认为只要有好的项目就可以吸引到风险投资，进而将风投注资视为筹资的唯一手段。实际上，风险投资只是众多融资手段中的一种，绝非是唯一渠道。除了风险投资以外，大学生的创业筹资还具有多种途径。首先，大学生可以通过银行贷款获得资金，尤其是一些政策性贷款，如共青团中央和国家开发银行联合实施的“中国青年创业小额贷款项目”；再者，大学生可以通过典当融资或融资租赁等新型的融资方式获得创业资金，还可以通过参加创业大赛等方式获得一定数额的奖金。因此，大学生创业者应该走出创业就一定要吸引风险投资的认识误区，除了风险投资以外，大学生的创业筹资还有很多选择。

三、解决大学生创业问题的对策

(一)培养创业精神，做好创业准备

创业的路上有缤纷的色彩和成功的享受，同时一定也有枯燥乏味、孤独寂寞，还有艰难困苦、失败和挫折，考验着大学生创业者的智慧和毅力。创业是极具挑战性的社会活动，特别是在大学生就业难的社会背景下，创业精神和创业素质的培养对大学生就业和创业都具有重要的意义和作用。创业能否成功，与创业者的素质关系极大。创业精神是激发大学生创业冲动的源泉，是支撑大学生创业活动的灵魂。因此想创业，首先要拥有创业精神，才能够在创业过程中坚定信念，明确目标，一路披荆斩棘，意志顽强地一步一步走向成功的彼岸。

（二）积极积累社会经验

大学生创业者可以利用学校社团得到实践锻炼。学校社团的任何一项活动，从策划到最后实现是一个综合过程，参与全局，体验全局，可锻炼组织、协作、资源利用等能力。另外，参加学校及社会举办的各类创业活动，撰写商业计划书与可行性报告，也是锻炼创业者综合能力的一种途径。同时还可以利用大学课余时间和寒暑假打工，同样有助于锻炼自己的综合能力。像市场调研、销售、组织、人力资源管理、财务管理、物流管理等各方面的能力都可以在打工的过程中或多或少地得到锻炼。

（三）加强创业教育，加大技能培训

高校有必要在创业课程设置与创业指导等方面做出进一步的努力，以提升大学生的创业能力与创业水平。大学生创业本身就是素质教育的体现，不仅突出了素质教育的内涵，而且体现了创新的教育模式对大学生实际能力的培养和提升。因此，高校在传授基础知识的同时，应注重对学生创新意识和技能的培养，开设与创业相关的讲座，例如，如何把握商机、如何融资、如何写创业计划、如何承受压力等方面的讲座，为大学生创业者提供科学、系统的创业理论知识支持，加强专业的创业基础知识指导和创业技能培训。

（四）加大政府资金扶持

大学生创业若想争取银行贷款，其难度是非常大的，因此来自政府层面的资金支持尤为重要。地方政府可以采取多种形式，"资助"本地大学生创业。这样做的优势在于：首先是继续发挥现有的小额贷款、优惠政策作用，逐步扩大范围，惠及更多的创业实体；其次，对那些无法取得银行方面支持的创业实体，地方政府可以创新性地建立"创业投资基金"，按风险投资方式商业化运作，为那些有能力和有可行性创业计划的大学生提供资金支持。

（五）扩大政策宣传和指导

各级政府对创业扶持都有着一些优惠政策，但惠及的实体较少。大多数大学生创业者都知道国家支持创业，但是对怎么支持、从哪个方面支持、怎样获得支持等细节上的问题却很模糊，因此，指导创业者如何获得优惠条件则是重点。各级就业和社会保障部门应加强政策的宣传和指导，多组织相应的宣讲和培训活动，印发详细的宣传资料，扩大知晓率。同时，加大对类似创业中心的创业平台管理人员进行培训，通过一些与创业者们经常打交道的管理人员来促进各级扶持政策落实。

[复习思考题]

1. 什么是大学生创业企业管理？怎么理解大学生创业企业管理的含义？
2. 怎么理解大学生创业企业组织管理？
3. 简要分析什么是5S管理。
4. 大学生创业人力资源管理的基本特点有哪些？

[案例分析]

王为创业的管理

2008 年 5 月中旬，王为和他的创业团队走上创业之路。因为喜欢汽车，他们把目标锁定在与汽车有关的项目上，一家属于他们自己的汽车装饰品店在一番忙碌之后诞生了。但是仅仅半年，他们就鸣金收兵，败下阵来。回忆起那段创业的日子，让王为和他的创业团队很是痛苦：付出了很多，回报却太少。

刚开始，他们觉得自己的想法比较顺应市场发展，于是，高高兴兴地开始了第二步工作。他们先从网上搜索了一些经营汽车饰品的代理商，并对各家的产品质量和价位进行了比较，然后选定了一家太原的代理商。经过联系，王为和那家代理商签好了协议，交了 6 000 元的加盟费后，就开始租房子、装修、进货，但是，每次进货的时候老是出现价格变动。尽管如此，脑子里满是憧憬的王为和他的创业团队还是很快就成为老板，但是，现实却给他们的热情浇了一盆冷水，开张后，顾客寥寥无几。虽然店里的饰品很吸引眼球，但是饰品店所处的位置比较偏僻，路过的车倒是不少，却也是仅仅路过，而且大部分是大货车，根本不会在这样一个地段停车，也不会来买车内饰品。王为和他的创业团队每天都早早开店，很晚才打烊，商品的价格也定得很低，就这样，开业半年，总共才卖出两三千元的货。这时，房租也到期了，他们不敢再恋战，把剩下的货放在朋友空的车库里，从此不再提开店的事。

在创业过程中，因为是几个哥们共同开店，一没有人，他们就在当天的收入中抓一把钱出去玩，到后来，不管谁有事，就直接从当天的收入中拿钱，从而造成收入虽然天天有，但是没有多少剩余。

此外，由于在招工过程中，招聘的几个技术员中，好几个是朋友，所以，也就没有管他们的技术是否到家，导致出现了几次顾客投诉质量的问题。

思考题：

1. 王为和他的创业团队在创业企业管理的过程中哪些方面的管理没有做好？
2. 如果你是王为，你在发现进货的过程中价格老是变动，你会怎么做？
3. 你认为王为和他的创业团队失败在哪里。

参考文献

[1]百度文库.

[2]MBA 智库.

[3]百度百科.

[4]唐秉雄,林志国,魏洪茂.应用管理学[M].南京:南京大学出版社,2012.

[5]周三多,陈传明.管理学(第四版)[M].北京:高等教育出版社,2015.

[6]吴慧涵,催晓文,张青.企业战略管理[M].北京:清华大学出版社,2010.

[7]单凤儒,金彦龙.管理学——互联网思维与价值链视角[M].北京:高等教育出版社,2015.

[8]苏世彬.创业管理[M].北京:高等教育出版社,2016.

[9]王凤彬,李东,刘希婧.管理学[M].北京:人民大学出版社,2016.

[10]李闻一,胡永政.大学生创业教育与实践[M].南京:南京大学出版社,2011.

[11]章月萍.管理学基础[M].北京:北京理工大学出版社,2010.

[12]沈平,王丹.管理学[M].北京:中国电力出版社,2015.

[13]田玉兰,王豪杰.管理学基础(修订版)[M].北京:北京交通大学出版社,2012.

[14]蔡世刚.管理学[M].西安:西安交通大学出版社,2017.

[15]王德中.管理学(第六版)[M].成都:西南财经大学出版社,2015.

[16]骆兰,王华.管理学原理[M].重庆:重庆大学出版社,2014.

[17]斯蒂芬·P.罗宾逊,戴维·A.德森佐,玛丽·库尔特著,于森等译.管理学基础(第七版)[M].北京:电子工业出版社,2015.

[18]高雨玲.管理学[M].贵阳:贵州大学出版社,2016.

[19]阚雅玲,朱权,游美琴.管理基础与实务[M].北京:机械工业出版社,2008.

[20]张庆文,傅俊清."互联网+"时代管理者的领导力发展探索[J].华北电力大学学报(社会科学版),2016(2):78-80.

[21]帕特里夏·华莱士.工作场所中的互联网[M].北京:商务印书馆,2010.

[22]周三多.管理学——原理与方法(第五版)[M].北京:高等教育出版社,2011.

[23]邢以群.管理学(第四版)[M].杭州:浙江大学出版社,2016.

[24]杭品厚.创业团队中的激情管理研究[J].经济论坛,2014(7):148-149.

[25]周三多,贾良定.管理学(第四版)习题与案例[M].北京:高等教育出版社,2017.

[26]闫飞龙.管理学[M].北京:中国人民大学出版社,2015.

[27]简明,胡玉立.市场预测与管理决策[M].北京:中国人民大学出版社,2014.

[28]董克用,李超平.人力资源管理概论(第四版)[M].北京:中国人民大学出版社,2016.

[29]刘昕.人力资源管理(第 2 版)[M].北京:中国人民大学出版社,2016.

[30]康青.管理沟通(第 4 版)[M].北京:中国人民大学出版社,2017.

[31]冯云霞,沈远平.管理沟通——基于案例分析的视角(第二版)[M].北京:中国人民大学出版社,2016.

[32][美]罗宾斯著,孙健敏译.管理学(第七版)[M].北京:中国人民大学出版社,2013.

[33]罗宾斯.组织行为学 (第十六版)[M].北京:中国人民大学出版社,2016.

[34]焦叔斌.管理学(第四版)[M].北京:中国人民大学出版社,2015.